800 Jahre Dresden

Eine Zeitreise

Christian Ruf

800 Jahre Dresden

Eine Zeitreise

Dresden um 1752, gemalt von Bernardo Bellotto, genannt Canaletto.

Dresden um 1910.

Dresden im August 2005.

Titelbild: Kronentor des Zwingers

... viele tausend weitere Fotos zur Kunst, Architektur und Geschichte Dresdens finden Sie in der Deutschen Fotothek unter http://fotothek.slub-dresden.de

Impressum

SAXO´Phon GmbH, Ostra-Allee 20, 01067 Dresden
www.editionSZ.de

1. Auflage November 2005

Herstellung: Dresdner Magazin Verlag GmbH
Satz und Gestaltung: neuwerk – Agentur für Kommunikation;
Dan Prietzel

Druck: Druckhaus Dresden GmbH

ISBN: 3-938325-19-4

Inhaltsverzeichnis

Vorwort

„Umleitungen sind die beste Chance, endlich die eigene Stadt kennenzulernen", meinte einmal der amerikanische Komiker Danny Kaye. Aber auch Stadtführungen und Bücher bieten sich an, um etwas über den Lebensraum zu erfahren, der Stadt genannt wird, und der von den dort lebenden Menschen als Heimat verstanden wird. Wenn sie an Dresden denken, dann wird aber nicht nur alteingesessenen Bürgern der Stadt warm ums Herz, sondern in der Regel auch allen Neu-Dresdnern und Touristen. Mag auf viele Städte in Deutschland leider das Verdikt von der „Unwirtlichkeit der Städte" zutreffen – auf Dresden nicht. Wer auf dem Theaterplatz steht, dieser großartigen Raumkomposition in der nördlichsten Stadt des Südens, dem Herz von „Elbflorenz", der kann sich dem Zauber dieser Stadt nicht entziehen. Aber nicht nur diese prächtige Komposition von Semperoper, Zwinger, Schloss, Hofkirche und Italienischem Dörfchen, sondern auch andere Ecken tragen zum Fluidum von Dresden bei: die Innere und die Äußere Neustadt, die alten, irgendwann eingemeindeten Orte links und rechts der Elbe, die Villenviertel und Arbeiter-Vororte, aber auch durchaus der ein oder andere Bau der Moderne. Elias Canettis Diktum: „In einer wirklich schönen Stadt kann man nicht leben – sie treibt einem alle Sehnsucht aus", wird ad absurdum geführt. Man lebt gern hier – und die Sehnsucht nach Dresden ist nach wie vor da.

Die Stadt atmet Geschichte, gerade weil sie als Organismus einem ständigen Wandel unterworfen war, Brüche erlebte, besonders radikal am 13. Februar 1945, als ein Bombenangriff das Zentrum Dresdens in Schutt und Asche legte. Man war Teil des Weltgeschehens, von dem man natürlich immer wieder eingeholt wurde, war Objekt der nicht nur, aber eben vor allem auch stadtplanerischen Begierde diverser politischer Systeme, die der Stadt ihren Stempel aufdrückten. Aber wenn Bechers Zeilen „Auferstanden aus Ruinen und der Zukunft zugewandt" auf eine Stadt zutrifft, dann vor allem auf Dresden. Sachsens Metropole war und ist wieder eine Stadt der Kunst und Kultur, aber auch der Forschung und Industrie, ja sogar, auch wenn man den Dresdnern eine konservati-

ve Grundhaltung nachsagt, der Moderne. Es war nicht alles schlecht früher, aber heute ist vieles besser.
Eine Besonderheit gibt es: Dresden war fast immer Residenzstadt, Regierungssitz, erst eines lange recht bedeutenden deutschen Territorialstaats, dann immerhin eines Landes, zwischenzeitlich lediglich eines Bezirks. Heute ist das „Nest" des Jahres 1206 immerhin wieder Hauptstadt des Bundeslandes Sachsen. Das macht es nicht immer ganz einfach, die Geschichte der Stadt darzulegen – es ist einfach oft notwendig, auf die Historie von Land und Nation, von Sachsen und Deutschland, auf die Biografie vieler wichtiger Wettiner, die das Land lange regierten, einzugehen, um zu verstehen, weshalb sich hier was abspielte.

Die Zahl der Bücher über Dresden ist Legion: Es gibt unzählige hoch interessante Arbeiten zu Spezialthemen (vor allem kultur- und architekturgeschichtlicher Art) und auch die ein oder andere gute Gesamtdarstellung, sich aber nicht nur im Dickicht der Stadt, sondern auch in dem der Bücher zu ihr zurechtzufinden ist nicht gerade leicht. Viele Dresdner wissen gut Bescheid über die Geschichte ihrer Stadt, andererseits halten sich zäh und hartnäckig Legenden und Histörchen, die zwar von Generation zu Generation munter weitervererbt und -kolportiert werden, aber mitunter hart an der historischen Wahrheit vorbeischrammen. Natürlich finden sich auch in diesem Buch die obligatorischen Anekdoten, aber sie sind als solche gekennzeichnet. Ansonsten waren wir bestrebt der Wahrheit auf den Grund zu gehen, auch wenn sich beim Schreiben wieder mal bestätigte, dass der Weg zu ihr mit Paradoxien gepflastert ist und Wahrheit letztlich dann doch nichts weiter ist als der Name, den wir unseren wechselnden Irrtümern geben, das Wissen letztlich nichts weiter ist als jener kleine Teil der Unwissenheit, den wir geordnet und klassifiziert haben.

Ich habe mich bemüht, ein differenziertes und ausgewogenes Bild von der 800-jährigen Geschichte Dresdens entstehen zu lassen, einer Stadt, die meine mir liebe Heimat ist, auch wenn ich jedes Jahr meine Wochen in Asien oder im Orient brauche, um meiner Lust auf fremde Kulturen zu frönen. Die Schattenseiten und nicht ganz so positiven Aspekte in der Historie Dresdens werden nicht verschwiegen, aber aus der tiefen Verbundenheit mit der Stadt samt bunten Einwohnervölkchen auch kein Hehl gemacht. Natürlich konnte aus Platzgründen nicht auf alle Aspekte der Stadtgeschichte gleichgewichtig eingegangen werden. Ich habe, schon um dieses Buch von anderen Publikationen etwas zu unterscheiden, den ein oder anderen Schwerpunkt gesetzt. Ich bin auch kein Spezialist für alles und jedes, kenne mich in einigen Epochen schlichtweg besser aus, weiß zu einigen, durchaus auch ungewöhnlichen Themen, die mir mehr am Herzen liegen und die ich einer breiteren Öffentlichkeit bekannt machen will, mehr zu sagen. Es war mir auch wichtig, keine trockene wissenschaftliche Abhandlung zu liefern – dieser Streifzug durch die Geschichte sollte sprachlich Esprit haben, mit Witz und (Selbst-)Ironie aufwarten, auch für Geschichtsmuffel gut lesbar und verständlich sein und doch allen wissenschaftlichen Ansprüchen genügen. Ich hoffe, das mir dies gelungen ist. Für sachliche Kritik, für Tipps und Anregungen bin ich offen.

Dieses Buch wäre natürlich nicht entstanden, wenn mir einige Leute nicht geholfen hätten. Da ist in erster Linie **Kerstin Klauer-Hartmann** zu nennen. Als Journalistin, die auch als Stadtführerin arbeitet (www.stadtfuehrung-dresden.de), hat sie aus ihrem reichen Erfahrungsschatz die in den Kästen herausgehobenen Anekdoten beigesteuert. Sehr herzlich möchte ich mich auch bei Ute Essegern und Uwe Naumann bedanken, die kompetent Anregungen gaben, Schnitzer monierten, sich unglaublich viel Mühe gaben, um all die Bilder und Fotos heranzuschaffen – und dabei möglichst auch selten oder auch noch nie publizierte Motive aufzutreiben. Und auch Dan Prietzel, der das Layout meisterte, sowie Klaus Gertoberens von der edition Sächsische Zeitung gebührt ein dickes Lob. Und ich nutze dieses Vorwort auch, um mich bei all denen zu bedanken, die mir während meiner langen Leukämie-Krankheit zur Seite standen, das ihre dazu beitrugen, dass ich meine zunächst minimale Überlebenschance recht gut genutzt habe. Liebe Eltern, Geschwister, Freunde, Kollegen: Vielen Dank!

Am Anfang war das Wort, dem folgte schließlich gar eine „Neolithische Revolution"

Gegründet am Ort eines slawischen Fischerdorfs als Kaufmannssiedlung und landesherrliche Burg, war Dresden seit dem 15. Jahrhundert Residenz der sächsischen Herzöge, Kurfürsten und später Könige.

Die Stadt erlebte glanzvolle wie tragische Zeiten, sie war vor allem im 18. Jahrhundert ein prächtiges Zentrum europäischer Politik, Kultur und Wirtschaft und wurde nur zwei Jahrhunderte später zum Synonym für apokalyptische Zerstörung.

Den Dresdnern und den Freunden in aller Welt war und ist Dresden heute noch ein einzigartiger Ort, dessen Faszination sich auch auf eine reiche Geschichte gründet.

Das Elbtal in prähistorischer Zeit

Es war ein bewegte Zeit. Vor etwa 350 Millionen Jahren wurde in Europa die Erdkruste durch Druck aufgepresst und zusammengefaltet. Es bildete sich das Variskische Gebirge, dessen Gebiet sich von der heutigen Bretagne bis nach Polen hinzog. Der Name leitet sich vom germanischen Stamm der Varisker aus dem Vogtland her, deren Hauptort im Gebiet der Stadt Hof lag und von den Römern Curia Variscorum genannt wurde. Wind und Wasser taten ihr Werk. Rund 80 Millionen Jahe später war das Gebirge abgetragen, bis zum Rumpf.

Vor reichlich hundert Millionen Jahren begann dann die Kreidezeit. Rügen bekam damals die Kreidefelsen, das Elbtal um Dresden seinen „Pläner", dünnplattigen Kalkmergel: Während stromaufwärts vergleichsweise harter Sandstein die Elbe dazu zwang, sich ihr Bett durch die Sächsische Schweiz zu graben, wurde der Pläner des Dresdner Eibtalkessels weitgehend ausgewaschen. Vor etwa 75 Millionen Jahren, die Kreidezeit lag erdgeschichtlich im Endstadium, wurde es geologisch gesehen dann so recht ungemütlich. Weil die Alpen hoch hinaus wollten, schoben sich von Nordosten her alte Lausitzer Granite und Granodorite über die Sandsteine und Pläner des Elbtals. Noch „etwas" später, vor etwa 30 Millionen Jahren, lief dann das Erzgebirge zu großer Form auf und versperrte endgültig die freie Sicht auf Böhmisches Becken und Mittelmeer. Vor 400 000 Jahren zuckte dann wieder der Boden der Lausitz und der Nordhang des heutigen Elbtalkessels wurde noch einmal um gut 40 Meter angehoben. Aus dem Norden kam Eis. Die Elbe, die bislang noch Norden geflossen war, suchte sich ein neues Bett und verließ ihr bisheriges Tal gen Nordwesten. In den folgenden frostigen Zeiten brachten der Elbstrom und seine Zuflüsse Tone, Sande und Kies heran, die sich, nicht zuletzt wegen des Eispanzers im Norden, sammelten und absetzten. An der Nordseite des Elbtales lagerten sich im Laufe einiger Jahrhunderte Treibsande ab, auf der Südseite gar fruchtbarer Lössboden.

Der Mensch hinterlässt erste Spuren

Als dann um 10 000 v. Chr. endlich der Sommer anbrach, war alles für den Menschen vorbereitet. Da das Erzgebirge zu dicht bewaldet und die Höhenluft zwar sicher gesund, aber kalt war, bevorzugte man den Elbkessel als Siedlungsgebiet. Hier war es klimatisch angenehm, der Boden war recht fruchtbar, es gab reichlich Wasser. Und wer wollte, konnte am Fluss entlang – auch schnell die Nachbarn in südlicheren Gefilden besuchen. Insofern ist es nicht verwunderlich, dass die Mitarbeiter des Landesamtes für Archäologie im Elbtal zwischen Meißen im Nordwesten und Pirna im Südosten viele Funde machten. Flusslandschaften besitzen in der Archäologie einen besonderen Stellenwert, bilden Flusstäler und ihr Einzugsbereich doch wichtigte Besiedlungszonen im

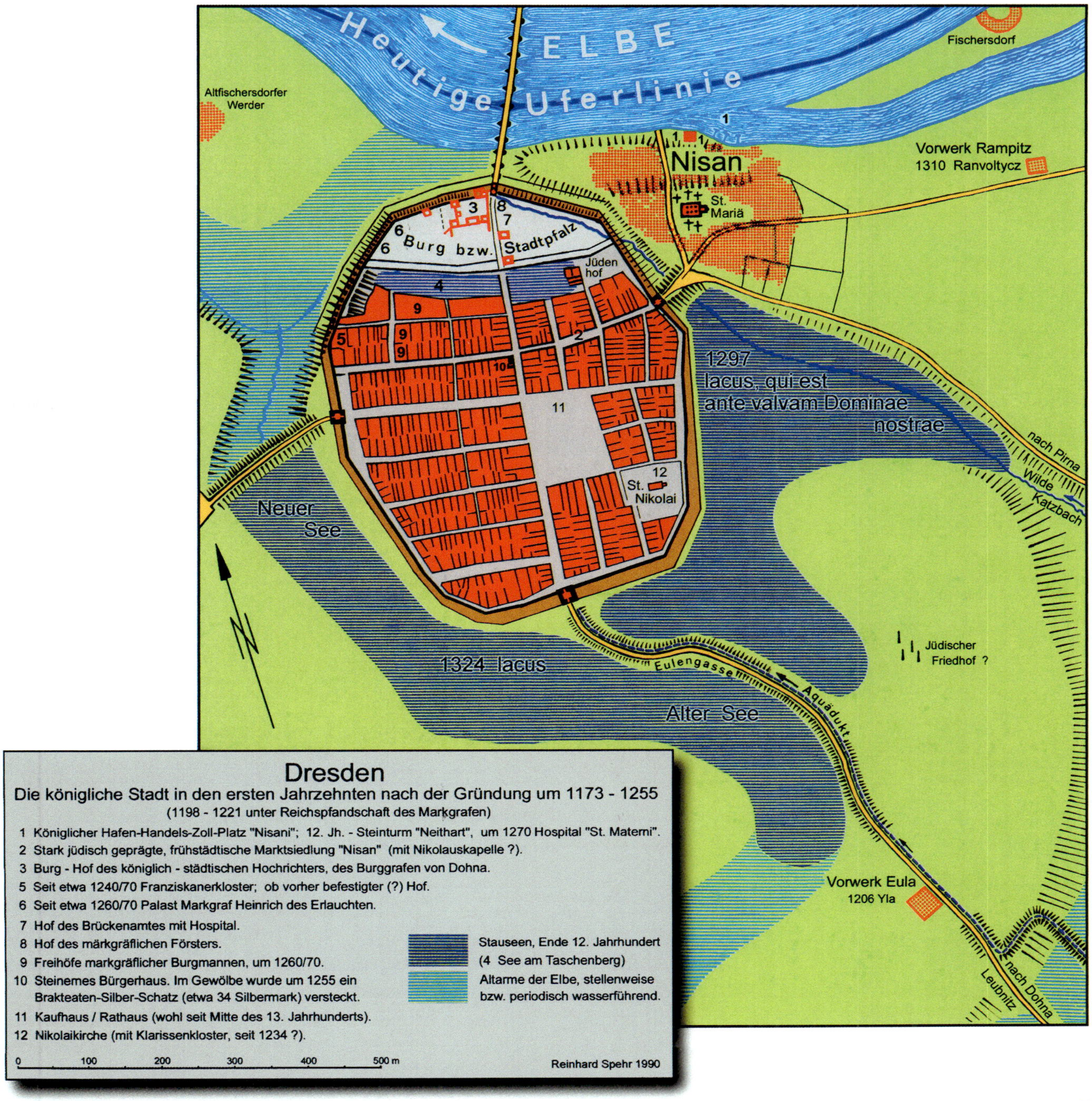

prähistorischen Mitteleuropa und sind damit vielfach Altsiedellandschaften. In Dresden-Plauen gruben die Archäologen einige Geräte und Knochen aus, die ein paar Jäger der Altsteinzeit um 40 000 v. Chr. wohl bei einer kleinen Rast hatten liegen lassen.

Die „Neolithische Revolution" verändert das Leben

Hatten die Menschen im Paläolithikum (Altsteinzeit, 8000 v. Chr.) als umherziehende Jäger und Sammler gelebt, wurden sie im Neolithikum (Jungsteinzeit, 5500 bis 2000 v. Chr.) sesshaft, wurden Bauern und Viehzüchter. Gravierende Veränderungen der Lebensweise waren die Folge. Der Jäger lebte in schnllel aufschlagbaren Zelten, Geräte und Waffen für die Jagd waren leicht und strapazierfähig. Im Gegensatz dazu baut der Bauer ein festes Haus, legt Felder an. Daher kann er auch Gegenstände herstellen, die nicht für den Transport geeignet sind. Dazu gehören etwa Gefäße aus gebranntem Ton, die zwar zerbrechlich sind, sich aber sehr gut zum Kochen eignen. Seit dem Neolithikum wurden deshalb gerne die

Die Kreisgrabenanlage von Kyhna im Kreis Delitzsch wurde auf der Basis der Daten der Vierfach-Kreisgrabenanlage von Dresden-Nickern ermittelt. Ob es sich um eine Kultstätte handelt, ist wissenschaftlich nicht gesichert.

Lösshänge mit ihren fruchtbaren Böden besiedelt. Bei Löss handelt es sich um durch Wind angewehtes Sediment aus den Kältewüsten der Eiszeit, das sich in eisfreien Beckenlandschaften abgelagert hat. Löss kann Wasser aufnehmen, ist locker, porös und besonders mineralstoffreich. In Dresden-Nickern legten damals die Menschen einen Monumentalbau an: eine Kreisgrabenanlage. Zweieinhalb Metertiefe Gräben mit bis zu 130 Metern Durchmesser schaufelten die Leute aus dem Boden. Es könnte sich dabei um Kultstätten gehandelt haben, aber bewiesen ist nichts.

Mensch und Tier unter einem Dach

Wann das Haus erfunden wurde, ist nicht bekannt. Wahrscheinlich so wie das Rad irgendwie, irgendwo irgendwann – das Dunkel der Vorgeschichte ist in solchen Fragen zum Kummer der Wissenschaft bisweilen undurchdringlich. Offensichtlich hatte der Mensch das Urbedürfnis, auch nachdem er die Höhle verlassen hatte ein schützendes Dach über dem Kopf zu haben.

In Dresden-Nickern förderten die Archäologen 1959/60 bei einer Großgrabung die Reste einer großen jungsteinzeitlichen Siedlung zu Tage: diverse Häuserpfosten sowie Reste von Kulturpflanzen, die der Linienbandkeramik-Kultur zugeordnet werden. Die Kultur der Bauern in Mitteleuropa ist nach der charakteristischen Verzierung ihrer Keramikgefäße benannt: bandförmige Ornamente, die komplizierte Rauten-, Spiral- oder Girlandenmotive bilden. In der älteren Linienbandkeramik (5500 bis 4900 v. Chr. sind die Ornamente überwiegend als Linien eingeritzt, für die jüngere Stichbandkeramik (4900 bis 4500 v. Chr.) sind eingestochene Ziermuster typisch. Als Schnurkeramik bezeichnet man schließlich eine Kultur am Ende der Jungsteinzeit. Die Name verweist auf die charakteristische Verzierung der Keramikgefäße mit Schnureindrücken. Auch zwei Steinbeile holte man in Nickern ans Tageslicht.

Die linienbandkeramischen Siedler, die um 5500 v. Chr. erstmals die Eibtalweitung besiedelten, bauten robuste und große Gebäude, die sie nach unserem

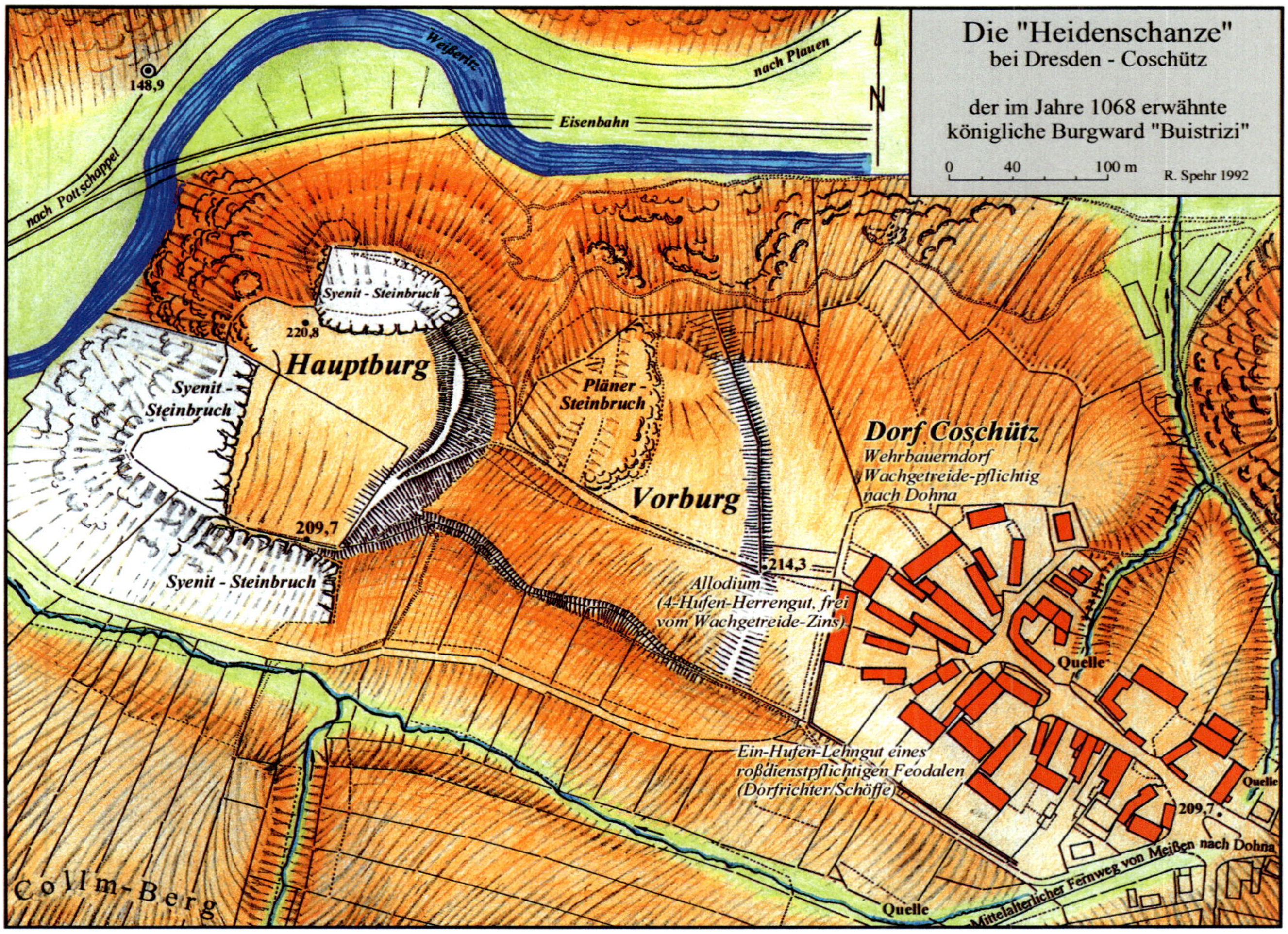

Über Jahrhunderte hinweg war die „Heidenschanze" bei Dresden-Coschütz auf einem Felssporn über der Weißeritz eine wichtige Wehrsiedlung mit – wie Bronzefunde belegen – weitreichenden Handelsbeziehungen.

Verständnis gar nicht „effektiv"nutzen konnten. Sie verwendeten viel zu viele Baumstämme für den Bau ihrer Häuser. Die Gebäude waren so einheitlich, dass man geradezu von einer Musterarchitektur sprechen kann. Damals lebten alle unter einem Dach: Mensch und Tier – es dauerte noch ein bisschen, bis der Mensch nicht mehr mit dem Hausschwein unter einem Dach leben wollte.

Der Trichterbecherkultur wird eine Grube zugeordnet, die ebenfalls aus dem Neolithikum stammt und ebenfalls in Nickern gefunden wurde. Der Grubeninhalt spiegelt eine kleine Katastrophe wider – denn offensichtlich brannte das dazugehörige Haus ab.

Rarität in Sachsen: Steinkistengräber

In Nickern fanden die Archäologen auch einen verzierten Kumpf, ein Gefäß, das mit einem Vorrat an roten Farbstoff gefüllt war. Rötelpulver, ein fein zerriebenes Gemenge aus rotem Eisenocker (Eisenoxid) und Ton, war sehr beliebt zum Färben von Dingen des täglichen Bedarfs. Möglicherweise bemalten sich die Menschen mit diesem Pulver. Auch ist zu vermuten, dass es bei der Behandlung von Toten eine Rolle spielte: dem Verstorbenen die Farbe des Lebens zu verleihen und ihn so weiterhin am Leben teilnehmen zu lassen. Die rote Farbe könnte den Stoff des Lebens versinnbildlichen – nämlich das Blut, das mitunter auch fließt, wenn ein Mann rotsieht. Denkbar wäre aber auch eine Rotfärbung als Ausdruck von Festlichkeit ohne religiöse Bedeutung, als Body-Painting aus Spaß an der Freude. Während das Tongefäß geradezu ein Symbol der jungsteinzeitlichen Welt (5500 bis 2200 v. Chr.) ist, verweist der Rötel quasi als roter Faden zurück in die Mitteisteinzeit (8000 bis 5500 v. Chr.) auf ein jahrtausendealtes Brauchtum. Aus dieser Zeit sind Spuren roten Farbstoffs in Gräbern nachgewiesen.

Aus der frühesten Bronzezeit stammen einige in Nickern gefundene Steinkistengräber, die zur Aunjetitzer Kultur gehören (1400 bis 800 v. Chr.) Direkt neben ihrem Dorf haben die Menschen dieser

Bei Grabungen bei Kaitz fand man Steinkistengräber aus der frühen Bronzezeit. Gebeine hatten sich allerdings nicht erhalten.

Zeit ihre Toten dicht beieinander bestattet. Boden und Seitenwände der rechteckigen, annähernd körpergroßen Gruben waren wannenartig mit unbehauenen Steinen ausgekleidet. Sie bildeten die Unterlage für den Leichnam. Wegen der kalkarmen Böden sind allerdings keine Knochen erhalten, die Archäologen konnten also keine Untersuchungen zu Alter, Geschlecht oder möglichen Krankheiten der Toten vornehmen. Frühbronzezeitliche Steinkistengräber kommen in Sachsen selten vor, in der Oberlausitz fand man ein paar – und eben in Dresden. Außer dem Friedhof von Nickern sind hier mehrere Fundstellen bekannt, darunter auch eine kleine isolierte Grabgruppe in Dresden-Gostritz, ebenfalls frei von Skelettresten jeglicher Art.

Zwischen 1994 und 1996 wurde bei Grabungen eine weitere bandkeramische Siedlung aus der Jungsteinzeit im Kaitzbach-Tal in Dresden-Mockritz näher erforscht. Rund 30 Gebäudegrundrisse unterschiedlicher Dimension und Struktur konnten die Archäologen rekonstruieren. Die Gebäude sind, wie im Elbtal üblich, Nord-Süd-ausgerichtet. Das Siedlungsmuster ist zeilenartig ausgeprägt; isolierte Hausstellen sind aber auch vorhanden; ebenso mehrfache Überlagerungen, die darauf hindeuten könnten, dass die Hofstellen sich stets am gleichen Platz befanden. Das mächtigste Haus war 50 Meter lang und neun Meter breit. Es befand sich am Nordrand der Siedlung und wurde nicht von späteren Bauten gestört. Am Südende standen die Pfosten des Speicherbereichs. Im Norden dürfte, wie die Archäologen meinen, eine Dreiergliederung wuchtiger dachtragender Pfosten bestanden haben. Eine Y-förmige Pfostenkonstruktion der Mitte erinnert an die westeuropäischen Häuser des Neolithikums und deutet Kontakte über den Saalebereich nach Westen an.

Knochenmaterial hat sich in Mockritz wie auch andernorts nur dort erhalten, wo der Boden nicht zu stark entkalkt war. Neben den für die Bandkeramik-Zeit üblichen Haustieren wie Schwein, Rind und Schaf ließ sich auch nachweisen, dass wild lebende Tiere wie Biber, Hirsch, Elch, Ur und Wildschwein den Speisezettel bereicherten.

Gefunden wurde auch ein kleines Gräberfeld der frühbronzezeitlichen Aunjetitzer Kultur (1400 bis 800 v. Chr.). Das auffälligste Merkmal dieser Zeit ist, dass die Toten mit angehockten Beinen bestattet wurden.

Bronze lässt vor allem Männerherzen höher schlagen

Am Rand der Übigauer Flussschleife wurde eine strombegleitende Begräbniszone der späten Bronze- bis frühen Eisenzeit (800 bis 15 v. Chr.) nachgewiesen. Den elbwärts vorgelagerten Bereich am Übergang zur eigentlichen Elbaue nutzte man in etwa zur gleichen Zeit als Siedlungs- oder Wirtschaftsbereich. Die Frage ist noch ungeklärt, was den Menschen in diese eigentlich akut hochwassergefährdete Lage zog. Denn da auch damals schon der Mensch ungern nasse Füße bekam, siedelte er in der Regel in überschwemmungssicheren Lagen. So legte er vor über 3000 Jahren auf einem Felssporn über der Weißeritz im Plauenschen Grund eine Befestigungsanlage an, die heute als „Heidenschanze“ bekannt ist. Es müssen unruhige Zeiten gewesen sein. Die meterdicke Kulturschicht gab der Nachwelt preis, dass hier Bronze geschmolzen und gegossen wurde.

Bronze, diese Legierung aus Kupfer und Zinn, war der Stoff, der Männer glücklich machte! Weshalb? Nun, der Vorläufer der Bronze war das Kupfer. Kupfer-Lagerstätten gab es in ganz Europa, von merry old England bis zum Ural. Gegenüber Bronze hatte das rote Metall aber schwerwiegende Nachteile: Es ist verhältnismäßig weich, als Schneide- und Schlagwerkzeug nur mäßig geeignet. Der Schmelzpunkt von Kupfer liegt mit über 1000 Grad Celsius sehr hoch, beim Gießen erstarrt es, ehe eine größere oder kompliziert gebildete Formgefüllt werden kann. Mit Kupfer ließen sich also nur einfache Geräte und vor allem Schmuck herstellen, keine aufwendigen Waffen, des aufrechten Mannes größte Zier vor der Erfindung des Automobils. Durch den im Schnitt zehnprozentigen Zusatz von Zinn wurde das Metall nun härter und damit vielseitiger einsetzbar. Bronze wurde zum Prestigeobjekt. Natürlich wurden aus Bronze aber nicht nur Waffen, sondern auch Schmuck und Alltagsgeräte hergestellt.

Im Sommer 2003 gruben Mitarbeiter des Landesamtes für Archäologie am Neumarkt die „Barbakane" aus, eine Befestigung, die von außen den Zugang zur Brücke über den Zwinger vor dem einstigen Frauentor absicherte.

Nachdem die Germanen gen Süden abgewandert waren, folgen die Slawen

Ein paar Jahrhunderte lang fühlte man sich innerhalb der Heidenschanze sicher. Dann kamen irgendwann die ersten Germanen. Langobarden und auch Burgunder schauten vorbei, hinterließen in Dobritz, Reick und Nickern ihre Spuren, vorrangig in Form von Gräbern. Dann erhob man sich von der faulen Bärenhaut und zog ab. Der Süden lockte mit all seinen Schätzen und Speisen lockte.

Eine Rolle könnte natürlich auch gespielt haben, dass das thüringische Stammesreich 531 n. Chr. untergegangen war. Es kamen jedenfalls die Slawen. Das Land, das sie „Nisani" (Niederung, Niederland) nannten, war ziemlich menschenleer. Die Heidenschanze wurde wieder in Schuss gebracht, weitere Wehranlagen legte man unter anderem in Briesnitz, Lockwitz, Niederwartha und Pillnitz an. Viele Dresdner Ortsnamen gehen auf slawische Siedlungen zurück, wie man unschwer an der Endung „-itz" in vielen Ortsnamen erkennen kann. Mochten in späterer Zeit Kriege oder die Pest die Bevölkerung ganzer Dörfer ausrotten, die Namen der Orte blieben, auch wenn neue Einwohner, vorzugsweise aus den bevölkerungsreichen Gebieten im Westen, aus Franken oder Flandern etwa, kamen.

Kaiser Heinrich IV. belehnt 1089 das Haus Wettin mit der Markgrafschaft Meißen

Zur Gründung eines Staates konnten sich die slawischen Stämme in der Region nicht zusammenraufen. Das war ebenso fatal wie die Tatsache, dass man an diverse Götter, aber nicht an den einen Gott der Christen glaubte. So wurden bei den Nachbarn Begehrlichkeiten auf dieses politische Niemandsland geweckt.

Polen und Tschechen schickten den westslawischen Brüdern ihre Krieger auf den Hals, aus dem Westen rückten die Deutschen heran. Anno 928 setzte König Heinrich I. aus dem Geschlecht der Ottonen ein Heer in Marsch. Ziel: die Unterwerfung der Stämme östlich von Elbe und Saale, darunter auch der Stammesverband der sorbischen Daleminzier. Im Frühjar 929 errichtete man auf dem Berg in Meißen eine Burg, die als zentraler Stützpunkt die Herrschaft über die Menschen sichern sollte, den neuen Siedlern Schutz bieten sollte. Überall im Land legte man kleine Burgen an, wobei mitunter slawische Wallanlagen einfach ausgebaut wurden. Hier hatten die Burgwarte das Sagen, nicht nur militärisch. Für den Gau Nisan sind vier Burgwarde überliefert: Briesnitz, Dohna, Niederwartha und ein Burgward, der seinen Sitz nahe der Weißeritz hatte. Sie gewährleisteten die Gerichtshoheit des Königs und sorgten dafür, dass die Bevölkerung auch pünktlich ihre Abgaben leistete. Und natürlich predigten Missionare auch Gottes Wort, damit die Slawen Brüder im Geiste Christi wurden. Urkundlich belegt ist der der ursprünglich slawische Gau Nisani erstmals 1013 und dann später im Tafelgüterverzeichnis des römischen Königs zur Zeit Kaiser Barbarossas. Er umfasste die Elbtallandschaft von Meißen bis Pirna.

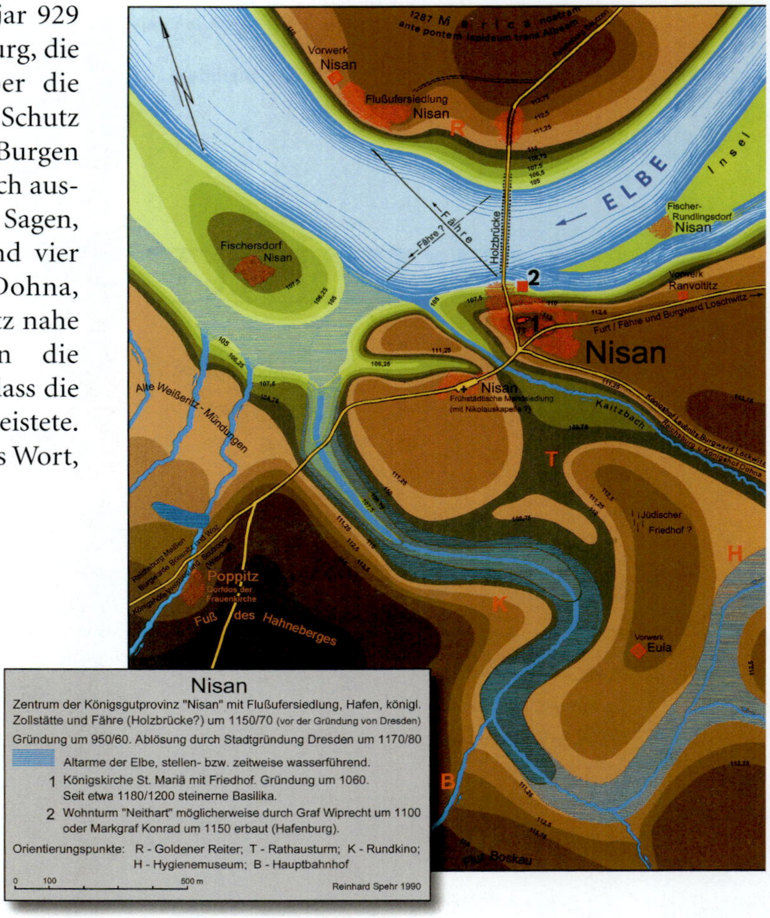

Der Gau Nisan umfasste das Elbtal im Bereich zwischen Pirna und Meißen.

1084 war das Elbtal Mitgift für ein holdes Töchterlein

Während der Auseinandersetzungen im Gefolge des Investiturstreits zwischen deutschem König und dem Papst in Rom wurde dann Graf Heinrich von Eilenburg 1089 durch Kaiser Heinrich IV. aus dem Geschlecht der Salier mit der Markgrafschaft Meißen belehnt – seitdem verbindet sich die Geschichte des sächsisch-thüringischen, mitteldeutschen Raumes mit der Dynastie der Wettiner. Die folgenden 829 Jahre bis zur Revolution 1918 ermöglichten diesem Fürstenhaus (auch wenn viel Glück im Spiel war) eine kontinuierliche Herrschaft im Raum zwischen Saale und Elbe (länger als den Hohenzollern in Brandenburg-Preußen und sogar länger als den Wittelsbachern in Bayern). Mit Hilfe der damals üblichen Mittel der Territorialpolitik – mit Waffengewalt, dynastischen ehelichen Verbindungen und dem Geld aus den Silbergruben im Erzgebirge – gelang es den Wettinern im Laufe der Zeit, von der vergleichsweise bescheidenen Grundlage der Markgrafschaft Meißen und der ihnen bereits 1247/64 zufallenden Landgrafschaft Thüringen ausgehend den Streubesitz so flächendeckend auszubauen und abzurunden, dass sie zu Beginn des 15. Jahrhunderts als die mächtigste Territorialmacht im mitteldeutschen Raum dastanden, zumal man über viele Besitzungen kleinerer Fürsten auch noch eine Oberlehnsherrlichkeit ausübte.

Das Elbtal war unter Kaiser Heinrich IV. 1076 zunächst an den Herzog Wratislaw von Böhmen gefallen, kam 1084 als Heiratsgut für dessen Tochter Judith in den Besitz Wiprecht von Groitzschs und gelangte nach dem Aussterben des einst mächtigen Hauses Groitzsch schließlich an die Mark Meißen.

Die deutsche Ostkolonisation bzw. Ostsiedlung brachte zahlreiche Siedler ins Land, Handwerker, Kaufleute, zumeist natürlich Bauern, winkten doch bessere Persönlichkeits- und Besitzverhältnisse, waren Zins und Zehnt nicht ganz so hoch. Vor allem die Markgrafen Otto der Reiche und Dietrich der Bedrängte trieben die Gründung von Städten in ihren Machtbereichen konsequent voran. Alles in allem entstanden auf dem Gebiet Sachsens, das heute allerdings größer ist als einst die Mark Meißen, rund 50 Städte. Manche blieben kleine Flecken, andere wurden groß, eine schließlich gar Landeshauptstadt: Dresden.

Spekulationen und Mythen um die Anfänge der Stadt (1206 - 1517)

Am Anfang war bekanntlich das Wort, aber über die Anfänge Dresdens als Stadt liegt bedauerlicherweise keines vor und deshalb liegen diese Anfänge ziemlich im Dunkeln. Sieht man von Briesnitz ab, dann kann, so der derzeitige Kenntnisstand nicht zuletzt dank der Forschungsarbeit der Archäologen, zwischen dem 7. und dem 12. Jahrhundert an keiner Stelle in der mittelalterlichen Kernstadt von Dresden eine Siedlungstätigkeit nachgewiesen werden. Auch slawische Siedlungsbefunde fehlen noch immer völlig, obwohl das Stadtgebiet mittlerweile nach allen wissenschaftlichen Regeln der Archäologenzunft umgegraben ist. Insofern gehen viele Forscher mittlerweile auch davon aus, dass die These von den „slawischen Wurzeln" Dresdens oder die Ableitung des Stadtnamens aus dem altsorbischen Wort „Drezdany" (Ort der Auen oder Auenwaldbewohner) heute nicht mehr haltbar ist. Es ist wohl einfach die Rückübersetzung des Namens „Dresdene" in einer böhmischen Urkunde des 15. Jahrhunderts.

Erste urkundliche Erwähnung 1206

Die Aktenlage ist klar: Am 31. März 1206 taucht erstmals im Zusammenhang mit einem Schiedsspruch des Markgrafen von Meißen der Name „Dresdene" auf – deshalb wird 2006 auch das 800-jährige Jubiläum der ersten urkundlichen Erwähnung gefeiert, mag die Urkunde für die Frage nach der Entstehung der Stadt auch ohne Wert sein.

Markgraf Dietrich musste damals zwischen dem Bischof von Meißen und dem Burggrafen Heinrich II. von Dohna vermitteln, die über den Grenzverlauf in Streit geraten waren. Der Burggraf musste sich verpflichten, seine Burg Thorun bei Pesterwitz wieder abzureißen, das Hochstift erhielt das Gebiet westlich des Flüsschens Weißeritz. Offensichtlich erfolgte die Schlichtung nicht im stillen Kämmerlein, denn es wer-

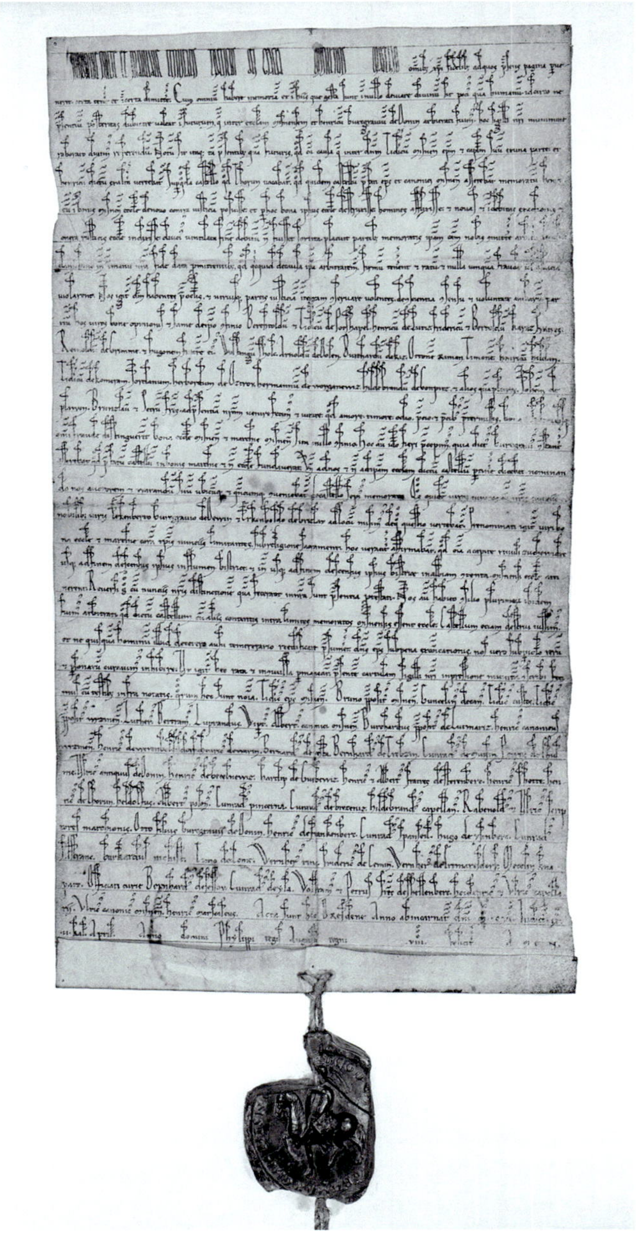

Die erste Urkunde stammt aus dem Jahre 1206.

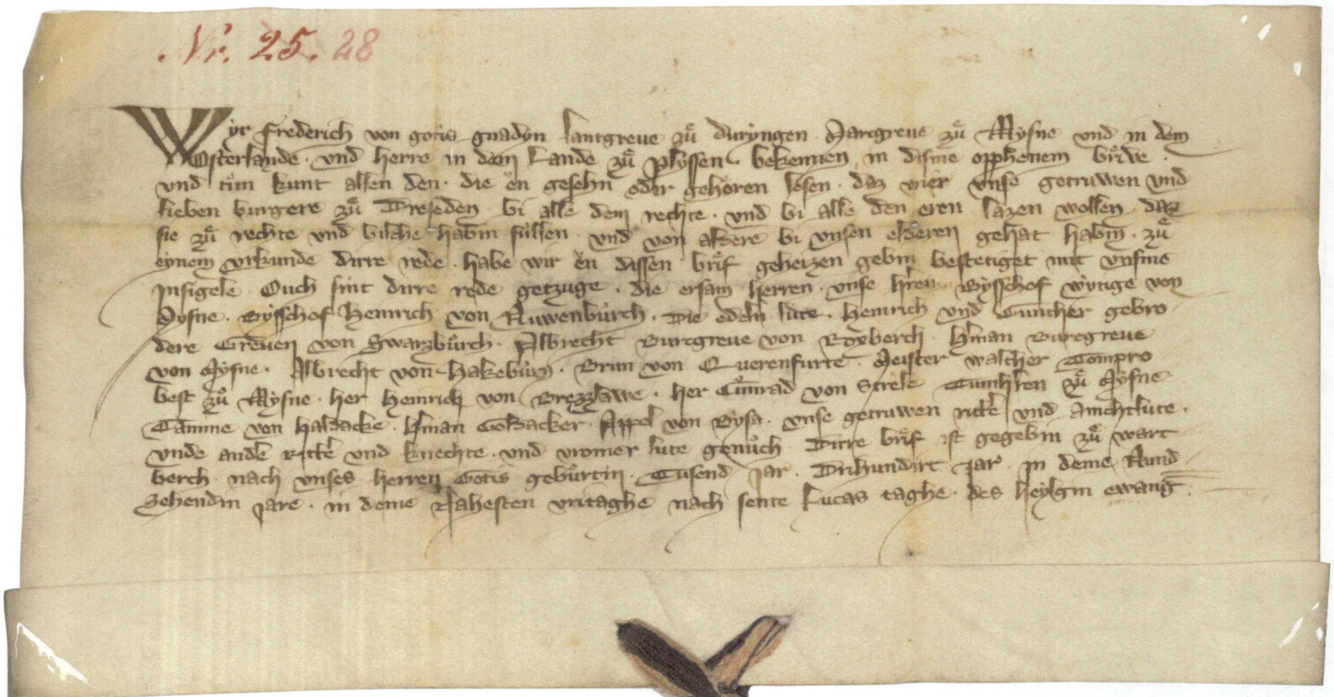

den 77 Personen aufgelistet, die zu diesem Schiedsspruch vor Ort waren. Wenn man davon ausgeht, dass diese Standespersonen von Gefolgsleuten und Gesinde begleitet wurden, dann kann man mit einiger Berechtigung annehmen, dass Dresden da bereits eine größere Ansiedlung gewesen sein muss.

Magdeburger Stadtrecht für Dresden

Zehn Jahre später, am 21. Januar 1216, ist in einer weiteren markgräflichen Urkunde von der civitate nostra (unserer Stadt) die Rede, die Häuseransammlung wird also ausdrücklich als Stadt (civitas) bezeichnet. Dies ist vor allem von verfassungsrechtlicher Bedeutung. Stadtgründung, das heißt vor allem die Verleihung von Stadtrecht. Dresden erhielt bei seiner Gründung magdeburgisches Stadtrecht, wie zwei landesherrliche Urkunden aus den ersten Jahrzehnten des 14. Jahrhunderts belegen. Das „Magdeburger Modell war sehr beliebt im Mittalter). Stadtrecht konnte letztlich aber nur derjenige verleihen, der auch Macht und Mittel (auch die militärischen) hatte, es denn auch in der Folgezeit zu sichern. Jede Stadt hat am Anfang einen Stadtherrn gehabt, der um seiner politischen und wirtschaftlichen Interessen willen, des Ausbaus der Herrschaft etwa, einen Schritt tun musste, der dem Prinzip der feudalen Herrschaftsordnung eigentlich zuwiderlief: Er musste die Stadt und ihre Bewohner aus der Feudalordnung entlassen, musste ihr eine Freiheit gewähren, die es bis dahin nicht gegeben hatte. Stadtrechtsverleihung bedeutete in der Regel Befreiung von unmittelbarer feudaler Abhängigkeit, wie dies nicht zuletzt der bekannte Spruch „Stadtluft macht frei“ zum Ausdruck bringt. Die Bauern der neu gegründeten Kolonistendörfer besaßen zwar ein besseres Recht und wurden auch zu weit weniger Leistungen für ihre Herrschaft herangezogen als die Sorben oder die Bauern in den Regionen westlich der Saale, aber grundsätzlich war jeder einzelne Bauer im Osten seinem Dorfherrn unmittelbar unterworfen und zu Diensten verpflichtet. „In den neuen Städten war das anders. Dort trat die gesamte Einwohnerschaft in Gestalt der Stadtgemeinde dem Stadtherrn gegenüber“, hielt einmal Karlheinz Blaschke, der Nestor der sächsischen Landesgeschichte, in seinen *Studien zur Frühgeschichte des Städtewesens* in Sachsen fest.

Günstige Lage am Schnittpunkt von Fernhandelsstraßen und der Elbe

Der genaue Zeitpunkt der Gründung der Stadt, die, wie der Grundriss nahe legt, vermutlich planmäßig

bezeichnet. Die strittige Frage: Wann wurde aus der Holz- eine Steinbrücke? Es gibt Wissenschaftler, die die Ansicht vertreten, dass in Dresden die erste Steinbrücke nördlich der Alpen erbaut worden sei, andere plädieren dafür, das Zivilisationsgefälle doch bitte nicht zu vernachlässigen. Es sei doch erstaunlich, meinte etwa Sachsens Landesarchäologin Judith Oexle auf einem Kolloquium des Dresdner Geschichtsvereins, wenn Städte wie Basel im fortschrittlicheren Westen allenfalls über Fährdreiecke verfügt hätten, ausgerechnet im Kolonialland im Osten aber bereits eine Steinbrücke errichtet worden wäre. Erstmals erwähnt wird eine Brücke in einer undatierten Urkunde, die man heute in den Zeitraum zwischen 1229 und 1234 einordnet. Die Brücke wäre demnach irgendwann am Ende des 12. oder zu Beginn des 13. Jahrhunderts erbaut worden. Dafür sprechen auch die Forschungsergebnisse der Archäologen an den beiden aus jener Zeit erhalten gebliebenen Pfeilerresten links (in einem gewölbten neuzeitlichen Kellerraum unter dem Georgentor des Schlosses) und rechts der Elbe. Die Dresdner Elbbrücke war mit der Nikolaikirche verbunden. Das „Brückenamt“ war auch mit der Verwaltung der Kircheneinkünfte betraut. Verwalter des gemeinsamen Vermögens war mindestens seit dem Jahr 1303 ein Brückenmeister, der vom Rat der Stadt in Absprache mit dem Landesherrn ernannt wurde. Mit dem Brückenzoll finanzierte die Gemeinde ihre Kirchenausgaben, leistete sich auch das ein oder andere Kunstwerk.

Unter Markgraf Heinrich dem Erlauchten avancierte Dresden erstmals zur Residenz eines Wettiners

Am Ostflügel des Schlosses stießen die Archäologen auf eine weitere kleine Sensation: die Reste eines mächtigen, 19 Meter langen und 10 Meter breiten, unterkellerten Steinhauses. Der 1985 ausgegrabene Keller fällt durch sein sorgsam gefügtes Mauerwerk auf und ist deutlich älter als die Burg, aus der sich das Residenzschloss entwickelte. Der Keller sowie eine Wasserleitung, ein Holzkeller und vier Pfostengruben gehen der Burg zeitlich eindeutig voran, sind chronologisch in das ausgehende 12. und frühe 13. Jahrhundert einzuordnen. Der Keller dürfte zweifelsohne der älteste profane Bau sein, den man bislang mit Sicherheit gefunden hat. Es könnte sich um einen bislang nicht erkannten Vorgänger der Burg handeln – die mächtigen Pfostengruben wären dann Teil einer hölzernen Befestigungsanlage –, oder aber es handelt sich hier um den ältesten urbanen Kristallisationspunkt.

Es waren dann die Burggrafen von Dohna, die als höchste königliche Beamte in der Provinz Nisan

Das Foto von diesem um 1535 entstandenen und 1945 zerstörten Holzmodells überliefert das frühere Aussehen des Dresdner Schlosses

Anfang des 13. Jahrhunderts das Reichsgut verwalteten, die Befestigungs- und Gerichtshoheit über Dresden besaßen und direkt neben dem linkselbischen Stadttor eine Burg errichteten. Auf einer Fläche von 40 mal 35 Metern entstand eine kastellartige Anlage. Teile des heutigen Nord- und Ostflügels des Residenzschlosses stehen auf den romanischen Grundmauern dieser Burg. Zumindest das Kellergeschoss, bestehend aus einem dreijochigen, durch Gurtbögen auf Wandpfeilern gegliederten Kreuzgratgewölbe, ist noch vollständig erhalten. In der Wissenschaft bezeichnet man die aus spätromanischer Zeit stammende Halle als *Kemenate* (im Großen Schlosshof), die zu denwertvollsten Profanarchitekturen aus der Mitte des 13. Jahrhunderts in der Mark Meißen gehörte. Möglich wäre aber auch eine Nutzung als Saalbau/Palas oder auch als kombinierter Saal-Wohnbau.

Bekannt ist, dass Markgraf Heinrich der Erlauchte sich gern in der Region aufhielt und das günstig gelegene Dresden seit 1268 als seinen bevorzugten Wohnsitz ansah – Dresden avancierte erstmals zur Residenz eines Wettiners. Ob Heinrich der Erlauchte allerdings die vergleichsweise kleine Burganlage nutzte oder einen am Taschenberg im Bereich der Sophienstraße ausgegrabenen groben Baukomplex als seine *curia* (Amtsgebäude) bewohnte, ist nicht zu klären. Der um 1260/70 errichtete Bau am Taschenberg mit seiner Länge von mindestens 34 Metern und einer Breite von 15,5 Metern war jedenfalls der mächtigste im Schlossareal. Aber letztlich entwickelte sich nicht aus ihm, sondern aus dem kastellartigen Hof am Brückenkopf später das Schloss.

Über hundert Jahre später, um 1400, kam es dann unter Markgraf Wilhelm I. dem Einäugigen zu einem umfassenden Ausbau und zur Umgestaltung der Burganlage, wovon Spuren bis heute sichtbar blieben. Am 13. November 1382 war das Gebiet der Wettiner nach dem Tode Friedrichs des Strengen aufgeteilt worden. Gemäß den Bestimmungen der Chemnitzer Teilung war die Markgrafschaft Meißen samt Dresden und mitsamt einigen Teilen des Osterlandes um Altenburg, des Pleißenlandes sowie des Vogtlandes dabei an den Markgrafen Wilhelm gelangt, der nicht zur Hauptlinie der Wettiner gehörte und nicht auf dem Fürstenzug abgebildet ist. Er war ein bedeutender Herrscher, hatte mit einer kraftvollen, konsequent auf Territorialstaatsbildung ausgerichteten Politik erzwungen, dass die Wettiner sich endgültig die Landesherrschaft in der Mark Meißen gegenüber anderen regionalen Feudalgewalten sicherten. Der Bischof von Meißen musste um 1400 vor der Macht Wilhelms I. nach Stolpen ausweichen, die im Dresdner Gebiet bis dahin starke Positionen behauptenden Burggrafen von Dohna wurden 1402, nachdem die Burgen Dohna, Weesenstein und Königstein durch die Truppen Wilhelms nach monatelanger Belagerung erobert worden waren, besiegt und vertrieben. Unter Wilhelm wurde Dresden für ein Vierteljahrhundert ständiger Aufenthaltsort des markgräflichen Hofes, wurde zum ersten Mal für längere Zeit Residenzsitz eines Fürsten.

Die markgräfliche Burg verfügte über einen 40 Meter langen „dantzsall", Hofstube und allerlei Türme

Die markgräfliche Burg avancierte folgerichtig zum wohl wichtigsten Gebäude Dresdens im Mittelalter, unter anderem auch deshalb, weil sie als Kopf der Brücke für die Verteidigung von hohem Wert war. Die Burg war ab dem 15. Jahrhundert auf drei Seiten von einem Graben umgeben, lediglich auf der Ostseite konnte er nicht nachgewiesen werden. Das älteste Modell Dresdens zeigt denn auch die Burg als beherrschendes Bauwerk der ganzen Stadt. Zwischen 1469 und 1480 erfolgte unter den gemeinsam regierenden Kurfürsten Ernst (1441-1486) und Herzog Albrecht (1443-1500) der Ausbau der Burg zu einer herrschaftlichen Anlage, die auch den Wünschen nach angemessenen Repräsentationsmöglichkeiten Genüge tun konnte. Es entstand eine geschlossene, aus vier den Innenhof umgebenden, in sich jedoch heterogenen Gebäudeflügeln bestehende Schlossanlage, gebildet unter anderem aus zwei Wohnbauten, die von fünf Türmen überragt wurden. Ein Holzmodell, das den Aussehen des Schlosses um 1530 zeigt und seit 1945 verschollen ist, von dem aber Fotos und Zeichnungen existieren, überliefert den damaligen Komplex. Es war insbesondere die Vieltürmigkeit, die lange eine ziemlich markante Eigenart der Dresdner Schlosses im Vergleich zu anderen Anlagen war. An der Nordwestecke war der Hausmannsturm die Dominante, an der Südostecke zog ein der Stadt zugewandter Rundturm (der so genannte „Schössereiturm") alle Blicke auf sich (dieser Turm könnte allerdings, auch wenn er stilistisch der Spätgotik zuzurechnen ist, erst 1530 erbaut worden sein). Aus einem schmalen Südflügel sprang das mit einer spitzen, kunstvoll gestalteten Haube bekrönte Torhaus turmartig hervor. In der ersten Etage des östlichen Wohnflügels befand sich die ‚neue Hofstube", die gesamte zwei Etage nahm der „Dantzsall" ein – ein 40 Meter langer und 13 Meter breiter Raum. Über das Aussehen des damals noch nicht so hohen Hausmannsturms existieren keine Angaben; erst für das Jahr 1494 werden Sturmschäden an der Haube vermerkt, die offenbar im darauf folgenden Jahr durch eine Neueindeckung mit Schiefer behoben wurden. In diesem Zusammenhang beschreibt ein Mann namens Anton Weck in einer 1679 gedruckten Chronik (also aus dem zeitlichen Abstand von fast 200 Jahren) den Turmabschluss als „scharffe hohe vier-eckigt zulaufende Spitze", die wohl bis zum Brand im Jahr 1530 existiert haben dürfte.

Inwieweit sich bei einzelnen Baumaßnahmen der oberste kurfürstliche Landbaumeister Arnold von Westfalen, der in Meißen und Torgau so glanzvolle bauliche Akzente gesetzt hat, auch in Dresden engagierte, lässt sich nur vermuten – Belege gibt es jedenfalls keine. Vielleicht bestand Arnolds Arbeit beim Dresdner Schloss vorwiegend in der Beratung. Überliefert ist, auch wenn die einst im Sächsischen Hauptstaatsarchiv liegenden Original-Amtsrechnungen leider im Zweiten Weltkrieg verloren gingen, dass Meister Hans Reinhardt, ein Schüler Arnolds von Westfalen, 1478/79 am Schlossbau in Dresden mitarbeitete.

Der Grundriss verrät: Bei der Stadtgründung waren Leute mit Weitblick am Werk. Große Flächen der Stadt, das offenbarten die Grabungen der Archäologen an verschiedenen Punkten in der Altstadt, weisen erst Ende des 13. Jahrhunderts eine verdichtete Siedlungsaktivität nach. Sieht man mal vom Altmarkt ab, dann „schlotterte" die Stadt zunächst in einem weiten, großzügig geschnittenen Gewand. Von einer Haus-an-Haus-Bebauung kann zunächst keine Rede sein, da ist der Befund der Archäologen eindeutig. Das unterscheidet Dresden erheblich von Städten wie Freiberg oder Zwickau, die im 13. Jahrhundert bereits dicht parzelliert und flächig bebaut sind. Und trotzdem, der Zustrom an Menschen ließ nicht nach,

Dresden wuchs beträchtlich, auch wenn es hinsichtlich Bevölkerungszahl, Wirtschaftskraft und auch politischer Bedeutung noch lange hinter anderen Städten in Sachsen wie Leipzig oder dem durch den Silberabbau reich gewordenen Freiberg hinterherhinkte. Ferner war die Stadt Görlitz in der Oberlausitz, die damals noch nicht zu Sachsen gehörte, weitaus bedeutender.

Bei der Planung der Stadt wurde nichts dem Zufall vielmehr alles den Fachleuten überlassen

Immerhin, die damaligen Stadtplaner schauten also weit nach vorn. An der Stadtplanung müssen, nimmt etwa Blaschke an, „Fachleute beteiligt gewesen sein, die auf dem neuesten Stand damaligen Städtebaus bestens bewandert waren. Sie haben einen Grundriss gewählt, der als das deutsche Normalschema bekannt ist". Der Grundriss wird beherrscht von einem sich rechtwinklig schneidenden Straßenkreuz, an dessen Südostecke ein nahezu quadratischer Platz mit vier knapp über hundert Meter langen Seiten frei gelassen wurde: der Marktplatz. Nur eine Unregelmäßigkeit gibt es: Im Gebiet Brüdergasse/Frauengasse knickt der Straßenzug im Bereich des späteren Neumarkts nach Südosten ab. Dies könne deshalb laut Blaschke und anderen Historikern als Teil der Fernstraße nach Pirna erkannt werden. „Sein östlicher Teil zeigt innerhalb des sehr regelmäßig geformten Stadtgrundrisses insofern eine Abweichung, als er aus dem rechteckigen Straßennetz herausfällt, indem er etwas nach Nordosten abbiegt, um auf diese Weise das Gelände südlich der Frauenkirche zu erreichen, die als Mittelpunkt der Dresdner Urpfarrei zweifellos auch eine beträchtliche Anziehungskraft auch für den Fernverkehr besessen hat."

Die dem Bischof von Meißen unterstehende Frauenkirche war allerdings nicht in die entstehende Stadt einbezogen, auch wenn sie das gesamte Mittelalter hindurch die Pfarrkirche Dresdens war. Die Elbgasse (die heutige Schlossstraße) als Brückenzufahrt bildete die wichtigste Hauptachse der Stadtanlage. Der Siedlungsplatz lag erhöht, war also hochwassergeschützt und wurde im Norden durch die Elbe, im Westen durch einen Arm der Weißeritz und im Osten durch den Kaitzbach gesichert. In den vor der Stadtmauer liegenden Vorstädten waren die Häuser noch kleiner und bescheidener. Hier lebten Fischer, Schiffer, Töpfer, auch die Damen vom leichten Gewerbe zogen sich nach Dienstschluss hierhin zurück.

Das Ergebnis der planmäßigen Stadtanlage mit ihrem gitterförmigen Straßennetz war jedenfalls eine Stadt mit etwa 600 Häusern. Den Siedlern wurde der abgesteckte Bauplatz erblich überlassen. In der Regel waren die Parzellen schmal und klein – mit Sicherheit dürften die Besitzer überwiegend Handwerker gewesen, also sozial allenfalls der Mittelschicht zuzurechnen sein. Lediglich um den Altmarkt herum finden sich etwa zwei Dutzend vergleichsweise größerer Grundstücke, wie sie in mittelalterlichen Städten allgemein von der meist aus Handelsherren bestehenden Honoratiorenschicht bebaut wurden.

Das Privilegienbuch aus dem Stadtarchiv enthält im vorderen Teil die Wappen der ratsfähigen Familien der Stadt.

STRIEZELMARKT

Wenn alljährlich Ende November die Stadt Dresden in den sehnlichst erwarteten Advents-Taumel startet, gewinnt man schnell das Gefühl, das Stadtinnere sei ein einziger Bratwurststand und prozentehaltiges „Vorglühen" oberste Bürgerpflicht. Zugegeben, eine sehr angenehme Pflicht. Selbst eingespielten Spaßbremsen fällte es schwer, dieser stimmungsaufhellenden Verführung nicht anheim zu fallen. Aus dem Bahnhof auf die Prager Straße gekippt, ziehen Mandelduft und Grog-Aromen den Zugreisenden auf der Stelle unbarmherzig in ihren Bann, schlängelt sich buntes Budengewirr zwischen Kaufhäusern und Geschäften hindurch, um auf dem ältesten Marktplatz der Stadt in einem wildwimmelnden Weihnachtswuhling zu kulminieren: Willkommen auf dem Striezelmarkt. Andere Städte haben einen Adventsmarkt, gar einen Christkindlmarkt. Dresden hat den Striezelmarkt, seit 1434 wohlgemerkt. Damit ist er der älteste Weihnachtsmarkt Deutschlands. Eine Tatsache, die die Dresdner mit Stolz erfüllt. Dabei waren die Anfänge vor rund 570 Jahren eher bescheiden. Gerade mal einen Tag im Jahr, am Heiligen Abend, war es gestattet, Markt abzuhalten. Und was für ein kärgliches Angebot: kein Glühwein, keine Kräppelchen, keine Thüringer Bratwurst. Nein, lediglich das traditionelle Striezelgebäck durfte feilgeboten werden. Und selbst da stritt man sich noch, ob das beliebte Fastengebäck gebuttert beziehungsweise gezuckert sein dürfe. Striezel? Ganz genau, die alte Bezeichnung für den weltbekannten Original Dresdner Christstollen. Oder Strotzel. Oder Strutzel. Wie auch immer, ohne ihn geht in der Dresdner Weihnachtszeit definitiv nichts.

Unbesoldetes Ehrenamt mit einigen Privilegien: die Mitgliedschaft im Rat der Stadt

Die Gruppe der ratsfähigen Familien war lange Zeit klein. In den Quellen werden sie als cives potiores (vermögende Bürger) bezeichnet. Das nötige Kleingeld stammte nicht nur aus dem Fernhandel, sondern auch aus Ländereien, die sie in der Umgebung Dresdens besaßen. Auch der Rat avancierte peu à peu zum Grundherrn, auch wenn im Namen der Stadt bzw. der von ihr verwalteten Stiftungen. So werden in einem Verzeichnis aus dem Jahre 1474 immerhin acht so genannte Ratsdörfer aufgezählt, in denen die Stadt über Grundbesitz oder -renten verfügte. Besonders große Ländereien befanden sich in Kötzschenbroda und in Tolkewitz.

Im Mittelalter wählte der jeweils regierende Rat den neuen Rat. Dabei wurde stets ein Teil der bisherigen Mitglieder erneut in Amt und Würden bestätigt. Ein neues Gesicht tauchte letztlich nur dann im Rat auf, wenn ein Mitglied gestorben war oder aus anderen zwingenden Gründen das Amt nicht mehr ausüben konnte. Ab 1292 ist in Dresden ein Bürgermeister, Hermannus de Blankenwalde, nachweisbar, ebenso eine Ratsverfassung. Aus dem Jahre 1308 stammt dann die erste vollständige Namensliste des Rates. 19 Personen – der Bürgermeister, elf Ratsherren sowie sieben Schöffen (sie übernahmen bis zum ausgehenden 14. Jahrhundert Rechts- und Verwaltungsaufgaben) – bezeugen als der „Bürger Rat" die von Markgraf Friedrich von Dresden besiegelte Urkunde über den Handel mit Bier und Wein. Im Mittelalter war die Mitgliedschaft im Rat ein unbesoldetes Ehrenamt. Allerdings waren die Ratsherren von der

Auf Wachstafeln wurden die Einnahmen an der Brücke und den Stadttoren verzeichnet. Sie liegen heute im Stadtarchiv.

Zahlung des Geschosses, der immerhin wichtigsten städtischen Steuer, befreit. Außerdem erhielten sie ein Deputat Brennholz sowie das Gras von der Bürgerwiese. Und der Bürgermeister hatte anfangs sogar ein ganz besonderes Privileg: Der auf dem Markt gesammelte Mist wurde zusammengeschaufelt und zur Verwendung auf seinen Feldern vor die Stadt gefahren – und zwar auf Kosten der Stadt. Immer wieder wurden die Verfassung und auch die Zusammensetzung des Rates verändert, wurden neue Ordnungen in Kraft gesetzt. Vor allem 1517 erfolgte ein bedeutender Umbruch. Der Rat war fortan eine Körperschaft von 21 auf Lebenszeit gewählten Personen, die sich in zwei Gruppen gliederten und sich im Amt abwechselten. Der sitzende oder regierende Rat bestand stets aus einem Dutzend Mitgliedern, von denen immer der Bürgermeister und zwei Ratsherren in den Rat für das folgende Jahr übertraten, um die Kontinuität bei den wichtigsten Amtsgeschäften zu sichern. Diese Ratsverfassung von 1517 war dann, von wenigen späteren Änderungen und Zusatzbestimmungen einmal abgesehen, bis 1832 gültig – selbst die auf Anordnung von Kurfürst Moritz erfolgte Eingemeindung Altendresdens am 29. März 1549 hatte keine Vergrößerung des Rats zur Folge.

Der Markt hat nur geringe überregionale Bedeutung, das Stapelrecht erhält die Stadt aber erst spät

Dresden dürfte in seiner Frühzeit weitgehend eine Handwerker- und Gewerbestadt mit einem nicht allzu großen Anteil an Fernhändlern gewesen sein. Hauptsächlich waren es die Tucherzeugung und Brauereien, die für die Wirtschaftskraft der Stadt im Mittelalter von Bedeutung gewesen sind. Dresdens Rolle im Fernhandelsverkehr war klein und bescheiden, der städtische Markt war weitgehend nur für die nähere Umgebung von Bedeutung. Während des gesamten Mittelalters gab es zwar natürlich einen Wochenmarkt zur lokalen Versorgung, ein Jahrmarkt wurde erstmals 1407 erwähnt, er fand vom Sonntag nach St. Galli (16. Oktober) oder nach Lucä (18. Oktober) bis zum darauffolgenden Mittwoch statt. Jedoch stattete Herzog Albrecht die Stadt erst 1488 mit dem Privileg aus, einen zweiten Jahrmarkt, den Fastenmarkt, abzuhalten. Und auch das heiß begehrte Stapel- und Niederlagerecht, das durchreisende Kaufleute verpflichtete, ihre Waren am Ort zum Verkauf anzubieten, erhielt die Stadt erst 1455. Nur ganz allmählich konnte Dresden Pirna, das bereits 1292 vom Bischof von Meißen das Niederlagerecht bekommen hatte, überflügeln. Der früheste Hinweis auf den vorweihnachtlichen Striezelmarkt stammt übrigens aus dem Jahr 1434.

Durch vier Tore kam man in die Stadt hinein und auch wieder hinaus: das wichtige Elbtor im Norden, das sowohl den Zugang von der Brücke in die Stadt als auch den Schlossbereich decken musste, das Frauentor im Osten, das Seetor im Süden und das Wilische oder Wilsdruffer Tor im Westen.

Frei auf dem Markt, dort wo die Elbgasse einmündete, stand – vermutlich seit dem späten 13. Jahrhundert – das Rathaus. Anfangs war das 1295 erstmals erwähnte Gebäude eine Art Warenhaus, das

Stich des alten Rathauses auf dem Altmarkt, das 1473 und dann 1564 im Stil der Renaissance umgebaut wurde.

Fleisch, Brot- und auch Schuhbänke beherbergte, den Gewandschneidern, also den Tuchhändlern, als Verkaufsstätte diente. Aber da man auch schon im Mittelalter gern Akten anlegte, der Verwaltungsaufwand zunahm, nutzte man es bald nur noch zu Ratszwecken. Von 1380 an nannte man das Kind beim Namen, nämlich Rathaus. Es wurde 1473 und 1564 im Stil der Renaissance umgebaut.

Natürlich hat da jemand die Absicht, eine Mauer zu errichten, sogar zur Freude der Bürger

Es gab natürlich auch eine Stadtmauer. Früher waren die Zeiten bekanntlich derart unfriedlich, dass in der Regel niemand in einer Stadt etwas dagegen hatte, wenn einer die Absicht hegte, eine Mauer zu errichten. Die 1299 erstmals erwähnte Befestigung des 13. Jahrhunderts war als Zweischalenmauerwerk ausgeführt, die unteren Fundamentlagen der etwa zwei Meter breiten Mauer bestanden aus ungewöhnlich großen Plänerbruchsteinen in Lehm. Der vom Grundcharakter her durchaus nicht antifeudalistische Schutzwall um das mittelalterliche Dresden war vermutlich bis zu sechs Meter hoch, oben gab es einen hölzernen, mit Ziegeln gedeckten Wehrgang. Immer wieder waren halbrunde oder quadratische Wehrtürme in die Stadtmauer integriert, vor ihr hatte man einen Graben angelegt, der im Notfall schnell geflutet werden konnte, so dass es Angreifer noch schwerer hatten, überhaupt auf Nahkampfnähe heranzukommen. Und ab 1427 wurde, insbesondere weil die Hussiten bei der Verbreitung des rechten Glaubens

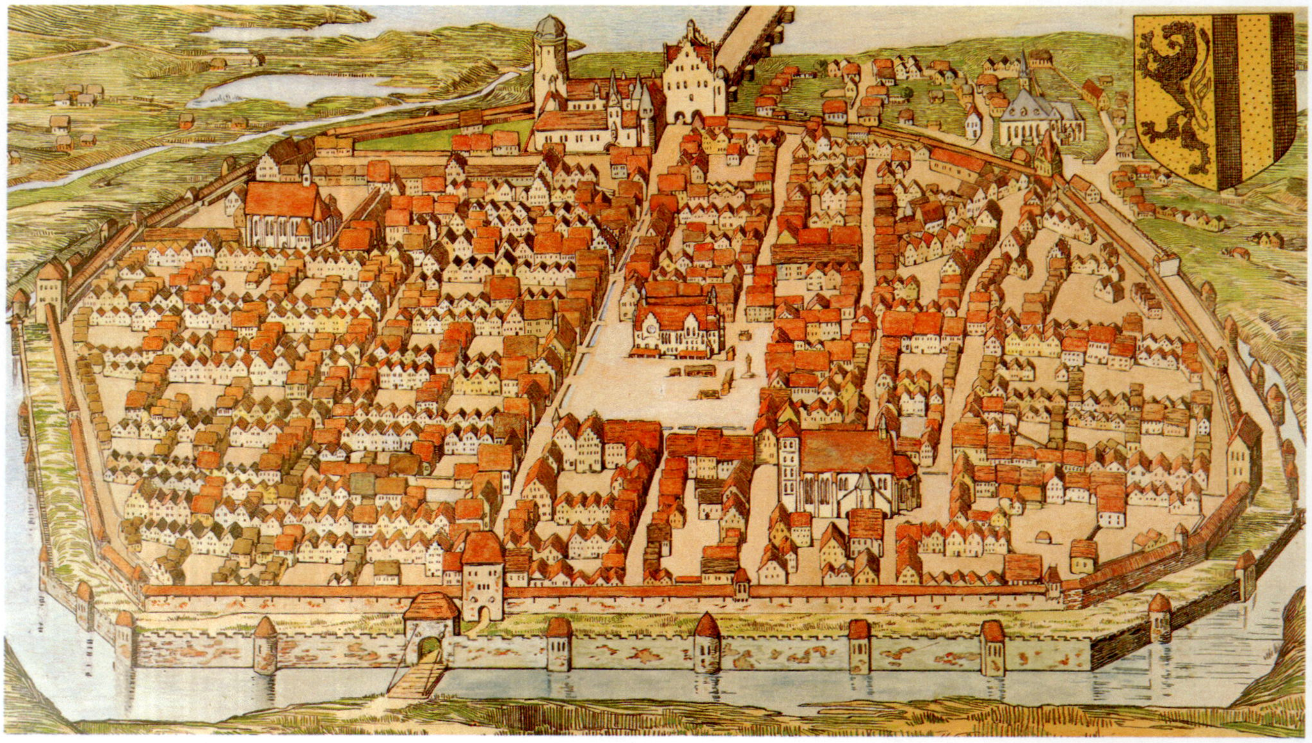

Dieses Übersichtsbild von Dresden aus dem Jahr 1521 zeigt, wie sich die Stadt beim Übergang vom Mittelalter zur Renaissannce Besuchern präsentierte.

bevorzugt zu drastisch-blutigen Aktionen griffen, vor der Stadtmauer eine Zwingeranlage errichtet.

Vor einem etwa 20 Meter breiten Freiraum, dem Zwinger, wurde eine Außenmauer – etwas niedriger als die Hauptmauer – mit kleineren Türmen gebaut. Die Sicherheit hatte ihren Preis. Immer wieder forderte der Rat von den auf der Mauer auf der Lauer liegenden Bürgern das so genannte „Zwingergeld“ ein, denn Zwinger und Stadtgraben mussten immer wieder ausgebessert werden. Zwar wurden häufig Straftäter und Knastbrüder zu diesen Arbeiten verdonnert, insbesondere zum Karren der Steine, aber an der Grabarbeit mussten sich alle Bürger, auch die von Altendresden am anderen Elbufer, beteiligen. Die Besserverdiener unter der Bürgerschaft konnten sich allerdings durch Zahlung eines Grabenhellers von dieser Pflicht freikaufen.

Je nach Inhalt der Privatschatulle musste aber ab 1487 jeder, der das Bürgerrecht erwerben wollte, auch eine Haken-, Hand- oder Steinbüchse anschaffen – und zwar zum gemeinen Nutzen. Das Schießen mit den Büchsen wurde im Zwinger geübt, denn mit Freikugeln, die das Ziel nie verfehlen ist das so eine Sache, wie wir aus Carl Maria von Webers romantischer Oper „Der Freischütz“ wissen. Im Zwinger brachte man ab 1430 auch die städtischen Geschütze in eigens dafür errichteten Büchsenhäusern unter.

Privilegien peu à peu – kein Wunder dass das Selbstbewusstsein der Bürger wächst

Das Selbstbewusstsein der Bürger wuchs im Lauf der Jahre. Zwar konnte man sich dem Einfluss des jeweiligen Landes- und damit auch Stadtherrn nie ganz entziehen, profitierte aber andererseits immer wieder von den Privilegien, die etwa Markgraf Heinrich der Erlauchte seinem bevorzugten Residenzort zukommen ließ. 1260 gestattete er den Dresdnern, ihren Schuldnern und Schnorrern, auch solchen von blauem Geblüt, bei Betreten der Stadt bis zur Klärung ihres Falles durch einen markgräflichen Richter Pfänder abzuverlangen. 1271 waren dann zehn Mark Silber gut angelegt – denn für diese einmalige Abgabe brauchte die Stadt künftig keinen Marktzoll mehr zu bezahlen. Der Markgraf benötigte das Geld, um den Bau des Klosters Seußlitz zu unterstützen. 1284 bekam man dann das Recht verliehen, eigene Willküren (Bestimmungen) zu erlassen. Ein Jahr später erwirkte der Rat zu Dresden eine Urkunde des Markgrafen, in der es untersagt wurde, die so genannten Herrenhöfe in der Stadt Personen zu verkaufen oder auch nur zu verpachten, die das Stadtrecht nicht anerkennen wollten. Damit beginnt der Abbau adeliger Sonderrechte in der Stadt, Ausdruck dafür, dass die Städte in jener Zeit versuchten, die landesherrliche Verwaltung (Vogtei) durch eine Selbstverwaltung abzulösen. 1299 wurde dem Statthalter des Landesherrn untersagt, eigenmächtig Dresdner Bürger vorzuladen oder ohne Beteiligung der städtischen Geschworenen über sie Gericht zu halten

Aus dem Jahr 1301 datiert das älteste überlieferte Stadtsiegel, aus dem dann im 16. Jahrhundert das Stadtwappen hervorgehen sollte. Das Siegel in der Form eines dreieckigen Schildes befindet sich an einer Huldigungsurkunde der Stadt für Friedrich den Freidigen. Es symbolisiert die Abhängigkeit Dresdens von seinem Stadtherrn und zeigt das landesherrliche Wappen der Markgrafen zu Meißen, bestehend aus einem zweigeteilten Schild mit dem meißnischen Löwen und den Landsberger Pfählen. Die Umschrift lautet: SIGILLVM.BVRGENSIVM.IN.DRESDENE. Der schwarze Löwe im goldenen Feld schmückte schon in der zweiten Hälfte des 12. Jahrhunderts die Kampfschilde der Markgrafen von Meißen aus dem Haus Wettin und ging in zahlreiche Stadtwappen ein, darunter auch in Chemnitz, Freiberg, Dresden und Leipzig. Die Bezeichnung *Landsberger Pfähle* geht auf die Stadt Landsberg im heutigen Saalkreis in Sachsen-Anhalt zurück, ein Wappen mit den zwei Pfählen ist erstmals 1205 in einem Siegel Markgraf Dietrichs des Bedrängten von Meißen belegt. Die farblich korrekte Darstellung sind eigentlich blaue Pfähle in Gold, das Dresdner Stadtwappen mit seinen schwarzen Pfählen zeigt also eine abgewandelte Variante.

Ab Ende des 12. Jahrhunderts wurden die beiden Herrschaftswappen der wettinischen Markgrafen von Meißen (das Gebiet um Dresden war seit 1142 Bestandteil der Mark Meißen) und die Landsberger Pfähle in einem Schild vereinigt. Dresden ist die Stadt, bei der die Symbole der wettinischen Landesherrschaft als einzige Bilder vorkommen. Beim älteren Freiberger Stadtsiegel von 1227 sind sie mit einer Darstellung der Stadt mit ihren Mauern und Türmen verknüpft.

Im 20. Jahrhundert nahm man am Stadtwappen einige stilistische Änderungen vor. So wurden 1926 Helm und Helmdecken weggelassen und die Schildform in einen einfachen Halbrundschild geändert. Um 1960 wurde für das Wappenschild eine in der Heraldik sonst nicht übliche Spatenform eingeführt. Die heutige Fassung wurde am 13. August 1993 durch das Regierungspräsidium genehmigt. Auf das Oberwappen wurde, wie mittlerweile in der Kommunalheraldik üblich, verzichtet, als Schildform erkor man einen Dreiecksschild – und zwar in sehr stark ausgebogener, an die Spatenform von 1960 erinnernder Gestaltung.

Der Löwe symbolisiert Mut, Macht, Tapferkeit, das zwischen Bitterfeld und Halle gelegene Landsberg war Teil der Ostmark (Niederlausitz) und wurde vom meißnischen Markgrafen Dietrich III. um 1175 zum Herrschaftszentrum erkoren. Dietrich nannte sich deshalb auch Markgraf von Landsberg. 1315 erfolgt jedenfalls eine Bestätigung des Magdeburger Stadtrechts für Dresden, 1361 darf man sich über die Verleihung des Salzmonopols freuen.

Die rechtliche Sonderstellung von Poppitz war dem Rat ein Dorn im Auge

1412 überlässt der Landesfürst dann die niedere Gerichtsbarkeit sowie die Gerichtseinkünfte dem Rat, was zwar jeweils nur noch eine Formsache war, aber es

Urkunde mit Reitersiegel des Markgrafen Friedrich zur Erläuterung des Dresdner Stadtrechts vom 17. August 1299.

aktenkundig schwarz auf weiß zu haben, war den Honoratioren der Stadt bestimmt nicht unlieb. Jedoch gab es in unmittelbarer Nähe des Stadtbereichs auch Rechtsbezirke, die nicht der Stadt unterstanden, die eine rechtliche Sonderstellung genossen und deshalb dem Rat ein Dorn im Auge waren.

Ein solcher Fall war Poppitz. Es lag unmittelbar vor den Toren der Stadt und war im Laufe des späten Mittelalters durchaus in die entstehenden Vorstädte miteinbezogen, aber rechtlich unterstand das Dorf dem Pfarrer der Burgwardkirche, der Frauenkirche. Aus diesem sogenannten Dorf-“Dos“ (der materiellen Schenkung eines ganzen Dorfes) ergibt sich die bis zur Reformation behauptete Stellung der Frauenkirche als Hauptpfarrkirche Dresdens. Immer wieder unternahm der Rat der Stadt Versuche, die dem Pfarrer der Frauenkirche zustehenden Erbgerichte an sich zu bringen. Anno 1484 konnte man eine landesherrliche Verfügung erwirken, die es dem Pfarrer untersagte, künftig in Poppitz Gericht zu halten. Aber letztlich schwelte der Konflikt noch lange weiter, fiel die eigenständige Gerichtsbarkeit von Poppitz erst mit dem Einsturz der alten Kirchenordnung im Zuge der Reformation an den Rat. Auch sonst gab es einige eigenständige Rechtsbezirke am Rand der Stadt Dresden. 1544 verordnete der Rat Richter und Schöppen in die Fischergasse, die außerhalb der Stadtmauer eine eigene Gerichtsgemeinde bildete. Außerdem gab es, hält Karlheinz Blaschke in seiner Studie *Sonderrechtsbereiche in sächsischen Städten an der Wende vom Mittelalter zur Neuzeit* fest, „einen Richter an der Elbe und einen Richter in der Neustadt, die sich außerhalb der Mauer um die Frauenkirche und den Neumarkt gebildet hatte“.

1457 gewährt ein Schiedsspruch von Kurfürst Friedrich II. den Vertretern der Handwerker ein Mitspracherecht in einigen nicht unbedeutenden Bereichen der städtischen Verwaltung: Künftig dürfen auch nicht ganz so betuchte Bürger mitreden, wenn es um Belange wie die Übernahme von Bürgschaften für die Stadt, die Aufnahme von Schulden oder den Erlass neuer Ratsordnungen geht. 1484 erlangte die Stadt zusätzlich zur niederen Gerichtsbarkeit die hohe Gerichtsbarkeit, und zwar einschließlich des Blutgerichts über Hals und Hand. An Kurfürst Ernst und Herzog Albrecht waren zwar jährlich 40 Schock neuer Groschen zu entrichten (da ein Schock 60 Stück entspricht, waren also 2400 Groschen zu zahlen), aber das war dem Rat die Sache wert, erhöhte er doch damit sein Ansehen und seine politische Stellung in der Stadt und letztlich auch im Land. Und bevor Albrecht dann 1488 nach Brügge zog, bestätigte er am 30. Juli 1488 seiner Residenz auf deren Bitte alle Freiheiten, Gewohnheiten, Privilegien, Statuten und Willküren (die große Freiheit setzt sich eben aus vielen kleinen Freiheiten zusammen, die sie von seinen Eltern und Vorfahren erhalten hatte.

Der „Dresdner Scheffel“’ setzt Maßstäbe

Wichtig für die wirtschaftliche Entwicklung der Stadt war dann die Einführung eines einheitlichen Maß- und Gewichtssystems durch Herzog Georg den Bärtigen. Für Schneidermeister mag ja der Mensch das alles entscheidende Maß sein, der Rest der Kaufleute und Handwerker braucht denn doch feste Messeinheiten. 1507 hatte man damit angefangen, das Getreide nach dem großen Maß und dem Scheffel zu 16 Metzen zu messen, das alte Maß mit einem Scheffel zu 13 Metzen hatte seine Schuldigkeit getan. Das große Maß wurde schon bald als Dresdner Scheffel bekannt – nicht zuletzt, weil es Georg für das ganze Herzogtum zur verbindlichen Messeinheit erklärte. Das gültige kupferne Messgefäß wurde gut sichtbar an der Ecke vom Altmarkt zur Großen Webergasse aufgehängt, was

„Dresdner Scheffel“ von 1708 aus Kupfer mit Dresdner und Zwickauer Eichstempel.

bald die Umbenennung in „Scheffelgasse“ zur Folge hatte. Und auch bei anderen Waren wurde zunehmend streng auf die Einhaltung von Gewichts- oder Qualitätsstandards geachtet.

Die Frauenkirche hatte einst nur einen spitzen Dachreiter

Betrachtet man zudem die Kirchenbauten, dann steht auch fest, dass Dresden ab der Mitte des 13. Jahrhunderts beileibe nicht das beschauliche Landstädtchen war, als das es in der Literatur früher so gern hingestellt worden ist. An der Ausprägung der obersächsischen Spätgotik und den Hallenkirchen in Annaberg, Schneeberg oder Marienberg seit dem letzten Drittel des 15. Jahrhunderts hat Dresden mit dem Umbau des Schlosses, der Frauenkirche, dem Neubau der Kreuzkirche mit ihrem spätgotischen Hallenlanghaus beträchtlichen Anteil.

Die Frauenkirche war vermutlich zunächst eine einfache Holzkirche, die dem Bischof von Meißen unterstand. Im 12. Jahrhundert erbaute man das vor den Mauern der Stadt liegende Gotteshaus neu, aus

Stein, im Stil einer romanischen Basilika, einen älteren Friedhof überlagernd. Um 1350 wendete man sich von diesem Stil ab und verpasste dem Sakralbau ein Gewand im Stil der Gotik, wobei es immer wieder, vor allem in den späten sechziger Jahren des 15. Jahrhunderts, zu Umbauten kam. Im Gegensatz zu anderen spätgotischen Hallenkirchen in Sachsen war die für einen großen Sprengel zuständige Dresdner Frauenkirche nicht gewölbt, hatte im Innern nicht vier Achteckpfeiler, sondern quadratische Pfeiler. Einen Turm hatte das Gebäude nicht, nur einen spitzen Dachreiter auf dem abgewalmten Dach des Langhauses, vermutlich aber auch erst seit 1473, als neue Glocken aufgehängt wurden. Als Herzog Georg zwischen 1520 und 1529 die Festungswerke Dresden erneuern und ausbauen ließ, wurde die Frauenkirche mit der sie umgebenden Vorstadt in die Befestigung einbezogen und damit an die Stadt angeschlossen. Räumlich blieb diese „Neustadt" von der eigentlichen Stadt aber weiterhin durch die stehengelassene Stadtmauer getrennt. Erst mit dem 1546 beginnenden Neubau der Dresdner Festungswerke, bei dem auch mittelalterliche Stadtmauern zwischen Stadt und Vorstadt abgerissen wurden, kam es dann zur Vereinigung dieser beiden Ortsteile.

Bettelorden und ihre Klöster – eine Reaktion auf die Krise in der Kirche

Im Laufe der Jahre entstanden auch diverse Klöster und Hospitäler, im 14. Jahrhundert vor allem von Bettelorden. Sie waren einerseits Ausdruck der Frömmigkeit der Menschen im mittelalterlichen Dresden, andererseits eine Reaktion auf die Krise, die das bisherige Ordenswesen und kirchliche Leben erfasst hatte. Liturgie und Stundengebet wurden vernachlässigt oder ohne innere Anteilnahme heruntergeleiert, die Klausur nicht mehr eingehalten, Fastenzeiten und der Verzicht auf Fleisch ignoriert und das Gemeinschaftsleben zugunsten einer individuelleren Lebensgestaltung reduziert. Die Aufteilung des Klosterbesitzes zwischen Abt und Konvent zerrüttete die wirtschaftlichen Verhältnisse vieler Klöster in Europa. Die Missstände waren so offensichtlich, dass sich ein allgemeiner Reformwille regte, um die Klöster zu retten. Der Zisterzienserpapst Benedikt XII. (1334-1342) erließ zwei Reformdekrete für Benediktiner und Zisterzienser – und es entstanden jene Bettelorden, die auch in Dresden dem Herrn und den Menschen dienten und ihre Spuren hinterließen.

Im Gegensatz zu den bisherigen Orden wie etwa den Zisterziensern verzichteten die Bettelorden auf die traditionellen Einkünfte aus Grundherrschaften und lebten von Almosen, die aufgrund ihrer Beliebtheit auch reichlich flossen. Besonders wichtig waren die Einkünfte für die Totengedächtnisse, die aber von den Stiftern dann doch häufig als Zinsen und Pachteinkünfte gezahlt wurden. Um sich nicht gegenseitig Konkurrenz zu machen, grenzten die Klöster der jeweiligen Orden ihre Sammelgebiete (Terminei) gegeneinander ab. Zum Dresdner Franziskanerkloster gehörten beispielsweise zwei Termineien: eine in Dippoldiswalde, die dem Orden 1419 von dem Priester Meister Franz geschenkt wurde, eine zweite in Pirna. Den Spagat zwischen geforderter Armut und notwendigem Besitz zur Versorgung der Mönche vollführten die Franziskaner, indem sie den Ordensbesitz als Eigentum des Papstes bzw. der Gesamtkirche ansahen, das sie nur nutzen durften.

Klöster waren so ziemlich die einzige Chance für Angehörige der mittleren und unteren Schichten, innerhalb der festgefügten ständischen Gesellschaft auf der sozialen Leiter nach oben zu steigen. In Klöstern wurde nicht die Herkunft eines Einzelnen beachtet, sondern dessen Fähigkeiten, die früh durch Schule und Studium, besonders in den Klosterbibliotheken, gefördert wurden – dies war zumindest die Grundidee, die Praxis sah dann allerdings doch etwas anders aus.

Das seelsorgerische Angebot der Franziskaner-Brüder wird bereitwillig angenommen

In Dresden entstanden also mehrere Kirchen und Klöster, im Gegensatz zu den Kreuzzügen wäre beim Bau die Parole „Gott will es" durchaus berechtigt gewesen. Da war zum einen das Franziskanerkloster (auf seinem Platz sollte später die Sophienkirche neu errichtet werden). Vermutlich seit Mitte des 13. Jahrhunderts war es Heimat eines Brüderkonvents, der dem Orden der Minderbrüder angehörte. Er war ein völlig neuer Typ von religiöser Gemeinschaft, ungemein beliebt, beim einfachen Volk wie bei den oberen Zehntausend. Es war der Heilige Franziskus von Assisi (1181-1226), der den 1223 vom Papst bestätigten Franziskanerorden gegründet hatte. Seine Gefährten nannte er Minderbrüder – Minores – Minoriten. Im Mittelalter kam der Name „Barfüßer" auf, weil sie nur Sandalen trugen. Wegen der Farbe der Kutte war auch der Name „graue Mönche" gebräuchlich. Ziel der neuen Bettelorden war nicht mehr das von der Welt abgeschlossene Bemühen um Selbstheiligung, sondern gemäß dem vorbildhaften Leben der Apostel die Verkündigung des Glaubens. Ganz gezielt gingen die Bettelorden zur Verbesserung der oft als unzureichend empfundenen Seelsorge in die im 13. Jahrhundert aufblühenden Städte. Begeistert nahmen die Bürger dieses Angebot an, so dass es kaum eine mittelalterliche Stadt

Die „Sophien- oder Schlosskirche zu Dresden, nebst anstoßendem Kloster und dem großen Opern Hause" zeigt dieser „Prospekt", der sich heute im Kupferstich-Kabinett der Staatlichen Kunstsammlungen Dresden befindet.

gab, die nicht wenigstens einen der Bettelorden in ihren Mauern aufnahm.

Das Dresdner Franziskaner- bzw. Minoritenkloster, für dessen Bau Markgraf Heinrich der Erlauchte einen Platz an der Stadtmauer beim Wilsdruffer Tor zur Verfügung gestellt hatte, gehörte zur Kustodie (Verwaltungsbezirk) Meißen der sächsischen Kirchenprovinz, die sich im Jahr 1260 in zwölf Kustodien gliederte. Hier wurden wiederholt auch die Provinzkapitel der Ordensprovinz abgehalten. Die Anfänge des Klosters stehen möglicherweise im Zusammenhang mit dem anno 1265 in Dresden abgehaltenen sächsischen Provinzialkapitel der Franziskaner. Die erste direkte urkundliche Erwähnung ist für das Jahr 1272 belegt. Beichte, Predigt sowie Begräbnis- und regelmäßig abzuhaltende Totenmessen, das waren die wichtigsten Aufgaben der Bettelmönche, an die im Namen *Kleine Brüdergasse* hinter dem Taschenbergpalais erinnert wird. Eine weitere Aufgabe war die Betreuung der überpfarrlich organisierten Bruderschaften, derren Mitglieder versuchten, gemäß den Lehren Christi und der Heiligen Schrift zu leben. In Dresden gab es für die Schneider- und Schustergesellen Bruderschaften, um deren Mitglieder sich die Franziskaner-Mönche kümmerten. Der Konvent führte ein Siegel und hatte auch das Recht, Geschäfte zu tätigen oder Verträge abzuschließen.

Die Franziskaner-Fratres (-Brüder) waren beliebt, der Konvent erhielt zahlreiche Privilegien, was beim Klerus an den Parochialkirchen nicht gerade fromme Gedanken aufkommen ließ, der deshalb wiederholt versuchte, den Einfluss der Bettelmönche einzuschränken. Aber erstmal blieb es bei der gegenseitigen Wertschätzung. 1410 baten die Franziskaner gar den Bürgermeister sowie den Rat, das Klostervermögen zu verwalten. Einem dieser Prokuratoren, dem Geschützgießer und Ratsmitglied Heinrich Glockengießer, war die Glocke zu verdanken, die 1486 „umbstunst" gegossen und im Dachreiter der Kirche aufgehängt wurde. Erst die Reformation sollte dann dem Orden und dem Kloster den Garaus machen. Das Klostergebäude wurde abgebrochen, die Kirche diente jedoch weiter als Begräbnisstätte für den Adel und andere vornehme Familien.

Busmann-Kapelle ist das künstlerische Glanzstück der Franziskanerkirche

Ursprünglich war der Bau ein lang gestreckter einschiffiger Saal. Er wurde aber ab 1351 nicht zuletzt auf Betreiben von Markgraf Friedrich dem Strengen (reg. 1349-1381) und seiner Gattin, Katharina von Henneberg, umgebaut und erweitert. Wie viele andere im 14. Jahrhundert errichtete Bettelordenkirchen in

Mitteldeutschland besaß die Franziskanerkirche zwei Schiffe (44 Meter lang, 17 Meter breit), aber architekturgeschichtlich einmalig und beispiellos ist bei dieser symmetrischen Hallenkirche mit ihren sechs unregelmäßig tiefen Jochen das Fehlen eines einschiffigen Konventchores sowie die Tatsache, dass beide Schiffe mit 3/8-Schlüssen endeten. Offenbar reichten die Kräfte, hielt Sachsens ehemaliger Landeskonservator Heinrich Magirius 1993 fest, für eine Einwölbung nicht so bald aus, obwohl sie sicher von Anfang an geplant gewesen sei. Das Kreuzrippengewölbe, das durch Scheiteltaschen bereichert war, entstand wohl erst im 15. Jahrhundert. Im Jahre 1421 erhielt das Gotteshaus einen schlichten Westgiebel aus Backstein, der lediglich durch Blendnischen im Rundbogen gegliedert wurde. In der zweiten Hälfte des 15. Jahrhunderts war man der Flachdecke überdrüssig, sie wird durch eine in reichem Rippenwerk ausgeführte Überwölbung ersetzt. 1486 erhält der Klosterhof ein Schlafhaus, 1489 gönnt man sich ein Sommerremter.

Das künstlerische Glanzstück der Franziskanerkirche war die südlich an den Südchor der Kirche angefügte Busmannkapelle, ein kleiner Raum, der nach dem Vorbild des Prager Domchors von einem Rippennetz überspannt wurde und der Familie Busmann als private Andachtskapelle diente. Klöster und Kirchen waren eine beliebte Bestattungsstätte für all diejenigen, die es sich leisten konnten. Lorenz Busmann d. Ä. konnte das, war er doch unter anderem 1387 Mitglied des Rates geworden und bis zu seinem Tod 1412 viermal Bürgermeister gewesen. Zwei Konsolen aus der Kapelle, geschmückt mit Bildnisbüsten des Stifters und seiner Frau, befinden sich heute im Besitz des Museums für Stadtgeschichte Dresden.

Zur Abhaltung der Jahresgedächtnisse wurden größere Summen gestiftet, oft noch durch Vermächtnisse der klösterliche Speiseplan etwas üppiger gestaltet. 1398 setzte Busmann etwa dem Schulmeister der Kreuzschule und seinen Gehilfen einen jährlichen Zins von 240 Gulden sowie einen Schock Eier (also 60 Stück) und vier Hühner dafür aus, dass sie allabendlich in der Kapelle zum Heiligen Kreuz zum Sonnenuntergang eine Vesper zu halten hatten, in der der Hymnus *0 crux ave spes unica* sowie das Marien-Antiphon Salva Regina zu Gehör gebracht wurden. So hoffte man besonders gut im Gedächtnis der Mönche und Nonnen haften zu bleiben. Wichtigste Motivation für diesen „Aufwand" war die Vorstellung, dass durch das ewige Totengedächtnis des Konvents das eigene Seelenheil auch nach dem Tod gerettet bzw. die Aufenthaltsdauer im Fegefeuer verkürzt werden konnte. Bestattungsort waren daher meist Kirche und Kreuzgang, da man glaubte, dass die Toten an den

Das Heilige Grab war einer der künstlerischen Glanzpunkte der Busmann-Kapelle in der nach 1945 abgerissenen Sophienkirche.

Segenswirkungen der täglichen Gebetszeiten und Messen teilnahmen. „Die Bildnisskulpturen, der als Heiliges Grab gestaltete Altar und die Architektur gehören zum Edelsten, was die Kunst der Generation nach Peter Parler um 1400 geschaffen hat und was jenseits der Grenzen des Königreichs Böhmen entstanden ist", hielt Magdalene Magirius einmal fest. Das Heilige Grab kam 1525 in die Bartholomäuskirche, die dann im 19. Jahrhundert abbrannte.

Da es in eine Altarmensa integriert gewesen sei, hält Heckmann von Wehren im Jahrbuch 2003 des Landesamtes für Denkmalpflege fest, könne das unter böhmischen Einflüssen entstandene und dem „weichen Stil" zuzuordnende Heilige Grab als „ungewöhnlich" gewertet werden. Erhalten ist das Heilige Grab von Dresden nicht mehr – es war im Palais im Großen Garten, das einst als Museum für die Sammlungen des Sächsischen Altertumsvereins diente, ausgestellt und wurde beim Bombenangriff vom 13. Februar 1945 zerstört. Prunkvolle Begräbnisstätten blieben den Reichen vorbehalten, die Gräber der breiten Masse waren schlicht. Während des Mittelalters bestattete man Tote meist in einfachen Brettersärgen oder wikkelte sie lediglich in Leinentücher. Je näher es in der Regel zur Kirche ging, desto dichter lagen die Toten auf dem Friedhof – weil man als gläubiger Christenmensch in vorreformatorischen Zeiten die Nähe der Heiligen suchte. Noch waren die Zeiten fern, in denen viele Menschen ihre Seele verkauften und mit gutem Gewissen von dem Erlös lebten. Die Berührung des Körpers mit der Kirchenmauer oder auch seine fortwährende Segnung durch das Taufwasser waren damals jedenfalls begehrt.

Augustiner in Altendresden

Am 21. Dezember 1403 hatte das auf dem rechten Elbufer gelegene und 1350 erstmals erwähnte Altendresden das Weichbildrecht erhalten. Mit „Weichbild“ wurden im späten Mittelalter in Sachsen solche Siedlungen bezeichnet, die zwar bestimmte städtische Funktionen ausübten, aber mitunter nicht das volle Stadtrecht besaßen. Ein Jahr nach dieser Erhebung ließ Markgraf Wilhelm I. dann Papst Innozenz VII. in Rom wissen, dass er die Absicht habe, fratres ordinis heremitarum S. Augustini anzusiedeln. Die Gründung oder Stiftung von Klöstern war damals ein beliebtes Mittel von Landesherren, das Ansehen des jeweiligen Ortes, den sie sich als Residenz auserkoren hatten, zu erhöhen. Altendresden war ja bedeutend älter als „Nauen-Dresden“ wie die Stadt zunächst im Mittelalter bezeichnet wurde. Das Augustiner-Eremitenkloster, das wohl in der Gegend des alten Schlesischen Bahnhofs stand, wollten dann die Hussiten vernichten. Die Anhänger dieser böhmischen nationalreligiösen Bewegung orientierten sich an den Lehren von Jan Hus. Dieser war Rektor der Universität in Prag gewesen und hatte versucht, die katholische Kirche zu reformieren, war dann aber seiner Ideen wegen auf dem von König Sigismund (1410-1437) einberufenen Konzil von Konstanz 1415 auf dem Scheiterhaufen verbrannt worden.

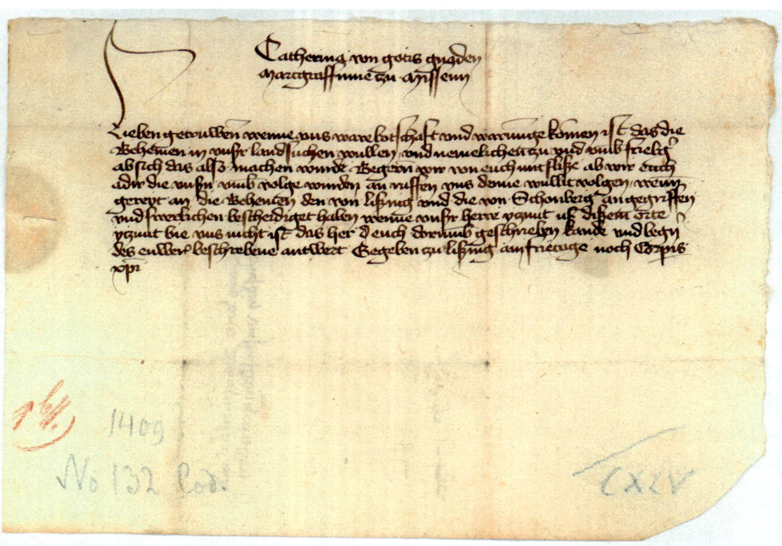

Markgräfin Katharina ersucht Dresden um Unterstützung im Kampf gegen die „Behemen“, die Hussiten aus Böhmen.

„Gotteskrieger“ aus Böhmen äschern halb Dresden ein

Markgraf Friedrich IV. (1307-1428) unterstützte König Sigismund im Kampf gegen die „Ketzer“, die auch in Sachsen viele Sympathisanten hatten, war zunächst allerdings wenig erfolgreich. Es hagelte Niederlagen für Friedrich, der in die Annalen als „Friedrich der Streitbare“ eingegangen ist, der 1381 Markgraf wurde und dann ab 1407 nach dem Tod Wilhelms I. des Einäugigen in der Markgrafschaft Meißen die Regierung übernommen hatte. 1421 fielen die Hussiten in die unter königlich-böhmischer Oberhoheit stehende Oberlausitz ein. Im Juni 1426 schlugen die „Gotteskrieger“ bei Aussig ein vorwiegend aus Truppen der Wettiner bestehendes Heer und versetzten danach die Bewohner der angrenzenden Regionen in Angst und Schrecken, denn um die Frage des rechten Glaubens ging es bei ihren Raubzügen immer weniger. Altendresden wurde am 13. Oktober 1429 von einem hussitischen Heer unter der Führung eines gewissen Prokop erobert und eingeäschert, samt Augustinerkloster und Dreikönigskirche. Sie war die aus dem Sprengel der Dresdner Frauenkirche herausgelöste Pfarrkirche Altendresdens gewesen, 1421 erstmals erwähnt, gegründet wahrscheinlich als Pfarrschule. Ab 1465 erklang allabendlich eine Vesper, geträllert von den Knaben der Pfarrschule unter der musikalischen Leitung ihres Schulmeisters. Erstmals erwähnt wurde so ein Schulmeister 1431 – anlässlich seiner Hinrichtung. Man verdächtigte ihn, gegenüber hussitischen Ideen allzu aufgeschlossen gewesen zu sein.

Dresden, dessen Stadtmauer der Rat der Stadt 1427 durch einen zweiten Mauerring verstärkt hatte, konnte gehalten werden – zum einen, weil Kurfürst Friedrich der Sanftmütige zusammen mit ein paar hundert Reitern die Elbbrücke abriegeln konnte, zum andern, weil die Hussiten nicht über entsprechende Belagerungsgeräte verfügten. Im Dezember 1429 statteten die Hussiten der Region erneut einen unerwünschten Besuch ab – dieses Mal gingen die Dresdner Vorstädte samt Maternikloster und der Kapelle St. Laurentius zu Kaditz in Flammen auf. Alles wurde wieder aufgebaut, auch das Augustinerkloster in Altendresden, dessen Mönche übrigens am 1. Juli 1476 von den Landesherren Kurfürst Ernst und Herzog Albrecht die Erlaubnis bekommen sollten, Wasser aus der Heide mit einer Leitung dem Kloster zuzuführen – auch die Einwohner Altendresdens profitierten von dieser ersten Wasserleitung der Stadt. Später, 1516, schaute dann Martin Luther vorbei, als er noch Mönch war. Als Distriktsvikar des Augustiner-Ordens oblag es ihm, das Kloster zu visitieren, zu prüfen, ob die Ordensregeln eingehalten wurden. Ob Reformbedarf bestand? Sicher überliefert ist jedenfalls,

So stellte sich der tschechische Historienmaler Nikolas Ales Ende des 19. Jahrhunderts einen Reiter des Hussiten-Heeres vor, das die Bewohner der an Böhmen angrenzenden Gebiete in Angst und Schrecken versetzte.

dass er am 25. Juli 1517 in der Schlosskapelle predigte. Letztlich wurde das Kloster, das nach der von Luther angestoßenen Reformation seine eigentliche Funktion verloren hatte, dann 1552 abgetragen – nicht zuletzt auch, weil es dem von Kurfürst Moritz verfügten Festungsausbau im Wege stand.

Das Engagement der Wettiner an der Seite des Kaisers im Krieg gegen die Hussiten zahlt sich aus

Zumindest für die Wettiner zahlte sich langfristig aus, dass sie sich an der Seite König Sigismunds im Kampf gegen die Ketzer engagiert, ihm geholfen hatten, die böhmische Königskrone zu erlangen. 1421 gestattete der Papst den Wettinern, weitere drei Domherrenstellen in Meißen selbst zu besetzen. Bereits 1423 wurde Markgraf Friedrich IV. der Streitbare unter Umgehung berechtigter und gewichtiger Erbansprüche anderer Fürsten von König Sigismund mit dem nach dem Aussterben der Askanier 1422 vakant gewordenen Herzogtum Sachsen-Wittenberg belohnt. Dieses war vergleichsweise klein, aber mit ihm waren die Kurwürde, das Erzmarschallamt, die sächsische Herzogswürde und das Amt eines Reichsvikars für die Teile des Reichs sächsischen Rechts verbunden. Damit ist den Wettinern das ranghöchste Reichslehen zuteil geworden, das ein deutscher Fürst überhaupt erringen kann – was für den weiteren Aufstieg des Hauses Wettin bzw. des meißnisch-sächsischen Territorialstaates von erheblicher Bedeutung sein sollte. Der Wettiner-Clan war endgültig wer im Reich. Markgraf Friedrich IV. ist jetzt Friedrich I. Kurfürst und Herzog von Sachsen, ein Platzhirsch im ohnehin schon besser gestellten Hochadel. In die Mitte des Wappenschildes rücken das Rauten-Wappen der Askanier und die gekreuzten roten Kurschwerter auf weiß-schwarzem Grund. Die Bezeichnung „Sachsen" geht im Lauf der Zeit vom Kurkreis um Wittenberg auf den gesamten wettinischen Besitz über und ist bis 1547 auch für den thüringischen Teil üblich. Nach der Einführung in das Kurfürstenkollegium 1424 wurde Friedrich IV. ein Jahr später zu Ofen (Budapest) feierlich mit der Kur Sachsen, dem Erzmarschallamt, der Pfalz Allstedt, der Grafschaft Brehna sowie der Burggrafschaft Brandenburg belehnt. Friedrich IV. (I.) starb im Januar 1428 in Altenburg und wurde in der von ihm angelegten Begräbniskapelle am Meißner Dom beigesetzt. Mit den Hussiten schlossen dann am 23. August 1432 Kurfürst Friedrich II. und sein mitregierender Bruder Sigismund den Friedsteiner Vertrag, ein Jahr später kam es auf dem Konzil zu Basel (1431-1437) zu einem endgültigen kirchlichen Ausgleich mit den Hussiten. Nach dem Sieg Kurfürst Friedrichs II., des „der Sanftmütige“ genannten Sohnes Friedrichs I., bei Brüx 1438 gab es kein Hussitenproblem mehr, war Ruhe im Reich, einstweilen jedenfalls.

Das belastete Verhältnis zu Böhmen wurde dann 1459 durch den Vertrag zu Eger auf eine neue Grundlage gestellt. Wilhelm III., der sich mit seinem Bruder Friedrich II. einmal so zerstritten hatte, dass es 1446 zum „Sächsischen Bruderkrieg“ gekommen war, verzichtete auf erblich abgeleitete Ansprüche auf die böhmische Krone und rückte Brüx heraus – der böhmische König Georg von Podiebrad verzichtete im Gegenzug auf Ansprüche auf Burgen und Städte nördlich des Elster- und Erzgebirgeszuges (Plauen, Oelsnitz und Colditz), mit denen Herzog Albrecht, der zweite Sohn Friedrichs II., belehnt wurde.

Die sächsisch-böhmische Grenze wurde jetzt auf dem Kamm des Erzgebirges gezogen und gehört deshalb laut Blaschke „zu den Grundgesetzen der sächsischen Territorialgeschichte“. Herzog Albrecht, der 1482 samt Familie nach Torgau gegangen war, verlagerte dann nach der Leipziger Teilung von 1485, bei der er sich zum Verdruss Ernsts für das Meißner Territorium entschieden hatte, den Hofstaat nach Dresden und begründete die albertinische Linie der Wettiner. Herzog Albrecht war viel unterwegs: als kaiserlicher Statthalter in den Niederlanden, als „des Reiches gewaltiger Marschall und Bannermeister“ in Ungarn, wo er gegen König Matthias Corvinus kämpfte, in Burgund, wo er mit Karl dem Kühnen die Klinge kreuzte. 1488 befreite er König Maximilian, den Sohn des Kaisers, aus der Gewalt der Bürger von Brügge und unterwarf ganz Flandern. Herzog Albrecht gewann Friesland, wo er am 20. Juli 1498 zum erblichen Gubernator und Potestaten ernannt wurde, für sein Haus. 1499 legte Albrecht, der „der Beherzte“ genannt wurde, mit der so genannten „Väterlichen Ordnung“ den Grundstein dafür, dass die albertinische Herrschaft von weiteren schwächenden Landesteilungen verschont blieb.

Künftig sollte stets der älteste Sohn die Nachfolge antreten, die jüngeren Prinzen waren mit Schlössern und Renten abzufinden. Albrecht betrieb mit seinem Bruder Ernst und später dann mit seinem eigenen Sohn Georg eine intensive Städtepolitik, damit wollte er seine Aktivitäten im Reich finanzieren. Er brauchte Geld, die Städte waren in der Lage, ihm welches zu geben. Der mit Abstand wichtigste Geldmarkt war Leipzig. So hatte die herzogliche Kasse 4.277 Gulden an Zinszahlungen im Rechnungsjahr 1494/96 zu leisten. Fast die Hälfte davon ging an Leipzig, 295 Gulden waren an Chemnitz zu zahlen, 175 an Pirna. An Dresden mussten gerade mal 75 Gulden entrichtet werden.

Das Bartholomäus-Hospital dient aussätzigen Frauen als Heimstatt

Dresdens Hospitäler dienten – Kriege hin, Reformation her – noch lange als Alters- und Armenheime, bestanden oft noch bis in das 19. Jahrhundert hinein. Das Maternihospital in der Nähe der Kirche Zu unserer Lieben Frauen war laut einer Urkunde von 1287 von Markgraf Heinrich dem Erlauchten gegründet worden, das vor dem Wilsdruffer Tor gelegene Bartholomäus-Hospital dürfte nicht viel später eingerichtet worden sein. Ebenfalls vor dem Wilsdruffer Tor, an der Ecke Annenstraße/Straße am See, lag das Jakobs-Hospital, das 1536 von Herzog Georg gestiftet wurde. Das Bartholomäus-Hospital wurde allgemein „Siechenhospital“ genannt, waren hier doch vom Aussatz befallene Frauen untergebracht. In einem Vertrag hatten sich im 13. Jahrhundert die Geschworenen zu Freiberg mit denen zu Dresden dahingehend geeinigt, dass vom Aussatz befallene Männer in Freiberg, entsprechend kranke Frauen hingegen in Dresden untergebracht und versorgt werden sollten. Die an das Bartholomäus-Hospital anschließende Kirche war tabu, durfte nicht betreten werden – den kranken Frauen war es jedoch gestattet, wie einer Nachricht aus dem 15. Jahrhundert zu entnehmen ist, von einem besonderen Raum aus hineinzuschauen und den Gottesdienst in der schlichten Saalkirche zu verfolgen.

Die Pest hat Dresden mehr als nur einmal am Hals

Weitaus schlimmer als Aussatz und Hussiten waren die Folgen der Pest, die immer wieder die Stadt heimsuchte, erstmals 1311. Allein im 15. Jahrhundert verzeichnen die Chronisten vier große Pestepidemien in Dresden. Erst 1467 waren die Bemühungen des Rates erfolgreich, einen Arzt anzusiedeln: Im Juni richtete der aus Leipzig kommende Johannes Huffener am Altmarkt die Marien-Apotheke ein.

Er konnte allerdings nur die Folgen kurieren, die Ursachen für die diversen Krankheiten lagen tiefer, vor allem in den unhygienischen Verhältnissen. Erst aus dem ausgehenden Mittelalter sind Versuche von Landesherren und dem Rat der Stadt überliefert, die Verhältnisse zu verbessern. Bereits 1513 hatte Herzog Georg verboten, das Vieh auf den Gassen laufen zu lassen, auf den Straßen Misthaufen anzulegen und Wagen auf öffentlichen Plätzen abzustellen. Aber es scheint so, als hätten die Schmutzfinken ihr Revier verteidigt. Kurfürst August musste jedenfalls im Dezember 1554 dieses Verbot wiederholen. Ihm sei berichtet worden und es sei ihm auch aus eigener Anschauung bekannt, klagte der Kurfürst, da es in der

Der Queckbrunnen wurde 1461 erstmals erwähnt und erhielt 1870 seine heutige Form.

Stadt „sehr unfläthig und unsauber aussehe und daß diese Unsauberkeit nicht allein durch Schutt und Abraum von Gebäuden, sondern auch durch Kehricht, Misthaufen und anderen Koth entstehe.“ Die Dresdner wurden mehr oder minder höflich aufgefordert, einmal wöchentlich vor der Türe zu kehren, den Kot wegzuschaffen und den Müll und Abfall nicht einfach im Kaitzbach zu entsorgen. Fünf Jahre später wurde in einem Mandat das Einhalten dieser Anordnungen angemahnt, zusätzlich aber auch noch verboten, Gänse, Ziegen und Schweine in den Gassen laufen zu lassen. 1573 wurde die Schweinehaltung in der Stadt dann verboten.

Zahlreiche Brunnen verbessern die hygienischen Bedingungen und die Trinkwasserversorgung

Der Verbesserung der Hygiene dienten auch die zahlreichen Brunnen, die man zur Trinkwasserversorgung anlegte – gespeist aus dem Grundwasser, das von den westlichen Höhen zur Elbe floss und schon in geringer Tiefe anzutreffen war. Erste Brunnen werden in den Stadtrechnungen ab 1479 erwähnt. 1556 waren es bereits 151 innerhalb der Festungsmauern, meist Hausbrunnen, aber auch 36 öffentliche auf den Gassen – unter anderem auf der Braten Gasse und der Webergasse – versorgtendie Bürger mit dem kostbaren Nass. Für manche Vororte blieben aber bis ins 18. Jahrhundert hinein der Kaitzbach sowie ein Seitenarm der Weißeritz die einzigen Wasserressourcen. Nur in der Innenstadt wurden diese Oberflächenwasser noch für wirtschaftliche und gewerbliche Zwecke verwendet, außerdem zur Brandbekämpfung.

Wenn der Schnitter, der da heißt Tod, in Straßen voller Kot, Mist und Unrat seine Opfer holte, dann versuchte der Rat der Stadt mit verschiedenen Anordnungen und Verboten die Ausbreitung der Pest zu verhindern. Während der Pestwelle von 1584/86 bat der Rat den Landesherrn um Unterstützung.

Der Fürst stellte etwa ein Drittel der benötigten Summe bereit und ordnete eine Abgabe an, „von den Leuten / so zum PestilentzHause oder Spittal / solches zu erbawen“, welche von der Kirche eingezogen werden musste. Mehr als 3.300 Gulden brachte diese Sonderkontribution beim ersten Mal ein. An die Folgekosten hatte allerdings keiner gedacht. Dresden hatte kaum einen Heller übrig für die Nutzung des Lazaretts in Nicht-Pestzeiten.

Missstände in Pesthäusern bieten reichlich Anlass zur Klage

Weitere Maßnahmen folgten: So war es untersagt, den Verstorbenen in der Kirche aufzubahren, die Totenschau im eigenen Haus war mit starken Beschränkungen belegt. Bei Begräbnissen mitzugehen war zeitweise ebenfalls nicht erlaubt, Fremden war der Zugang zur Stadt verboten. Die Totengräber waren in Pestzeiten immer angewiesen, darauf zu achten, dass die Gräber tief genug waren, um zu vermeiden, dass starke Regenfälle das wenige Erdreich wegspülten und so die Leichen wieder zum Vorschein kamen. Zur Eindämmung der Infektionsgefahr wurden die Leichen mit Kalk überschüttet. Infizierter Hausrat, Stoffe, Papiere oder Kleidung sollten, das sahen Verfügungen der Landesregierung in Dresden bei weiteren Pestwellen zwischen 1595 und 1600 vor, vom Totengräber gesammelt und vor der Stadt verbrannt werden. Die betroffenen Häuser wurden verschlossen und mit weißen Kreuzen für die Öffentlichkeit sichtbar gemacht. Der sächsischen Regierung war es andererseits nicht nur wichtig, erschreckende Szenen zu vermeiden, sondern sie appellierte zusätzlich an die christliche Nächstenliebe, gar an die christliche Pflicht, sich um die Pestkranken zu kümmern und die Leichen zu bestatten statt wie normalerweise nur über sie zu gehen. Frühere Besuche des schwarzen Todes hatten drastisch vor Augen geführt, dass herkömmliche Verfahren der Pestpflege und Bestattung nicht mehr funktionierten. Der Erfolg der Maßnahmen war oft nur mäßig. Vor allem im Mittelalter starben die Leute wie die Fliegen an der Pest, oft fiel ihr ein Drittel der Stadtbevölkerung zum Opfer. In Dresden wurden die Hausväter ermahnt, ihre Mägde und Knechte nicht alle wegzuschicken, sonst würde das Pestlazarett überfüllt.

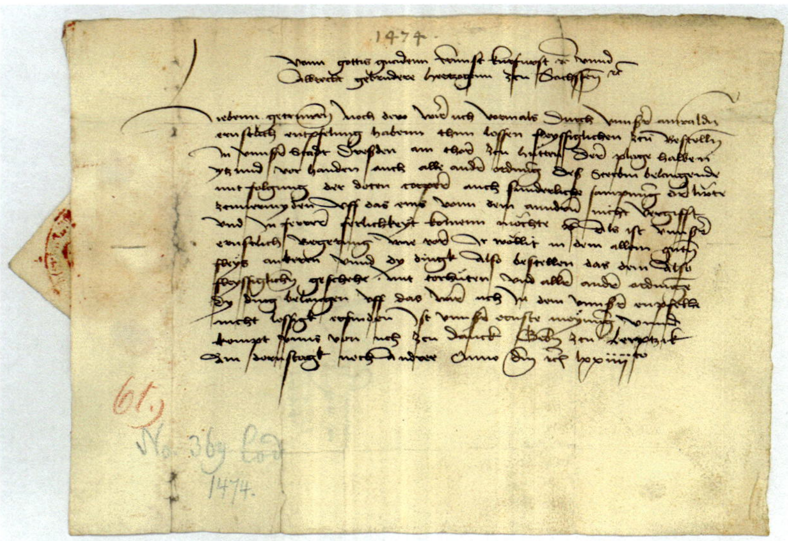

Kurfürst Ernst und Herzog Albrecht erlassen in diesem Schriftstück, das heute im Staatsarchiv liegt, einige Verhaltensregeln gegen die Pest.

Dort waren scheinbar Unterschlagung, Betrug und brutale Behandlung der Kranken an der Tagesordnung. Aus dem Jahr 1599 ist überliefert: „Demnach ein ehrbar Rath berichtet worden, wie die Todtengräber, die Wärterinnen und andere, so uf das Pestilenzhaus bestellet, sich unterstehen sollen, den inficierten Personen nicht alleine mit beschwerlichen unbarmherzigen Worten zu begegnen und dasjenige was ihnen überordenet, nicht vorzutragen, sondern auch die Speise und den Trank vor sich selbst zu fressen und auszusaufen, die armen Leute in Ohnmacht liegen, verschmachten und verderben zu lassen, ...“, droht ihnen der Rat bei Wiederholung eines derartigen Frevels, „sie an Leib und Leben zu strafen“. Vielfach arbeiteten in diesem Pest-Hospital Leute, die dazu eigentlich nicht ausgebildet waren, die allein durch den Lohn gelockt wurden. Manche wurden auch gezwungen, diese Arbeit zu übernehmen. Dazu gehörten beispielsweise Menschen, die Pestverordnungen übertreten hatten, oder auch Frauen, die von der Armenunterstützung lebten, oder Stadtbewohner, die kein Bürgerrecht besaßen, hält Otto Ulbricht in dem von ihm herausgegebenen Buch *Die große Seuche* fest. Zu diesen Gruppen zählten in Dresden 1566 zur Miete wohnende ledige Personen, Almosenempfängerinnen oder Obsthöckerinnen. Sie wurden allesamt mit der Drohung, ihnen das Wohnrecht oder die Unterstützung zu entziehen, gefügig gemacht.

Die Juden – eine stets von Pogromen und Vertreibung bedrohte Minderheit

Da man noch nichts von Ratten und den Rattenflöhen als Überträgern des Pesterregers wusste, schob man bei der großen Pest von 1348/49, die in Europa etwa 20 Millionen Menschen – vermutlich ein Drittel der Bevölkerung – das Leben kostete, den Juden die Schuld in die Schuhe. Der Vorwurf lautete: Brunnenvergiftung. Die Scheiterhaufen loderten bald. „In dem 49. jare worden dye Juden gebrantc zu Vasnacht“ lautet der entsprechende, eindeutige Passus im chronikon parvum Dresdense am 24. Februar 1349. Aber der kausale Zusammenhang, die Pogrome als Folge der medizinischen Katastrophe zwar nicht zu entschuldigen, aber zu erklären versucht, wird von der heutigen Forschung zunehmend in Frage gestellt. Barbara Beuys hält beispielsweise in ihrem Buch Himmel und Hölle fest: „In den meisten Ortschaften begannen die Verfolgungen und starben die jüdischen Mitbewohner im Feuer, noch bevor sich die allerersten Symptome der Krankheit bemerkbar machten und ehe auch nur ein Mitglied der Geißlerprozessionen, die, blutig für das Unheil büßend, durch das Land zogen, seinen Schritt durch das Stadttor getan hatte.“ Auch in Dresden zogen die Geißler durch die Gassen. Die geistlichen Autoritäten in Dresden konnten mit dieser Mischung aus Frömmigkeit und Fanatismus, laut Nietzsche dieser Form von „Willensstärke, zu der auch die Schwachen gebraucht werden können“, wenig anfangen und wiesen 1349 eine Gruppe von Geißlern aus der Stadt. Juden lebten seit etwa 1 300 in der Stadt. Neben einer Judengasse, später Schössergasse genannt, werden der „Judenhof“ und eine Synagoge, die vermutlich im Bereich des heutigen Johanneums stand, erwähnt. 1265 hatte Heinrich der Erlauchte eine „Judenordnung“ erlassen, die die rechtliche Stellung dieser „Kammerknechte des Kaisers“ im meißnisch-thüringischen Territorium festlegte.

Nach dem Autodafé von 1348/49 versuchten die Landesherren, wieder Juden dazu bewegen, sich in der Stadt anzusiedeln, indem sie ihnen gewisse Rechte gewährten. 1368 erlässt Markgraf Wilhelm in einem Schutzbrief den Juden für zwei Jahre die Steuern – allerdings nur gegen eine Zahlung von hundert

Auch die Schedelsche Weltchronik aus dem Jahr 1491 überliefert, dass Juden sterben mussten, weil man sie für Ausbruch und Wüten der Pestseuche verantwortlich machte.

Gulden jährlich. 1375 ist am Jüdenhof wieder eine jüdische Gemeinde nachweisbar. Uneigennützig war diese „großzügige" Geste nicht – die notorisch klammen Fürsten brauchten Geld, die Juden mussten für diese „Toleranz" einen hohen „Judenzins" entrichten. 1411 kam es auf Befehl des Landgrafen Friedrich zu einer landesweiten Judenverfolgung. Die Grundstücke wurden konfisziert, die Synagoge riss sich zunächst Friedrich unter den markgräflichen Nagel, später gelangte sie in den Besitz der Stadtverwaltung, die ab 1416 bis zu einer Umgestaltung als Lager- und Gewandhaus nutzte. Für einen jährlichen Zins von 875 Gulden gewährte dann Friedrich der Streitbare 1425 den neu nach Dresden gekommenen Juden seinen Schutz. Aber Verträge sind mitunter eben in der Tat wie Rosen – sie halten sich, solange sie sich halten, aber dann ... Nach den Hussistenkriegen brauchte Friedrich Geld, viel Geld. Und prompt wurden wieder die Juden um ihr Hab und Gut gebracht, sie selbst vertrieben. Danach lassen sich in den städtischen Registern für geraume Zeit keine Mitbürger mosaischen Glaubens feststellen. Friedrich der Sanftmütige sprach den Juden das Ansiedlungsrecht in Sachsen ab, nur Handelsjuden und so genannten Meßjuden waren die Durchreise und eine begrenzte Handelstätigkeit erlaubt.

Der Dresdner Totentanz – Symbol des katholischen Glaubens am Georgentor

Indirekt geht auf die Pest aber auch ein wichtiges Kunstwerk voller emotionaler Kraft zurück, das heute weitgehend wenig Beachtung findet: der Dresdner Totentanz. Dieses Sandsteinrelief zeigt einen Zug von 27 Figuren, die dem Tod, der ein Stundenglas in der Hand hält und die Schalmei bläst, folgen, darunter auch der Auftraggeber, Herzog Georg von Sachsen. Er hält in seinen Händen einen Rosenkranz: Symbol seines Bekenntnisses zum alten katholischen Glauben, den er durch die von Martin Luther eingeleitete Reformation, die er erbittert bekämpfte, bedroht sah.

Geschaffen hat das über zwölf Meter lange, aus zehn Sandsteinplatten von rund 1,30 Meter Höhe zusammengesetzte Relief Christoph Walter I., ein wohl in Breslau geborener und 1546 in Dresden verstorbener

Diese Totentanz-Darstellung findet sich in Anton Wecks Chronik „Der churfürstl. sächs. weitberufenen Residenz und Haupt-Vestung Dresden. Beschreibung und Vorstellung".

Spross der führenden schlesisch-sächsischen Bildhauerfamilie im 16. und 17. Jahrhundert. Seit 1991 befindet sich der Totentanz in der Dreikönigskirche in der Inneren Neustadt. Ursprünglich war der 1534 entstandene Totentanz an dem 1530 bis 1535 von Herzog Georg errichteten Teil des Dresdner Schlosses angebracht, am Georgentor, dessen Fassaden bis 1717 mit farbigen Reliefs und Figuren geschmückt waren, denen ein anspruchsvolles inhaltliches Programm zugrunde lag. Mikroskopische Untersuchungen verrieten, dass der Totentanz ursprünglich über eine reiche Polychromie verfügte und sich – von der Brücke ausweithin sichtbar – zwischen dem 2. und 3. Obergeschoss befand: Ein Totentanz an herausragender Position an einem weltlichen Herrschaftsbau, das war, wie Arndt Kiesewetter vom Landesamt für Denkmalpflege festhält, „ohne Beispiel".

Das Dresdner Relief gehört zum Typ der so genannten monologischen Kettenreigen, das heißt, er zeigt keinen paarweisen Dialog zwischen den Toten und soeben Sterbenden, sondern eine Kette von Vertretern der menschlichen Gesellschaft, die dicht hintereinander dem Sensenmann folgen. Diese Form der Darstellung ist äußerst selten. Gerade einmal mit einem einzigen Text lässt sich ein monologischer Totentanz belegen – der entstand allerdings bereits 1350, so dass die lateinisch verfassten Verse, die sich in einer Sammelhandschrift aus dem 15. Jahrhundert in der Heidelberger Universitätsbibliothek erhielten, als textliche Urfassung des Totentanzes betrachtet werden können. Nur hier reihen sich ohne individuelle Anrede des Todes lediglich Monologe von 24 sterbenden Standesvertretern aneinander. Das ist in Dresden genauso, aber im Unterschied zur Handschrift werden auf dem Relief die Stände in Geistlichkeit und Weltlichkeit getrennt, die dann von je einer Todesgestalt geführt werden.

Stein als Baumaterial ist Trumpf nach dem Stadtbrand von 1491

Wie viele Dresdner vom Tod im Zuge des Stadtbrandes vom 15. Juni 1491 geholt wurden, ist nicht bekannt, aber das Ausmaß der Zerstörung war enorm. Kleinere

Brände hatte es immer wieder mal gegeben, eine erste Feuerordnung war 1450 erlassen worden. Bei dieser großen Feuersbrunst – ausgebrochen um drei Uhr morgens in einer Bäckerei in der Webergasse – wurden aber rund 250 Gebäude ein Raub der Flammen, das war vermutlich mindestens die Hälfte aller Häuser. Auch die Kreuzkirche war eine Ruine.

Um die Gefahr von Bränden künftig zumindest zu verringern, erließ Herzog Albrecht, nachdem er am 1. August 1491 vom Reichstag zu Nürnberg zurückgekehrt war, einige Bestimmungen für die Bauordnung, „damit die Stadt in ordentlich und wehrhaftig Gebäude möge kommen". Eckhäuser hatten nunmehr aus Stein zu sein, bei den übrigen Häusern musste zumindest das Erdgeschoss der Vorderfront massiv sein – der Trend ging also, was auch schon vor dem Brand der Fall war, endgültig vom Fachwerk- zum Steinbau. Ziegeldächer statt Strohdächern waren ein weiteres Gebot der Stunde. Vier Jahre lang waren die Bauherren von Abgaben befreit, erhielten Darlehen, Kalk, Steine und Ziegel wurden ihnen zu Sonderkonditionen überlassen. Auch ein künstlicher Lauf für den Kaitzbach wurde schließlich mitten durch die Stadt angelegt. 1603 wird berichtet: „Solch Wässerlein ist Feuersnothalben, auch Förderung der Kurfürstlichen Münze und Säuberung der Stadt ein nicht geringes und mit Geld unzubezahlendes Kleinod."

1499 konnte die in spätgotischen Formen neu errichtete Kreuzkirche wieder geweiht werden, immerhin drei wenig beschädigte Bauteile hatte man übernehmen können: den Chor, die Sakristei bzw. Kreuzkapelle an der Südseite sowie die Front des Westturms. Es war ein gewisser Meister Claus, der die Arbeit der Steinmetzen ab 1492 für ein Jahr leitete, sein Nachfolger war bis 1497 Hans Reinhard. Mit der Errichtung von Pfeilern und Gewölben beauftragte die Stadt Konrad Pflüger, der sich bei der Wölbung der Peterskirche in Görlitz und der Thomaskirche in Leipzig einen Namen gemacht hatte. Es dauerte bis 1504, bis die Kreuzkirche wieder ein vollständiges Geläut hatte, erst 1513 hallten wieder Orgelklänge durchs Kirchenschiff.

Pest, Kriege und andere Katastrophen waren jedenfalls die Ursache, dass Dresden bevölkerungsmäßig nicht vorankam. Für die Zeit um 1400 errechnete man bei 609 Geschosspflichtigen, also Steuerpflichtigen, 3.745 Einwohner, 90 Jahre später waren es kaum mehr. Nach dem Stadtbrand zählte Dresden sogar lediglich 2.565 Personen. Altendresden drüben auf der anderen Elbseite, das 1549 eingemeindet worden war, zählte um 1550 rund 1.200 Menschen. Es war auch nicht allzu viel von jenen Brecheisen der Macht in der Stadt, zu denen der Mensch so gern drängt: Geld und Gold. Nach einem Heberegister von 1488 gab es in Dresden neun große (über 1.000 Gulden), 114 mittlere (200 bis 1.000 Gulden) und 285 kleine (25 bis 200 Gulden) Vermögensinhaber, außerdem knapp 200 Leute, die weniger als 25 Gulden besaßen. Über das „Vermögen", das Ratsherren, Kaufleute und sonstige Besserverdiener Dresdens so vorzuweisen hatten, konnten die wirklich reichen Fernhändler und Honoratioren in Leipzig oder Görlitz nur müde lächeln. Der Wohlstand Dresdens, seine Macht innerhalb Sachsens war folglich bescheiden. Noch! Das Kapital, das die Dresdner Kaufleute so erwirtschafteten, wurde häufig in den erzgebirgischen Bergbau investiert, in die Zinnhütten von Altenberg und Geising, die Silberbergwerke von Joachimsthal oder etwa Schneeberg.

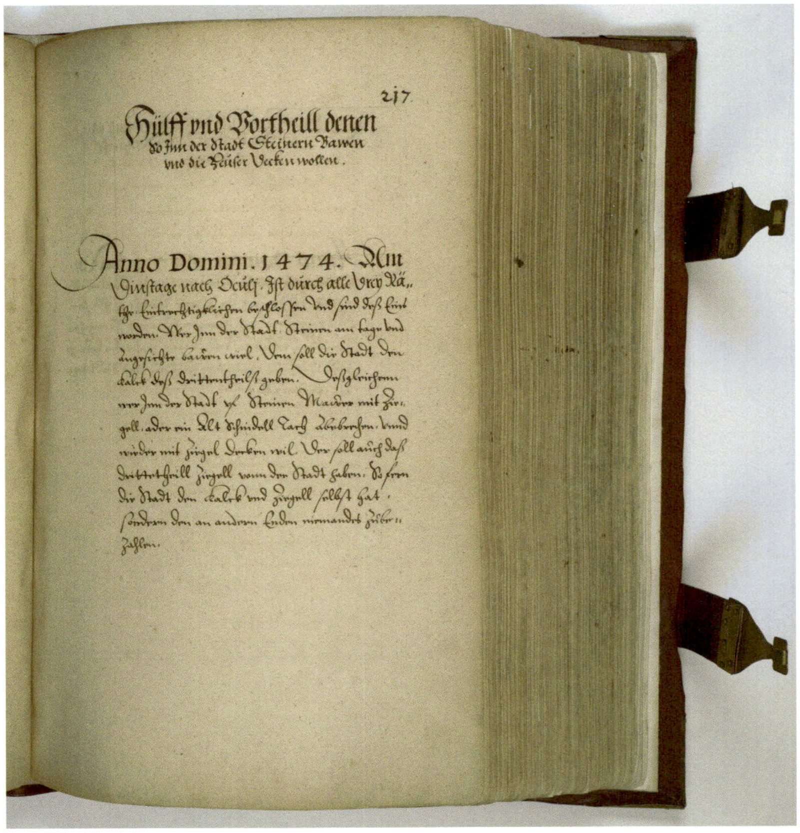
217

Hülff vnd Vortheill denen so Inn der Stadt Steinern Bawen vnd die Heüser Decken wollen.

Anno Domini. 1474.

Diese Urkunde aus dem Staatsarchiv sieht eine Begünstigung für all diejenigen vor, die die Straßenseiten ihrer Häuser in Stein erbauen.

Eine wichtige Gruppe in der Bevölkerung waren die Handwerker. Sie fanden sich am Ende des Mittelalters in Zünften und Innungen zusammen. Um 1500 gab es in Dresden neun in Innungen organisierte Handwerke: Bäcker, Böttcher, Fleischer, Leineweber, Schmiede, Schneider, Schuster und Tuchmacher. Im Laufe des 16. Jahrhunderts gesellten sich einige Zünfte hinzu, etwa Seidensticker, Seiler, Hutmacher und Töpfer. Unabhängig von diesem zünftigen, ehrbaren Handwerk gab es noch andere Handwerksgruppen.

Der Entwurf für diese Innungslade der Zimmerer stammt von George Bähr.

Der ganze Stolz einer Innung: die prachtvoll gearbeitete Lade, vor der man „Morgensprache" hielt

Die Sitten in diesen Innungen waren streng. Wenn etwa früher in der Residenzstadt Dresden sich die Mitglieder einer Innung zur „Hohen Morgensprache" versammelten, der regelmäßig abzuhaltenden Hauptversammlung aller ehrbaren Innungsmitglieder, dann waren allen Anwesenden Ehrfurcht und Disziplin bei Strafe geboten. Die Dresdner Tischlerordnung von 1573 wies an, dass „alle Meister des Handwergs alle quartall zusammen kommen in den obernn vier Meisters Hauß". Bei diesen Treffen war der Genuss von Alkohol, das Spiel mit Würfeln und Karten strengstens untersagt. Auch sonst war die Ordnung (für das Erlassen solcher sind die Deutschen ja berühmt berüchigt) eindeutig: „Soll ein Jeder sich enthaltenn aller Gotteslesterei und scheldtwortt, sol keiner denn anderen schmehen, vorachten oder lügen straffen auch alles vermeiden, das zu unordnunge ursach geben mochte ..." Bei Zuwiderhandlungen waren acht Groschen Buße fällig, „je zur Hälfte in die Innungslade und in den Gotteskasten" zu zahlen. Auch Waffen gehörten nicht vor die geöffnete Lade, bei Missachtung des Gebots drohten vier Groschen Strafe.

In einer Innungslade wurden prachtvoll gearbeitete Schreine der verschiedenen Handwerkskorporationen als zentrale Kultgegenstände des zünftigen Lebens wie Heiligtümer verwahrt und verehrt. Unentbehrliche Dinge hat man im Innern der mit komplizierten Schlössern gesicherten Kisten aufbewahrt: den Innungsbrief, das Innungssiegel und die gemeinsame Kasse. Besondere Bedeutung erhielt die Lade als Mittelpunkt der „Hohen Morgensprache". Von brennenden Kerzen gesäumt, symbolisiert die Lade Recht und Gesetz. Es wird vermutet, dass viele Innungen sogar mehrere Laden besaßen. In einer könnte man Hauptbriefe und Dokumente verwahrt haben, in anderen aktuelle Akten, Handwerksbücher oder Abschriften der Landesordnungen.

Die ältesten uns überlieferten Tischlerartikel in Dresden stammen aus dem Jahr 1573. Vermutlich ist die Innung älter, entstanden aus Vorformen der Korporation, die sich Ende des 15. Jahrhunderts herausgebildet hatten. So ist ein schon 1568 begonnenes Meisterbuch erhalten, in dem nicht weniger als 160 Meister verzeichnet sind.

Natürlich sind die Innungsladen auch mal einfache, mal kunstvolle Erzeugnisse des Tischlerhandwerks. Aber die enorme Spannbreite vom schlichten Eichenholzkasten bis zum aufwendig intarsierten Schrein, von der naiv bemalten Lade bis zum vergoldeten Prunkstück zeigt, dass sie einst eine zentrale Rolle im städtischen Leben eingenommen haben müssen. So gehört beispielsweise die Lade der Dresdner Zimmererzunft zu den außergewöhnlichen sächsischen Zunftmöbeln, wobei sich dieser Eindruck weniger aus den verwendeten Materialien als vielmehr von dem kühnen Entwurf her ableitet, der von Hofzimmermeister George Dünnebier und dem Ratszimmermeister George Bähr, dem Schöpfer der barocken Frauenkirche, gemeinsam erstellt wurde.

Höchst interessant ist eine Lade der Dresdner Zinngießer-Innung, damals Kandelgießer genannt. In der Lade befanden sich im Deckel angenagelt 30 Wappenbilder von Dresdner Zinngießer-Meistern aus den Jahren 1598 bis 1696. In die Lade gehört außerdem eine gravierte Zinntafel, in die man die Namen aller Mitglieder gravierte und jeweils dahinter die Punze des Gießers einschlug. Sie wurde im 18. Jahrhundert begonnen und fortlaufend bis ins 19. Jahrhundert ergänzt. Neben Dresdner Meistern sind Zinngießer aus 22 (damals) sächsischen Orten registriert, darunter Meißen, Pirna, Dippoldiswalde, Altenberg, Bischofswerda, Königstein und Schandau. Mit Hilfe der hinterlegten Punzenabschläge war es der aufsichtsführenden Obrigkeit möglich, jederzeit jegliche gestempelte Meisterarbeit zu identifizieren und bis zum Erzeuger zurückzuverfolgen.

Zwischen Reformation und Renaissance, Bankrott und ersten barocken Blüten (1517-1694)

Herzog Georg der Bärtige steht zum Verdruss vieler Landeskinder treu zum katholischen Glauben

„Wie hältst du es mit der Religion?", wollte einst das holde Gretchen von dem sie umgarnenden Faust wissen. Der hatte, wie in Goethes Drama nachzulesen, zwar einst auch leider, ach, Theologie studiert, sich aber dann auf einen Pakt mit dem Teufel eingelassen. Gretchen, weder Fräulein, weder schön, konnt zwar noch ungeleit nach Hause gehen, aber dann nahm das Verhängnis den bekannten Lauf. Herzog Georg von Sachsen, Sohn und Nachfolger Albrechts des Beherzten, meinte es hingegen wirklich ernst mit der Religion, diesem Werk Gottes, das durch den Teufel seine Perfektion erhielt.

Zum Verdruss vieler seiner Landeskinder hielt es Herzog Georg allerdings im altgläubigen Sinne mit der Religion, mit dem katholischen Glauben. Er war zwar einer „Reform der Kirche an Haupt und Gliedern", wie sie seit dem späten Mittelalter immer wieder gefordert wurde, nicht abgeneigt, fügte auf dem Reichstag zu Worms 1521 zum Entsetzen von Kaiser Karl V. und den Vertretern der Kurie den Beschwerden der deutschen Nation gar zwölf eigene Gravamina gegen den Missbrauch geistlicher Ämter hinzu, tolerierte auch durchaus Luthers Verdammung des Ablasshandels, blieb aber letztlich zeitlebens ein Vertreter der alten religiösen Ordnung. Seiner Meinung nach war die Kirche nicht von einem Mönch zu reformieren, sondern von der Kirchenleitung und, wenn diese versagte, dann Gottbefohlen eben vom Landesherrn.

Die Ideen und Vorstellungen Martin Luthers, der 1518, ein Jahr nach dem Thesenanschlag an der Schlosskirche zu Wittenberg, erstmals in der Schlosskapelle von Dresden gepredigt hatte, waren Georgs Sache nicht. Zumal sich dann 1525 auch noch die aufrührerischen Bauern auf die Freiheit eines Christenmenschen beriefen. 200 Kämpfer musste folglich der Rat von Dresden Georg stellen, die dann mithalfen, bei Mühlhausen in Thüringen ein aufständisches Bauernheer niederzumetzeln, das unter der Führung Thomas Müntzers stand. Um diese erste große deutsche Revolution niederzuschlagen, dafür allerdings machte Herzog Georg sogar gemeinsame Sache mit protestantischen Fürsten. Die unruhigen Zeiten (Reformation, Bauernkrieg und Wiedertäuferbewegung) und darüber hinaus die schnelle

Nur im Bauernkrieg 1524/25 machte Herzog Georg der Bärtige gemeinsame Sache mit den protestantischen Fürsten.

Entwicklung der Kriegstechnik besonders bei der Artillerie waren es wohl auch, die Georg dazu bewogen, die aus dem Mittelalter stammende, schlichtweg veraltete Stadtbefestigung Dresdens zu modernisieren. Die hohen Stadtmauern wurden geschleift, um den neuen Belagerungsgeschützen wenig Trefffläche zu bieten. Die eigenen Kanonen, diese so ungemein wichtigen wie für das Leben allerdings verheerenden Instrumente zur Berichtigung von Staatsgrenzen, wurden auf neu aufgeschütteten Wällen aufgestellt. Vor diesen Erdaufschüttungen wurde noch ein Wassergraben angelegt. Zum Schutze der Stadttore sowie an strategisch wichtigen Stellen wurden darüber hinaus „Basteien" genannte Verteidigungswerke errichtet. Das Gebiet um die Frauenkirche wurde gleich mitbefestigt und erhielt zwei Tore im Vorgelände: vor das alte, jetzt innerstädtische Frauentor wurde ein äußeres, meist als Rampisches Tor bezeichnetes Tor gelegt. Ganz im Nordosten am Elbufer errichtete man ein völlig neues Tor, das man nach der dort ansässigen Berufsgruppe Schiffertor nannte. Auch die Bezeichnung Ziegeltor war üblich, weil hier entlang der Weg auf die Ziegelwiese führte.

Ein Tor zur Verteidung – auch des Glaubens vor den Unbilden der Reformation

Das Torgebäude, das Herzog Georg 1534/35 am Schloss errichten ließ, erhöhte nicht die Effizienz der Verteidigung, aber dieses maßgeblich von Italienern errichtete und nach dem Auftraggeber benannte steinerne Prunkstück der Frührenaissance in Mitteldeutschland war prächtig wie schön und überdauerte deshalb auch die Zeitläufe, wenngleich es natürlich zu diversen Umgestaltungen kam. Der Schlossbrand von 1701 vernichtete den reich geschmückten Georgenbau, der von August dem Starken dann in sehr vereinfachten Formen, beim Schlossumbau von 1889 bis 1902 dann im Stil der Neorenaissance wieder neu entstand. Zu Georgs Zeiten war der Bau mit seinem Bildprogramm auch eine Antwort auf die Umwälzungen der Reformation gewesen, vermutlich sogar eine Replik auf den 1533 einsetzenden Ausbau von Schloss Hartenfels in Torgau durch den ernestinischen Kurfürsten Johann Friedrich.

Gebotstafeln dienten einst der Stärkung des Glaubens und sind heute ein kulturgeschichtliches Dokument

Der Stärkung des Glaubens sollten auch jene Bilder auf Tafeln dienen, die 1844 verstaubt im Dresdner Rathaus gefunden wurden und heute nach umfassender Restaurierung in den 1990er Jahren zu den Glanzstücken mittelalterlicher Kunst des Stadtmuseums

„Den Geiz von fremden Gut abkehren", fordert die Gebotstafel, die Hans dem Maler zugeschrieben wird.

Dresden zählen: die zehn Gebotstafeln. Dieser die biblischen Gebote darstellende Zyklus entstand 1528/29, eine Brückenamtsrechnung gibt Aufschluss, dass man einem Meister Hans 9 Schock und 27 Groschen für das Malen der Zehn Gebote auszahlte. Auftraggeber waren, das lässt sich aus den auf den Holztafeln abgebildeten Wappen und Buchstaben ableiten, der Bürgermeister Gregor Gyner sowie Petrus Eisenberg, der damalige Pfarrer der Kreuzkirche.

Die Gebotstafeln sind ein bedeutendes kulturgeschichtliches Dokument: So lassen sich anhand der Menschendarstellungen Rückschlüsse auf deren Lebensumstände am Vorabend der Reformation ziehen. Und die gleichzeitige Verwendung von zwei Schrifttypen auf den Tafeln, nämlich Latein und Fraktur, macht ebenfalls die Umwälzungen der Epoche deutlich.

Und auch mit allerlei sonstigen Maßnahmen versuchte Georg der Bärtige (den Beinamen erhielt er, weil er sich angeblich nach dem Tod seiner Frau, Barbara von Polen, nicht mehr den Bart scheren ließ) der

Ausbreitung der reformatorischen Bewegung, der „Ketzerei" des „gebannten und meineidigen Mönchs" (Martin Luther), Einhalt zu gebieten.

Sein Gerechtigkeitssinn war zwar so ausgeprägt, dass er sich für das zugesicherte Geleit Luthers zum Reichstag von Worms 1521 einsetzte, aber Amtleute und Räte im albertinischen Sachsen wurden aufgefordert, seine Politik mitzutragen. Herzog Georg gehörte zu den wenigen Reichsfürsten, die im Mai 1521 das Wormser Edikt annahmen, das die Verbreitung der Schriften Luthers unter Strafe stellte. In diesem Sinne verfügt er ein Jahr später, dass jeder Evangelische, der sein Land betrete, gefangen genommen werden sollte. Kategorisch verbietet der Landesherr auch, dass in seinem Herrschaftsbereich lutherische Schriften gedruckt und verbreitet werden.

Zum Teil drakonische Strafen gegen die Anhänger reformatorischen Gedankenguts

Ein Jahr später erreicht er beim Papst die Heiligsprechung des Bischofs Benno, der von 1066 bis 1106 Bischof von Meißen war. Auch diese Aktion hat vor allem einen Zweck: Der katholische Glaube soll gestärkt, der Reformation Einhalt geboten werden. 1523 wurde Heinrich Keller aus Mittweida in Dresden hingerichtet, weil er eine Nonne aus dem Kloster zu Sornzig entführt hatte. Und der Dresdner Jobst Weisbrot wurde erst an den Pranger gestellt und dann aus der Stadt verwiesen, weil er als Urheber eines Gedichts ausgemacht worden war. In diesem Pamphlet war Thomas von der Heyde, der im Auftrag Georgs zahlreiche Untersuchungen gegen Anhänger der lutherischen Lehre im Herzogtum geleitet hatte, bedroht und ihm zudem der wenig liebenswürdige Vorschlag unterbreitet worden: „Pfaffen, monnich, huren und buben sal man ertrenken".

Bald darauf wurden die Buchhändler Andreas Reißner aus Naumburg und Lorenz Trosche aus Erfurt dafür bestraft, dass sie in Dresden „martinische Bücher", also Schriften Luthers, verkauft hatten. Im Juni 1526 machten einige Dresdner Bürger Bekanntschaft mit der Peitsche, und zwar öffentlich auf dem Markt, weil sie in den Kirchen „gefrevelt", also vermutlich dem insbesondere in kalvinistischen Kreisen inbrünstig betriebenen Glaubenssport der Bilderstürmerei gefrönt hatten. Auch Weisbrot gab keine Ruhe. Er schickte weiter Schmähbriefe an den Dresdner Stadtrat, wurde dann schließlich 1530 in Pulsnitz verhaftet und einen Kopf kürzer gemacht. Auch Spitzel wurden von der Staatsmacht dazu ermuntert, ihre Lauscher aufzusperren, der Rat Dresdens musste notgedrungen seinen Segen für diese Art von Lauschangriff geben.

Die Emserpresse stand im Dienst der katholischen Sache, nachhaltiger Erfolg war ihr nicht beschieden

Darüber hinaus ließ Herzog Georg emsig allerlei Bücher und Schriften, Flugblätter und Traktate drucken. Der Name des Druckers ist nicht überliefert, die erste Druckerei in Dresden, die mit hoher Wahrscheinlichkeit mit Mitteln des Landesherrn eingerichtet und auch unterhalten wurde, trägt einen Notnamen: Emserpresse, benannt nach Hieronymus Emser, dem Hofkaplan und Sekretär Georgs. 46 Drucke kamen nach derzeitigen Erkenntnissen zwischen 1524 und 1526 aus dieser Druckerei, darunter 13 Schriften Emsers. Das publizistische Programm der Emserpresse wurde dominiert von der Polemik gegen Martin Luther und die Reformation und umfasste auch die im Auftrag Herzog Georgs von Emser verfassten Annotationes (Anmerkungen), in denen das Verbot von Luthers Übersetzung des Neuen Testaments im albertinischen Sachsen gerechtfertigt wurde.

Nachhaltigen Erfolg beim Eindämmen der Reformation in Sachsen hatte Herzog Georg trotzdem nicht. Emser, dessen Druckerei (wo sie genau stand, lässt sich nicht klären) Dresden zeitweilig zum Zentrum antireformatorischen Schrifttums machte, wurden nächtens die Scheiben seines Hauses eingeworfen. Gleiches drohte man auf entsprechenden Zetteln Peter Eisenberg an, dem schließlich letzten katholischen Pfarrer der Kreuzkirche. Und als gar die Gerüchteküche brodelte, dass das Pfarrhaus erstürmt werden sollte, musste dieser 1521 sogar um eine Schutzwache bitten. Eine Wache war auch erforderlich, wie eine Stadtkassenrechnung vom 23. Mai 1523 belegt, um ein öffentlich aushängendes kaiserliches Mandat vor der Volkswut zu schützen.

Im Juli 1527 musste dann der Tischler Michel Uhl das Gelübde ablegen, werktags „nicht zu Bier" zu gehen – und zwar um zu vermeiden, dass er sich noch einmal im angetrunkenen Zustand unflätig über Eisenberg äußert. Der wurde schließlich erst am 2. Juni 1539 in den Ruhestand geschickt und ging nach Bautzen. Denn im dortigen Domstift war man noch gut katholisch, in Dresden hatte aber mittlerweile wie fast überall in Sachsen die Reformation Einzug gehalten.

Ansonsten bleibt aber festzuhalten: Eine lutherische Massenbewegung bildete sich in Dresden nicht heraus. Zumindest die Bevölkerung seiner Residenzstadt hatte der Landesherr im Griff. Und auch die Mitglieder des Stadtrates sahen es, abhängig von Herzog Georg und vergleichsweise durchaus vermögend, nicht ungern, dass die sozialen und religiösen Verhältnisse sich vorerst nicht änderten.

Die „lieben Verwandten“ fallen Georg dem Bärtigen in den Rücken, sogar der „kleine“ Bruder

Dass sie sich andernorts änderten, dafür sorgten zum Kummer Georgs die lieben Verwandten, die man sich bekanntlich im Gegensatz zu Freunden nicht aussuchen kann. Die hielten es nämlich im Sinne Luthers mit der Religion: und zwar sowohl die Angehörigen des ernestinischen Zweigs der Wettiner als auch sein jüngerer Bruder Heinrich, genannt der Fromme (reg. 1539-1541), der in Schloss Freudenstein in Freiberg seinen Hof hatte. Kurfürst Johann der Beständige hatte sofort nach seinem Regierungsantritt 1525 die Reformation im ernestinischen Sachsen durchgesetzt. Und der kleine Bruder im Freiberger Ländchen war 1536 nach dem Zeitzer Fürstentag unter dem Einfluss des kursächsischen Hofes in Wittenberg zum Protestantismus übergetreten und hatte ein Jahr später in den von ihm seit dem „Brüderlichen Vertrag” von 1505 regierten Ländereien, in den Ämtern Freiberg und Wolkenstein, die Glaubensfreiheit gewährt. Und auch Georgs Schwiegertochter Elisabeth hatte auf ihrem Witwensitz in Rochlitz die Reformation eingeführt.

Eine nicht unerhebliche Rolle beim Glaubenswechsel Heinrichs des Frommen spielte Katharina von Mecklenburg. Sie hatte schon früh ihrem Gatten, den sie 1512 im Alter von 25 Jahren geheiratet hatte, in den Ohren gelegen, doch bitteschön den Predigten ihres neuen, evangelischen Hofpredigers zu lauschen – und ihm prompt, weil er sich beklagt hatte, er habe von den Worten des Predigers Schenk nichts verstanden, einen Stuhl direkt unter die Kanzel gestellt. Katharina hatte Freiberger Nonnen nach ihrer Flucht aus dem Kloster unterstützt, protestantische Schriften drucken lassen und schließlich 1533 gar ihre Tochter Aemilia mit dem protestantischen Markgrafen Georg von Brandenburg-Ansbach verheiratet. Da der zuvor die Confessio Augustana (das Augsburger Religionsbekenntnis der Protestanten) mitsigniert hatte, war die Reaktion des Schwagers in Dresden mehr als nur angesäuert.

Der alternde Herzog Georg, kundig des Lateinischen (immerhin so weit, dass er mit dem großen Humanisten Erasmus von Rotterdam korrespondieren konnte) und ungemein begabt in Fragen der Verwaltung eines Landes, konnte es letztlich nicht verhindern: Da beide Söhne vor ihm gestorben waren (den jüngeren, Friedrich, hatte er, obwohl dieser schwachsinnig war, sogar noch für regierungsfähig erklären lassen), folgte ihm nach seinem Tod am 17. April 1539 sein Bruder Heinrich aus der Nebenlinie der Familie in Freiberg auf dem Thron Sachsens. Der wird von Zeitgenossen als schreib- und lesefaul beschrieben, mit wenig Sinn für verwaltungstechnische Angelegenheiten, aber dafür umso mehr den Freuden der Tafel und der Jagd zugeneigt. Luther meinte bedauernd: „Ach, der gute Fürst, hat nun ein groß Land, aber er ist alt, schwach und ungeschickt dazu.” Aber mit der Einführung der Reformation im albertinischen Sachsen sorgte Heinrich der Fromme trotz lediglich zweijähriger Regierungszeit im Herzogtum Sachsen dafür, dass er in den Geschichtsbüchern mehr als nur eine Fußnote ist.

1514 schuf Lucas Cranach der Ältere dieses Bildnis von Herzog Heinrich dem Frommen.

Mit ihrem Malteser-Hündchen ließ sich Heinrichs sehr gläubige Gattin Katharina von Mecklenburg malen.

Herzog Heinrich der Fromme führt die Reformation in Sachsen ein

Dresden, wohin Heinrich samt Familie natürlich sofort umgezogen war, wurde dank ihm mit leichter Verzögerung doch noch ein Zentrum des deutschen Protestantismus. Der Beisetzung seines Bruders Georg in Meißen nach altgläubigem Ritus blieb Heinrich der Fromme fern, das dortige Benno-Heiligtum ließ er zerstören. In Dresden wurde am 27. Juni 1539 der Frankfurter Prediger Johann Cellarius als erster evangelischer Pfarrer der Kreuzkirche eingewiesen, nachdem vorher der letzte katholische Pfarrer Peter Eisenberg mit einem Ruhegeld in den entsprechenden Ruhestand entlassen worden war. Nach der Einweisung Cellarius' wurde dann am 6. Juli in der Kreuzkirche, die die Frauenkirche als Pfarrkirche ablöste, die, wie Oberstadtschreiber Martin Heußler überliefert hat, „erste evangelische oder deutsche messe gehalten und das sacrament beyder gestalt gereicht". Außerdem wurden künftig in der Schlosskirche evangelische Gottesdienste abgehalten, der Johannis-Ablass war bereits abgeschafft, die übliche Prozession an Fronleichnam untersagt worden. Bald war jede öffentliche Zeremonie in alter Form verboten. Wesentliche Elemente ihres Wirkens – Beichtabnahme und Predigt – wurden den Klöstern genommen, was ihre Einflussnahme auf die Bevölkerung deutlich begrenzte.

Nachdem die Reformation im Land weitgehend eingeführt war, begann Herzog Heinrich mit der Sequestration, der Verstaatlichung des Grundbesitzes und sonstiger Besitzungen von Klöstern, Stiften und Komtureien. Der kirchliche Grundbesitz wurde säkularisiert, das Augustiner- und Franziskanerkloster wurden wie viele andere Pfarreien und Klöster im Land Visitationen unterzogen und dann aufgelöst. Die fünf im Franziskanerkloster gebliebenen Mönche sowie vier Laienbrüder willigten Ende Dezember ein – gegen Zusicherung des Unterhalts auf Lebenszeit –, die Ordenstracht abzulegen. Das Gut Leubnitz, das bislang dem Kloster Altzella bei Nossen gehörte, fiel an Dresden zusammen mit den Dörfern Gompitz, Goppeln, Gostritz, Reick, Strehlen und Torna. Der Reformator Philipp Melanchthon war maßgeblich daran beteiligt, die evangelisch-lutherische Kirche sowie ein ihr geistig nahe stehendes Schulwesen in Dresden aufzubauen.

Wichtigster außenpolitischer Schritt Heinrichs des Frommen: der Beitritt zum 1531 ins Leben gerufenen Schmalkaldischen Bund, dem gegen den katholischen Kaiser Karl V. und vor allem gegen die katholische Liga gerichteten Zusammenschluss vieler protestantischer Fürsten und Reichsstände.

Moritz von Sachsen erringt die Kurwürde für die albertinische Linie der Wettiner

Mit dem Regierungsantritt von Herzog Moritz, dem Sohn von Heinrich, am 7. August 1541 begann dann eine der wichtigsten Perioden in der politischen und wirtschaftlichen Entwicklung im albertinischen

Territorium und seiner Residenzstadt Dresden. Moritz (1521-1553) verkörpert in seiner Person wie kaum ein anderer Fürst seiner Zeit, so Manfred Rudersdorf in seinem Festvortrag im Rahmen einer Wissenschaftlichen Tagung anlässlich des 450. Todestages von Herzog Moritz, „sinnbildlich das Spannungsgefüge zwischen alteuropäischer Herrschaftstradition und zeitgemäßer staatlicher Modernität, zwischen säkularem politischen Aktionismus, konfessioneller Selbstbehauptung und gefestigter reichsständischer

Moritz von Sachsen war ein Schlitzohr, das ständig die Fronten wechselte – mit dieser Politik aber Erfolg hatte.

Libertät". Moritz von Sachsen hatte am Hof König Georgs zunächst eine streng katholische Erziehung genossen, war danach aber im ernestinischen Wittenberg und Torgau lutherisch erzogen worden. Letztlich ging er seine eigenen Wege.

Obwohl er der Schwiegersohn Philipps von Hessen war, eines der mächtigsten protestantischen Fürsten, weigerte er sich, dem Schmalkaldischen Bund beizutreten, unterstützte aber die Schmalkaldener gegen den katholischen Herzog Heinrich von Braunschweig. Einerseits ließ er in seinem Land mit Zustimmung der Stände die Kirchengüter einziehen (was eine Menge Geld in die Staatskasse spülte), andererseits begann er dann, sich den katholischen Habsburgern anzunähern. Nach dem Sieg der katholischen Liga über seinen ernestinischen Vetter, Kurfürst Johann Friedrich den Großmütigen, in der Schlacht bei Mühlberg 1547 riefen ihn die Soldaten angeblich noch im Feldlager zum Kurfürsten aus – sei es, wie es sei. Kaiser Karl V. bestätigte die Vereinbarungen der Wittenberger Kapitulation, die Moritz territorial unter anderem den Kurkreis um Wittenberg und damit verbunden die entsprechende Rangerhöhung, andererseits bei den evangelischen Glaubensgenossen allerdings auch den Titel „Judas von Meißen" einbrachten.

Vor der Schlacht von Mühlberg war Dresden belagert, aber nicht eingenommen worden. Die Verteidigung der Stadt hatte Moritz seinem jüngeren Bruder August übertragen, der zwar einen zurückhaltenderen Kurs bevorzugt hätte, letztlich aber die risikoreiche Außenpolitik seines Bruders mittrug. Allerdings mussten mal wieder die Vorstädte und Altendresden dran glauben. Erstere wurden freiwillig niedergebrannt, Altendresden hingegen nach Eroberung und ausgiebiger Plünderung eingeäschert. Ständige Frontwechsel stärkt die eigene Machtposition. Nach dem Sieg bei Mühlberg über das Heer des Schmalkaldischen Bundes löste sich Moritz dann allerdings vom Kaiser, wurde dessen wichtigster Gegenspieler im Reich. Er schloss sich den protestantischen Fürsten an und nahm Kontakt mit dem französischen König Heinrich II. auf, weil ihm die kaiserlichen Zentralbestrebungen nicht ins Konzept passten. Intensive Kontakte pflegte Moritz auch mit Ercole II. d'Este, Herzog von Ferrara, denn beide wollten die vom Kaiser forcierte Errichtung einer monarchia universalis (Universalmonarchie) und eine drohende territoriale Umklammerung verhindern.

Vor allem in Deutschland wurde die Regentschaft Karls V. zunehmend als Fremdbestimmung empfunden, war Madrid doch zentraler Ort jenes Reiches, in dem die Sonne nie unterging. Andererseits kam es dann gelegentlich doch zu Schulterschlüssen Moritz' mit dem Kaiser, teils zur Sicherung der eigenen Territorien vor habsburgischen Übergriffen, teils zur Stärkung der eigenen Machtposition.

Wer aufmuckte, der bekam Schwierigkeiten. Drei Dresdner Bürgermeister, Peter Biener, Hans Gleinig und Dietrich Lindemann, mussten ihr Wohl und Wehe Justitia anvertrauen, weil sie sich vor der Schlacht von Mühlberg einer Herrschaft der Ernestiner nicht gänzlich abgeneigt gezeigt hatten, kamen aber gnädigerweise mit milden Urteilen davon und konnten in Amt und Würden bleiben. Der Stadtrat von Dresden wusste also, woher der kräftigere Wind blies, und zeigte sich denn auch willig, als der Landesherr 1550 verlangte, dass die Kommune monatlich 800 Kriegsknechte zu besolden habe. Zwei Jahre später erließ Moritz dann eine Einquartierungsordnung für Dresden, in der genau geregelt wurde, was jeder Bürger im Kriegsfall an Leistungen zu erbringen habe. Der schlitzohrige Frontenwechsler setzte die reichsrechtliche Anerkennung der Reformation sowie die Freilassung seines Schwiegervaters, des Landgrafen Philipp von Hessen, durch. Anschließend leistete Moritz, der nun plötzlich als Bewahrer der Reformation und Verteidiger ständischer Interessen erschien, zusammen mit den Truppen König Ferdinands, des Bruders Karls V., die vertraglich vereinbarte Hilfe im Kampf gegen die Türken in Ungarn. Das weitgehend wiedervereinigte Kurfürstentum Sachsen ordnete der tatkräftige Moritz mit einem namhaften Kreis von Räten staatlich neu: In Meißen, Schulpforta und Grimma gründete er Fürstenschulen (*scholae principales*), die der Ausbildung von Staatsbeamten dienen sollten. Die sächsische Landeskirche wurde grundlegend neu strukturiert und organisiert – und zwar mit Hilfe von Daniel Greser, dem Nachfolger Johannes Cellarius' als Kreuzpfarrer. Bis 1587 war Greser Stadtpfarrer und Superintendent von Dresden. Dem Rat wurden am 29. September 1543 in einer herzoglichen Urkunde die Güter des Augustiner-Klosters und das Altarlehen der Dreikönigskirche übergeben – einzige damit verknüpfte Auflage: Kirchen- und Schuldienste mussten damit beglichen werden.

Erste Blüte der Hofmusik, die dann unter Heinrich Schütz einen ersten Höhepunkt erlangte

Mit der *Hofcantorey* und der Unterzeichnung der Kantoreiordnung legte Moritz 1548 den Grundstock für die Dresdner Staatskapelle. Neben der Pflege der Kirchenmusik erfreute sich die Tafelmusik besonderer Beliebtheit. Erster Leiter der Kantorei war bis 1554 Johann Walther. Einer seiner Nachfolger wurde der 1549 nach Dresden verpflichtete Musiker Antonio Scandello (1517-1580), der die Kunst der italienischen Madrigalmusik zu höchster Blüte führte und den Ruf der in Dresden gepflegten Musikkultur nachhaltig untermauerte. 1568 wurde Scandello zum Hofkapellmeister ernannt. Auch er ist ein Beispiel für die Beständigkeit des italienischen Elements am Dresdner Hof – und wie ein katholischer Italiener zum Exponenten lutherischen Glaubens und protestantischer Musiktradition avancieren konnte. Mit ihm war jedenfalls der Anschluss an die moderne Kunstmusik der Spätrenaissance gefunden. Die Verschmelzung italienischer und deutscher, aber auch frankoflämischer Elemente kulminierte dann im Werk des Dresdner Hofkapellmeisters Heinrich Schütz (1585-1672).

Alles in allem dürfte Moritz ein Landesherr so recht nach dem Geschmack seines Zeitgenossen Niccolò Machiavelli gewesen sein, „gut in der Erfüllung seiner Aufgaben", was nicht unbedingt moralisch gut bedeuten musste, aber eben klug und findig, wie der Verfasser des „Machiavell" es von einem fähigen Herrscher verlangte. Moritz hielt sich alle Optionen offen, oberstes Gebot war für ihn, zum Wohle des Staates politische Entscheidungen autonom durchzusetzen – und zwar gegen eventuelle moralische, religiöse und rechtliche Bedenken. Leitend war für ihn der Gedanke der Staatsräson, nicht der persönlichen Verbundenheit.

Antoine Aveline fertigte Anfang des 18. Jahrhunderts diesen Stich vom „Riesensaal" im Residenzschloss an.

Caspar Vogt von Wierandt beschert Dresden einen ungemein wirksamen Bastionsriegel

Um diese Schaukelpolitik erfolgreich anwenden zu können, ließ Moritz unter anderem die Festunganlagen rund um Dresden ausbauen – und zwar von dem erfahrenen Baumeister Caspar Vogt von Wierandt, den er gleich nach seinem Regierungsantritt eigens nach Dresden berief. Moritz hatte 1549 Genua, Ferrara, Mailand, Mantua, Trient und Venedig besucht, wo er zum einen die neuen Befestigungswerke, aber auch die neuesten Paläste der Renaissance mit ihren umfangreichen Fresken studieren konnte. Dresden war eine der ersten deutschen Städte, die einem Bastionsgürtel erhielten, eine Verteidigungsarchitektur mit fünfeckigen Bastionen, die in Italien entwickelt worden und ebenso teuer wie effektiv war. 1555 war die Festung bis auf ein paar Lücken auf der rechtselbischen Seite vollendet. Ein Kranz von acht Bastionen umgab nun schützend die Stadt, die durch die Einbeziehung und Eingemeindung Altendresdens sowie des Areal um die Frauenkirche großzügig erweitert worden war. Kein Wunder, dass Moritz 1550 zufrieden feststellen konnte, Dresden sei nun „... etwas in der grosse erweitert Und Got lob befestiget ...". Dass der Bürgermeister seine militärische Befehlsgewalt mit

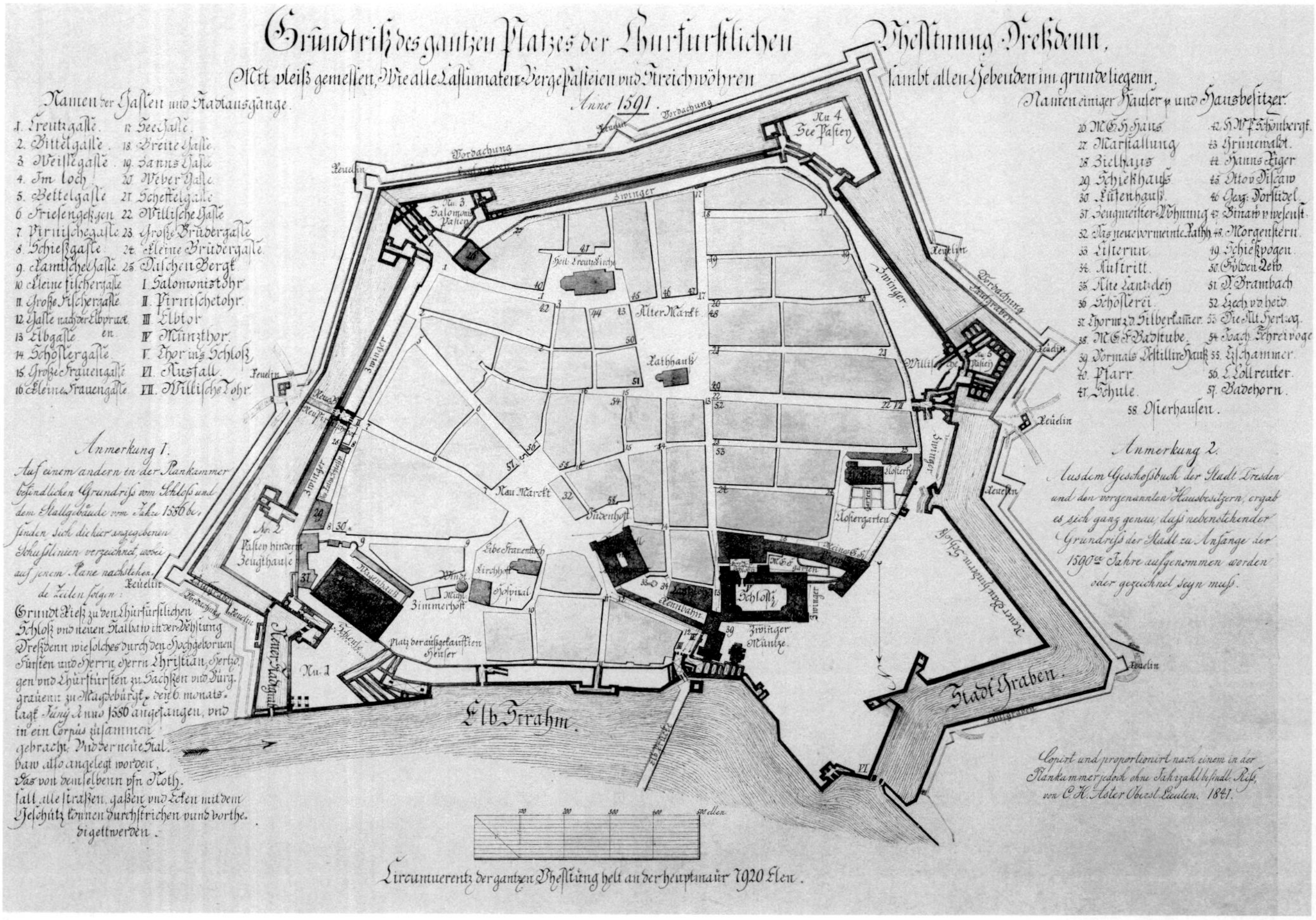

Aus dem Jahr 1591 stammt dieser Grundriss von der kurfürstlichen Stadt Dresden, die von massiven und damals modernsten Befestigungswerken geschützt.

dem Ausbau der Festung weitgehend an den Kurfürsten verlor, war wohl zu verschmerzen, weniger, dass Moritz die Kompetenzen des Rats auch sonst ziemlich beschnitt. Ideen aus Italien prägten erheblich das architektonische Gesicht der Stadt. Aus Italien stammten auch einige der architektonischen Ideen, nach denen das Dresdner Schloss umfassend erweitert wurde: die Architektur der viergeschossigen, tribünenartigen Hofloggia oder auch der in Kratzputztechnik gestaltete Fassadenschmuck, der seit 1548 nach Entwürfen der Brüder Gabriele und Benedetto Thola aus Brescia, die nicht nur Maler sondern auch Musiker waren, angebracht wurde. Benedetto Tola versah auch das Kanzleihaus mit Sgraffitoschmuck, Zacharias Wehme erweiterte das Moritzmonument an der Hasenbastei um die gemalten Seitenflügel mit Tugenden und Rankenwerk. Das Kanzleihaus war das älteste Verwaltungsgebäude der Stadt und wohl auch einer der ersten Zweckbauten dieser Art in Deutschland überhaupt. Der Hausmannsturm des Schlosses rückte optisch ins Zentrum der Nordfront und wurde zu einer Art Hoheitszeichen dieser dann 1556 fertig gestellten, regelmäßigen vierflügeligen Schlossanlage, die einer der ersten Deutschlands war – die Grundfläche des Schlosskomplexes hatte sich verdoppelt, vor allem nach Westen hin. Der alte „Dantzsall" war durch den so genannten Riesensaal ersetzt worden, einen 56,7 Meter langen und 13 Meter breiten Festsaal, der sich über die gesamte zweite Etage des Ostflügels erstreckte. Sein Name geht auf riesenhafte Kriegergestalten zurück, von denen jeweils sechs an jeder Längswand die flache Decke zu tragen schienen. Dieser Saal soll im Zuge der derzeitigen Schlossrestaurierung wiederhergestellt werden. Kurz vor der Vollendung der malerischen Ausgestaltung der Schlossfassaden, auf jeden Fall vor 1555, entstand das Portal der Hofkapelle, nach dem Urteil Fritz Löfflers „die edelste Portalkomposition der ganzen deutschen Renaissance". Nun ja, eigentlich gehört das gute Stück, das heute am Jüdenhof neben dem Johanneum steht und wieder in den Schlosshof eingefügt werden soll, wohl der oberitalienischen Renaissance an. Der Entwurf für diese „Schöne Pforte" wird jedenfalls dem 1553 dokumentierten Giovanni Maria von Padua zugesprochen, ebenso die Ausführung der Ornamentik der Pilaster und des Rankenfrieses über dem triumphal aufgefassten Portal. Nur der figürliche Schmuck, der der lutherischen Lehre folgt, wird wohl von dem aus der Region stammenden Bildhauer Hans Walther II. ausgeführt worden sein. Die Schlosskapelle selbst wurde dann unter Moritzens Bruder und Nachfolger August 1555 eingeweiht. Der gerade mal 19 Meter lange und 13 Meter breite Kapellenraum war einerseits in Formen der Renaissance ausgeführt, etwa im Emporenbereich, erwies aber andererseits durch ein kompliziertes Rippennetz, das ihn überwölbte, der spätgotischen Tradition Sachsens seine Referenz. Der Saalraum mit eingezogenen Wandpfeilern und Empore ersetzte nicht allein die spätmittelalterliche St. Georgskapelle, sondern wurde als Hauskapelle des lutherischen Kurfürsten, der Chef der Landeskirche war, zur ersten Kirche Sachsens und zum architektonischen Vorbild etlicher anderer protestantischer Schlosskapellen in anderen Territorien des Reiches.

Viele der ungemein kostbaren Tapisserien im Schloss waren nicht nur Schmuck, sondern auch Propaganda

Den größten Anteil an der Ausschmückung hatten die Tapisserien. Moritz hatte kurz nach der Übernahme der Kurwürde die Gründung einer Teppichmanufaktur forciert, dafür den bis dato für Kurfürst Johann Friedrich in Torgau tätigen Niederländer Heinrich von Hohenmühl verpflichten können. Die Zahl an Tapisserien stieg während der Moritz' Regierungszeit denn auch von 15 auf 238 Stück an. Da Tapisserien als außerordentlich wertvoll erachtet, auf eine Stufe mit einer Silberkammer gestellt wurden, stieg das Prestige Kurfürst Moritz und Sachsens bei seinen Standesgenossen in Europa deutlich. Ein erhaltenes Inventar aus dem Todesjahr des Kurfürsten 1553 gibt Auskunft über Mengen, Themen und Standorte. So hing beispielsweise in der Tafelstube die Tapisserie „Von den Giganten und Zwergen, so die Berge zusammentragen". Zwei weitere Inventare aus der Zeit Kurfürst Augusts von 1560 und 1565 liefern zusätzliche Informationen über gemalte Tücher und Tafeln sowie Einrichtungsgegenstände. Scheinbar hingen die wertvollsten Tapisserien, von Seide und mit Gold- und Silberfäden gewebt, in der Schlosskapelle.

Kurios an der „Sammelwut": Moritz war beileibe kein Liebhaber der Teppichkunst wie etwa Karl V. oder der Ernestiner Johann Friedrich von Sachsen – er sammelte einfach aus Gründen des Machtkalküls. Eines seiner Lieblingsprojekte war eine ursprünglich auf neun Stück geplante und später auf 13 Stück erweiterte „Serie von großen, mittleren und kleineren Stücken von der deutschen Schlachtordnung gegen den Türken samt einem Türkenzug", hält Margitta Coban-Hensel in einem Beitrag in dem Buch Hof und Hofkultur unter Moritz von Sachsen fest. Moritz hatte als Reichsfürst am Feldzug gegen das Osmanische Heer unter Süleyman dem Prächtigen teilgenommen. Belagerung und Sturm auf Ofen waren ein einziger Schuss in den Ofen: Es gab schwere Verluste und Moritz wäre beinahe gefallen. Aber die Motive der Bildteppiche zeigen natürlich die Überlegenheit der christlichen Heere, deuten die Niederlage in einen Sieg um. Die Tapisserien waren eben Propaganda.

In den Uffizien in Florenz hängt mittlerweile dieses Selbstbildnis von Lucas Cranach dem Älteren.

Lucas Cranach, der Malerfürst des 16. Jahrhunderts, beschert Dresden allerlei Bildnisse

Im Schloss und dort insbesondere in der von Kurfürst August bald dort eingerichteten Kunstkammer hingen auch zahlreiche Gemälde von Cranach dem Älteren und dessen Sohn Cranach dem Jüngeren. Teils waren sie Auftragsarbeiten, teils nach dem Wechsel der Kurwürde 1547 aus den einst ernestinischen Schlössern in Wittenberg (dort war auch die Cranach-Werkstatt, nach dem Wechsel der Hauptresidenz sich plötzlich in der „Provinz" befindend) und Torgau nach

Im Dom „Unserer lieben Frauen“ zu Freiberg befindet sich das Grabmal für den 1553 bei Sievershausen gefallenen Kurfürsten Moritz.

Dresden gekommen. Noch heute besitzt die Gemäldegalerie Alte Meister mit 65 Arbeiten die weltweit größte Sammlung an Cranach-Gemälden. Selbst Georg der Bärtige hatte schon angefangen Bilder von Cranach, diesem ungemein populären Malerfürsten des 16. Jahrhunderts, zu sammeln. Der konfessionelle Gegensatz spielte in den Geschäftsbeziehungen keine nennenswerte Rolle, nur bei der Motivauswahl. Auf Luther-Bildnisse konnte Georg verzichten, auf Familien-Porträts nicht. Für das Jahr 1517 ist erstmals ein Besuch Cranachs in Dresden nachgewiesen.

Der Wandel einer vergleichsweise bescheidenen Ackerbürgerstadt in eine Renaissance-Metropole in kaum drei Jahrzehnten durch Moritz und seinen Bruder August war das Ergebnis eines bewusst betriebenen Kulturtransfers. In Deutschland hatte sich die Ablösung der mittelalterlichen Auffassung von Kunst, der Gotik, nur langsam vollzogen. Es waren Maler wie Cranach, Altdorfer und Dürer, die dann versuchten, neue Bildformen zu schaffen, dabei aber die gewachsene Tradition nicht gänzlich ad acta legen wollten.

Eine Kugel im Rücken kann wenig entzücken

Verwunderlich ist es also alles in allem nicht, dass der kursächsischen Residenzstadt 1577 von Giovanni Dolfin, dem venezianischen Nuntius am päpstlichen Hof in Rom, der Rang einer *altera Florentia* zugebilligt wurde. Die Anlehnung an die Renaissance-Kultur Italiens, sie war für die zu höchster Macht gelangte Dynastie der albertinischen Wettiner das probate Mittel, die erfolgreiche Integration in ein internationales fürstliches Kommunikationsnetz zu betreiben. Aber wie es so ist im Leben: Gestern noch auf stolzen Rossen, heute durch die Brust geschossen. Im Fall von Moritz war es sogar eine Kugel in den Rücken, die dafür sorgte, dass der Kurfürst im Alter von nur 32 Jahren nach gerade mal zwölf Jahren an der Regierung sein Leben nach dem relativ belanglosen Scharmützel von Sievershausen 1553 aushauchte. Die Wunde galt nicht unbedingt als tödlich, gestorben ist der Fürst trotzdem. Von Gift ist die Rede. Bewiesen ist nichts. Über seinem Leichnam im Freiberger Dom prangt das wohl prächtigste Grabmal, das je ein Wettiner bekam.

„Vater August“ saniert die Staatsfinanzen

Nachfolger war sein jüngerer Bruder August. Er war bislang Administrator des Stiftes Merseburg gewesen. Ihn nannte man später volkstümlich „Vater August“, vielleicht, weil er als während seiner 33-jährigen Regierungszeit als Landesvater Charaktereigenschaften zeigte, die man gern an anderen sieht: August galt als fleißig, sparsam, genügsam und immer geschäftig. Ihm gelang, was diverse Finanzminister der jüngeren deutschen Geschichte nicht schafften, nämlich den Haushalt des Landes zu stabilisieren und zu sanieren. Zunächst suchte er den Ausgleich mit den Ernestinern. Im Naumburger Vertrag vom 24. Februar 1554 überließ er ihnen Teile Thüringens, ließ den lieben Verwandten auch 100.000 Gulden für ihre Anerkennung der Wittenberger Kapitulation zukommen (was diese allerdings nicht abhielt, später Nachforderungen zu stellen, obwohl der Länderfinanzausgleich noch lange nicht erfunden war). Leisten konnte sich August das. Sachsen war dank seiner weitgehend erfolgreichen Finanzpolitik mit durchschnittlich 865.000 Gulden Nettoeinnahmen der Krösus unter den Ländereien im Reich.

August avancierte mit Sicherheit nicht nur wegen seiner Stärke im Glauben über Jahrzehnte hinweg zum Oberhaupt der evangelischen Reichsstände. Sachsen war, auch wegen des ausgesucht persönlichen Regiments Augusts, der Modell- und Musterstaat mit entsprechender Vorbildfunktion für andere evangelische Territorien des Reichs. Außerdem war August

Erzmarschall des Reiches, zudem der Big Boss im Obersächsischen Reichskreis, damit zuständig für die Koordination der Reichsstände.

Dresden profitierte von der Gunst des Landesherrn

Dresden huldigte dem neuen Landesherrn am 18. August 1553. Die Huldigung zahlte sich aus: Nur einen Tag später bestätigte August der Stadt alle Rechte und Privilegien, die sie im Laufe der Zeit erhalten hatte. Des einen Freud ist bekanntlich des andern Leid. Die Münzstätten in Annaberg, Freiberg und Zwickau wurden geschlossen, einzige Münzstätte in Sachsen war ab 1556 Dresden. Zwei Jahre später wurde eine Münzordnung erlassen, bei der Rechenmeister Adam Ries (1492-1559) mit Rat und natürlich auch ein bisschen Tat mitwirkte.

Auch sonst überschüttete August seine Residenzstadt, deren Weichbild 1554 mit dem kurfürstlichen Amt neu festgelegt, vermessen und markiert wurde, mit Gunstbeweisen. Das Appelationsgericht wurde 1559 angewiesen, hier seine Zelte aufzuschlagen, der 1574 gebildete Geheime Rat, die oberste kollegialische Verwaltungsbehörde des Landes, sollte ebenso seinen Sitz hier finden wie das Obersteuerkollegium. Dem Landesherrn und Verwaltungsorganisator verdankt die Stadt zudem das Zeughaus, den Vorgängerbau des heutigen Albertinums, sowie das von 1565 bis 1567 errichtete Kanzleihaus mit 19 Stuben, in dem sämtliche Verwaltungseinrichtungen des Kurfürstentums ihren Sitz hatten. Als erste vorstädtische Kirche ließ August dann 1578 die nach seiner Frau benannte Annenkirche erbauen. Die Stadt ließ sich nicht lumpen und fügte ein Jahr später dem Turm der Kreuzkirche noch ein paar Meter hinzu, um Höhe zu gewinnen. Für die Kreuzschule fiel ein Neubau ab, denn für mittlerweile fünf Klassen war das alte Gebäude zu klein.

1581 durfte sich die Stadt über Gebäudezuwachs in Form der Hofapotheke und des als Versuchslaboratorium des Hof-Alchemisten dienenden Probierhauses freuen. Eher aus dem Gebot der Not resultierten zwei Gebäude vor dem Wilsdruffer Tor: das Pesthaus (1560) und das Lazarett (1573). Der Pestwelle des Jahres 1655 fielen 420 Menschen zum Opfer, 1583 waren 349 Pesttote zu beklagen, 1585 forderte die Seuche einen Tribut von 1.209 Toten.

1582 veranlasste der Kurfürst den Bau einer Eisenschmelzhütte im Tal der Weißeritz, außerdem die Errichtung einer Schmelz- und Saigerhütte in Ostra. All das brachte Geld, mehr Einwohner, aber auch etwas mehr Händel. Damit nächtens alles seine Ordnung hatte, der Bürger ruhig schlafen konnte, kam der Rat 1571 nicht umhin, einen Nachtrichter und sechs Wächter einzustellen. Größere Sicherheit, für diese sorgten auch die am 28. April 1572 in Dresden von Gimel Bergen gedruckten Constitutionen (Bestimmungen), die man als erstes sächsisches Gesetzbuch betrachtet.

Leidenschaft für Wissenschaften und kunsthistorische Sammlungen mündete in einer Kunstkammer

Eine besondere Leidenschaft hegte Moritz' Bruder August insbesondere auch für die Wissenschaften sowie kunsthistorischen Sammlungen. Rund 10.000 Exponate aller Art trug er in seiner 1560 gegründeten Kunstkammer im Erdgeschoss des neu erbauten Westflügels des Schlosses zusammen. Damit begründete August, der auch bei der Gregorianischen Kalenderreform eine Rolle spielte, viele heutige Dresdner Museen wie den Mathematisch-Physikalischen Salon, die Gemäldegalerie Alte Meister oder eben das Grüne Gewölbe. Für die „Geheime Verwahrung", die Kunstkammer, bürgerte sich recht schnell die Bezeichnung „Grünes Gewölbe" ein – wegen der grün bemalten Bauglieder, mit denen die um Staatstresor umfunktionierten Prunkräume geschmückt waren. Der Grundcharakter der Sammlung war wissenschaftlich-technischer Natur, bestand aus Erd- und Himmelsgloben, Astrolabien, Kompassen, ballistischen und geodätischen Instrumenten, kunstvollen Uhren ...

Der Hauptteil der Objekte waren allerdings Werkzeuge, die die technischen Neuerungen der Epoche widerspiegelten. Gemälde und Skulpturen gab es in dieser Kunstkammer, aber deren künstlerischer Rang war –von Einzelstücken mal abgesehen – vergleichsweise bescheiden.

Separee für Bücher kalvinistischen Inhalts in der „Liberey"

1574 umfasste die etwa 1556 gegründete „Liberey" des humanistisch gesinnten Kurfürsten 1721 Bände. Den hohen Rang, den August seinen Büchern und der künftigen Landes- und Universitätsbibliothek zuwies, machen auch die prachtvollen Einbände deutlich. Sie stammen aus der Werkstatt Jacob Krauses, der als der bedeutendste deutsche Buchbinder der Renaissance gilt. Die Einbände Krauses sind teils aus Pergament, teils aus Schweins- oder kostbarem Kalbsleder gefertigt, weisen die Wappen und Initialen, oft auch das Porträt Augusts auf. Als der Kurfürst 1586 starb, hinterließ er eine inhaltlich wie in der äußeren Erscheinung kostbare Sammlung in- und ausländischer Literatur verschiedenster Gebiete, die 2.354 Bände umfasste. Berührungsängste kannte man nicht,

Wachsminiatur eines unbekannten Künstlers, das Sophie von Brandenburg, die Gattin Kurfürsts Christian I. zeigt.

lediglich „calvinistische Bücher" wurden, zum Teil bloß wegen der Autoren, zum Teil aber wegen „der irrigen falschen Lehre“ separat untergebracht. August setzte auf das Luthertum. Den Philippismus in Sachsen hat er weitgehend vernichtet bzw. zur Einflusslosigkeit verdammt. Denn die Philippisten, also die Anhänger von Luthers engem Mitstreiter Philipp Melanchthon, der eine starke Bindung zwischen Humanismus und Luthertum anstrebte, wurden von den orthodoxen Lutheranern verdächtigt, zumindest heimlich Kalvinisten zu sein. 1580 wurde die Konkordienformel angenommen, eine lutherische Bekenntnisschrift, die den Antikalvinismus festschrieb. Eine der treibenden Kräfte in diesem Kampf der Kulturen und dem hartem Umgang mit den „Kryptokalvinisten“ (die insgeheimen Kalvinisten) war Augusts Frau Anna von Dänemark, die sich als Schirmherrin des Luthertums verstand.

Die Kalvinisten streben eine „zweite Reformation“ an – und müssen dafür büßen

Im Gegensatz zu seinem sparsamen Vater liebte Christian I. alle Formen von Pracht, Prunk und Pomp. Vernarrt war er vor allem in Ritterspiele. Deshalb ließ er 1586 am Residenzschloss den Stallhof als Tunierplatz, 1589 auf der Festung Königstein im Elbsandsteingebirge die Christiansburg errichten. Innen- und Außenpolitik bestimmte der aus Leipzig stammende Nikolaus Krell (um 1551-1601). Der Sohn eines Leipziger Ratsherrn hatte in Frankreich und Genf studiert, war 1580 dann mit Aufgaben in der Landesverwaltung betraut worden und 1589 zum kursächsischen Kanzler aufgestiegen. Er stärkte die Macht Christians I. gegenüber den Ständen und der Geistlichkeit, versuchte tendenziell ein frühabsolutistisches System aufzubauen, einer „zweiten Reformation“ zum Durchbruch zu verhelfen, die Reformation über das bestehende Luthertum hinauszuführen. Krell hievte Kalvinisten in Schlüsselpositionen von Kirchen und Schulen des Kurstaats und probte gar eine Abkehr von der bislang strikt auf die Habsburger und den katholischen Hof in Wien ausgerichteten Politik. Die bislang führenden orthodoxen Lutheraner leisteten erbitterten Widerstand. Christian I. schwächte ihren Einfluss, indem er das lutherische Oberkonsistorium in Dresden auflöste. 1589 wurde der Kalvinist Georg Schönfeld Superintendent in Dresden, ein Jahr später verbot der Kurfürst den bei der Kindstaufe üblichen Exorzismus. Das war den Lutheranern gar nicht recht.

In den Histörchen-Fundus der Stadt ist auch jene Geschichte von dem Dresdner Metzgermeister eingegangen, der einen Geistlichen mit geschwungenen Beil gezwungen haben soll, den Exorzismus bei der Taufe seiner kleinen Tochter durchzuführen, um dem Kind die ewige Seligkeit zu sichern. Zu den Feinden Krells zählte insbesondere auch die Kurfürstin, die mit ganzem Herzen am Luthertum hängende Sophie von Brandenburg, die Christian am 25. April 1582 geheira-

Christian II. von Sachsen starb nach einem Turnier.

Heute hetzen die Schnäppchenjäger über den Altmarkt. Während der Renaissance-Zeit wurden hier allerlei Tiere zu Tode „gehetzt", wie dieses Aquarell von Daniel Bretschneider vom 7. August 1617 zeigt.

tet hatte, weil sein Vater August die Friedenspartei im protestantischen Lager, deren Haupt er war, stärkten wollte. Als Christian I. nach nur fünf Jahren an der Regierung 1591 starb, gewann die Adelsopposition die Oberhand. Die kalvinistischen Hofprediger Johann Salmuth und David Steinbach, die mit Billigung Christians I. eine neue Bibelübersetzung angefertigt und sich stark für eine „zweite Reformation" engagiert hatten, verloren ihr Amt. Krell wurde verhaftet und musste zehn Jahre lang auf der Festung Königstein Zellenluft schnuppern. Nach einem nicht gerade fairen Prozess wurde er am 9. Oktober 1601 auf dem Dresdner Altmarkt enthauptet. Christian II. hielt sich von dem Spektakel fern, seine Mutter Sophie ließ hingegen ihren Rachegelüsten freien Lauf und sicherte sich einen Ehrenplatz für diesen im Namen des Kaisers vollzogenen Justizmord. Der Krellstein auf dem Jüdenhof erinnert noch heute an dieses kurze kalvinistische Kapitel der Dresdner Stadtgeschichte.

Herrscher zwischen Festen und Gelagen: Christian II.

Kurfürst Christian II. (1583-1611) war beim Tod des Vaters gerade mal acht Jahre alt. Deshalb verwaltete sein Vormund Herzog Friedrich Wilhelm von Sachsen-Weimar-Altenburg zehn Jahre lang von Torgau aus Sachsen, bis sein Schutzbefohlener dann 1601 sein Amt antrat. Er war ein Mann, für den Sachsens Staatsräson in Kaisertreue aufging. 1602 heiratete Christian II. die dänische Prinzessin Hedwig. Das rauschende Fest sorgte in ganz Europa für Aufsehen. Im Alter von nur 28 Jahren starb der beleibte Kurfürst nach einem Tunierspiel im Stallhof an einem Hitzschlag. Er hatte viel zu kaltes Bier in den überanstrengten Körper hineingegossen. Höfischer Prunk und reichhaltige Gelage waren das Signum der Herrschaft Christians II. gewesen, die Herrschaft seines Bruders Johann Georg I. (1611-1656) stand im Zeichen des Krieges.

„Bierjörg" laviert Sachsen durch den Dreißigjährigen Krieg, indem er munter die Seiten wechselt

Am 23. Mai 1618 wurden in Prag diverse Räte von Kaiser Matthias aus dem Fenster geworfen. Zwar kamen sie mit dem Leben davon, weil sie auf einem Misthaufen landeten, aber der „Prager Fenstersturz" sollte sich als Auftakt des Dreißigjährigen Krieges erweisen. Dieser für große Teile des Reiches verheerende Waffengang bestimmte weitgehend die 45-jährige Regierungszeit Johann Georgs I. Der Kurfürst wechselte munter die Seiten, sich mal auf die protestantisch-

Diese um 1650 von Daniel Bretschneider d. Ä. gefertigte Deckfarbenmalerei zeigt Kurfürst Johann Georg I. und eine Ansicht von Dresden.

schwedisch-französische, mal auf die katholisch-bayrisch-kaiserliche Seite schlagend. Das „Timing", das der Kurfürst und seine Räte dabei an den Tag legten, war mitunter nicht das beste. Am Ende hatte der Kurfürst, der 1619 die ihm angebotene Krone Böhmens ausgeschlagen hatte, zwar die Markgrafentümer Ober- und Niederlausitz gewonnen (sie blieben allerdings Lehen der böhmischen Krone, die dem Kurfürsten erblich verliehen worden waren), aber sein Land war verwüstet und sein Ansehen durch die diversen Frontwechsel im Reich verspielt. Brandenburg, nicht mehr Sachsen, war die am Ende des Krieges Leit- und Schutzmacht des Protestantismus, was den späteren Aufstieg des Nachbarn im Norden durchaus begünstigte. Die Vereinbarung von Kötzschenbroda mit Schweden hatte 1645 ein Ende der Kriegshandlungen gebracht. Die Sachsen mussten nun nicht mehr ihre Kinder mit dem Wiegenlied „Bet' Kinder, bet', morgen kommt der Schwed', morgen kommt der Ochsenstern / der frißt die kleinen Kinder gern" in den Schlaf singen (Oxenstierna war der Kanzler in Schweden). Aus dem Land aber zogen sich die Schweden erst 1650 zurück, zwei Jahre nach dem in Münster und Osnabrück vereinbarten „Westfälischen Frieden" – nachdem ihnen der Kurfürst nicht zu knapp Kontributions- und Satisfaktions-Gelder mit auf den Weg gegeben hatte (zwei Millionen Taler, von denen Dresden 3.235 aufzubringen hatte). Dresden feierte das Kriegsende wie alle Orte im Land mit einem Friedens- und Dankfest am 22. Juli 1650, bei dem auch 255 Kanonenschüsse abgefeuert wurden.

Neue Befestigungsanlagen bescheren den Mannen der „Geißel Gottes" eine blutige Nase

Von Geschützen und Kanonen aller Art hatte man während des Krieges reichlich Gebrauch machen müssen. Zunächst war Sachsen von Kriegshandlungen verschont geblieben, aber mit dem Kriegseintritt Schwedens änderte sich das. Am 30. September 1631 versuchte ein Trupp kroatischer Reiter, Altendresden einzunehmen. Dem Handstreich war kein Erfolg beschieden, aber die Flecken Bühlau und Weißig wurden ausgiebig geplündert und gebrandschatzt. Sofort im Anschluss an diese bittere Kostprobe in Sachen Krieg ordnete der Kurfürst den Ausbau der Befestigungsanlagen an. Die Pläne fertigte der Kriegsingenieur, Kartograph und Architekt Wilhelm Dilich an. Bald fing man mit den Schanzarbeiten an, zu denen außer den Dresdner Bürgern und Soldaten auch Bauern aus den Ämtern Dresden, Meißen und Pirna herangezogen wurden. Das war gut so: Denn als ein Jahr später sich wieder ein kaiserliches Heer unter der Führung Heinrich Holks, der „Geißel Gottes", an einer Einnahme der kursächsischen Residenz versuchte, blieb dieses Unterfangen erfolglos.

Dresden wurde in diesem Krieg nicht erobert. Man litt jedoch unter den Durchmärschen und die Verwüstungen in den Vorstädten waren beträchtlich. Außer am Feuer der Kanonen lag der Abwehrerfolg auch am Widerstand der Defenisoner – diese Miliztruppe war im Gegensatz zu Landsknechten und Söldnern nicht so teuer im Unterhalt. Nach der Defensionsordnung vom 1. Januar 1613 konnte man auf fast 10.000 Mann zurückgreifen, die landesweit in zwei Regimenter 18 Fähnlein eingeteilt waren. Das Altendresdner Fähnlein um–fasste 300 Mann, die Fähnlein von Pirna und Freiberg, die hhelfen durften, den Fürsten und seine Residenzstadt zu schützen, waren jeweils 500 Mann stark.

Viele Arme, wenig Meister und zum Kummer der Bürger reichlich Gedrehe an der Steuerschraube

Außer Schanz- und Landesdefensionsdiensten wurden den Bürgern auch Steuern abverlangt, und zwar nicht zu knapp. Neben den normalen, aber sich stets erhöhenden Steuern wurden auch immer neue Sondersteuern erhoben. Insbesondere der außerordentlichen Kriegssteuern wegen waren bald viele Bürger verschuldet. Auf dem Landtag von 1622 durfte man eine Steuer für die Untergardia, die ständige Festungsbesatzung, bewilligen. Die Untergardia bestand aus drei Rotten, jede um die 89 Mann stark. „Summarum aller Dreyen Rotten, inclusis der Befehlichßhaber Spielleutte vnd Regimentsdiener" werden 285 Personen als zeitweilige Stärke erwähnt. Auf dem Landtag von 1628 verlangte der Kurfürst die Verlängerung dieser Steuer um sechs weitere Jahre sowie die Bezahlung eines rückständigen Steuerbetrages von 26.000 Talern. Der Rat der Stadt erreichte im Gegenzug, dass der Kurfürst quasi als Gegenleistung versprach, die Landtage künftig immer nach Dresden einzuberufen (eine Rolle dürfte auch gespielt haben, dass Dresden als sicher galt).

Noch weniger erfreulich für die Dresdner war die Erhöhung der Haupt- und Gewerbesteuer 1649, lähmte dies die Finanz- und Wirtschaftskraft der Stadt doch erheblich, zumal auch in vielen Gewerken die Aufträge ausblieben, sodass die vor allem vom Hof lebenden Goldschmiede und Edelsteinschneider, Bildhauer und Kupferstecher Mühe hatten, über die Runden zu kommen. Etliche Meister gaben ihr Handwerk auf oder mussten zumindest ihre Gesellen entlassen. In der Leineweber-Zunft zählte man 1621 immerhin 90 Meister, ganze elf davon waren 1647 noch übrig geblieben. 1632 übten in 13 Innungen noch ganze 244 Gesellen ihr Handwerk aus, das Gros ihrer einstigen Kollegen hatte das Handwerk gewechselt, schwang beim Militär Lanze oder Muskete.

Es gab natürlich Proteste gegen dieses Drehen an der Steuerschraube durch Johann Georg I., zumal als der Krieg sich in die Länge zog und deshalb ganze Stadtteile unter der Schuldenlast fast zusammenbrachen, die Verarmung der Stadtbevölkerung beträchtliche Ausmaße annahm. Die Zahl der durch die Straßen vagabundierenden Bettler stieg und stieg, 1639 ergab eine Zählung des Rats 1.400 „Nichtstuer". Aber Georg hatte so seine Methoden: Wer die Zahlung verweigerte, dem drohte er mit militärischer Exekution.

Als dann die Hochzeit des Kurprinzen Johann Georg mit Magdalena Sibylle Markgräfin von Brandenburg-Bayreuth am 13. November 1638 aufwendig gefeiert wurde, Kosten keine Rolle spielten, da dürfte sich so mancher Steuerzahler sein Teil gedacht haben.

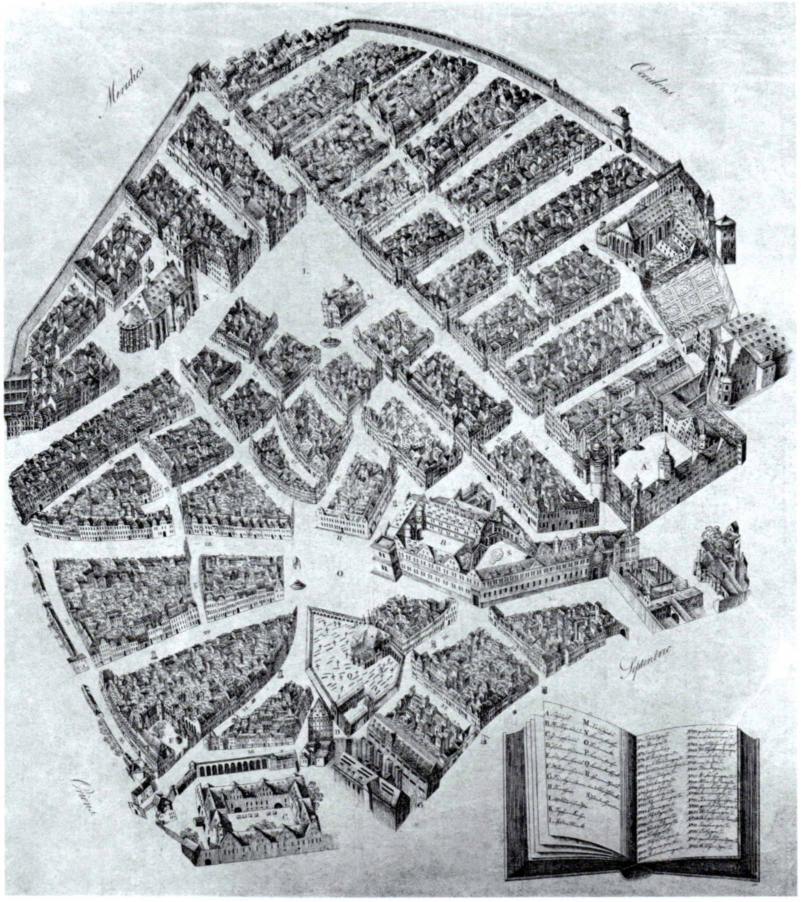

Übersichtsbild von Neudresden aus dem Jahr 1634.

Nach der Münzverschlechterung der „Kipper- und Wipperzeit" ist Sachsen praktisch bankrott

Zu den ständig steigenden Steuerlasten gesellten sich steigende Preise und eine Münzverschlechterung, für die der Volksmund den Begriff „Kipper- und Wipperzeit" prägte. Einerseits wurden vor allem die großen Münzen am Rand beschnitten, enthielten also immer weniger Edelmetall. Die neu geprägten Münzen andererseits wiesen ohnehin immer weniger Gold oder Silber und stattdessen immer mehr Kupfer auf. Eine Entwertung aller Münzen setzte ein. Zwar versuchte der Landesherr gegenzusteuern, untersagte beispielsweise den Handwerkern und Händlern bei Androhung schwerer Strafe die Preise für ihre Waren zu erhöhen. Letztlich waren die Versuche Johann Georgs I., die Inflation zu stoppen, ausgesprochen mäßig erfolgreich. Das Vertrauen in den kursächsischen Staat und das Obersteuerkollegium, das als eine Art Staatsbank agierte, war nachhaltig erschüttert, insbesondere als er auch noch Schulden- und Zinsbedienung aussetzte. Faktisch war Kursachsen nach der Kipper- und Wipperzeit bankrott.

Mit allerlei Erlassen musste „Bierjörg" klarstellen, dass Korn zum Essen, nicht zum Trinken da ist

Mehr vom Erfolg gekrönt waren die Erlasse, die die ausreichende Versorgung Dresdens mit Getreide sicherstellen sollten. Für Schluckspechte brachen schwere, weil trockene Zeiten an – denn Johann Georg I. verbot, aus Weizen, Roggen oder Gerste Branntwein herzustellen. Korn sei zu essen, nicht zu trinken, forderte notgedrungen ausgerechnet der Landesherr, den schon zeitgenössische Akten als „Bierjörg" bezeichneten und über dessen Hof unter anderem geklagt wurde, dass an ihm „schier mehr von saufen und fressen und von jagden als von anderen sachen discurrirt" werde. Die Bauern des Umlandes mussten jedenfalls ihr Korn in Dresden verkaufen, wie schon im Mittelalter üblich durften Getreidehändler aus anderen Landen erst weiterreisen, nachdem sie ihre Waren mindestens drei Tage auf den Märkten der Stadt angeboten hatten. Viele waren es nicht, die den Weg nach Dresden wagten, dafür waren die Straßen und Zufahrtswege einfach zu unsicher. Zu viel marodierendes Kriegsvolk war auf Beutejagd.

Mäßig erbaut waren Händler auch, wenn sie vor den Toren Dresdens an als Zollstationen getarnten Straßensperren Schutzgeld an Soldaten zahlen mussten. Immerhin, gegen diese Form der privaten Soldaufbesserung schritt Johann Georg 1. in einem Mandat vom 3. März 1635 dann doch ein, bei Überfällen durch marodierende Landsknechte im weiten Hinterland der Stadt war er weitgehend machtlos. Dresden selbst war ein sicherer Ort, sieht man mal davon ab, dass den Nachtwächtern eine aus Soldaten bestehende Eskorte als Begleitschutz mit auf die nächtliche Runde gegeben werden musste, weil die Kriminalität erheblich zugenommen hatte. Die Stadt selbst war zu gut befestigt, hier lagen einfach zu viele Truppen, ein Angriff war zu riskant.

Nichtsdestotrotz waren diese einquartierten Truppen, die da Schutz boten, eine Belastung für die Bevölkerung. Viele Hausbesitzer sahen es lieber und machten auch entsprechende Eingaben, wenn sie statt Offizieren einfache Landsknechte ins Quartier bekamen. Offiziere betrugen sich zwar besser, kamen aber durch ihre zahlreiche Begleitung letztlich teurer, zumal der Sold immer unregelmäßiger kam, die Bürger die Truppen bald unentgeltlich zu verpflegen hatten.

Den Pestwellen folgt zum Glück auch eine Einwanderungswoge, vor allem aus Böhmen

Die Zahl der Esser war groß. Zwar forderten diverse Pestwellen sowie natürlich auch der Krieg ihre Opfer, aber zum einen flüchtete die Bevölkerung des Umlandes hinter die sicheren Mauern der Stadt, zum anderen strömten ständig evangelische Glaubensflüchtlinge aus dem benachbarten Böhmen in die Stadt. Das glich die Bevölkerungsverluste immer wieder aus. 1626 wohnten rund 17.000 Einwohner in 2.298 Häusern. Zwischen 1631 und 1643 waren rund 7.000 Pesttote zu beklagen. Eine Dresdner Chronik aus dem Jahr 1641 behauptet gar, es habe nur noch 308 Bürger gegeben. Am Ende des Jahrhunderts zählte die Stadt auf jeden Fall etwa 20.000 Einwohner. Nicht wenige von ihnen stammten aus Böhmen mit seinen sprichwörtlichen Dörfern. Mehrere zehntausend dieser Exulanten, Deutsche und Tschechen, aber eben Protestanten, die vor der Gegenreformation flohen, siedelten sich in Kursachsen an.

Über die Anträge auf Wohn- und Bürgerrecht in Dresden entschied der Stadtrat. Der sah sich 1635 zwar mal genötigt, eine „Ratsordnung gegen fremd Volk" zu erlassen, aber letztlich war man froh über die neuen Mitbürger, von denen viele Handwerker und damit eigentlich Konkurrenten waren. Die Zahl der Häuser stieg langsam wieder. 1638 hatte man in den Dresdner Vorstädten 221 Häuser als Totalverlust abschreiben müssen, 1641 gar 455.

Schlechten Zeiten, gute Zeiten – für die Kultur ging es trotz Krieg nicht ganz bergab

Halbwegs gute Zeiten waren es für die Kultur, zumal die Kriegsfurie in der Regel um Dresden einen Bogen schlug. Zu Zeiten Christians II. hatte die Dresdner Hofkapelle, mit deren Leitung Rogier Michael (um 1552/54-1619) betraut worden war, 47 Mitglieder. Als Johann Georg I. 1611 den Thron Kursachsens bestieg, wurde sie erst mal aufgelöst, ein Jahr später aber bereits wieder aufgebaut und noch ein Jahr später der Wolfenbütteler Hofkapellmeister Michael Pretorius (1571-1621) verpflichtet, der mit Michael zusammenarbeitete und ab 1615 den 30-jährigen Heinrich Schütz in das Amt des Kapellmeisters, das übrigens direkt dem Oberhofprediger unterstellt war, einarbeitete. Als 1617 Kaiser Matthias mitsamt reichlichem Gefolge Dresden mit seinem Besuch beehrte, gab es reichlich Beifall für das Spiel der Hofkapelle. Insgesamt 57 Jahre sollte Schütz, der „Vater der deutschen Musik", in Dresden wirken. Von ihm stammt unter anderem die Tragicomoedia von der Dafne, die bei der Hochzeit der sächsischen Prinzessin Sophie Eleonore mit Landgraf Georg II. von Hessen-Darmstadt 1627 in Torgau als Sprechstück mit Musikeinlagen geboten wurde. Auch ein erstes Deutsches Requiem, in dem er seiner Sehnsucht nach Frieden Ausdruck verleiht, verfasste Schütz. Mitte Mai 1624 stattete Jakob Böhme aus Görlitz, einer der bekanntesten Philosophen seiner Zeit, Dresden ein Besuch ab. Christian Brehme wechselte 1639 von der Universität Leipzig nach Dresden. Er erhielt zunächst eine Anstellung beim Kurprinzen als Geheimer Kammerherr, veröffentlichte ein Jahr später eine Gedichtsammlung und war bis 1654 kurfürstlicher Bibliothekar; 1642 wurde er in den Dresdner Rat gewählt, 1657 brachte er es erstmals zum Bürger-

Kapellmeister Heinrich Schütz: Stich von Christian Romstedt nach dem Gemälde eines unbekannten Künstlers.

meister – insgesamt war er vier Mal regierender und ebenso oft beisitzender Bürgermeister.

Zwei Jahrzehnte brauchte Sachsen, bis es sich von den Folgen des Dreißigjährigen Krieges erholt hatte. Das war wenig im Vergleich zu anderen Ländern im Reich. Kurfürst Johann Georg I. segnete 1656 das Zeitliche. Nachfolger war Johann Georg II. (1613-1680). Er war der erste sächsische Herrscher, der den Schwerpunkt seines Handelns – wenn auch vielleicht eher unbewusst – aus dem Bereich der großen Politik mehr und mehr auf die Gebiete von Kunst und Kultur sowie, darin allerdings dann August I. folgend, auf die Förderung der Wirtschaft legte. Die Kunstsammlungen wurden von ihm ausgiebig erweitert. Emsig orderte er Bilder sächsischer Meister, insbesondere von Lucas Cranach d. Ä. Es war wohl keine reine Gemäldegalerie, die der Kurfürst sein Eigen nannte, sondern eine für die damalige Zeit typische Kunst- und Wunderkammer, in der etwa „Mechanische Werk-Zeuge" und „Kostbare Trinck-Geschirre" das Auge des Betrachters ergötzten.

Unter der Regentschaft Johann Georgs II. wurden zahlreiche neue Hofämter geschaffen, der Hofstaat auf Kosten der Steuerzahler erheblich vergrößert und die Pracht der Festlichkeiten geradezu auffallend gesteigert. Ritterspiele, Maskeraden, Armbrust- und Büchsenschießen, Aufzüge und Lustbarkeiten aller Art. Monarch wie Oberhofmarschälle ließen sich einiges einfallen, um das Leben der Oberschicht – im Barock konnte nicht jeder Teil der Spaßgesellschaft werden – so kurzweilig wie möglich zu gestalten. Dem Wunsch des Fürsten, das jahrzehntelang nicht mehr veranstaltete Vogelschießen wieder abzuhalten, verschloss sich der Rat nicht – 1660 wurde die Tradition dieses Volksvergnügens wieder aufgenommen. Alle, die einen guten Ruf hatten, durften gemäß den Bestimmungen der von Bürgermeister Christian Brehme entworfenen und vom Landesherrn abgesegneten Schießordnung daran teilnehmen. Mit klingendem Spiel ging's durch die Stadt und dann zum Pirnaischen Tor hinaus zum Festplatz an der Elbe.

Die Stadt der Renaissance bot überhaupt eine prachtvolle Kulisse für barocke Spektakel. Eigentlich hatten die Stände Johann Georg II. gebeten, sich in puncto Prunk bei der Hofhaltung etwas zurückzuhalten, aber auf diesem Ohr war der Fürst taub. Die Freude am Luxus kann man als persönlichen Hedonismus auffassen, aber auch als Versuch, den Glanz des Kurstaates zu steigern, dessen bedeutender Rang unter den bedeutendsten deutschen Ländereien nach innen und außen dokumentiert werden musste, etwa 1657 in Frankfurt am Main, als Johann Georg II. nach dem Tod des Kaisers Ferdinand III. das Amt des Reichsvikars übertragen wurde.

Ex oriente lux, ex okzidente luxus

Italien war mittlerweile nicht mehr führend, was Mode und Architektur anging. Frankreich gab den Ton an. Ex oriente lux, ex okzidente luxus – natürlich war es nicht schlecht, dass aus dem Osten weiterhin das Licht kam, aber dem Luxus aus dem Westen, dem Chic von Paris, dem verfiel man, trug kostbaren Schmuck, puderte sich die Perücken. Was dem Kurfürsten und dann auch dem Adel recht war, das war den Bürgern, den betuchten jedenfalls, nur billig: Johann Georg musste schon mit diversen Kleiderordnungen eingrei-

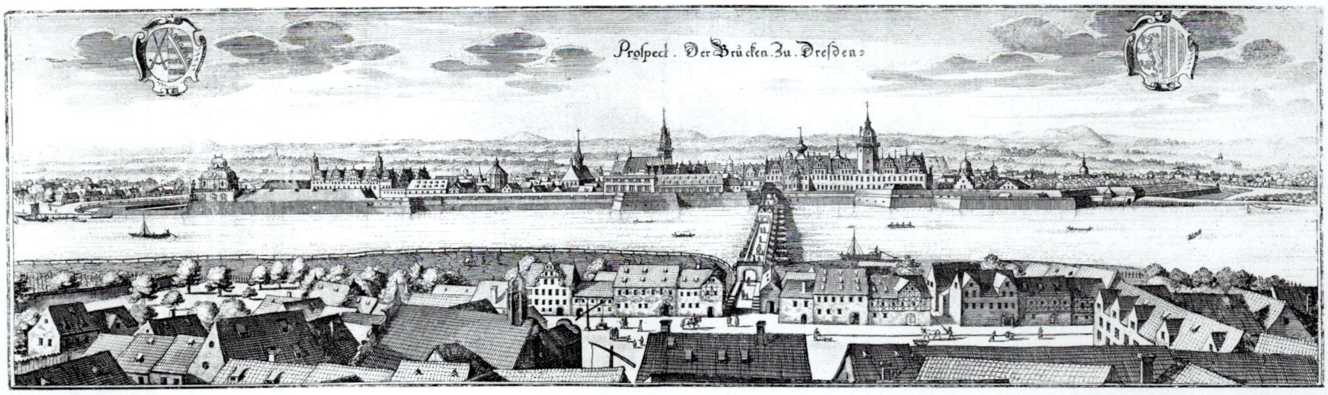

1650 schuf Merian diese Ansicht von Dresden, das in den anschließenden Jahren peu à peu gemäß einem gewandelten Geschmacks- und Zeitempfinden ein barockes Erscheinungsbild erhielt.

fen, um die Entfaltung von Luxus zu verhindern, die Sittsamkeit zu wahren. Ähnliche Vorschriften hatten schon seine Vorgänger erlassen. Dass sie immer wieder wiederholt werden mussten, zeigt, dass das Fleisch schwach, die Lust auf Luxus hingegen groß und Geiz gar nicht geil war. Tiefe Ausschnitte, seitlich geraffte Oberröcke, das wurde den nicht ganz so standesgemäßen Töchtern Evas untersagt. Die Männer hatten zwar generell die Hosen an, aber nicht jeder durfte die modischen weiten Hosen tragen. Für viele Handwerker von Luxuswaren waren die Zeiten nichtsdestotrotz ausgesprochen golden. Auch Südfrüchte und Delikatessen fanden ihre Abnehmer, wobei vor allem Kaufleute aus Italien für Nachschub sorgten. Die Nachfrage nach farbig-bunten Seidenbändern und -strümpfen sowie nach edlen Stoffen befriedigte die erste Dresdner Seidenmanufaktur.

Wolf Caspar von Klengels Komödienhaus, die Keimzelle barocker Opernkultur

1656 wurde Wolf Caspar von Klengel zum Oberlandbaumeister ernannt. Er war viel in Europa herumgekommen, teils als Diplomat, teils in militärischen Diensten. In Italien, Frankreich und den Niederlanden hatte er öffentliche Bauten und Plätze studiert und nach seiner Rückkehr entscheidend dazu beigetragen, dass in Dresden erste barocke Akzente in der Architektur gesetzt wurden: Das Komödienhaus, das Schießhaus (1673) und das Reithaus (1678) schuf er ebenso wie den oberen Teil des Schlossturms.

Und er war für den größten Zivilbau verantwortlich, den der Monarch je ausführen ließ: das im „Klostergärtlein" zwischen 1664 und 1667 errichtete Komödienhaus auf dem Dresdner Taschenberg. Die Bedeutung des äußerlich schlichten, im Innern prachtvollen Baus kann nicht hoch genug eingeschätzt werden, handelt es sich doch um eines der frühesten festen und frei stehenden Theatergebäude Deutschlands.

2.000 Personen sollen darin Platz gefunden haben – falls dies zutrifft, dann macht diese Kapazität nur Sinn, wenn der Kurfürst bewusst den Besuch von Bürgern eingeplant hat. Das Plafondgemälde, Helios mit dem Sonnenwagen darstellend, fertigte Johann Oswald Harms an, einer der bedeutendsten Raumdekorateure des frühen Barock in Deutschland. Bereits 1691 wurde es von Johann Georg Starcke, der 1672 das Amt des Oberlandbaumeisters übernommen hatte, umgebaut,

Oberlandbaumeister Wolf Caspar von Klengel.

ab 1707 diente es als Hofkapelle, wurde 1757 schließlich zum Ballhaus umgebaut, diente dann eine Zeit lang unter anderem als Archiv und wurde Ende des 19. Jahrhunderts schließlich abgerissen. Das Komödienhaus bot den prachtvollen Rahmen für die vielleicht größte Leidenschaft des Kurfürsten: die Musik, die Pracht der Oper. Er engagierte zahlreiche italienische Musiker in seiner Residenzstadt, sorgte für den Umschwung zur italienischen Musik des Hochbarock. Dresden brauchte den Superstar nicht lange zu suchen, es war Giovanni Andrea Angellini, genannt Bontempi, ein Kastrat, der Erste seiner Zunft in Dresden. Viele Musiker erhob Johann Georg II. sogar in den Adelsstand.

Nur 21 Häuser am Südrand sowie der Jägerhof blieben von Altendresden nach dem Brand von 1685 übrig.

Wie Phoenix aus der Asche – der Neubau von Altendresden nach dem Brand von 1685

Am 6. August 1685 brach vormittags im Haus des Tischlers Tobias Edler in der Meißnischen Gasse Feuer aus – ein paar Stunden später war fast ganz Altendresden ein Raub der Flammen geworden. Lediglich das frei auf dem Markt stehende Rathaus, der kurfürstliche Jägerhof und 21 nahe der Elbe gelegene Häuser am Südrand der Stadt blieben verschont. Von 336 Häusern, der Kirche und der Schule hingegen waren nur noch verkohlte Balken, Fundamente und Keller übrig.

Nun hätte man natürlich wie bei ähnlichen Katastrophen in früheren Zeiten einfach wieder die Häuser aufbauen können. Aber da gab es zwei Herren, die andere Pläne hatten: Kurfürst Johann Georg III. und Wolf Caspar von Klengel. Der Landesherr und der mittlerweile zum Oberinspektor der Zivil- und Militärgebäude berufene Klengel wollten anstelle des niedergebrannten Altendresden eine neue Stadt entstehen lassen, die einer kurfürstlichen Residenz würdig war. Und da sich der Landesherr im Gegensatz zu anderen Städten in Sachsen ein Mitspracherecht in Angelegenheiten der Stadtverwaltung vorbehielt, die Entscheidungsfreiheit des Stadtrates eingeschränkt war, hatte der Wiederaufbau gemäß dem Credo „Des Kurfürsten Wille geschehe" zu erfolgen.

Am 30. September beschied der Kurfürst Johann Georg III. eine Anfrage des Rates, er habe in der Tat die Absicht, bezüglich der Einrichtung der Gebäude und Änderung der Gassen eine neue Anordnung zu treffen, die auch zur größeren Bequemlichkeit der Einwohner und zum Zierrat der ganzen Stadt dienen solle. Der Entwurf von Klengel sah dann eine völlig Neugestaltung des Stadtgrundrisses vor. Für den Wiederaufbau, besser den Neubau von Altendresden, legte der Oberlandbaumeister in Anlehnung an die üblichen städtebaulichen Vorstellungen der Renaissance und des Barock einen Plan vor, der einen zentralen Platz mit strahlenförmig ausgehenden Straßen vorsah. Die Besitzer von 121 Grundstücken, die nicht wieder bebaut werden durften, weil sie in die neuen Straßen und Plätze einbezogen waren, wurden auf Staatskosten entschädigt, ebenso jene, die sich weigerten, in der vorgeschriebenen Weise zu bauen. Stein war Pflicht, mehrstöckige Häuser favorisiert. Dies war teuer und überstieg bei nicht wenigen die finanziellen Möglichkeiten. Um das Projekt durchzuführen, kam der Kurfürst nicht umhin, die Aufbauwilligen in den Genuss zahlreicher und beträchtlicher Steuerfreiheiten kommen zu lassen.

Der Wiederaufbau war noch in vollem Gange, weil es ständig zu Verzögerungen gekommen war, als Kurfürst Friedrich August I. 1694 die Regierung übernahm, der ja gemeinhin als Schöpfer der „Neuen Königsstadt" gilt – was ja wie so vieles im Leben dieses Monarchen nicht zutrifft. Klengel war 1691 gestorben, aber auch dem neuen Landesherrn gefielen dessen Pläne, die er nur hier und da um eigene Akzente ergänzte. Um den Aufbau voranzubringen segnete August der Starke immer wieder Steuererleichterung–en und die Befreiung von Abgaben für die Hausbesitzer ab, ordnete die Einhaltung gleicher Geschosshöhen für die Straßen und einheitliche Fassadengestaltung an und trug mit dem Ausbau des 1715 errichteten Holländischen Palais zum Japanischen Palais selbst zur

1750/51 schuf Bernardo Bellotto, genannt Canaletto, dieses Ölgemälde mit einer Ansicht vom Neustädter Markt.

GOLDENER REITER

Endgültig bekannt machte ihn ein bis heute gern mitgeträllerter Hit der Neue-Deutsche-Welle-Ära: Der Goldene Reiter. In dem Song verlautbart es: „He, he, he – ich war der Goldene Reiter. He, he, he – ich war ein Kind dieser Stadt". Aber was heißt hier EIN Kind? DAS Kind dieser Stadt müsste es richtig lauten. Diese Untertreibung ...
Um keinen Dresdner ranken sich so viele Legenden wie um Sachsens Womenizer August den Starken. Dass sein 1735 aufgestelltes Reiterstandbild komplett mit Gold überzogen wurde, scheint nur die Konsequenz seiner vollzogenen wie erfundenen Heldentaten. Wer, wenn nicht er hätte das verdient? Ungern soll, um das ständige Rätselraten zu beenden, an dieser Stelle verraten werden, dass die überlebensgroße Kupferplastik mit gerade mal 500 Gramm Blattgold auskommt. Ausgerichtet sind Ross und Reiter in Richtung Polen, dessen Krone sich Sachsens starker August schlitzohrig unter den Nagel riss. Eine politisch waghalsige Aktion, die militärisch wie wirtschaftlich eher nach hinten losging. Aber das hatten die Dresdner längst vergessen, als sie in der Honecker-Ära unter der Hand forderten: Lieber August komm hernieder und regiere Sachsen wieder, lass in diesen schweren Zeiten unsern Erich weiterreiten.

Image- und Wertsteigerung des Neubaugebiets bei. Ganz bewusst wurde auch die neue Königsstraße als eine auf das Palais hinführende Achse angelegt. Die Dreikönigskirche, die nach dem Brand bereits wiederaufgebaut war, ließ er abreißen – weil ihre Lage mitten auf der Hauptstraße dem ästhetischen Empfinden Friedrich Augusts I. zuwiderlief. Er ließ es sich 50.000 Taler kosten, die alte Kirche abzureißen und eine neue zu errichten, die sich in die Längsfront der Allee einfügte. 1732 wurde der Grundstein für die neue Dreikönigskirche gelegt. Zwei Jahre vorher war der Bau des Blockhauses begonnen worden, landesherrliche Bauten von palaisartigem Zuschnitt wie die Ritterakademie sowie die Verlegung von kurfürstlichen Zentralbehörden in die Neustadt trugen das ihre dazu bei, dass hier ein von absolutistischen-staatlichen Interessen geprägter Stadtteil der Residenzstadt entstand.

Um 1750 wohnten in der Neustadt in 227 Häusern fast 6.700 Menschen, fast dreimal so viele wie vor dem Brand. Wie sehr August der Starke um seine Selbstdarstellung bemüht war, zeigt auch das Reiterdenkmal, das aber erst nach seinem Tod 1733 von Ludwig Wiedemann in Kupfer getrieben, vergoldet und in der Neuen Königsstadt vor der Brücke am Anfang jener Prachtallee aufgestellt wurde. Immerhin hatte August der Starke noch zu Lebzeiten darauf verzichtet, den Stadtteil „Neue Königsstadt" zu nennen und sich 1732 in einem Patent mit der Bezeichnung „Neue Stadt bey Dresden" begnügt, woraus sich der heutige Name für die (Innere) Neustadt ableitete.

Ein starker August verhilft Sachsen zu Glanz (1694-1733)

Warschau ist August dem Starken eine Messe wert, was ihm den Thron Polens einbringt

Die Aussichten für Friedrich August I. (1670-1733), den Thron Sachsens zu besteigen, waren eigentlich eher schlecht gewesen. Er hatte, erbrechtlich betrachtet, die Ungnade der späten Geburt, er war der Zweitgeborene. Aber sein älterer Bruder Johann Georg IV., mit dem er als Kind, wie er in seinen persönlichen Aufzeichnungen aus dem Jahr 1690/91 überliefert, einen „stehten krieg miet einander" führte, war nach nur zweieinhalb Jahren an der Regierung gestorben. Er hatte sich auf dem Totenbett seiner Mätresse Magdalene Sybille von Neitschütz mit den Pocken angesteckt. So musste Friedrich August I. 1694 die Staatsgeschäfte übernehmen.

Schon bald wurde er im Volksmund „August der Starke" genannt und war der mit Abstand populärste und bekannteste Herrscher Sachsens. Dass er dies wurde, alle anderen Wettiner im Bewusstsein der Bevölkerung nur genetisches Umfeld zu sein scheinen und unter ferner liefen rangieren, dafür sorgte nicht zuletzt der große Coup, den dieser Monarch drei Jahre nach seinem Regierungsantritt landete: Früher als die Herrscher der anderen großen Dynastien des Heiligen Römischen Reiches gelang es ihm, eine Königskrone zu erringen. Für die Krone Polens war ihm Warschau eine Messe wert, wechselte er die Konfession und trat am 1. Juni 1697 zum katholischen Glauben über. Die Stände in Sachsen waren wenig erbaut, immerhin hatte der Landesherr aber in einem Religionsversicherungsdekret versprochen, die lutherische Konfession in Sachsen unangetastet zu lassen.

Außerdem musste August II., wie er als polnischer König genannt wurde, zwei Millionen sächsische Gulden springen lassen, mit denen er die Mehrheit im polnischen Wahlsejm bei Wola in der Nähe von Warschau erkaufte. Das riesige Land Polen, zu dem per Union auch noch Litauen gehörte, erwies sich auch künftig als Groschengrab. August der Starke wie auch sein Sohn und Nachfolger Friedrich August II. musste bei dieser „Aufbauhilfe Ost" viel mehr Gelder hineinpumpen, als er herausholen konnte. Und die Führung innerhalb des politischen Protestantismus im Reich

Hofmaler Louis de Silvestre malte 1723 dieses Bildnis von König August II. von Polen.

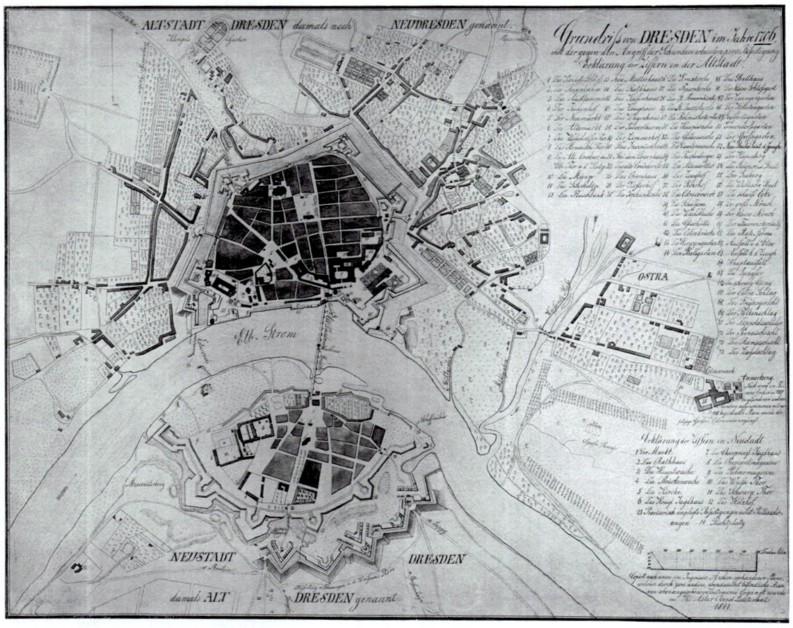

Plan der Stadt Dresden anno 1706.

ging zum Nachteil Sachsens damit endgültig an den nördlichen Nachbarn Brandenburg-Preußen über.

Der Nordische Krieg ist eine einzige Pleite, nur dank Peter dem Großen behielt man die Krone Polens

Am 15. September 1697 wurde Friedrich August I. in Krakau zum König gekrönt. In Polen wird die polnisch-sächsische Union heute ziemlich negativ eingeschätzt. Deren Scheitern, das von den Wettinern zu verantworten gewesen sei, habe, so heißt es, in die Teilungen Polens am Ausgang des 18. Jahrhunderts zwischen Preußen, Russland und Österreich-Ungarn gemündet. August der Starke und sein Erbe Friedrich August II. hatten allerdings durchaus versucht, in Polen Reformen in Heer, Verwaltung und Regierungssystem durchzusetzen, waren aber letztlich über Ansätze nicht hinausgekommen. Zum einen, weil zwischen dem absolutistischen Ständestaat Sachsen (der Absolutimus war hier nie so absolut, wie es August der Starke gern gesehen hätte, weil die Landstände vor allem in puncto Steuerbewilligung stets ein gewichtiges Wort mitzureden hatten) und der altständisch verfassten Adelsrepublik Polen-Litauen kaum strukturelle Kompatibilität gegeben war. Zum anderen, weil die mächtigen Nachbarstaaten Russland, Preußen, Österreich und Schweden zumindest in einem Punkt einer Meinung waren, nämlich dass man Sachsen und seine internationale Position schwächen wollte, indem man Versuche zur Stabilisierung der inneren Verhältnisse zu verhindern wusste. Und drittens, weil August der Starke Kriege führen musste (und auch wollte), vor allem gegen Karl XII. von Schweden. Um die Krone Polens zu erhalten, hatte er nämlich unter anderem in der *pacta conventa* versprechen müssen, das zu Schweden gehörende Livland mit dem polnischen Staatsverband zu vereinen.

Mit seinem Angriff auf Riga 1700 löste Friedrich August I. den 21 Jahre dauernden Nordischen Krieg aus. Pikanterweise sollte das zu erobernde Gebiet nach den Vorstellungen Augusts des Starken dabei nicht an Polen, sondern als erbliches Herzogtum des Hauses Wettin an das Kurfürstentum angebunden werden. Aber der Kurfürst/König verlor gleich mehrere Schlachten – seinen dem eigenen großen fürstlichen Selbstbewusstsein entspringenden Ambitionen als großer Feldherr entsprachen seine militärischen Fähigkeiten in keiner Weise. Im Frieden von Altranstädt 1706 musste August also nicht nur mangels Fortüne auf die Königskrone Polens verzichten. Aber er erlangte sie dank des Sieges von Russlands Zar Peter dem Großen über Schwedens König Karl XII. bei Poltawa 1709, mit der Übereinkunft von Warschau 1716 und dann mit dem 1721 geschlossenen Frieden von Nystadt wieder. Die angestrebte Landverbindung zwischen Polen und Sachsen in Form eines Stücks von Schlesien konnte nicht realisiert werden, was sich auf Dauer als fatal erweisen sollte.

Die Einführung einer allgemeinen Akzise sorgt für Zeter und Mordio

Sachsen war 1706 im Zuge des Nordischen Krieges von schwedischen Truppen besetzt worden, nach dem Abzug ein Jahr später war das Land die „Kleinigkeit" von 30 bis 35 Millionen Talern los. Dresden war, da die Festungsanlagen gerade noch rechtzeitig in Schuss gebracht worden waren, nicht besetzt worden, aber die Belastungen der Bevölkerung waren enorm, vor allem in finanzieller Hinsicht.

Um das Staatssäckel zu füllen, setzte August, mochten landauf landab die Untertanen auch Zeter und Mordio schreien, 1707 die Einführung einer Generalkonsumtions-Akzise durch. Niemand, aber auch wirklich niemand, also auch nicht der Adel, war von diesem Komplex aus Personal-, Grund-, Gewerbe- und Viehsteuern, aus indirekten Steuern auf Güter des täglichen Bedarfs befreit. Deshalb war sie einträglicher als alle bisherigen Steuern. Reichlich Geld wurde auch in die Kassen gespült, wenn der König ankündigte, dass Männer seines Vertrauens in den Rat aufzunehmen seien. Die Mitglieder dieses Gremiums, deren Freude darüber, Günstlinge des Fürsten in ihren Reihen zu sehen, sich ziemlich in Grenzen hielt, konnten diese feindliche Übernahme nach einigem Hin und Her erst verhindern, als sie eine von August dem Starken geforderte Bürgschaft von 50.000 Gulden übernahmen.

Mit den alten Privilegien Dresdens räumte der Landesherr auf, ob bei den Ratswahlen oder der städtischen Finanzwirtschaft, dem Bauwesen oder bei der Polizei. Dahinter steckte aber beileibe nicht nur absolutistische Willkür, über die man sich als Demokrat entrüsten müsste. Dass der Rat der Stadt das Recht auf Eigenkontrolle im städtischen Rechnungswesen so vehement verteidigte, erfolgte nämlich nicht aus einer idealistisch-uneigennützigen Motivation heraus. Am Ende eines Amtsjahres gegenüber Vertretern staatlicher Stellen oder gar den Bürgern Rechenschaft über die ihnen anvertrauten städtischen Gelder ablegen? – Viele der Ratsherren hatten daran schlichtweg deshalb kein gesteigertes Interesse, weil sonst herausgekommen wäre, dass Unregelmäßigkeiten und Misswirtschaft nicht gerade selten waren.

Auch sonst griff der Landesherr mit allerlei Anordnungen, Befehlen und Restriktionen in das öffentliche Leben in der Residenzstadt ein. Ob bei Hygiene oder Brandschutz, Sicherheit der Festung oder dem Verhältnis zum Militär, Marktwesen oder Bettelwesen: Der Fürst hatte seine Vorstellungen, und die setzte er mit Hilfe seiner Beamten auch um. Glücksspiel war ebenso verboten wie zu schnelles Reiten oder Fahren in der Stadt. Die polizeiliche Aufsichtsbefugnis des Magistrats, sie war nur formaler Schein. De facto sorgten der Gouverneur und staatliche Behörden für Recht und Ordnung. Die Residenzfunktion sei, meinte einmal Karlheinz Blaschke auf einem Kolloquium zur Stadtgeschichte, „Segen und ‚Fluch' zugleich" gewesen.

Vor allem dank der „Staatsaufträge" des Hofes erblühen im augusteischen Zeitalter Kunst und Kultur

Segen, Blütezeit, das war das Augusteische Zeitalter eindeutig für die Kunst und die Kultur. Ob auf dem Gebiet der Musik oder der Oper, der Bildendenen Kunst und dem Kunsthandwerk, es wurden Spitzenleistungen vollbracht. Warschau wie Dresden wurden zu Zentren europäischen Geisteslebens, erhielten Schlösser und Gärten, zahlreiche Palais, Kunstschätze aller Art. „Bei einem sächsischen König iß, trink und lockere deinen Gürtel" lautete ein geflügeltes Wort in Polen.

Natürlich gab es, auch der Kriege wegen, viele Witwen und Waisen im Land, eine stattliche Anzahl an Bettlern, unzählige Tagelöhner mit geringem Einkommen. Aber die Hoflieferanten und Handwerker unterschiedlichster Profession, die Künstler und die Lohnarbeiter, die in den Manufakturen und handwerklichen Betrieben beschäftigt waren, sie alle profitierten von den vielfältigen Aufträgen des Hofes. Sie fanden so ihr Auskommen, mitunter als so genannte Hofbefreite unabhängig von den Zünften, meist aber als Mitglied einer städtischen Innung. Natürlich wurde manchmal beklagt, dass der Reiz dieses üppigen und glänzenden Hofs ungeheure Summen verschlinge, aber letztlich wussten alle: Steht das Leben am Hof in schönster Blüte, dann blühen auch die Landschaften ringsum.

Als exzellenter Ort zum Sehen und Gesehenwerden erwies sich der Zuschauerraum des Opern- und Komödienhauses am Taschenberg.

August der Starke war jedenfalls überzeugt, dass er richtig lag, als er gegenüber dem preußischen Soldatenkönig Friedrich Wilhelm I. versicherte: „Wenn Eure Majestät einen Dukaten einnehmen, so legen Sie ihn in Ihren Schatz. Ich aber gebe ihn aus, und so kehrt er dreimal zu mir zurück."

Dresdens architektonisches Gesicht wird von Renaissance auf Barock „umgeliftet"

Dresdens architektonisches Gesicht begann sich mit dem Regierungsantritt Augusts nachhaltig zu verändern. Die Stadt wurde von Renaissance auf Barock umgeliftet, aus den Fesseln der Festungswerke ein bisschen gelöst und städtebaulich zur Elbe hin geöffnet. Repräsentative Bauten betrachtete der Regent als Teil seiner Politik. Die Stadt, die 1700 um die 21.300 Einwohner zählte, wurde durch zahlreiche Um-, Erweiterungs- und Neubauten zum Zentrum einer sie umgebenden Residenzlandschaft mit dem Jagdschloss

GRÄFIN COSEL

Nach Dresdens traurigstem Frauenschicksal befragt, kann es nur eine Antwort geben: das der Gräfin Cosel. Eingesperrt auf der trutzigen Burg Stolpen, mußte die berühmteste Mätresse August des Starken bis zu ihrem Tode, von der Außenwelt abgeschieden, sage und schreibe 49 Jahre schmoren. Eine Strafe, die ohne Anklage oder Schuldspruch vollzogen wurde und auch nach Augusts Tod von seinem Sohn aufrecht erhalten wurde.
Wer war diese Frau, vor der die barocke Männerwelt offensichtlich so große Angst hatte? In erster Linie eine schöne, temperamentvolle Frau, mit makellos weißem Teint und glühenden schwarzen Augen. Eine erfolgreiche Geschäftsfrau, intelligent und gebildet, die sich aufs Bierbrauen verstand und ihr Gut Pillnitz gewinnbringend bewirtschaftete. Als sie die Mätresse August des Starken wurde, hatte sie bereits eine glücklose Liebschaft samt unehelichem Kind hinter sich und steckte mitten in einer von Demütigung und sexueller Gewalt gezeichneten Ehe mit dem Finanzminister des kurfürstlichen Polenkönigs.
Als August die bildhübsche Frau bei einem Hausbrand als couragierte Löschhelferin kennenlernt, steht sein Herz wenig später selbst in Flammen. Aber die Angebetete ist vorsichtig, hüpft nicht so mir nichts dir nichts in die königliche Koje. Sie will Sicherheiten und erhält tatsächlich ein schriftliches Eheversprechen. Was nun folgt, sind neun verliebte Jahre, drei Kinder und der scheinbar unaufhaltsame Aufstieg zur ersten Frau Sachsens. Ein Aufstieg, der den Ministern mehr als unlieb ist, denn dem analytischem Blick der Cosel entgeht nicht, dass Sachsens Armee und Wirtschaft unter der Polenpolitik seines Herrscher katastrophal abbaut. Sie versucht zu intervenieren – ein verheerender Fehler, der dazu führt, dass August, dessen Herzfeuer mitlerweile in polnischen Gefilden lodert, sich endgültig von ihr abwendet und sie nach Schloß Pillnitz verbannt. Außerdem verlangt er das Eheversprechen zurück.
Als die Cosel nach Berlin reist, um besagtes Papier auszulösen, wird ihr unterstellt, Staatsgeheimnisse auszuplaudern. Kurz darauf liefert der Preussenkönig die ihm verhasste Lebedame an zwei sächsische Offiziere aus, die sie angeblich (sie selbst hat das nie behauptet) mehrfach vergewaltigen. Die Burg Stolpen wird kurz darauf ihre Endstation, auf der sie geistig verwirrt mit 85 Jahren das Zeitliche segnet.

Moritzburg im Nordwesten und den Pillnitzer Schlossbauten im Südosten. Nur für das „Sächsische Versailles“ in Großsedlitz und ein neues Schloss in Dresden reichte das Geld nicht, denn die übrigen Baumaßnahmen in Dresden (Taschenbergpalais, Holländisches bzw. später Japanisches Palais, Elbbrücke, Dreikönigskirche, Zwinger, Opernhaus am Zwinger) belasteten die Schatullen doch sehr. Aber alles in allem wurde im großen Stil vollendet, was von Johann Georg II. eingeleitet worden war.

1699 berief August der Starke den Gartenarchitekten und Baumeister Johann Friedrich Karcher (1650-1726) zum Oberlandbaumeister. Dieser hatte für Johann Georg II. zahlreiche Entwürfe erstellt, etwa für den Großen Garten samt dem in der Mitte des Parks gelegenen Palais. Dieser Bau wurde dann 1678 unter der begleitenden Obhut von Oberlandbaumeister Johann Georg Starcke (1640-1695), der 1672 Wolf Caspar von Klengel (1630-1691) im Amt des Oberlandbaumeister gefolgt war, begonnen. Die Fassaden dieses ersten, 1683 während der Regentschaft Johann Georgs III. fertig gestellten Bauwerks des sächsischen Barocks mit seinem H-förmigen Grundriss, in dem sich Motive des französischen Schlossbaus und des italienischen Manierismus verbanden, sind reich-

Kupferstich von Oberlandbaumeister J. C. Knöffel.

lich mit figuralem Schmuck überzogen. Mitte des 19. Jahrhunderts erhielt es der Sächsische Altertumsverein, der dort eine Ausstellung unterhielt. 1945 wurde das Baudenkmal sowie das Gros der Sammlungen zerstört, danach schrittweise gesichert und zum Teil rekonstruiert.

Von Karcher sowie Christoph Beyer stammt vermutlich der Entwurf für das Taschenbergpalais, das von 1705 bis 1708 im Auftrag des Kurfürsten für die 1706 in den Stand einer Reichsgräfin Cosel erhobene Anna Constanze von Hoym errichtet wurde. Sie war

1728/29 erhielt das Kurländer Palais eine prächtige Schauseite, die ganz dem Stil des Barock verpflichtet ist.

nur eine Mätresse und Geliebte Augusts des Starken, ist aber bis heute die berühmteste. Als die Gräfin Cosel aber 1713 in Ungnade gefallen war und den Rest ihres Lebens auf der Burg Stolpen verbringen musste, ließ der König das Taschenbergpalais von Matthäus Daniel Pöppelmann zum „Türkischen Haus“ erweitern und ausbauen. Andere wichtige Architekten, die Lohn und Brot fanden, waren Zacharias Longuelune, Johann Rudolph Fäsch, Johann Christoph Knöffel sowie George Bähr.

Der Graf von Wackerbarth sorgt für Ruhe und nimmt Bauherren in die Pflicht

Christoph August Reichsgraf von Wackerbarth wurde im Jahr der Königswahl 1697 Generalintendent des Militärwesens, stand dann an der Spitze des Bauamtes und erhielt 1718 dann die Beförderung zum Gouverneur von Dresden. Damit unterstand ihm praktisch das gesamte Bauwesen der Stadt. Er war für den Monarchen über Jahre hinweg ein sachkundiger und geschätzter Partner. Wackerbarth erließ 1720 eine Bauordnung, die jeden Bauherrn verpflichtete, seine

ZWINGER

Warum der Zwinger Zwinger heißt? Diese Frage stellt sich Myriaden durch die grandiose Barockanlage flanierenden Besuchern tagtäglich aufs neue. Eigentlich ist die Antwort ganz leicht. Seinen Namen erhielt der Zwinger von genau dem Plätzchen, an dem man ihn um 1710 anfing zu bauen, nämlich dem Zwingerbereich der Festung. Wie jede große Stadt der damaligen Zeit von einer wehrhaften Anlage aus Mauern, Wällen, Wassergräben und Stadttoren umgeben, verfügte auch Dresden über einen trutzigen Festungsring. Wobei man den Bereich zwischen innerer und äußerer Festungsmauer im deutschsprachigen Raum stets als Zwinger bezeichnet, umgangssprachlich für bezwungener Bereich. Beziehungsweise, wenn nun doch Feinde eindrangen, konnte man sie zwischen eben diesen Mauern leicht bezwingen. Und genau dort, also im Zwingerbereich der Festung Luna ließ August der Starke seinen geniale Stararchitekten, den Herforder Mathäus Daniel Pöppelmann loslegen. Ihm zur Seite stand ein kauziger Bayer: der Bildhauer Balthasar Permoser. Zusammen ergaben die beiden eine phänomenale Barock-Kombi, quasi das kurfürstlich-königliche Dreamteam.

Anfänglich hatte man nur eine elegante „Orangerie royale de Dresde“ im Sinn, aber wie das Leben so spielt, der Bau entwickelte eine gewisse Eigendynamik. Heraus kam eine überdimensionierte Festarena unter freiem Himmel. Eine Partylocation par excellence, deren Ausmaße noch heute dem coolsten, abgebrühtesten Zeitgenossen ein anerkenndes Augenbrauenzucken entlocken. Auf den seinerzeit Rasen- wie Springbrunnenfreien Flächen tobte vor gut dreihundert Jahren bei Hochzeiten, Geburtstagen und Karneval der schillerndste Barockbeat; gaben Musik, Feuerwerk und Reiteraufzüge den höfischen Ton an; ließ Majestät mit allem Zipp und Zapp die Sau fliegen. Wie das ganze aussah? Nun, während in der Mitte des Areals die großangelegten Vorführungen über die Bühne gingen, dienten umgebende Galerien, Pavillons und Ballustraden als Tribüne für den internationalen Adel. Welch Spektakel! Allein die Hochzeit von Augusts ehelichem Sohn mit der Habsburgerin Maria-Josepha nahm sage und schreibe vier Wochen in Anspruch! Unserer Generation bezeichnet sich ja gern als Spaßgesellschaft, aber Mal im Ernst: wer hätte heute noch die Kondition, solch ein Treiben durchzustehen?

Das Palais Flemming, später dann Vitzthum-Rutowski, war eines der vielen prächtigen Adelspalais, die zu Zeiten Pöppelmanns errichtet wurden.

Pläne für ein neues Gebäude an das Oberbauamt zur Bestätigung einzureichen. Geschosszahl und -höhe wurden in Abhängigkeit von der Breite der Straße ebenso festgelegt wie die Farbgebung. In überarbeiteter Form galt die Bauordnung ab 1736 dann auch für die Vorstädte. Dort mussten die Fassaden allerdings schlicht sein, damit die Gebäude in der Innenstadt in puncto Schönheitsvergleich nicht ähnlich den Kürzeren ziehen wie Schneewittchens Stiefmutter. Mit Kurländer Palais, Wackerbarths Ruhe (1727-29) und Palais Zabeltiz (ab 1728) setzte er einige architektonische Kostbarkeiten in die sächsische Landschaft.

Barockes Gesamtkunstwerk aus Galerien und Pavillons: der Zwinger

Nach Entwürfen von Raymond Leplat wurden die Räume im Westflügel des Residenzschlosses umgestaltet. August der Starke durfte sich über einen angemessenen Thronsaal sowie über ein legendäres Schlafzimmer freuen, in dem er sein mitunter doch müdes Monarchenhaupt zur Ruhe betten konnte. Über drei Jahrzehnte zog sich allerdings der Wiederaufbau der östlichen Teile des Schlosses nach dem Brand vom 25. März 1701 hin. Zu den Glanzpunkten der Räume zählte auch ein Porzellanzimmer. Von Matthäus Daniel Pöppelmann stammt das Opernhaus am Zwinger mit seinen 2.000 Plätzen und seiner für damalige Verhältnisse erstaunlich modernen Bühnentechnik und großen Bühne, die bis zu 300 Akteuren Platz bot.

Sein Hauptwerk war der Zwinger, dieses einzigartige Ensemble von Galerien und Pavillons. Der Name der zwischen 1709 und 1730 errichteten, letztlich sogar nie vollendeten Anlage nimmt Bezug auf den Ort ihrer Entstehung, den „Königlichen Zwingergarten“ im Bereich zwischen der mittelalterlichen Stadtmauer und den Befestigungswerken der Renaissance. Es gab drei Bauphasen, erst in der zweiten zwischen 1714 und 1716 entstand die Langgalerie mit dem Kronentor in der Mitte, mit dem der Baumeister an Werke des italienischen Hochbarock anknüpfte und das zum Wahrzeichen der Stadt avancierte. Es entstand auch der gestalterische Höhepunkt des barocken Ensembles: der sogenannte Wallpavillon mit seinem Festsaal. An der Spitze des Pavillons erhebt sich, eine Himmelskugel stützend, ein *Hercules Saxonicus* als Sinnbild des Monarchen.

Die umfangreiche skulpturale Ausstattung schuf der aus dem oberbayerischen Chiemgau stammende Balthasar Permoser (1651-1732) zusammen mit anderen Meistern der von ihm geleiteten Werkstatt. Permoser war ein eigenwilliger Künstler, der in Dresden als „Original“ galt, auch weil er in bewusster Opposition zur damaligen Mode einen Vollbart trug. Ihm, oder zumindest seiner Schule, werden auch vier Herkules-Statuen aus Sandstein zugeschrieben, die sich im Großen Garten erhalten haben. Herrscher stellten gern Statuen dieses antiken Helden in ihren Gärten auf, nicht nur um der Zierde willen, sondern weil die Skulpturen das regierende Herrscherhaus verherrlichen sollten. Da kam der Herkulesmythos gerade recht, auch in Sachsen, wenn natürlich auch längst nicht alle Wettiner über solche Kräfte wie August der Starke verfügten. Da erschlägt also der Halbgott Herkules den hesperischen Drachen, erlegt den nemeischen Löwen ebenso wie die neunköpfige Hydra.

Der Adel lässt sich nicht lumpen und errichtet zahlreiche staatliche Palais

In der ganzen Stadt entstanden etliche Adelspalais, von denen fast alle aber die Zeiten nicht überdauert haben, das Hotel de Saxe, das Palais Flemming-Sulkowski, das Palais Vitzthum-Rutowski, das Kurländer Palais oder etwa das Marcolini-Palais. Der Zug des Adels in die Innenstadt, er hatte eine nicht unbeträchtliche Veränderung der Sozialstruktur und Eigentumsverhältnisse zur Folge. Um 1700 gehörte weit über die Hälfte der Häuser im Zentrum Adeligen und Räten aller Art, außerdem Advokaten, Doktoren, Hofdienern und Sekretären, die nicht der Gerichtsbarkeit des Dresdner Rates unterstanden.

1707 wurde das Rathaus auf dem Altmarkt abgerissen – schon lange war von den Landesherren moniert worden, es stehe im Weg, wenn die Aristokraten auf dem Platz Feste feiern oder Turniere abhalten wollten. In ziemlich beengten Verhältnissen musste der Rat der Stadt zunächst im Beichlingschen Haus auf der

Eine vergoldete Königskrone bildet den Abschluss des Kronentors am Zwinger. Der feierliche Eindruck wird durch Säulen und Pilaster, gekröpfte Gesimse und gesprengte Giebel sowie allerlei plastischen Schmuck noch unterstrichen.

Südseite des Altmarktes hausen, zog aber dann in das Taubesche Haus auf der Westseite, das dann 1740 wegen Baufälligkeit abgebrochen und durch einen Neubau nach Entwürfen Knöffels ersetzt wurde.

Trutzburgen des Glaubens: die Frauenkirche für den evangelischen, die Hofkirche für den katholischen

Besondere Akzente im Stadtbild sollten künftig zwei Kirchenbauten setzen: die evangelische Frauenkirche und die katholische Hofkirche. Die Gläubigen mochten sich ja sicher sein, dass Gott „eine feste Burg" ist, aber die alte Kirche „Zur Lieben Frauen" war mittlerweile so einsturzgefährdet, dass selbst das Läuten verboten werden musste. Und so wurde denn 1726 der Grundstein für den Bau der Frauenkirche gelegt, und zwar von dem aus Sondershausen stammenden Superintendenten Valentin Ernst Löscher. Er war Mitglied des Oberkonsistoriums und des Kirchenrates und verfocht in seiner 40-jährigen Amtszeit die Interessen der Lutheraner, was den glaubensfesten Prediger aber für pietistische Bestrebungen oder die Ideen der Aufklärung nicht gerade fromme Worte finden ließ. Und es passte dem heimlichen Hofprediger (im juristischen Sinne war er das nicht) ganz und gar nicht, dass August der Starke und Egon Anton von Fürstenberg, der Statthalter in Sachsen, in Glaubensfragen eine ziemlich indifferente Haltung an den Tag legten, in aller Heimlichkeit Katholiken protegierten. Verdient machte sich Löscher um das Schulwesen – es ist maßgeblich ihm zu verdanken, dass bis 1717 sechs Armenschulen in Dresden eingerichtet wurden.

Der Entwurf für den 4.000 Gläubigen Platz bietenden Zentralbau der Frauenkirche stammt vom aus Fürstenwalde im Erzgebirge gebürtigen Ratszimmermeister George Bähr (1666-1738). Er hatte gemeinsam mit dem Ratsmauerermeister Johann Christian Fehre von 1705 bis 1708 die Kirche in Loschwitz, ab 1710 die Waisenhauskirche errichtet. Bährs erster Entwurf für die Frauenkirche in Form eines griechischen Kreuzes wurde ebenso abgelehnt wie ein zweiter – und auch der dritte wird, was für erheblichen Diskussionsbedarf sorgt, von Wackerbarth und Knöffel „nachgebessert". Dies schmeckte weder dem Rat der Stadt noch Bähr. Außer der Frage der Finanzierung (angesichts leerer Kassen und einer folglich drohenden finanziellen Katastrophe kalkulierte Bähr ständig bewusst zu niedrig) bereitete vor allem die Standfestigkeit der Kuppel Sorgen. Ursprünglich sollte sie eine mit Kupfer bedeckt Holzkonstruktion sein. Schließlich wurde sie doch aus Stein errichtet, und kam so zu ihrem Namen

ITALIENISCHES DÖRFCHEN

Als August der Starke im Jahr 1697 zum Katholizismus übertrat, wenig später seinen Sohn mit sanftem Druck ebenfalls davon überzeugte und Sohnemann im Jahre 1719 die strenggläubige Habsburgerin Maria-Josepha ehelichte, war es nur noch eine Frage der Zeit, dass Dresden ein repräsentatives katholisches Gotteshaus bekam. Aber wie das anstellen? Drei schwerwiegende Probleme galt es zu bewältigen. 1. Es gab keinen katholischen Grund und Boden in Sachsen. 2. Welcher protestantische Sachse würde eine solche Kirche bauen? Und 3. viel wichtiger: wie brachte man das Vorhaben den streng protestantischen Dresdnern bei?

Beginnen wir mit 3. Die Antwort lautet: gar nicht. Man brachte es den Dresdnern gar nicht bei, sondern faselte jahrelang etwas von einem „gewissen Bauwerk" beim Schlosse. 2. Man holte sich Italiener als Bauleute. Die hatten Ahnung von der barocken Bauweise, von Kirchen sowieso und obendrein waren sie katholisch. Bleibt 1. der Boden. Den ließ man einfach aufschütten, den Brückenkopf nach hinten verlegen und schwupp hatte man einen kleinen, aber schlossnahen Bauplatz. Man schrieb also das Jahr 1739. Der Architekt Gaetano Chiaveri rückte mitsamt seinem umfangreichen Tross an Künstlern, Handwerkern und Handlangern in Dresden ein. Nieder ließ man sich direkt neben der Baustelle, also mitten auf dem heutigen Theaterplatz. Und so entstand innerhalb kürzester Zeit ein Sammelsurium an Häusern, Werkstätten, Gärtchen, kurz: das italienische Dörfchen. Den Italienern gefiel es offensichtlich im gemütlichen Florenz an der Elbe, sie blieben noch lange Jahrzehnte hier wohnen. Bis – ja bis Gottfried Semper, der berühmte Architekt aus Hamburg (pardon Altona) in Dresden aufschlug und den königlichen Auftrag erhielt, ein königlich-sächsisches Hoftheater (die heutige Semperoper) und eine Galerie zu errichten. Dass es auf dem Platz wie bei Hempels unterm Bett aussah, ärgerte den aufgeräumten Nordeuropäer enorm. Und so mussten die Italiener ihr Dörfchen räumen. Schaut man sich heute am Theaterplatz um, entdeckt man zur Elbseite hin ein flaches aber langgestrecktes Gebäude. Es ist das jüngste Gebäude vor Ort, um 1913 erbaut und stellt einen ansehnlichen Restaurantkomplex mit Weinstube, Café, Biergarten, und Elbterrasse dar. Von Anfang an das „Italienische Dörfchen" genannt, erinnert es symbolisch an die vielen fleißigen Italiener.

„Steinerne Glocke". Deshalb erhielt dieser 1743 von Johann Georg Schmid vollendete bedeutendste protestantische Kirchenbau nicht die von Bähr geplante hohe Laterne, sondern eine schlichtere nach einem Plan von Johann Gottfried Fehre. Bähr war bereits 1738 gestorben. Er wurde zunächst auf dem Johannisfriedhof beerdigt, seine Gebeine dann später in die Katakomben seiner größten „Schöpfung", der Frauenkirche, überführt.

Die Orgel war das größte und auch letzte Werk von Johann Gottfried Silbermann. Sie wurde allerdings von Zacharias Hildebrand vollendet, weil der berühmte, aus Kleinbobritzsch bei Frauenstein im Erzgebirge stammende Orgelbauer 1735 gestorben war. Schon einen Monat nach der Weihe der Orgel am 1. Dezember 1736 kam der Leipziger Thomaskirchenkantor Johann Sebastian Bach, um auf dieser neuen Königin der Instrumente ein Loblied zu Ehren Gottes anzustimmen.

Die andere wichtige Kirche ist die Katholische Hofkirche, die Kathedrale und Pfarrkirche *Sanctissimae Trinitatis*. August der Starke hatte immer wieder geplant, eine dem Königshaus würdige Hofkirche zu errichten, zumal es in Dresden im Jahr 1701 rund 1 000, sechs Jahre später sogar rund 4 000 Katholiken gab. Da allerdings im lutherischen Sachsen ein Neubau Schwierigkeiten bereitet hätte, ließ der König das von Klengel errichtete Opernhaus zur Kirche umgestalten und entwarf dafür eigenhändig sogar die entsprechenden Pläne. Am Gründonnerstag 1708 wurde die Kirche zu Ehren der Heiligsten Dreifaltigkeit geweiht. Später richtete man zudem noch katholische Kapellen im Taschenbergpalais (1719) und in Schloss Pillnitz (1723) ein.

Es war dann der Sohn Augusts des Starken, Kurfürst Friedrich August II., der das Projekt einer katholischen Kathedrale vollendete, wenn auch zunächst viel Heimlichtuerei im Spiel war. Schließlich war es reichlich heikel, in der Hauptstadt des Mutterlandes der Reformation eine katholische Kirche zu erreichten. Deshalb war zunächst lediglich von einem „gewissen Gebäude" die Rede, wurde das Projekt außerhalb des Oberbauamtes vorbereitet. 1738 ging's los, im Dezember waren dann 333 Maurer, 108 Zimmerleute, 398 Handlager am Bau beschäftigt, außerdem 130 Baugefangene, die wegen des hohen Wasserstands zeitweise Tag und Nacht die Pumpen betätigen mussten, sowie 780 Soldaten. Die Vorliebe des Bauherrn und seiner Gemahlin, der Habsburgerin Maria Josepha, für die italienische Kunst führte zur Berufung des römischen Architekten Gaetano Chiaveri sowie des Bildhauers Lorenzo Mattielli.

Schon früher waren ja vereinzelt Italiener in Dresden aufgetaucht, mal aus Abenteuerlust, mal auf der Suche nach amore. Außer Chiaveri und Mattielli kamen noch etliche andere Künstler und Steinmetze, wie etwa der Maler Stefano Torelli aus Bologna. Das Gros der Bauarbeiter und Handwerker ließ sich nordwestlich der Baustelle in einer Art „Dombauhütte" nieder, die bald „Italienisches Dörfchen" genannt wurde.

Chiaveri ging bereits 1748 wieder. Das von ihm entworfene Gotteshaus wurde zunächst von Baukondukteur Sebastian Wetzel, dann von Landbaumeister Johann Christoph Knöffel und schließlich von Oberlandbaumeister Julius Heinrich Schwarze vollendet. 1751, mittlerweile lebten in Dresden sogar über 6.000 Katholiken, war der Bau mit seiner kühlen Strenge im Innern fertig, der Turm sogar höher als geplant. Auf den Balustraden, die die flachen Dächer des niedrigen Seitenschiffes und das hoch aufragende Mittelschiff abschließen, sowie um das dritte Obergeschoss des Turms herum stehen insgesamt 59 Monumentalskulpturen von jeweils 3,50 Meter Höhe, die Heilige darstellen. 19 weitere Heiligenstatuen, ebenfalls Werke Matiellis, schmükken, eingestellt in Nischen, die Außenwände der Kirche. Die Kosten für den Bau der Hofkirche betrugen rund 900.000 Taler. Das war ungefähr dreimal so viel, wie für die Frauenkirche aufzubringen war. Aber die Privatschatulle des Königs gab das wie so vieles andere her.

Blickpunkte im Kirchenschiff sind die von Permoser geschaffene Kanzel sowie das von Raphael Anton Mengs in Rom und Madrid angefertigte Hochaltarbild, das erst nach einer wahren Odysee von Madrid über Cadiz und Amsterdam bis nach Hamburg transportiert wurde und schließlich 1766 in Dresden eintraf, wo es bei vielen Betrachtern wahre Begeisterungsstürme auslöste. Im Keller findet die Königsgruft ihren Platz, die neue Grablege der albertinischen Wettiner. Ein Geläut erhielt das Gotteshaus mit Rücksicht auf die fast ausnahmlos protestantische Bevölkerung Dresdens allerdings erst 1807.

Der Monarch liebt Feste und Lustbarkeiten, die ein wichtiges Element der Regierungspolitik waren

Ein charakteristisches Merkmal der Regierungszeit Augusts des Starken ist insbesondere die Abhaltung großer, über Monate hinweg gründlich vorbereiteter Feste und Feierlichkeiten. Was dem großen Vorbild Augusts, Ludwig XIV. in Versailles, recht war, das war dem „Sonnenkönig im Osten" nur billig. Wie die Baukultur, so wurde auch die Festkultur zu einem wichtigen Element augusteischer Regierungspolitik. Macht und Reichtum des Landesherrn sollten vor Augen geführt werden. Besucher, aber auch die Dresdner, die sich solche Spektakel nicht entgehen ließen, waren in der Regel entzückt, ob nun vom Umzug anlässlich der Krönung zum polnischen König, dem Karneval von 1709 in Anwesenheit von König Friedrich IV. von Dänemark oder anlässlich der Besuche von Preußens König Friedrich Wilhelm I. 1728 und 1730. Besonders prunkvoll verliefen insbesondere die unter dem Thema der sieben Planetengötter stehenden Feierlichkeiten vom 2. bis 30. September 1719 anlässlich der Hochzeit von Kronprinz Friedrich August mit Maria Josepha von Habsburg am 20. August in Wien, mit der die Wettiner in den engeren Kreis der Anwärter erblicher

1730 kommt es zum „Shake-Hands" zwischen Kurfürst August des Starken und Preußens König Friedrich Wilhelm I.

Nachfolger auf den Kaiserthron gelangten. Berühmt wurden auch die Lustbarkeiten im Lager von Zeithain 1730. Hier sollte im Beisein von fast 50 Fürsten die Schlagkraft der reformierten, 30.000 Mann starken sächsischen Armee bewundert werden, vorrangig aber waren die Staatsgäste bei dieser Heerschau wohl von den mit den Manövern einhergehenden Festlichkeiten beeindruckt.

AUGUST DER STARKE

Was wäre Dresden ohne August den Starken, Sachsens legendärsten Potentaten, bekannt als unersättlicher Ladykiller, Partyhecht und Schluckspecht? Wohin sich der Fuß auch wendet, man begegnet dem barocken Kraftprotz allerorten in Werk, Wirken und Anekdötchen. Im Sternzeichen Stier, am 12. Mai des Jahres 1670 geboren, verfügt der pubertierende Friedrich-August bereits über ungewöhnliche Körperkräfte, die ihm später den Beinamen „der Starke" bescheren. Dass ihn sein leistungsstarker Bizep Hufeisen mit den bloßen Händen zerbrechen läßt als wären sie von Pappe, ist ausnahmsweise keine Legende. Anders verhält es sich mit den 365 Kindern, die der ausdauernden Lendentätigkeit des späteren Polenkönigs entsprangen sein sollen. Er war Genußmensch, sicher. Aber kein Hochleistungs-Erotiksportler. Denn obzwar zahllose Frauenzimmer in die Gnade augusteischer Ganzkörperbehandlungen kamen, sind doch nur neun Nachfahren August des Starken belegt. Belegt ist zudem, dass Majestät auf Grund einer starken Diabetis in den letzten Jahren nicht nur ein ganz klein wenig schwächelte, sondern auch ab dem Alter von 50 Jahren den Damen nicht mehr voll und ganz zur Verfügung stand. Was nicht bedeutete, daß er seinem geliebten Ungarnwein weniger zusprach, wohlwissend, dass Alkohol konserviert. Drei bis vier Flaschen sollen das übliche Tagespesum gewesen sein, dazu barocke Königskost: Fleisch mit Fleisch und als Beilage Fleisch. 130 Kilogramm brachte August zu Bestzeiten auf die Waage. Und das bei circa 1,72 Metern!

Quadratisch, praktisch, gut. Dass August bei alledem auch noch (mehr oder weniger) sächsisch-polnische Landespolitik und großartige Bauprojekte unter eine Perücke brachte, ist schon ein starkes Stück.Wenn man dann noch bedenkt, dass seine opulenten Feste oft bis zu vier Wochen dauerten, gewinnt man den Eindruck, dass der berühmte Wettiner in der Tat ein Konditionswunder war. Apropos Eindruck. Genau den soll der legendäre Kraftprotz mit dem Daumen im Geländer der Brühlschen Terrasse hinterlassen haben, erkennbar an einer ansehnlichen Delle im Eisen. Soll, wohlgemerkt, denn die Terrasse gab es damals noch gar nicht. Aber wen interessiert das? Und so wird seit Urzeiten behauptet: legt ein Mann seinen Daumen in Augusts Abdruck, gehen dessen Kräfte auf seinen kompletten Körper über. Wer braucht da noch Muckibuden, geschweige denn Viagra?

Manchmal macht die Hofgesellschaft aber auch auf bescheiden – oberflächlich betrachtet jedenfalls. Gelegentlich veranstaltet August der Starke nämlich auch „Wirtschaften". Eine solche geht auch 1709 beim Besuch des dänischen Königs Friedrich IV. im Großen Garten über die Bühne: Der sonst so auf prächtige Gewänder versessene Kurfürst-König zieht sich eine einfache, aber farbenfrohe Bauerntracht an (die nichtsdestotrotz natürlich in der Hofschneiderei gefertigt wurde), isst wie die anderen Gäste auch von Tongeschirr. Es gibt allerdings dann doch nicht nur Salzhering, Stockfisch, Kraut, Rüben und Graubrot, sondern auch Leckerbissen, die sonst nicht auf dem Speiseplan des einfachen Volkes stehen: Mandeln, Rosinen, Orangen, Backwerk aller Art.

Wo gefeiert wird, da wird in der Regel auch gegessen und getrunken. Da August der Starke zeitlebens kein Kostverächter war (unzählige Anekdoten und Fakten belegen die Ess- und Trinklust), stemmt der Landesherr, wie das akribisch geführte Wiegebuch belegt, weit über hundert Kilo auf die Waage. Zwar gilt im Barock durchaus dick als schick (diese Epoche war praktisch das goldene Zeitalter der Rubens-Frauen) und ein Doppelkinn als natürliches Macht- und Markenzeichen, aber letztlich hat August der Starke, der sich so gern als sächsischer Herkules sieht, zum Kummer seiner Ärzte und Mätressen zu viel Speck auf den Rippen. 1712 brachte der Monarch bei einer Körpergröße von 1,76 Metern 260 sächsische Pfund, also 121,4 Kilogramm auf die Waage. Die Gelage des Kurfürst-Königs, der in ganz Europa gezielt kostbare Weine kaufen lässt, sind berüchtigt. Eines der zahllosen Saufgelage des starken Getränken nicht abgeneigten Fürsten bezeugt der Schriftsteller Johann Michael von Loen: „Man trank stark, wo der König war. Die Damen, die Gesandten und diejenigen Herren, welche auf diesem Kampfplatz keine Helden waren, hatten sich davongemacht. Einige polnische Magnaten, denen hier die Deutschen wacker zugesetzt hatten, fanden sich übermannt ..."

Die Neuberin zeigt ihre Schauspielkunst

Die Feste des Adels färbten jedenfalls ab, vor allem in der Kleidung und der Wohnkultur. Die Innungen orientierten sich bei ihren Festumzügen an höfischen Vorbildern, die Dresdner Bürger verfielen, wie Ratsakten belegen, dem Theater. Hofkomödianten und Schauspieltruppen wurden für Gastspiele im Gewandhaus am Neumarkt engagiert, 1727 bewunderte man zum ersten Mal die Kunst von Friederike Caroline Neuber, der Neuberin, und ihrer Theatertruppe. Renner der Spielzeit 1727 waren die vom Hofpoeten Ulrich König verfassten Stücke „Der

Dresdner Schlendrian“ und „Der Dresdner Mägde Schlendrian“ Auch Marionetten- und Schattenspiele gehörten nicht zu jenen Werken, bei denen man schon im ersten Akt nach dem Ausgang fragt. Härtere Kost waren, weil in lateinischer Sprache dargeboten, die von Schülern der Kreuzschule und angehenden Studenten dargebotenen Schulkomödien. 1731 traten erstmals Johann Adolph Hasse und seine Gemahlin Faustina an der Hofoper auf. Sie müssen einen starken Eindruck hinterlassen haben, denn drei Jahre später werden sie in die Residenzstadt berufen, wodurch Hofmusik und Oper voll aufblühen.

August der Starke hat ein Faible für Diamanten

Von „Girls“, Frauen, ist ja bekannt, dass Diamanten lieben ihre besten Freunde sind. Aber auch August der Starke war ihnen sowie anderen Edelsteinen verfallen, konnte man mit ihnen doch nicht minder der eigenen Macht Ausdruck verleihen wie mit einer üppig gedeckten Festtafel oder einem prächtigen Festzug. Schon auf seiner Krönungsreise 1697 waren alle Blicke auf ihn gerichtet. Die Chronisten überboten sich, die kostbaren Juwelen zu beschreiben, mit denen sich der sie heiß und innig liebende Monarch schmückte. Zwei walnussgroße Diamanten zierten seine Hutagraffe. Ein Diamant von 23 Karat ruhte an seiner breiten Brust. Unzählige Diamantrosen säumten die Knopflöcher seines Gewandes aus güldenem Stoff. Die Knöpfe selber waren große Diamanten. Säbel und Gürtel waren von Diamanten übersät. August der Starke war ein Kenner, überwachte akkurat die von ihm 1719 angeregte Inventarisation seiner „Jubeln“. Die genaue Bestandsaufnahme bereitete die Überführung der einzelnen Juwelen-Garnituren in das Grüne Gewölbe, den ehemaligen Staatstresor, vor.

Es war letztlich ein Großeinkauf Augusts des Starken bei seinem Hofjuwelier Johann Melchior Dinglinger, der den entscheidenden Schub gab zur Entwicklung des Grünen Gewölbes zum Schatzkammermuseum. 1722 wurde der *Obeliscus Augustalis* erworben, ein ungewöhnliches Kabinettstück, das eine verspiegelte Rückwand zur Aufstellung benötigte. 1730 war das barocke Gesamtkunstwerk fertig. In acht Räumen wurde die ererbte Sammlung des Hauses Wettin sowie die von August dem Starken so sehr geschätzten Juwelen, Pretiosen sowie Silberschmiede- und Steinschneidekunstarbeiten in einer sich festlich steigernden Innenarchitektur vereinigt. Das Grüne Gewölbe, das machte ebenfalls seine Einmaligkeit in Europa aus, war weit mehr als eine opulente Schausammlung von Kostbarkeiten, sondern ein funktionsfähiges Museum im heutigen Sinne. Wer das nötige „Kleingeld“ hatte und sich beim „Geheimen Camerirer“ anmeldete, der konnte in geführten kleinen Gruppen die frei und ungeschützt auf Tischen und Konsolen stehenden Gegenstände (nur die Juwelen waren extra geschützt) bewundern.

Ein Rhinozeroshorn ist die Basis dieser Kanne in Schiffsgestalt.

Zwar mussten einzelne Kostbarkeiten immer wieder mal verpfändet werden, aber in der Regel wurden sie wieder eingelöst, so dass das Grüne Gewölbe zu den wenigen Schatzkammern Europas gehört, die ihren einstigen Pretiosenbestand nahezu authentisch bewahrt haben. Manchmal fiel die Trennung schwer: Friedrich der Große berichtet nicht ohne Ironie über Friedrich August II.: „Zur Belagerung Brünns hatte man den König von Polen um schweres Geschütz ersucht. Er schlug es aus Geldmangel ab; er hatte soeben 40.000 Taler für einen großen grünen Diamanten ausgegeben.“ Es war der *Dresden Green*, mit 160 Grän (ein Grän ist der vierte Teil eines Karats), das Prunkstück der Juwelensammlung.

Manch exotisches Getier ist zu bestaunen

Mitunter bekamen die Untertanen der Wettiner auch exotisches Getier zu sehen, das hatte man eben auch davon, in der Residenzstadt oder in der Nähe von wettinischen Schlössern zu leben.

Die aus der Werkstatt Johann Melchior Dinglingers stammende Goldschmiedearbeit „Der Thron des Großmoguls Aureng-Zeb“ mit seinen 132 Figuren ist ein Hauptwerk der Juwelierkunst des Barock. Der Ausschnitt zeigt die Szenerie vor dem Thron.

So fand sich in der ersten Hälfte des 18. Jahrhunderts in Dresden ein Hoffischgarten zur Versorgung der Küche mit Fisch, in dem auch exotische Wasservögel untergebracht waren. In dem Gehege für Nutzgeflügel und Wild bei den königlichen Küchengärten in Ostra tummelten sich ebenfalls exotische Tiere, im Großen Garten war ein Fasanengehege eingerichtet und im Jägerhof in der Neustadt gab es eine Menagerie. Die Anlage, als Löwenhaus bezeichnet, war allerdings nicht gerade repräsentativ, in keiner Weise zu vergleichen mit den Menagerien in Versailles oder Wien, aber August hatte Pläne – von denen die meisten allerdings wie Seifenblasen platzten, wie etwa der vom neuen Residenzschloss.

Neben der Residenzstadt fanden sich auch an einigen anderen Orten Sachsens fürstliche Tiergehege und Sammlungen verschiedener Größe. So etwa ein Saugarten auf der Dresdner Heide oder Bärenzwinger bei Schloss Augustusburg und Burg Hohnstein. Die wichtigsten Tiergehege außerhalb Dresdens lagen beim Jagdschloss Moritzburg, kein Wunder, dass Johann Michael von Loen von einem Jagdfest am 14. August 1718 berichten konnte: „Sie (rund 200 verkleidete Männer) führten auch allerhand Seltenheiten von fremden Schätzen und Erdgewächsen mit sich; wie auch verschiedene ausländische Thiere, als Löwen, Tieger, Bären, Affen, Meerkatzen, Papagayen und dergleichen.“ Wie die Hoffeste, so waren auch die von August dem Starken veranstalteten Jagden in Europa damals legendär.

Tierplastiken in XXL aus Meissener Porzellan, dem „Weißen Gold“ Sachsens made in Meißen

Diese Tiere, durchaus aber auch einheimisches Gekreuch und Gefleuch, wollte August der Starke auch in Porzellan verewigt wissen – und zwar groß, möglichst lebensgroß. Im Japanischen Palais sollte, das sah die Konzeption ab 1730 vor (nachdem sich entsprechende Pläne für Schloss Pillnitz zerschlagen hatten), eine regelrechte Menagerie, eine Tiergalerie entstehen.

Im November 1707 war dem Apotheker und Alchemisten Johann Friedrich Böttger sowie dem Mathematiker und Naturwissenschaftler Ehrenfried Walther von Tschirnhaus gelungen, rotbraunes Steinzeug herzustellen. Im Januar des folgenden Jahres dann die Sensation: Die beiden zauberten Hartporzellan, das viel gerühmte „Weiße Gold“ Sachsens. Per Dekret verfügte der Kurfürst die Gründung der ersten staatlichen Porzellanmanufaktur, die zunächst „Auf der Vestung“ in Dresden sowie im Haus von Böttgers Leibarzt Bartholomaei in der Moritzstraße/Ecke Friesenstraße ihren Betrieb aufnahm, dann aber auf die Albrechtsburg in Meißen verlegt wurde. Die Porzellansammlung präsentierte sich ab 1719 im Holländischen Palais, das in jenem Jahr erstmals aktenmäßig auch als Japanisches Palais bezeichnet wurde. Ein zwei Jahre später angefertiges Inventar führt mehr als 25.000 Stücke auf. Von 1727 an wurde das Gebäude durch Pöppelmann, Longuelune und de Bodt umgestaltet und ab 1732 auch allgemein dann Japanisches Palais genannt. Ein Porzellanschloss wurde das Palais, wie dies August der Starke eigentlich beabsichtigt hatte, nicht mehr. Sein Nachfolger Friedrich August II. hielt es mehr mit der Malerei als mit Porzellan und gab das Geld, das ohnehin nicht mehr ganz so reichlich vorhanden war, lieber für Gemälde aus.

Heute befinden sich von den 53 verschiedenen Modellen mittelgroßer und großformatiger Tierplastiken, dass heißt solche mit über 40 Zentimetern Höhe, noch insgesamt 107 Figuren in der Dresdner Porzellansammlung, was gegenüber den 217 im Inventar der Königlichen Sammlung von 1779 immerhin noch knapp die Hälfte ist. Ganz so exotisch waren die Tiere, die Kaendler, Kirchner & Co kreierten, übrigens auch nicht immer. Natürlich modellierte man Pfaue und Truthähne, Affen, Leoparden und Elefanten, aber auch die heimische Tierwelt stand bei zahlreichen Plastiken Pate, etwa Reiher und Geier, Eichhörnchen, Füchse und Hunde.

62 Zentimeter misst die Porzellan-Plastik dieses Fischreihers, die Johann Joachim Kändler 1731 in Meißen modellierte.

Ein früher Fall von Produktpiraterie im Palais Hoym

1731 hatte eine Betrugsaffäre Sachsens Porzellanszene erschüttert. Mit Erlaubnis des Leiters der mittlerweile nach Meißen verlagerten Manufakatur, Carl Friedrich von Hoym, aber ohne Wissen von August dem Starken waren für einen Pariser Porzellanhändler namens Rodolphe Lemaire Porzellane im japanischen Dekor gefertigt worden – und zwar ohne Schwertermarke oder mit pseudo-chinesischen Schriftzeichen, um sie als original ostasiatische Ware auf dem Weltmarkt zu verkaufen. Wie gesagt, der Betrug kam heraus. 4.700 Porzellane wurden im Palais beschlagnahmt, dann in den Bestand des Japanischen Palais überführt. Hoym, Lemaires sicher nicht ganz uneigennütziger Gönner, wurde verhaftet, der Porzellanhändler des schönen Sachsenlandes verwiesen. Die Manufaktur in Meißen wurde reorganisiert und das bislang eher als Subunternehmen fungierende Gewerbe für Dekorationsmalerei von Johann Gregorius Höroldt als eigene Abteilung in die Manufaktur eingegliedert.

Manch exotisches Getier ist zu bestaunen.

Um künftigen Fällen solcher Form von Produktpiraterie vorzubeugen, erließ die „Cammer“ umgehend die Verfügung, dass die Schwertermarke nun auf allen Porzellanen, die in Meißen hergestellt wurden, auch auf denen, die Originale aus Fernost nachahmten, unter der Glasur anzubringen war, also nicht mehr mit einem Stein abgekratzt oder mit mittels Flusssäure entfernt werden konnte.

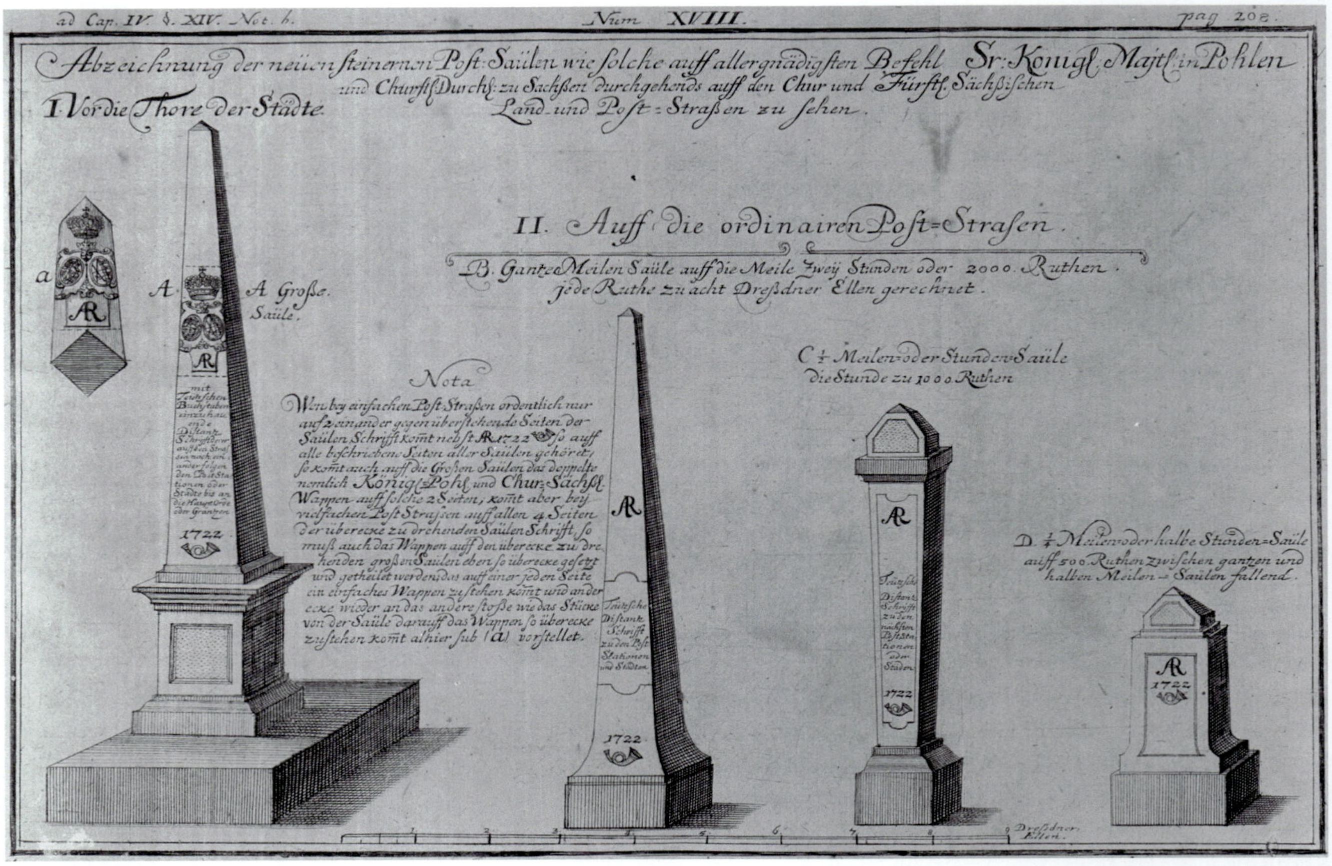

Der Land- und Grenzkommissar Adam Friedrich Zürner sorgte im Auftrag Augusts des Starken ab 1721 dafür, dass Sachsen flächendeckend entlang der Poststraßen mit Meilensteinen und -säulen ausgestattet wurde.

Manufakturen sollen die wirtschaftliche Entwicklung ankurbeln, Distanzsäulen den Verkehr verbessern

Schon kurz nach seinem Regierungsantritt kurbelte August der Starke die gewerblich-wirtschaftliche Entwicklung seines Landes an. Zwischen 1694 und 1733 entstanden in Sachsen 33 Manufakturen, vor allem in der Metallverarbeitung und im Textilgewerbe, aber auch Glas-, Spiegel- und Gewehrmanufakturen. Vor allem Unternehmen, die für wohlhabende Kunden produzierten, waren gefragt. So erfolgte auf Weisung des Monarchen beispielsweise ab 1710 durch Johann Friedrich Böttger die Wiedereinrichtung einer Edelsteinschleif- und Poliermühle in der Vorstadt Ostra. Deren Maschinen wurde zwar wegen ihrer Leistungskraft gerühmt, sie musste dann aber letztlich doch die Produktion einstellen. Sie wurde allerdings in eine „Churfürstliche Spiegel-, Schleif- und Papiermühle“ umgewadelt. 1734 wurde in der Friedrichstadt die Gold- und Silberfabrik von Voigt, später Homeyer, gegründet, die die Konzession zur Herstellung echter Spitzen, Tressen und Schnüre hatte. Die Zahl der Kaufleute, die ihr Geld in Manufakturen steckten, war in Dresden vergleichsweise klein. Diese bevorzugten es, als Verleger tätig zu sein. Auch sonst gibt es im Land etliche Reformen. 1722 wird das Heer auf Vordermann gebracht, 1724 erscheinen eine Schulordnung sowie der *Codex Augusteus*, der die „Konstitutionen“ von 1572 ablöst und das umfangreichste sächsische Gesetzeswerk ist. August der Starke gab 1721 dem Land- und Grenzkommissar Adam Friedrich Zürner den Auftrag, alle Post- und Landstraßen mit Postmeilensäulen zu versehen. Für die Durchführung von Vermessungsarbeiten hatte Zürner schon vorher einen speziellen Vermessungswagen entworfen und bauen lassen.

An den Poststraßen kamen Viertelmeilensteine, Halb- und Ganzmeilensäulen zur Aufstellung und die Städte sollten ursprünglich vor jedes Stadttor eine Distanzsäule (Torsäule) setzen. Vielen Städten gelang es, nur eine Säule auf dem Marktplatz errichten zu müssen. Die Distanzsäulen geben die Entfernung zu den Städten und Poststationen an, wohin zum Zeitpunkt der Säulenaufstellung eine (Post-)Straßenverbindung bestand. Der besondere Schmuck dieser Säulen ist das kurfürstlich-sächsische und königlich-polnische Doppelwappen mit der Königskrone als Zeichen der sächsisch-polnischen Union.

Preußens Gloria kratzt an Sachsens Glanz (1733-1763)

Friedrich August II. – vergnügungssüchtiger Kenner der Kunst, fahrlässiger Monarch

Am 1. Februar 1733 starb Friedrich August I. in Warschau und wurde an seinem Krönungsort als König von Polen in der Kathedrale auf dem Wawel, dem Burgberg, in Krakau beigesetzt. Sein Herz allerdings wurde – seinem Wunsch entsprechend – in einer silbernen Kapsel nach Dresden gebracht und schließlich in der Familiengruft in der Hofkirche zur letzten Ruhe gebettet. Nachfolger war sein einziger ehelich geborener Sohn, Friedrich August II. (reg. 1733-1763). Um ihn von protestantischen Einflüssen in Sachsen fern zu halten, hatte ihn sein Vater auf eine acht Jahre währende Kavalierstour durch Europa geschickt. Bekanntlich kommt keiner von einer Reise so zurück, wie er weggefahren ist – auch bei dem Kronprinzen war dies der Fall. Im November 1712 war er in Bologna heimlich zum Katholizismus übergetreten. Als die Konversion dann schließlich 1717 publik gemacht wurde, war die Empörung in Sachsen und anderen protestantischen Ländern groß, das Kurfürstentum verlor weiter Terrain auf dem internationalen Parkett.

Ein Günstling macht Karriere: Graf Heinrich von Brühl bestimmt den politischen Kurs des Landes

Am 17. Januar 1734 wurde Friedrich August II. zum polnischen König August III. gewählt, unter dem Schutz russischer Bajonette. Der Monarch war ein treuer Katholik und Ehemann, interessierte sich für die Kunst und die Jagd – für die Politik legte er nur ein gemäßigtes Interesse an den Tag und bevorzugte anders als sein Vater eine kollegiale Form der Entscheidungsfindung bei den Amtsgeschäften. Seiner Unlust am politischen Tagesgeschäft, seiner Schwäche wegen schlug die Stunde der Günstlinge. Der

Anton Raphael Mengs hielt 1745 seinen Dienstherrrn Friedrich August II. in Öl fest.

Jugendfreund und Vertraute Józef Alexander Sulkowski wurde 1738 gestürzt, seinen Platz nahm Heinrich Graf von Brühl (1700-1763) ein. Als er 1746

Heinrich Graf von Brühl wollte Sachsen zur Großmacht machen – und scheiterte auf ganzer Linie.

zum Premierminister avancierte, war er längst der eigentliche Lenker des sächsisch-polnischen Staatswesens.

Brühl war zweifelsohne ein kluger Kopf, ein talentierter Organisator. Er gilt aber bis heute als einer der verrufensten Männer in der sächsischen Geschichte. Sein Name steht für Leichtlebigkeit, Verschwendungssucht und Skrupellosigkeit, einzig seine Kunstbeflissenheit hält man ihm zugute. So ganz stichhaltig scheint der Vorwurf, Brühl habe sich an der Staatskasse vergriffen, allerdings nicht – es war August III. selbst, der Brühls Tätigkeit durch eine Vielzahl von finanziellen Gnadenbeweisen und Sachzuwendungen honorierte. Das schürte natürlich Neid bei den zahlreichen auf der Karrierespur überholten Konkurrenten. Durch seine Loyalität und seine Versuche, die vom Kurfürsten-König angestrebten absolutistischen Staatsprinzipien umzusetzen, zog er sich den Hass der oppositionellen Stände (Adel wie Bürgertum) in Sachsen wie in Polen zu, deren Ablehnung, Verweigerung und Kritik ihn zeitlebens begleiten sollten. Letztlich führte der Premierminister mit seiner auf Improvisation und Ignoranz beruhenden Politik das Land in die Katastrophe.

Brühl wollte Schlesien als Landverbindung zwischen Sachsen und Polen sichern – es war der preußische König Friedrich der Große, mit dem man von 1740 bis 1743 verbündet war, der die Provinz aus der habsburgischen Erbmasse nach dem Tod des Kaisers Karl VI. dem preußischen Staat einverleibte. Brühl wollte Sachsen-Polen zur Großmacht machen. Am Ende des Dritten Schlesischen Krieges, des Siebenjährigen Krieges (1756-1763), war man Polen los, das Kurfürstentum selbst hatte zwar keine territorialen Einbußen erlitten, war aber zu einer Mittelmacht herabgesunken, die zwischen den Machtblöcken im Norden und Süden – Preußen und Österreich – zerrieben zu werden drohte. Finanziell war das Land ausgeblutet: Die Kriegskosten schätzt man auf 250 bis 300 Millionen Taler, die Sammlungsbestände des Weißsilber- und Silbervergoldeten Zimmers im Grünen Gewölbe waren weg.

Die Staatsfinanzen waren aber schon zu Beginn des Krieges zerrüttet. 1756 lasteten auf der Obersteuer-

Der Festsaal im Brühlschen Palais ließ an Pracht einst nichts zu wünschen übrig.

klasse und der landesherrlichen Kammer über 40 Millionen Taler Schulden. Die Generalkriegskasse war mit über einer Million Taler bei Sold- und Pensionszahlungen im Rückstand. Nach dem Ende des Siebenjährigen Krieges hatte Sachsen rund 90.000 Einwohner verloren, in Dresden waren von rund 63.200 Einwohnern zu Beginn des Krieges noch und 36.000 übrig geblieben. Das hat man davon, wenn man wie Brühl gegen das altrömische *Credo si vis pacem, para bellum* (Wenn du Frieden willst, bereite den Krieg vor) arbeitet und die sächsische Armee zwischenzeitlich von 30.000 auf 18.000 Mann reduziert.

Die drei Schlesischen Kriege bringen Not und Elend

Dresden war im Verlauf der insgesamt drei Schlesischen Kriege mehrmals belagert und erobert worden. Die Schlacht von Kesselsdorf am 15. Dezember 1745 gegen ein 30.000 Mann starkes preußisches Kontingent unter dem Kommando von Leopold von Anhalt-Dessau vor den Toren der Residenzstadt war eine Katastrophe. Zwei Tage später musste der sächsische General Adam Heinrich von Bose gemäß den Kapitulationsbedingungen die Tore der Festung öffnen: Hunderte von Verwundeten mussten versorgt werden. Bis zum Abzug der preußischen Truppen nach dem Frieden von Dresden am 25. Dezember hatte man Kontributionen und Verpflegung in Höhe von rund 90.000 Talern aufzubringen. Im Frieden von Dresden sicherte sich Preußen den Besitz Schlesiens und erkannte im Gegenzug die Wahl von Maria Theresias Gemahl Franz I. zum Kaiser an. Sachsen verpflichtete sich, Reparationen in Höhe von einer Million Taler zu zahlen.

Insbesondere der dritte Waffenfang um Schlesien (1756-1763), der meist „Siebenjähriger Krieg“ genannt wird, sollte der Stadt nur Not und Elend bringen. Nach dem Einfall Preußens wurde das etwa 18.000 Mann starke sächsische Heer auf der Ebenheit am Fuße des Liliensteins eingekesselt und musste schließlich mangels Munition und Nahrung kapitulieren (auf Drängen Brühls, der die eigene Neutralität Sachsen beweisen wollte, hatte man darauf verzichtet, größere Magazine anzulegen). August III. und Brühl suchten in Warschau Zuflucht, der Kronprinz Friedrich Christian harrte zunächst aus und ging am 19. September 1759 an den Hof in München. Wieder mussten in der Residenzstadt unzählige Verwundete untergebracht werden, wieder waren Soldaten einzuquartieren und zu verpflegen, wieder wurden Arm und Reich entsprechende Gelder für die zu entrichtenden Kontributionen abverlangt: 1757 hatte Dresden auf Befehl des preußischen Feldherrn und Königs Friedrich II. 120.000 Taler, ein Jahr später gar 500.000 Taler aufzubringen.

SIXTINISCHE MADONNA

Was für den Louvre die Mona Lisa ist, bedeutet für die Gemäldegalerie Alte Meister die Sixtinische Madonna. Gemalt für die nach nach dem Heiligen Sixtus benannte Klosterkirche in Piacenza, erklärt sich ihr Name. Noch berühmter als die Madonna selbst jedoch, ist ein Detail am unteren Bildrand: das aufgestützte Engelchenpaar. Als dekoratives Element tausendfach auf Schirme, Servietten und Armbanduhren kopiert, führen die frech dreinschauenden Flügelknaben ein reges Eigenleben. Doch ob Madonnenbeiwerk oder nicht, die verwegenen Bengel sind und bleiben der Schwarm aller Groß- und Schwiegermütter. Klar, dass bei soviel Schwärmerei eine entsprechende Anekdote umhergeistert. So weiß man zu berichten, dass Raphael zwei treue Fans hatte – einfache Jungs aus der Nachbarschaft, die ihn oft besuchten, um aus Ermangelung von Comic und Playstation seine auf Leinwand gebannten Meisterwerke zu bestaunen. Als die Lausbuben bewußter Madonna gewahr wurden, sollen sie immerzu vorm Bild gehockt und entzückt geraunt haben: „Ach ist das schön, sooo schön.“ Ja, und dann kam eins zum anderen, beziehungsweise die Jungs als Engelchen aufs Bild. Ob wahr oder nicht, die Madonna ist und bleibt der absolute Shootingstar der Elbstädter Bildermanege. Die nie aufs Maul gefallen Dresdner allerdings gehen mit der Raffaelchen Rarität wenig respektvoll um. Sie nennen ihre Sixtinische Madonna schlicht die „Sechstonnische Medina“. Rüpelhaft? Aber nicht doch. Es ist ihre Art, Liebe zu zeigen.

Erst brennen die Vorstädte ab, 1760 erlebt Dresden dann ein verheerendes Bombardement

Als die Preußen in der Stadt waren und die Österreicher draußen, ließ der preußische Stadtkommandant von Schmettau 1758 aus Verteidigungsgründen die Gebäude der Pirnaischen Vorstadt niederbrennen, ein Jahr später die Häuser der Wilsdruffer Vorstadt abfackeln. Summa sumarum waren es 374 Häuser, die für Preußens Gloria dran glauben mussten. Im Sommer 1760 wurden bei der Belagerung und Beschießung Dresdens durch preußische Truppen dann auch in der Innenstadt über 400 Häuser sowie öffentliche und klerikale Gebäude zerstört, darunter die Kreuzkirche und das Gewandhaus. Die steinerne Kuppel der Frauenkirche hatte den Kanonenkugeln hingegen standgehalten. Dresden, wo man die finanzielle Höhe der Schäden auf rund 1,2 Millionen Taler schätzte, gehörte neben Bischofswerda und Zittau zu den am meisten zerstörten Städten in Sachsen.

Ehrlicherweise muss erwähnt werden, dass die Preußen nicht das Monopol auf das Verbreiten von Kriegsschrecken hatten. So „gemiedlich“ und friedfertig, wie es die Mär will, waren die Sachsen nicht. Als 1734 Danzig dem mit Friedrich August II. konkurrierenden polnischen Wahlkönig Stanislaw Leszczynski Schutz gewährte, musste es die Stadt mit einer langen Belagerung und Beschießung durch russische und sächsische Truppen büßen.

Das Bombardement Dresdens hatte jedenfalls ein breites publizistisches Echo in Europa zur Folge. Beide Kriegsparteien unternahmen erhebliche propagandistische Anstrengungen, um das eigene Vorgehen zu rechtfertigen. Mitleid und Trost waren hingegen das zentrale Thema einer dritten Kategorie von Texten, die sich mit der Belagerung Dresdens auseinander setzten. Sie stammten vorwiegend aus der Feder von Geistlichen, die unter anderem seelsorgerischen Beistand in der Not spenden wollten.

Schlechte Münzen, miese Ernährungslage, das Leben nach dem Frieden von Hubertusburg bleibt hart

Preiserhöhungen, eine miserable Ernährungslage, die Münzverschlechterung, die Kontributionen über Jahre hinweg ließen große Teile der Bevölkerung verarmen. Eine nicht unerhebliche Zahl von Einwohnern zog weg. Insbesondere für die für den Hof tätigen Künstler und Handwerker gab es nichts mehr zu tun. Da konnte auch die Bitte des Rates, alle Einwohner, die mehr als eine Stube hätten, mögen doch bitte Obdachlose aufnehmen, nicht viel ausrichten. Eine Hungersnot setzte ein, und sie erreichte sogar erst 1772 ihren Höhepunkt, weil in großen Teilen Europas Klimaschwankungen und Missernten grassierten. Diebe und Einbrecher machten die Dresdner Straßen, Räuberbanden die im Umland unsicher.

Canaletto & Co setzen am Ende des augusteischen Zeitalters letzte Glanzpunkte

Eine gute Zeit war die Ära Friedrich August II./Brühl wenigstens für die Kunst gewesen. 1748 war Bernardo Bellotto, genannt Canaletto, zum Hofmaler ernannt worden. Mit dem höchsten Jahresgehalt eines Malers am Dresdner Hof, nämlich 1.750 Talern. Damals war die Residenzstadt, wie es der Kunsthistoriker Carl Justi einmal formulierte, „die erste Kunststadt Deutschlands“. Luxusmöbel von Dresdner Meistern zählten zu den Spitzenleistungen des Rokoko. Johann Joachim Kaendler sorgte dafür, dass die königliche Porzellanmanufaktur ihre führende Stellung in Europa behielt. Die königliche „Capell- und Cammermusique“ unter der Leitung des Kapellmeisters Johann Adolph Hasse und des Konzertmeisters Johann Georg Pisendel glänzte in Opern- und Konzertaufführungen sowie bei Gottesdiensten. Bei Bällen und Festen am Hof, aber auch anlässlich von Jagden spielten „gesondert eigenständige Gruppen der Hoftrompeter, Hofpfeifer und Jagdpfeifer“ auf. Canaletto lieferte Veduten Dresdens an den König, dieselben in Zweitfassung an den Grafen Brühl und fertigte auch etliche Radierungen von Dresdner Veduten an. Für sein Gemälde der zerstörten Kreuzkirche erhielt Canaletto „aus Mitleid“ 200 Taler, obwohl er als Mitglied der Kunstakademie eigentlich nicht honoriert werden musste. Wie kaum ein anderer Künstler bestimmt Canaletto bis heute die Vorstellung von Dresden zur Zeit Friedrich Augusts II. Die Werke Canalettos fanden ihren Weg in die Gemäldegalerie, deren Ausbau sich der Monarch mit Kennerschaft und wahrer Hingabe widmete. Er ließ unter anderem unter der Vermittlung von Graf Villio im Juli 1746 hundert Meisterwerke aus der Sammlung des Herzogs Francesco III. von Modena kaufen. Zu ihnen zählte

Ikone der Kunstliebhaber: Raffaels „Sixtinische Madonna“ in der Gemäldegalerie Alte Meister.

Während der Belagerung und Beschießung Dresdens durch preußische Truppen im Sommer 1760 während des Siebenjährigen Krieges (1756-1763) wurden allein in der Innenstadt über 400 Gebäude zerstört.

Tizians „Zinsgroschen“ (um 1516), zudem Bilder von Corregio, Rubens und Velázquez. 1753 konnte der Gemäldeliebhaber von den Mönchen von San Sisto in Piacenza Raffaels „Sixtinische Madonna“ erwerben. Ein weiterer Glücksfall war der Erwerb der Wallenstein'schen Sammlung aus Schloss Dux in Böhmen, unter deren Hauptwerken sich unter anderem Vermeers „Kupplerin“ (um 1635) befand. Die Ankaufsmittel konzentrierte der Regent auf die Gemäldegalerie, das Kupferstich-Kabinett, die naturwissenschaftlichen Sammlungen, die Bibliothek sowie die Gewehrgalerie. Für das Grüne Gewölbe und die Antikensammlung fielen immerhin einige erlesene Einzelstücke ab.

Alle Standesschranken fallen, wenn munter zechend Logenbrüder feiern, etwa im „Goldenen Apfel“

Graf Friedrich August von Rutowski (1702-1764), ein nichtehelicher Sohn Augusts des Starken und der Türkin Fatima, also ein Halbbruder Friedrich Augusts II., gründete 1738 in Dresden die Freimaurerloge „Zu den drei weißen Adlern“, nach Hamburg die zweite Loge Deutschlands überhaupt. Als Meister vom Stuhl und ab 1741 als Großmeister der zahlreich gebildeten Logen in Sachsen legte Rutowski den Grundstein zur Entwicklung Sachsens als Hochburg deutscher Freimaurerei im 18. und 19. Jahrhundert. Aus der Loge „Zu den drei weißen Adlern“ ging noch 1738 die später so genannte Loge „Zu den drei Schwertern von Asträa zur grünenden Raute“ hervor, die 1991 wiederbegründet wurde, weil sie wie alle anderen Logen während des Dritten Reichs verboten worden war und es auch in der DDR keine „Lizenz zum Logen“ gab. Geselligkeit war Trumpf. Da auch Rutowskis Halbbrüder Moritz von Sachsen (der geniale Feldherr in französischen Diensten) und Friedrich August Graf von Cosel der „Schwerterloge“ beitraten, spricht man von einem „freimaurerischen Triumvirat“. Es war allerdings weder bei der protestantischen sächsischen Adelsfraktion noch bei Kurfürst Friedrich August II. wohlgelitten. Der zog, als am 28. April 1738 Papst Clemens XII. eine erste Bulle gegen die Freimaurer erließ, sofort nach, aber seine umgehend erlassenen und 1739 nach einmal wiederholten Edikte gegen die Freimaurerei in seinem Herrschaftsbereich konnten die weitere Verbreitung der Bewegung nicht aufhalten.

Dienten Zusammenkünfte in den Logen zunächst vorrangig dazu, frei von Hofetikette und Rangunterschieden Geselligkeit zu pflegen, profilierten sie

Während die Kuppel der Frauenkirche den Kanonenkugeln der preußischen Artillerie 1760 standhielt, wurde die Kreuzkirche bei der Belagerung von 1760 in Trümmer geschossen. Canaletto hielt die Ruine in einem Ölgemälde fest.

sich bald zu Stätten von Toleranz, Brüderlichkeit, Humanität und freiem Denken. Der Geheime Kriegsrat Johann Julius Vieth von Golßenau (1713-1784) sowie der Hofbuchhändler Georg Conrad Walther (1710-1778) waren allerdings nicht allzu erbaut darüber, dass „trotz aller Mahnungen" der Besuch der Arbeitslogen gering war, während hingegen zu den Tafellogen „bei den Soupers selten ein Bruder" fehlte.

Im Laufe der Jahrzehnte wurden auch immer mehr Logen-Häuser errichtet: Die Loge „Zu den ehernen Säulen" hatte in der Bautzner Straße 19 ihren Sitz, 1838 war ein Logenhaus in der Ostra-Allee eröffnet worden. Die Brüder der einzelnen Logen riefen zudem zahlreiche karitative Einrichtungen ins Leben: die Schwerter-Loge beispielsweise stiftete 1772 die „Erziehungsanstalt" zu Friedrichstadt, die Apfel-Loge rief 1852 im selben Ortsteil die „Lehr- und Erziehungsanstalt für Töchter gebildeter Stände" ins Leben. Das soziale Engagement weckte allerdings mitunter auch Misstrauen und Eifersüchteleien. Der SPD, die um 1900 noch glaubte, nur sie allein habe eine Antwort auf die soziale Frage, passte es ganz und gar nicht ins Weltbild, dass es außer kapitalistischen Ausbeutern auch Unternehmer wie Bruno Naumann (1844-1903) gab. Der Firmenbesitzer, in dessen Fabrik zuerst Nähmaschinen, dann Fahrräder der Marke „Germania" und schließlich die berühmte „Erika"-Schreibmaschine hergestellt wurden, war seit 1875 Mitglied der Loge „Zum Goldenen Apfel" und rief eine Stiftung für erholungsbedürftige Kinder seiner Betriebsangehörigen ins Leben.

Not kennt mitunter doch ein Gebot: Reformen (1763-1806)

Friedrich Christian I. und die „Generation von 1763" wollen umfassende Reformen

Der am 15. Februar 1763 geschlossene Frieden von Hubertusburg, der im Prinzip den status quo ante bellum, den Zustand vor dem Krieg, festschrieb, hatte eine neue politische Gesamtkonzeption zur Folge, denn die seit 1745 in die antipreußische Koalition gesetzten Hoffnungen waren eindeutig gescheitert. Das Konzept von Kurprinz Friedrich Christian und Thomas von Fritsch, einem vehementen Kritiker des Systems Brühl, sah außenpolitisch unter anderem eine Anlehnung an Preußen und die Beerdigung aller Ambitionen auf eine Erneuerung der Personalunion mit Polen vor – die dann 1765 auch de jure und definitiv erfolgte. Innenpolitisch war eine umfassende Neuordnung der zerrütteten Staatsfinanzen und der Wiederaufbau der darniederliegenden Wirtschaft vorgesehen. Es war in nicht unerheblichen Maße das von Fritsch vorgeschlagene System der langfristigen Schuldentilgung, das den wirtschaftlichen Zusammenbruch und den Wiederaufstieg des Landes stoppte. Brühl und Friedrich Christians Vater Friedrich August II. wollten nach ihrer Rückkehr aus Warschau von tiefgreifenden Veränderungen eigentlich nichts wissen, wollten die Zeit der Feste und Vergnügungen fortsetzen, aber am 5. Oktober 1763 starb erst der Fürst, wenige Tage später dann sein getreuer Premier, dem man schon den Prozess machen wollte.

So konnte Friedrich Christian zusammen mit seinen vielfach aus bürgerlichen Kreisen stammenden Beratern unerwartet rasch mit der Umsetzung seines Konzept des „Rétablissements" beginnen. Das weit gesteckte Programm dieser „Generation von 1763" (ihre Vertreter waren in der Regel um die 40 Jahre alt) zielte nicht nur auf die Beseitigung der Kriegsschäden, sondern in Maßen sogar auf eine Einschränkung und Begrenzung feudaler Privilegien und der gesellschaftlichen Standesschranken. Gedanken der Aufklärung, eines aufgeklärten Absolutismus machen sich breit, spiegeln sich in den vom pietistischen Gedankengut inspirierten Edikten und Erlassen der Regierung wider. Zentralisation und straffe Organisation sollten die alte Kameralistik ersetzen.

Friedrich Christian I. machte sich um den Wiederaufbau des Landes verdient.

Erst 32 Jahre nach ihrer Zerstörung stand die neue Kreuzkirche.

Wiederaufbau im Geiste eines Hungerbarocks und ersten Anleihen beim Klassizismus

Grundstücksbesitzer von kriegszerstörten Häusern in Dresden wurden zehn Jahre lang von Steuern befreit, damit sollte der Wiederaufbau rascher vonstatten gehen. Letztlich wurden aber aus Kostengründen die schmuckvollen Fassaden aus Renaissance und Barock nicht wiederhergestellt. Die Fassaden der neuen Häuser wurden meist durch eine Bemalung gegliedert, manchmal auch in Knöffelscher Manier mit Lisenen. Als „Dresdner Hungerbarock“ wird dieser Baustil bezeichnet.

Überhaupt zog sich der Aufbau in die Länge, der junge Student Goethe konnte bei seinem ersten Besuch Dresdens 1768 noch zahlreiche Ruinen sehen. Der Zwinger wurde letztlich erst zwischen 1783 und 1794 restauriert. Ab 1787 war für alle der Abschluss einer Brandversicherung obligatorisch. Gemäß einer Brandordnung war es ab 1790 verboten, mit Stroh oder Schindeln die Dächer zu decken. Der traurige Rest der Kreuzkirche, deren bei der Beschießung von 1760 lädierter Turm zusammen mit der Westfront 1765 eingestürzt war, konnte letztlich erst 32 Jahre nach ihrer Zerstörung wieder errichtet und neu geweiht werden. Jeder trug sein Scherflein dazu bei, damit die Kosten für den Aufbau in Höhe von rund 460.000 Talern beglichen werden konnten.

Friedrich August III. setzt die mit dem „Rétablissement“ eingeschlagene Linie der Politik fort

Friedrich Christian I. war nur 74 Tage im Amt, denn er erkrankte nach nur zehn Wochen an den Blattern und starb dann an einem Schlaganfall. Nachfolger des Wettiners mit der kürzesten Regierungszeit wurde sein Sohn Friedrich August III. der Gerechte (1763-1806 Kurfürst; 1806-1827 als Friedrich August I. König von Sachsen), der 59 Jahre an der Macht und damit der am längsten regierende Wettiner war. Zunächst einmal übte allerdings bis 1768 sein Onkel und Vormund, Prinz Franz Xaver von Sachsen, die Regentschaft aus. Er sorgte 1764 für die Gründung der „Akademie der zeichnenden und bildenden Künste“ nach den Plänen Christian Ludwig Hagedorns. Ein Jahr später richtete man ein Sanitätskollegium als oberste Landesmedizinalbehörde ein, die zusammen mit den medizinischen Fakultäten der Universitäten Leipzig und Wittenberg für die Hygieneaufsicht sowie die Kontrolle der Ärzte, Bader, Hebammen und Apotheker, vor allem aber für die Bekämpfung von Seuchen zuständig war. Aus ihr ging 1815 die chirurgisch-medizinische Akademie hervor, der das Kurländer Palais überlassen wurde.

Friedrich August der Gerechte war 59 Jahre an der Macht. Er ist der Wettiner mit der längsten Regierungszeit.

Im August 1791 treffen sich in Pillnitz allerlei gekrönte Häupter. Die dort verabschiedete und gegen Frankreich gerichtete Deklaration unterzeichnet Friedrich August III. allerdings nicht. Er setzte auf Neutralität – letztlich vergebens.

Die mit dem „Rétablissement" eingeschlagene Linie der Innenpolitik blieb auch nach dem Regierungsantritt von Friedrich August III. unverändert, der Sparkurs wurde fortgesetzt, mehr als ein Viertel der Staatseinnahmen wurde für Zinszahlungen und die Tilgung von Schulden gegenüber Gläubigern verwendet. Die Folter schaffte man 1770 ab. Ehebrecher und Diebe taten zwar auch künftig gut daran, sich nicht erwischen zu lassen, wurden sie aber doch in flagranti ertappt, dann drohte ihnen wenigstens nicht mehr die Todesstrafe. Friedrich August III. war gewissenhaft, ein Mann der Akten, also genau das, was Sachsen brauchte.

Dem Geist der Aufklärung und dem Wunsch nach Wirtschaftsförderung entsprechend wurde 1764 eine Landes-Ökonomie-, Manufaktur- und Comerziendeputation ins Leben gerufen, die für den nötigen Schub und Know-how beim Aufbau des Landes sorgen sollte. Die Finanzbehörden wurden ebenso reorganisiert wie die mittleren Verwaltungsbehörden, die man mit Kreis- und Amtshauptleuten besetzte. Das Bildungswesen erhielt mit neuen Schulen und akademischen Ausbildungsstätten eine neue Qualität. Da man die Zeichen der Zeit erkannte, der wachsenden Bedeutung der Naturwissenschaften Rechnung tragen wollte, wurde 1785 eine Realschule ins Leben gerufen. 1805 führte man dann mit einer Verordnung „über das Abhalten der Kinder zur Schule und die Bezahlung des Schulgeldes betreffend" die allgemeine Schulpflicht für den Besuch der Volksschule in Kursachsen ein, den Anteil an Landeskindern ohne Schulbildung wollte man unbedingt reduzieren, auch wenn das Schulwesen Sachsens im Vergleich zu dem in anderen Territorien noch gut abschnitt, weil im Kernland des Protestantismus Lese- und Schreibfähigkeit gefragt war und entsprechend gefördert wurde. Trotzdem waren 1782 in Dresden noch rund 60 Prozent der Kinder ohne nennenswerte Schulbildung gewesen, da hatte auch die Kreuzschule als höchste städtische Bildungsanstalt nur bedingt Abhilfe schaffen können. 1809 richtete man in Dresden dann auch eine Blindenanstalt ein – eine Spende von Emanuel Gottlob Flemming.

In der Außenpolitik wird strikt auf Neutralität gebaut – lange sogar erfolgreich

Außenpolitisch verfolgte Kurfürst Friedrich August III. einen strikten Neutralitätskurs. Nur am Bayerischen Erbfolgekrieg 1778/79, der wegen der chronisch schlechten Ernährugslage „Kartoffelkrieg" genannt wurde, nahm man teil, was sechs Millionen Gulden in die Staatskasse spülte, weil man im Frieden von Teschen auf Erbansprüche in Bayern verzichtete. Auch

GUSTL VON BLASEWITZ

Aufschlussreich und amüsant gleichermaßen ist es, Bemerkungen nachzustöbern, welche berühmte Persönlichkeiten der Zeitgeschichte zur Stadt abgaben. Da wird gelobt, geschimpft und geklagt. Auffallend, keiner äußert sich derart widersprüchlich wie der Schwabe Friedrich Schiller. Lag es womöglich an seinem labilen Gesundheitszustand? So schwärmt er während seines ersten Besuchs bei der Dichterfamilie Körner im Loschwitz des Jahres 1785: „Was bisher meine heißesten Wünsche erzielten, hab ich nun endlich erlangt. Ich bin hier im Schoße unserer Lieben, aufgehoben wie im Himmel." Drei Jahre später gibt der große Mann mit dem lockigen Haar über die Dresdner zu Papier: „... vollends ein rechtes, zusammengeschrumpftes, unleidliches Volk". Nanu. Was war passiert? Schiller hatte sich verknallt. Unglücklich. In die Wirts-Tochter des Blasewitzer Dorfgasthofes. Jene, mit bürgerlichem Namen Justine Segedin, eine fesche, kecke Weibsperson – kurz „die Gustl" genannt – gab dem zartbesaiteten Friedrich ein Körbchen. Abschlägiger Bescheid. Und damit nicht genug, soll sie sich erfrecht haben, den großen Dichterfürst ob seiner schwäbischen Skurilphonetik aufzuziehen. Na sowas aber auch. Zehn Jahre später verarbeitet der nachtragende Marbacher sein „Dresdner Trauma" im Wallenstein, wo er die einstige Dame seines Herzens als Marketenderin mit unehelichen Kindern auftreten lässt. Noch heute rufen in besagter Szene die Soldaten: „Was? Der Blitz! Das ist ja die Gustl aus Blasewitz!"

gegenüber dem revolutionären Frankreich behielt man den Neutralitätskurs bei. Als sich im August 1791 im Schloss in Pillnitz, das vorher von Christian Traugott Weinlig um zwei Flügelbauten und den englischen Park erweitert worden war, unter anderem Kaiser Leopold II. von Österreich, König Friedrich Wilhelm II. von Preußen sowie der Graf von Artois (der Bruder von Frankreichs König Ludwig XVI. und spätere französische König Karl X.) trafen und der Grande Nation mit einer militärischen Intervention drohten, da war Sachsens Kurfürst Friedrich August III. zwar Gastgeber und Organisator von allerlei angenehmer Festlichkeiten im Park, nahm aber an den Verhandlungen nicht teil und schloss sich zum Kummer der anderen gekrönten Häupter der am 27. August verkündeten Deklaration nicht an. Zwar hegte er naturgemäß keine Sympathien für die Revolution, die allerlei Volksfeinden, vor allem seinen Standesgenossen von Adel den Kopf kostete, aber Krieg war nicht so sein Ding.

Bauernunruhen, Gesellenaufstand – ganz folgenlos ist die französische Revolution in Sachsen nicht

Ganz unberührt ließ die Revolution 1789 in Frankreich Sachsen nicht. 1790 brachen auf dem Land bei Lommatzsch und Nossen Bauerunruhen aus, kursierten allerlei aufrührerische Flugschriften. Einige Dresdner Bürger wurden verhaftet. Begünstigung aufständischer Bauern lautetet der Vorwurf. Aber mehr als ein paar Mal die Stadttore schließen und den Jahrmarkt absagen, musste man letztlich nicht. Vier Jahre später kam es – auch wenn der Anlass vergleichsweise harmloser Natur war (man glaubte, ein Geselle sei zu Unrecht bestraft worden) – in Dresden zu einem Aufstand. Fast 3.000 Gesellen aus 20 Gewerken legten die Arbeit nieder, was das städtische Leben zum Erliegen brachte. Anlass zur Klage hatten die Gesellen schon früher gehabt. Fünf bis sechs Groschen Lohn am Tag – das war zum Sterben zu viel und zum Leben zu wenig, wie sie 1767 dem Rat der Stadt in einem Schreiben klar zu machen versuchten.

Ein Landhaus setzt Akzente im Dresdner Stadtbild und bietet den Landständen eine Heimat

In Dresden war 1776 nach sechsjähriger Bauzeit nach einem Entwurf von Friedrich August Krubsacius, Professor für Architektur an der Kunstakademie, das Landhaus fertig – und zwar im Stil des aufkommenden Klassizismus, denn Barock war nun endgültig abgeschrieben. Es wird Sitzungsort der Sächsischen Landstände, die vorher im Schloss, das in diesem Jahr den ersten Blitzableiter im Land erhält, zusammentra-

Im Schillerhäuschen in Loschwitz wurde schon früh des Dichters Friedrich Schiller gehuldigt, obwohl der sich ziemlich gehässig über das „seichte zusammengeschrumpfte, unleidliche Volk hier" geäußert hatte.

ten. Blickfang im Innern ist eine imposante Treppenhalle im Stile barocker Schlossanlagen.

1778 wird auf Wunsch das Kurfürsten in der Dresdner Friedrichstadt das erste deutsche Lehrerseminar für Volksschullehrer eingerichtet, zwei Jahre später als vierte ihrer Art in Deutschland die Staatliche Tierarzneischule, hervorgegangen aus der 1774 von Christoph Friedrich Weber eröffneten Privatschule für Tierarzneikunde. Langsam, aber stetig wuchs dann auch die Bevölkerungszahl wieder, schließlich lebte man in Sachsen, wo die schönen Mädchen auf den Bäumen wachsen und mit denen Mann schöne Dinge tun konnte. Hatte Dresden nach dem Ende des katastrophal verlaufenden Siebenjährigen Krieges 1763 gerade mal noch rund 36.000 Einwohner gehabt, so wohnten in der Stadt im Jahr 1772 immerhin wieder rund 54.000 Menschen – vom Stand vor dem Siebenjährigen Krieg, als Dresden 1756 rund 63.000 Einwohner zählte, war das allerdings immer noch ein mehr als gutes Stück entfernt. Erst 1831 sollte man diese Zahl wieder erreichen.

Es schillert in Dresden, das Johann Gottfried Herder seinen Beinamen „Elbflorenz" verdankt

Einer der Einwohner zu Zeiten Friedrich Augusts III. war zeitweise Friedrich Schiller, gekommen auf Einladung eines Freundes, des Oberappelationsrates Christian Gottfried Körner, der sich auch als Musikkenner und -theoretiker hervortat und 1817 schließlich einer der Begründer der Dreyßigschen Singakademie war, eines damals ungemein populären Laienchors. Sein Sohn Theodor Körner sollte sich 1813 den Lützowschen Jägern anschließen, patriotische Gedichte und Lieder wie „Das ist Lützows wilde verwegene Jagd" verfassen und schließlich im Kampf gegen die französischen Besatzer fallen.

1785 traf der junge Schiller in Dresden ein, war auch zunächst recht glücklich und zog erst mal nicht nach Hamburg, weil er, wie er Friedrich August Schröder, dem Leiter des dortigen Nationalmuseums, schrieb, „im Schooße einer Familie lebe, der ich notwendig geworden bin". Schiller vollendete in Dresden seinen

Aus dem pommerischen Greifswald kam der vom Geist der Romantik erfüllte Maler Caspar David Friedrich, der „Das Große Gehege bei Dresden“ für motivwürdig erachtete.

„Dom Carlos“ (heute „Don Carlos“ geschrieben), ob tatsächlich im Landhaus seines Freundes und Gönners Körner am Loschwitzer Weinberg oder in dessen Häusern am Kohlmarkt oder auf der Moritzstraße, ist umstritten. Die architektonische Schönheit der Stadt und die Kunstschätze genoss Schiller, aber als der Dichter in Weimar später gefragt wurde, weshalb er 1787 das schöne Elbflorenz wieder verlassen habe, antwortete er: „Mittelmäßiger Umgang schadet mehr, als die schönste Gegend und die geschmackvollste Bildergalerie wettmachen können.“ Zwei unglückliche Lieben, nämlich zur Wirtstochter Justine Segedin, der er später in „Wallensteins Lager“ als „Gustel von Blasewitz“ ein nicht ganz schmeichelhaftes literarisches Denkmal setzte (eine Marketenderin hatte mehr oder minder den Ruch einer Dirne), und zur 19-jährigen Henriette Adam trugen wohl das Ihre dazu bei, dass der mittellose und wohl auch deshalb schnöde abgeblitzte Schiller sich bissig über die Dresdner ausließ: „Ein seichtes zusammengeschrumpftes, unleidliches Volk, bei dem es einem nie wohl wird.“ Ansonsten hat er sich über Dresden oder seine Umgebung nie groß geäußert – Reisebeschreibungen oder Naturschilderungen waren nie sein Ding.

Sein Freund und Dichterkollege Johann Wolfgang von Goethe, der 1768 das erste Mal nach Dresden kam und insgesamt sieben Mal in seinem Leben vorbeischaute, erinnerte sich hingegen bis ins hohe Alter dankbar an die Geselligkeiten und Gepräche, inbesondere auch an die Besuche in den Kunstkammern und Naturaliensammlungen, fand er doch hier allerlei Anregungen. Die erste Lobeshymne Goethes, die zu Dresden überliefert ist, lautet: „ich binn in Dreßden gewesen, auf zwölf Tage, die Galerie zu sehen, die ich habe gesehen, was man gesehen heisst. ... Dresden ist ein Ort, der herrlich ist, und wenn mirs erlaubt wäre ein kleines Supplement daran zu fügen, so wünschte ich mich nie heraus.“ Und am 1. Januar 1791 schrieb Goethe an Carl Ludwig von Knebel: „Dresden hat mir große Freude gemacht und meine Lust an Kunst zu dencken wieder belebt. Es ist ein unglaublicher Schatz aller Art an diesem schönen Orte.“

Den gelegentlich verwendeten Beinamen „Elbflorenz“ verdankt die Stadt dem Theologen und Schriftsteller Johann Gottfried Herder, der 1802 in seiner Zeitschrift *Adastrea* Dresden wegen seiner Kunstschätze als „Deutsches Florenz“ bezeichnet hatte. Zwei Schweizern, dem Maler Anton Graff und dem Kupferstecher Adrian Zingg, die an der Dresdner Kunstakademie lehrten, ist der Begriff „Sächsische Schweiz“ für das Elbsandsteingebirge zu verdanken. In dieser Landschaft fand der Maler Caspar David Friedrich, der 1798 aus dem pommerischen Greifswald nach Dresden gekommen war, „um hier, in der Nähe der trefflichsten Kunstschätze und umgeben von einer schönen Natur“, seine „artistischen Arbeiten“ fortzusetzen, viele seiner Motive. Er sollte die Symbolkunst Philipp Otto Runges, der aus Kopenhagen zur Dresdner Akademie gestoßen war, aufgreifen und die Malerei der Romantik entscheidend prägen. Mit dem Stadtbild seiner Wahlheimat hat sich der vom Geist der Romantik erfüllte Landschaftsmaler allerdings nur ausnahmsweise beschäftigt, zum

Grabmal des Porträt- und Historienmalers Gerhard von Kügelgen, der an der Kunstakademie lehrte.

DRESDNER ZITATE (I)

So sehr den Besucher Dresdens das Herz vor Begeisterung aufging ob dem Liebreiz der Stadt, ihrer unglaublichen Melange aus Architektur und Landschaft, ihren großartigen Kunstsammlungen – so schnell verschloß sich mitunter das tourististische Pumporgan bei der Begegnung mit den Einheimischen. Mitunter. Denn die Meinungen gehen glücklicherweise auseinander, wie man sieht:

„Den allertrübsten Fleck in Deutschland hab ich im Augenblick inne: Dresden, das Land der Kuchenfresser, die verwaschenste, farbloseste, breiweichste Generation, die es in Deutschland gibt ... bloß träge Maulaufsperrer, die immer noch glauben, das alles geschähe bloß „draußen“ und bloß, damit sie zu ihrem schlechten dünnen Kaffee alle Morgen eine interessante Zeitung zu lesen haben.“
Robert Prutz (1816-1872)

„Die Sitten und die Art der hiesigen Leute sticht mit den Deutschen, die ich bisher gesehen, noch stärker ab als die Schönheit der hiesigen Straßen und der Geschmack der Gebäude mit den Städten in Schwaben, Bayern, Österreich und Böhmen. Ein ungemein schöner Wuchs, sprechendere Gesichtszüge, eine gewissen Rundung und Leichtigkeit der Bewegungen, eine zuvorkommende Höflichkeit, eine durchaus bis auf die untersten Volksklassen herrschende Reinlichkeit und ein gewisses gesprächiges, zudringliches und einnehmendes Wesen muß jedem, der auf meinem Wege hierher kommt, an den hiesigen Einwohnern stark auffallen.“
Johann Kaspar Riesbeck (1754-1786)

„Nach her holte mich der Bürgermeister im Auto ab zu einer Rundfahrt durch die nun wirklich (ich habe doch Vieles gesehen) exzeptionell schrecklich zerstörte Stadt Dresden. Was mit aber noch mehr auffiel, was dies, daß gerade dort schon jetzt in einer Pünktlichkeit aufgeräumt ist, die ich so ebenfalls noch nirgends angetroffen haben. Ich hatte Anlaß, den Sachsen, die ich – eigentlich nur wegen ihres greulich wüsten Deutschs – nie recht gemocht habe, im Stillen alles abzubitten.“
Karl Barth (1886-1968)

(weitere Zitate auf den Seiten 194/195)

Im Brelingschen Haus ist heute auch das Museum zur Dresdner Frühromantik untergebracht.

Hauptmotiv eines seiner Gemälde wählte er es, anders als Greifswald oder Neubrandenburg, nie. Die Stadt, sie ist bei ihm Teil der Landschaft, wird zum Symbol, zur Vision geschichtlicher oder religiöser Hoffnung. Friedrich wie Runge versuchten letztlich, die kosmische Ganzheit der Mensch-Natur-Beziehung in eine neue bildhafte Form zu bringen.

Die ländlichen Gefilde in der Umgebung: ein großes Refugium von Utopien

Mit der Kunstbewegung der Romantik, die um 1800 in Dresden einen wichtigen Schwerpunkt hatte, entstanden in der Umgebung der Residenzstadt eine Reihe kultureller Zirkel, waren doch ländliche Gefilde, wie Hans-Peter Lühr vom Dresdner Geschichtsverein einmal feststellte, „zum großen Refugium von Utopien" geworden. Ob bei Friedrich August Anton und Friederike Serre auf Maxen, bei Johann Gottlob von Quandt in Dittersbach oder bei Carl Adolf von Carlowitz auf Kuckuckstein, überall verkehrten Dichter, Maler und Musiker mit kritisch-aufklärerischen Adeligen und vermögenden bürgerlichen Mäzenen. Man suchte die Idylle der Natur, etwa im Seifersdorfer Tal der Tina von Brühl, gab sich, wie etwa der angehende Dichter Friedrich Georg Philipp von Hardenberg, genannt Novalis, auf Dietrich von Miltitz' Schloss Siebeneichen Gefühlen der Empfindsamkeit hin.

Ein anderer wichtiger Kreis traf sich im Brelingschen Haus, dem „Gottessegen" des Malers und Akademieprofessors Gerhard von Kügelgen auf der Neustädter Allee (der heutigen Hauptstraße). Kügelgens Sohn Wilhelm wurde Hofmaler und Kammerherr, seine 1855 bis 1865 verfassten „Jugenderinnerungen eines alten Mannes" zählen zu den wichtigsten Memoirenwerken des 19. Jahrhunderts. Heute beherbergt das Haus das Museum zur Dresdner Frühromantik.

Im September 1807 kam Heinrich von Kleist für zwei Jahre nach Dresden, schwärmte von der „großen feierlichen Lage" Dresdens „in der Mitte der umkränzenden Elbhöhen" und arbeitete unter anderem am „Käthchen von Heilbronn" und am „Michael Kohlhaas", gab zusammen mit Adam Müller neun Hefte der Literaturzeitschrift *Phöbus* heraus, eines „Journals für die Kunst". Das Manuskript seines vaterländischen Dramas „Die Hermannsschlacht" ging 1808 im Geheimen von Hand zu Hand, an eine Veröffentlichung war wegen der französischen Zensur nicht zu denken.

Schon früher auf dem Index stehende Bückware waren u.a. die Broschüre „Über den Verfall der Städte", in der der seit 1791 in Dresden als Advocat lebende Staatsrechtler Carl Heinrich von Römer u.a. die Steuerfreiheit des Adels anprangerte und vor allem im Bank- und Kreditwesen für liberale Reformen eintrat. Verboten waren auch das 1796 in Altona erschienene Buch „Wanderungen und Kreuzzüge durch einen Theil Deutschlands", in dem der 1794 von Dresden nach Dessau geflüchtete Schrifsteller Georg Friedrich Hermann wenig Gutes über die Verhältnisse in Sachsen und Dresden zu sagen wusste.

Aufstieg und tiefer Fall an der Seite Napoleons (1806-1815), von der Restauration zur Rebellion (1815-1849)

Königreich von Gnaden des kleinen Korsen, aber großen Feldherrn Bonaparte

Der Herbst 1806 hatte nicht nur den üblichen jahreszeitlich bedingten Fall der Blätter, sondern auch das Ende der Friedenszeit gebracht. Zusammen mit dem verbündeten Preußen war Sachsen, das von dem mächtigen Nachbarn im Norden mehr oder minder gezwungen worden war, mitzumarschieren, im Oktober in der Doppelschlacht bei Jena und Auerstedt von den Truppen des französischen Kaisers Napoleon Bonaparte vernichtend geschlagen worden. Am 25. Oktober machten 10.000 Bayern in Uniform, nicht in Lederhosen-Tracht, den Dresdnern einrückenderweise klar, wer nun das Sagen hatte: Napoleon und sein Rheinbund.

Aber der Korse war nicht nur auf militärischem Terrain ein guter Stratege. Er schickte nämlich nicht nur das Gros der sächsischen Gefangenen nach Hause, sondern machte dem Kurfürsten auch ein verlockendes Angebot: Wenn Friedrich August III. in Dresden bleibe und nicht flüchte, dann werde Sachsen als neutrales Land behandelt. Der Kurfürst harrte also aus. Und dank der Gnade Napoleons wurde ihm am 20. Dezember 1806 der Titel „König" zugeschanzt, weil das Kurfürstentum zum Königreich erhoben worden war. Gemäß dem Frieden von Posen vom 11. Dezember 1806 hatte Sachsen dem Rheinbund beizutreten, künftig Truppenkontingente für Napoleons Heer beizusteuern. Der mittlerweile 57-jährige Friedrich August der Gerechte durfte sich nach dem Frieden von Tilsit 1807 auch noch mit dem Titel eines Herzogs von Warschau schmücken.

Der Verwaltung dieses Gebildes widmete sich der König mit großer Energie, achtete aber auf eine strikte Trennung von der Sachsens. Einem Wink Napoleons folgend, setzte er am 1. Mai 1808 per Patent den *Code Napoléon* in Kraft, Sachsen blieb dieser fortschrittliche Rechtskodex versagt. Auch den preußischen Kreis Cottbus überließ der französische Kaiser Sachsen – ein Danaergeschenk, wie sich 1815 erweisen sollte.

Francois Gérards Gemälde zeigt Frankreichs Kaiser Napoleon im Krönungsornat.

„Vive, l' Empereur"-Jubel schallt dem Kaiser der Franzosen nur anfangs entgegen

Die Kontributionssumme von 25 Millionen Franc, rund sieben Millionen Taler, die auf Napoleons Geheiß einzutreiben waren, ließ die anfängliche Begeisterung für den Kaiser allerdings ebenso bald schwinden wie die beträchtlichen Verluste, die das sächsische Heer bei diversen Feldzügen des Kaisers in Europa einzustecke hatte. Enttäuschend war auch, vor allem für das Bürgertum, dass es, anders als in Preußen, in Sachsen nach 1806/07 nicht zu durchgreifenden Reformen in Verwaltung und Wirtschaft kam. Das Heer, ja, das wurde natürlich einer gründlichen Neuorganisation unterworfen. Von Frankreich lernen heißt Siegen lernen. 1809 erhielt Dresden dann eine Bürgergarde, die nach französischem Vorbild den Namen Nationalgarde erhielt und den städtischen Behörden unterstellt war. Grundstock waren, wie später in anderen Städten auch, die seit langem existierenden Schützengesellschaften.

Am 17. Juni 1807 zog Napoleon erstmals in Dresden ein („wollte auch in Sachsen der Allergrößte sein", wie die Gruppe „Puhdys" zu DDR-Zeiten in ihrem Lied „Napoleon" sang). Bei diesem ersten, bis zum 22. Juni dauernden Aufenthalt wurde dem kleinen Korsen, aber großen Feldherrn größtenteils noch überschwänglich gehuldigt. Von der gegen England verhängten Kontinentalsperre profitierte man überwiegend, vor allem die Besitzer von Textil-Manufakturen. Wer allerdings englische Waren besaß, musste dies angeben. Im Oktober 1810 wurden alle Produkte britischer Provenienz beschlagnahmt, Geschäfte und Lagerräume versiegelt. Bei dem Brand am 14. Dezember vor dem Löbtauer Schlag durfte die Feuerwehr nicht eingreifen, jeder sollte zusehen, wie die Warenbestände *Made in England* verbrannt wurden.

Beim Fürstentreffen im Mai 1812, zu dem Napoleon gebeten hatte, unter anderem auch um den Feldzug gegen Russland vorzubereiten, war die Stimmung gekippt. Mochte König Friedrich August I. auch angeordnet haben, es an „Vivat"- und „Vive, l'Empereur!"-Rufen für den Kaiser nicht mangeln zu lassen – es war nicht viel zu hören. Und das nicht nur wegen einiger patriotischer Gemälde der Maler des Dresdner Kreises um den Romantiker Caspar David Friedrich oder die nationalistische Stimmung im Land anheizender Verse, wie sie etwa Heinrich von Kleist verfasst hatte: „Schlagt ihn tot! Das Weltgericht / Fragt nach den Gründen nicht!"

Als Napoleon das nächste Mal nach Dresden kam, bestand für Jubel überhaupt kein Anlass mehr. Der Kaiser hatte mal wieder seine Soldaten ausgeschickt, aber die Grande Armee des Tyrannen Europas war, trotz des auch in Dresden pflichtschuldigst gefeierten Sieges von Borodino, in Russlands Weiten untergegangen. Vom den 21.000 sächsischen Soldaten kehrten gerade einmal 4.000 zurück: in Lumpen gehüllt, mit schweren Erfrierungen, krank – „Mit Mann und Ross und Wagen, so hat sie Gott geschlagen", hieß es in einem damals populären Lied. Am 14. Dezember 1812 war Napoleon, den Trümmern seiner Armee auf einem Schlitten vorauseilend, gegen drei Uhr morgens in Dresden eingetroffen und nach einer kurzen Rast im Palais des französischen Gesandten in der Kreuzgasse nach Paris weitergeflohen.

Die Russen kommen, zumindest anfangs werden sie sogar freudig begrüßt

Die längst veralteten Befestigungsanlagen, die man ab 1809 bis auf die Brühlsche Terrasse (dieser „Balkon Europas" galt einfach als zu schön) abgetragen hatte,

Dieses Aquarell erinnert an das Eintreffen der ersten Kosaken an der „Liebter Brücke bey Dresden" bei Löbtau.

wurden wieder ausgebaut. Wälle, Palisaden, Gräben wurden errichtet, und unzählige Bauern aus dem Umland „durften" mithelfen. Hatte man sich 1809, als Dresden durch Freischaren und österreichische Truppen zweimal kurzfristig besetzt worden war, noch ruhig verhalten, so standen die Zeichen jetzt auf jenem Sturm, wie er vielerorts nach dem Motto „Jetzt, Volk steh' auf und Sturm brich los!" gefordert wurde. Doch die 1809 nach französischem Vorbild gegründete bürgerliche Nationalgarde, vor allem aber die 10.000 Franzosen unter Marschall Davoust erstickten jeden Hauch von Rebellion. Am 19. März 1813 wurde die Elbbrücke in die Luft gejagt, was letztlich aber auch nicht verhinderte, dass die alliierten Russen und Preußen zunächst in die Neustadt, dann auch in die

Altstadt einrückten. Die wohlwollende Stimmung ließ jedoch rasch nach, als schon bald von Plünderungen und Vergewaltigungen durch die russischen Befreier vom Franzosenjoch zu hören war.

Der König folgt einem Ultimatum Napoleons und kehrt aus Prag nach Dresden zurück

Am 12. Mai folgte der im Februar geflüchtete König, der zunächst eine Rückkehr zur sächsischen Neutralitätspolitik versucht hatte, einem Ultimatum Napoleons und kehrte samt Familie aus Prag nach Dresden zurück. Die Stadt war mittlerweile wieder in französischer Hand, denn der Kaiser hatte in Frankreich neue Truppen ausgehoben und bei Großgörschen einen ersten Sieg über ein Korps der russisch-preußischen Armee errungen, einen weiteren dann am 21./22. Mai bei Bautzen. So dürfte Napoleon guter Stimmung gewesen sein, als er am 10. August in Dresden die Feierlichkeiten zu seinem 44. Geburtstag ausrichten ließ: Mit einer Festtafel auf der Neustädter Seite für seine Elitetruppe, die Garde, mit Feuerwerk und Illuminationen.

Der Schlacht bei Dresden mit einem Sieg Napoleons folgt die Belagerung der Residenz durch die Alliierten

Die Opfer dieses Hauens und Stechens kamen in der Regel nach Dresden; Lazarette, Bürgerhäuser, Straßen, überall lagen Verwundete, so um die 30.000 Menschen waren zu verarzten und zu versorgen. Weitere gesellten sich hinzu bzw. füllten die von Typhus und Wundbrand gelichteten Reihen auf, als Napoleon am 26. und 27. August die Schlacht von Dresden gewann, bei der einige Vorstädte wie Gruna, Strehlen und Löbtau im Zuge der Kämpfe Zerstörungen davontrugen. 20.000 Tote mussten nach Napoleons letztem Sieg auf deutschem Boden bestattet werden, vorher hatten allerdings Plünderer und Leichenfledderer noch ihr Unwesen getrieben. Weite Landstriche um Dresden waren verwüstet.

Die eigentliche Schreckenszeit für die Dresdner Bevölkerung begann aber, als es dann für Napoleons Armee Niederlagen hagelte und der Imperator sich Anfang Oktober 1813 aus der Stadt zurückzog, aber das XIV. Korps mit rund 35.000 Soldaten unter dem Kommando von Marschall Gouvion Saint-Cyr zurückließ. Fünf Wochen dauerte die Belagerung Dresdens durch russische und preußische Verbände (mittlerweile war auch Österreich auf Seiten der Alliierten in den Krieg eingetreten). Die bald einsetzende allgemeine Knappheit an Lebensmitteln und Brennstoff ließ die Preise steigen. Da zudem Typhus und Ruhr grassierten, lag die Sterberate überdurchschnittlich hoch. Allein 1813 waren 5.500 Tote zu beklagen. Weil alles Brennbare ins Feuer wanderte, musste der sächsische König sogar erlauben, dass in der Heide, im Großen Garten und im Blasewitzer Tännicht Holz geschlagen werden durfte. „Die Straßen waren mit Misthaufen, toten Menschen und Pferden bedeckt, kurz, Dresden war eine verpestete Kloake voll Gift und Gestank. Wo nur ein Pferd fiel, da waren in wenigen Stunden nur noch Kaldaunen", heißt es in einem Tagebuch aus jenen Tagen. Auch der Graphiker und Maler Adrian Ludwig Richter (1803-1884) und der Schriftsteller Carl Gustav Nieritz (1795-1876) haben in ihren Erinnerungen das Grauen jener Tage festgehalten.

Von August Heinrich stammt diese Ansicht eines Blicks von der Mordgrundbrücke in der Heide auf das Elbtal bei Dresden.

Erst am 11. November 1813, fast einen Monat nach der Niederlage Napoleons in der Völkerschlacht bei Leipzig (16.-19. Oktober), kapitulierte die französische Garnison in Dresden. Es war definitiv kein gutes Jahr für Dresden gewesen: 1.601 Wohnhäuser waren abgebrannt, über 500 weitere waren beschädigt und mussten abgerissen werden. Rund 10.000 Rinder waren verloren, ebenso wie 3.500 Pferde, 1.828 Schweine oder 4.450 Schafe.

Sachsen wird zum Generalgouvernement

Einen Monat später zog der zum Generalgouverneur für Sachsen ernannte russische Fürst Nikolai Grigorjewitsch Repnin-Wolkonski ins Palais Brühl, das ihm als Amtssitz diente und von wo aus er den Wiederaufbau des Landes in Angriff nahm. Er ließ von Gottlob Friedrich Thormeyer die große Freitreppe zur Brühlschen Terrasse errichten, ordnete an, die auf die Festung Königstein ausgelagerten Kunstschätze zurückbringen, und machte diese ebenso wie den Großen Garten für die breite Öffentlichkeit zugänglich, wobei nun Torhäuser errichtet wurden. Außerdem vereinte der kunstsinnige Adlige Hofkapelle, Oper und Schauspiel zu einem Staatstheater, reorganisierte die Kunstakademie und gründete, um die Wirtschaft anzukurbeln, eine Industrieschule mit angegliederter Sonntagsschule für Handwerker.

Der „Retter des Vaterlandes", Friedrich August I., kehrt aus der Gefangenschaft zurück

Vom 8. November 1814 bis zum 6. Juni 1815 lenkten dann zwei preußische Generalgouverneure, Staatsminister von der Beck und Generalmajor von Gaudi, die Geschicke der Stadt. Einen Tag nach dem Abzug der Preußen kehrte der König aus der Gefangenschaft in Friedrichsfeld bei Berlin nach Dresden zurück. Im Gegensatz zu anderen Fürsten hatte er während der Befreiungskriege nicht rechtzeitig die Seiten gewechselt (was er auch schwerlich gekonnt hätte, weil der neue Feind im Land stand). Er wurde begeistert von der Bevölkerung empfangen. Am Pirnaischen Schlage im Osten vor der Stadt hatte man eine Ehrenpforte mit der Inschrift *Salve Pater Patriae* (Sei gegrüßt, Vater des Vaterlandes) aufgebaut, überall in der Stadt wehten weiß-grüne Fahnen. Weiß-Grün, das waren die neuen Landesfarben Sachsens, seit im Mai in der Armee die übliche weiße Kokarde durch eine weiße Kokarde mit grünen Rand ersetzt worden war.

Von Sachsen bleibt nach dem Wiener Kongress lediglich ein Rumpfstaat

Viel war es nicht, was Friedrich August I. von seinem Vaterland hatte retten können – gemäß dem Pressburger Vertrag vom 8. Mai 1815 und der völkerrechtlichen Bestätigung durch die Wiener Kongressakte vom 9. Juni 1815 verlor Sachsen etwa 58 Prozent seines Staatsgebietes und 42 Prozent seiner Einwohner, hauptsächlich an Preußen, das also nicht nur die Wacht am Rhein übernimmt und endgültig zur Großmacht wird. 864.404 Menschen bekamen einen neuen Landesherrn, exakt 1.178.802 Landeskinder zählte man noch im Rumpfstaat, der aber immerhin noch die am weitesten entwickelten Gebiete umfasste, was für den wirtschaftlichen Aufschwung nicht ohne Bedeutung war.

König Friedrich August I. stilisierte sich und sein Haus als unschuldiges Opfer preußischer Machtpolitik und avancierte so zum Symbol sächsischen Selbstbehauptungswillens. Bei seiner Rückkehr war er als „Vertreter der guten alten Zeit" begrüßt worden, zum Bedauern vieler hing er so sehr an ihr, dass im politischen Bereich jede Neuerung unterblieb, es keine Reformära, sondern eine bleierne Zeit gab.

Carl Maria von Weber komponierte in Hosterwitz die Oper „Der Freischütz".

Zwischen Restauration und Reform

Wer sich in den Befreiungskriegen im patriotischen Sinne geäußert oder engagiert hatte, bekam dies zu spüren. Die Ernennung Caspar David Friedrichs zum Professor an der Kunstakademie lehnte Friedrich August I. 1818 ab. Die Werke, die der 1817 von Graf Vitzthum von Eckstädt als „Königlich Sächsischer Hofkapellmeister auf Lebenszeit" und an die Oper berufene Carl Maria von Weber auf seinem Landsitz in Hosterwitz komponierte („Der Freischütz", „Eryanthe" und „Oberon"), erlebten andernorts ihre Uraufführung. Zwar trug die Restauration in Sachsen noch vergleichsweise milde Züge, aber die von Friedrich August I. und seinem Kabinettschef Graf Detlev von Einsiedel (1773-1861) verfolgte Politik war alles in allem doch so konservativ, dass sich der französische Gesandte das Bonmot „Das Königreich Sachsen ist eine Einsiedel-ei" nicht verkneifen konnte. Man sollte sich aber hüten, nur Einsiedel, der als Pietist

1822 wurde an der Elbe die Calberla'sche Zuckerfabrik errichtet, die dann 1853 dem Bau des Hotel „Bellevue“ weichen musste, das dann 1945 zerstört wurde. Der Stich stammt von Christian Gottlob Hammer.

übrigens eine führende Position in der sächsischen Erweckungsbewegung einnahm, für die reaktionäre Atmosphäre im Land verantwortlich zu machen. Eingeklemmt zwischen den konservativen Vormächten Preußen und Österreich, wo Metternich den Ton angab, hatte man nicht viel Spielraum für eine „liberalere“ Politik. Und auch die vom Deutschen Bund 1819 in Frankfurt sanktionierten und bis 1848 gültigen Karlsbader Beschlüsse mit all ihren restriktiven Maßnahmen waren in Sachsen zu befolgen.

Neue Techniken, rasante wirtschaftliche Entwicklungen

Technische Neuerungen wurden hingegen bereitwillig angenommen. Die Illumination des Schlosses mit Gasbeleuchtung überzeugte wohl sogar den König – jedenfalls nahm 1828 am Zwingerwall die erste deutsche „Gasbereitungsanstalt“ ihren Betrieb auf, brachten keine zehn Jahre später 667 Gaslaternen Licht ins Dunkel der Nacht. Zu verdanken war dies insbesondere Rudolph Sigismund Blochmann (1784-1871), der zu den Gründungsvätern der zunächst von Wilhelm Gotthelf Lohrmann geleiteten „Königlich Technischen Bildungsanstalt“ auf der Brühlschen Terrasse (1828), der Vorläuferin der heutigen Technischen Universität, gehören sollte. Blochmann hatte 1819 in seiner Werkstatt auf der Waisenhausgasse eine erste Gaslaterne entwickelt. Der Oberinspektor des Mathematisch-Physikalischen Salons und der Kunstkammer half auch mit, in der Seevorstadt die erste Fabrik für künstlich erzeugtes Mineralwasser einzurichten, die auf einer Erfindung des Arztes und Apothekers Friedrich August Struve (1781-1840) beruhte. Nicht an die gesamte Wäsche, zumindest aber an den Sparstrumpf eines jeden Bürgers wollten jene Herren, die 1821 den Dresdner Sparkassenverein gründeten, dem die Stadt später dann die Aufmerksamkeit einer Übernahme zuteil werden ließ. Auf der alten Bastion „Sol“ an der Elbe wird 1822 die Calberla'sche Zuckerfabrik errichtet, die ihrerseits dann 1853 dem Bau des Hotels „Bellevue“ weichen muss. Was die Wirtschaft angeht, da lässt sich die Ära Einsiedel durchaus positiv werten. Und auch viele der Reformen ab 1830 wären gar nicht finanzierbar gewesen, wenn der beim liberalen Bürgertum so verhasste Minister vorher nicht die Staatsfinanzen in Ordnung gebracht hätte.

In der Nische der Kultur kann sich das Bürgertum einigermaßen entfalten

Eine weitere Fluchtnische während der Ära der Restauration bot die Kultur, die ja häufiger dazu dient, neben der wirklichen Welt eine menschlichere zu schaffen. Der Genuss von Kunst im Sinne des Biedermeier, das war möglich. Und das nicht nur in der Gemäldegalerie, die ab 1846 von Julius Schnorr

Auf diesem Gemälde hält Christian Vogel von Vogelstein fest, wie Pierre Jean David d'Angers eine Büste Tiecks modelliert.

von Carolsfeld geleitet wurde, der zudem Professor für Historienmalerei an der Kunstakademie war.

Wer wollte, der konnte sich im 1825 gegründeten Altertumsverein engagieren, in der ein Jahr später von Ludwig Reichenbach, dem Leiter des Botanischen Gartens, gegründeten Gesellschaft für Botanik und Gartenbau „Flora" oder in der „Albina", einer Vereinigung literarisch und künstlerisch interessierter Bürger. Wer Gold in der Kehle zu haben glaubte, trat einem Gesangsverein bei, wer aus Gründen der Humanität seine Mitmenschen mit seinen Sangeskünsten lieber nicht behelligen wollte, aber trotzdem die Musik liebte, der konnte in der Oper der Sopranistin Wilhelmine Schröder-Devrient lauschen. Mit ihrem Mann Emil Devrient und Caroline Bauer wirkten in Dresden Mimen, die in Deutschland zu den berühmtesten zählten. Den wichtigsten Salon führte Anfang der 1840er Jahre der Musikpädagoge und Komponist Ferdinand Hiller. Hier traf man Robert Schumann und Ehefrau Clara, damals schon gefeierte Klaviersolistin. Und wer an seinem Körper lieber einen Waschbrettbauch als Schwimmringe sah, der ging in einen Sportverein. Mäßigkeitsvereine hatten ebenso Zulauf wie Vereinigungen für Jungfrauen oder der im April 1828 im Hotel „Stadt Wien" in der Neustadt von Johann Gottlob von Quandt gegründete Sächsische Kunstverein. Der Kunstverein wurde bis 1833 unter dem Vorsitz des Kunstsammlers und -autors Quandt und danach bis 1842 unter dem Vorsitz des Arztes und Naturphilosophen Carl Gustav Carus eine wichtige Institution im Kulturleben der Stadt. Er zählte 1834 über 500 und im Dezember 1845 bereits 1.050 Mitglieder. In Anlehnung an Caspar David Friedrich entwickelte Carus das Atmosphärische und Stimmungshafte des Himmels im Schoße der romantischen Landschaftskunst weiter. Hauptmeister dieser Entwicklung war der aus Norwegen stammende Johann Christian Clausen Dahl, der viele romantische Ansichten von Dresden malte, dabei aber, sieht man mal von einigen Veduten im Sinne Bellottos ab, auf eine topographisch exakte Ausführung verzichtete.

Das literarische Leben in Dresden wurde insbesondere von dem seit 1819 in Dresden lebenden Dichter Ludwig Tieck geprägt, dessen „abendliche Vorlesungen" in einem Eckhaus an der Kreuzkirche ungemein populär waren und der bis 1841 als Dramaturg am Hoftheater wirkte. Zu diesem Kreis gehörten unter anderem Quandt sowie der Dichter Karl August Förster oder etwa der Hofhistoriograph Karl August Böttiger. Und im „Literarischen Lesemuseum" Johann Christoph Arnolds am Altmarkt konnte man sich aus etlichen Zeitschriften und Magazinen informieren – und auch sonst konnte man der Zensur, dieser geheimen Empfehlung durch öffentliches Verbot, so manches Schnippchen schlagen. Völlige Freiheit, sie galt ab 1822 nur für die Elbschifffahrt, nicht für die Presse.

Von Revolution zu Revolution, der Reformstau macht dies schlichtweg unumgänglich

Im September 1830 probten dann nicht die Plebejer, sondern erst mal die Bürger den Aufstand. Denn nach dem Tod Friedrich Augusts I. am 5. Mai 1827 im Alter von 77 Jahren war nämlich in gesellschaftlich-politischer Hinsicht keine Besserung eingetreten. Der nur fünf Jahre jüngere Bruder des Monarchen, Anton (1755-1836), zu dessen Thronantritt sich die Dresdner auf dem Jüdenhof zu einer Erbhuldigung versammelt hatten, hatte sich auch nicht gerade als Freund von Reformen erwiesen und an Einsiedel als Kabinettsminister erst einmal festgehalten.

Die Fesseln der Stadt, die Befestigungsanlagen, war man losgeworden, um sie größtenteils zu bebauen, die Fesseln des feudalen Ständeregiments im Land waren

Der Südosten Dresdens ist auf diesem Teil eines Rundbildes aus dem Jahr 1833 zu sehen.

geblieben. Der Reformstau war allgegenwärtig, Adelsprotektion und Rückständigkeit in der Staatsstruktur ging mittlerweile vielen gehörig gegen den Strich.
Von der Sowjetunion lernen heißt siegen lernen, hieß es zwischen 1945 und 1989 im Osten Deutschlands, um die Zeit zwischen 1830 und 1849 auf einen Nenner zu bringen, wäre man geneigt zu sagen: „Von Frankreich lernen heißt Revolutionen machen." Im Nachklang der Juni-Revolution jenseits des Rheins kam es anlässlich der Feierlichkeiten am 25. Juni zum 300. Jahrestag der Augsburger Konfession auf dem Altmarkt zu ersten Unruhen. Als sich am 2. September in Leipzigs Straßen das Volk lauthals zu Wort meldete und sich im Gegensatz zu 1989 sogar der Gewalt nicht abgeneigt zeigte, zogen die Dresdner am 9. September nach. Sie stimmten die Marseillaise an, stürmten das Rathaus und die nahe gelegene Polizeiwache, befreiten Gefangene, warfen Mobiliar, Akten und ähnliches Schriftgut ins Feuer. Die Dresdner Nationalgarde griff nicht ein, das Gros der regulären Armee war im Manöver, so dass die Rebellion zunächst siegreich war.

In der Reform-Ära Lindenau erhält Sachsen eine Verfassung

Anton, der von den Septemberunruhen in seiner Sommerresidenz Pillnitz überrascht worden war, war sichtlich um Konfliktbereinigung bemüht: Nicht Einsiedel, sondern sein beim Volk beliebter Neffe und dann auch Thronfolger Friedrich August (von einer besonders engen Beziehung zwischen den beiden kann nicht gesprochen werden) wurde Vorsitzender einer Sicherheitskommission, der auch Bernhard August von Lindenau und Julius Traugott von Könneritz angehörten. Diese waren schon unter Einsiedel – das muss man dem Minister zugute halten – in einflussreiche Positionen gelangt. Da sich die Mitglieder der Dresdner Nationalgarde als unsichere Kantonisten erwiesen hatten, wurden sie nach Hause geschickt. Stattdessen wurde eine Kommunalgarde gegründet, die bis zum Sommer 1831 auf über 4.000 Mann anwuchs, entsprechend bewaffnet natürlich. Die unmittelbare Befehlsgewalt übten Kompaniechefs aus, die allen sozialen Schichten entstammten. Auf

Initiative liberaler Kräfte berief Anton dann am 10. September 1830 seinen Neffen Friedrich August zum Mitregenten, das Rücktrittsgesuch Einsiedels wurde angenommen.

Mit dem Wahlgesetz vom 1. Oktober wurde dann ein großer Schritt hin zu einer städtischen Selbstverwaltung getan. Mitte des Monats wählten die Bürger, jedenfalls der Teil von ihnen, der männlich war und das an den Besitz eines Grundstücks oder Gewerbebetriebes gekoppelte Bürger- und somit auch das Wahlrecht hatte, 66 Volksvertreter, die fast ausschließlich vermögenden Schichten entstammten. Das waren rund 3.500 Männer bei einer Gesamtbevölkerung von rund 70.000 Einwohnern.

Kein Stimmrecht besaßen also auch all die Polen, die nach der Niederschlagung des Aufstandes 1830/31 gegen die russische Fremdherrschaft in die Emigration gingen. Manche blieben nur kurz wie Fürst Lubomirski, der Dichter Adam Mickiewicz oder der Komponist Fryderyk Chopin, andere länger, wie etwa nach dem Scheitern des polnischen Aufstandes von 1863 der Schriftsteller Józef Ignacy Kraszewski. An Leben und Wirken dieses Autors in Dresden, wo er bis 1883 lebte und unter anderem seine „Sächsische Trilogie" zu Papier brachte, erinnert heute ein Museum im zeitweiligen Wohnhaus Kraszewskis in der Nordstraße. In Dresden, wo zu Beginn des Aufstandes von 1830/31 für einen Sieg der Polen gebetet worden war, hatte man einen Polenverein gegründet, zu Spendenaktionen aufgerufen. Eine starke polnische Kolonie hatte es seit den Tagen der sächsisch-polnischen Union (1697-1765) stets gegeben, wie nicht zuletzt zahlreiche Grabmale auf dem Alten Katholischen Friedhof in der Friedrichstadt bezeugen. Immer wieder kam es zu Unruhen. Am 4. Oktober 1830 demonstrierten in Dresden Handwerksgesellen, das Gros von ihnen arbeitslos, was bei den Konservativen im Land entsprechende Kommentare über das „arbeitsscheue Gesindel" auslöste. Durch Baumaßnahmen sorgte die Regierung für Arbeitsplätze. Zu weiteren Unruhen kam es, als die Mitglieder der Nationalgarde sich am 4. Dezember auf dem Ostragehege zu versammeln hatten und dort erfuhren, dass die Garde aufgelöst sei und man binnen 24 Stunden die Waffen abzuliefern habe. Viele Nationalgardisten weigerten sich, 20 hatten die Reise auf die Festung Königstein anzutreten. Nun schlug die Geburtsstunde des Dresdner Bürgervereins, des ersten politischen Vereins Sachsens.

Dieser unter dem Vorsitz des Advokaten Bernhard Moßdorf stehende Verein hatte ein etwas anderes Demokratieverständnis und veröffentlichte im April 1831 den Entwurf einer „Constitution, wie sie das sächsische Volk sich wünscht", die unter anderem die allgemeine Freiheit vor dem Gesetz und Presse- und Versammlungsfreiheit vorsah. Das Verbot folgte prompt – und ebenso rasch eine Verhaftungswelle, der ein Aufstand folgte. Die Antwort der Regierung lautete „Feuer frei!" – diesmal waren genug Soldaten in der Stadt. Drei Menschen fanden den Tod, etliche andere den Weg ins Gefängnis. Moßdorf sowie der Kommunrepräsentant Heinrich Anton Bertholdy bekamen als „Haupträdelsführer" 15 Jahre Festungshaft aufgebrummt und wurden schließlich im Herbst 1833 auf der als Gefängnis dienenden Festung Königstein erhängt in ihren Zellen gefunden, was die Gerüchteküche natürlich zum Brodeln brachte.

Am 4. September 1831 tritt die neue Verfassung in Kraft, die dem Monarchen allerdings durchaus weitgehende Rechte einräumte. Sachsen hatte nun eine „in zwei Kammern abgetheilte Ständeversammlung" – von einem bürgerlichen Parlament war dieser auf eine Konservierung der alten Ständeherrschaft hinauslaufende Landtag allerdings noch weit entfernt. Nichtsdestotrotz gab es allgemeinen Jubel. Alle Kirchenglocken Dresdens läuteten. Vormittags übergab König Anton unter dem Salutfeuer von Kanonen die Urkunde an ständische Deputierte, die das Schriftstück dann in einem feierlichen Zug ins Landhaus brachten. Das Königreich Sachsen wird eine konstitutionelle Monarchie, erstmals werden bürgerliche Freiheiten verfassungsmäßig garantiert. Am Ende des Tages kam das Volk in den Genuss eines Feuerwerks vor der Brühlschen Terrasse.

Die „Saxonia" war die erste in Deutschland gebaute Lok.

Die Städteordnung vom 2. Februar 1832 gab den Kommunen mehr Selbstständigkeit und beseitigt alte Vorrechte. Ob im Militär- oder Bildungswesen, in Justiz oder Verwaltung, es gab kaum ein Feld, auf dem Lindenau und seine Mitstreiter nicht Reformen in Gang setzten.

Mit Volldampf voraus in die industrielle Revolution

In Industrie und Wirtschaft ging es voran. Nicht zuletzt wegen Sachsens Beitritt zum Deutschen Zollverein am 18. März 1833 (wirksam wurde er erst am 1. Januar 1834). Am 19. Juni 1838 standen alle Signale auf Grün für die Fahrt eines englischen „Dampfrosses" zwischen dem Leipziger Bahnhof in der Neustadt und der Station Weintraube in der Lößnitz. Und am 8. April 1839 konnten die Dresdner die erste in Deutschland hergestellte Lokomotive bestaunen. Es war die von Johann Andreas Schubert in der Maschinenbauanstalt Dresden-Übigau nach englischem Vorbild gebaute *Saxonia*, die dann volle drei Stunden brauchte, um bis nach Leipzig zu schnaufen – allerdings in gebührendem Abstand hinter drei von englischen Loks gezogenen Festzügen. 1847 waren dann auf der Strecke Leipzig – Dresden bereits 26 Loks bimmelnd und dampfend im Einsatz. Durch den Ausbau des Schienennetzes in den folgenden Jahren wurde Dresden wie auch Leipzig zu einem wichtigen Eisenbahnknotenpunkt. Dresden bekam eine Reihe von Bahnhöfen, in der Nähe des Leipziger Bahnhofs ließ die Sächsisch-Schlesische Eisenbahn beispielsweise zwischen 1844 und 1847 auf dem Platz des heutigen Neustädter Bahnhofs den Schlesischen Bahnhof errichten.

Auch auf der Elbe wurde jetzt Dampf aus entsprechenden Maschinen aus Übigau abgelassen. Im Juli 1837 lief das Personendampfboot Königin Maria vom Stapel. Bald darauf wird die Sächsisch-Böhmische Dampfschifffahrtsgesellschaft gegründet. Von nun an gehörten auch Rauchfahnen von Elbdampfern und anderen Schiffen, von Lokomotiven und Fabrik–schornsteinen zum Stadtbild. Und was den Bayern recht ist, nämlich ein irdisches Verhältnis zur Religion und ein mystisches zum Bier zu pflegen, das war dann den Dresdner nur billig: Am 26. März 1838 konnten sie in der ersten Societätsbrauerei neben dem Waldschlösschen mit „Neumünchner" einander zuprosten. Wer es gern süßer mochte, griff lieber auf ein Produkt der Firma „Jordan & Timaeus" zurück: Milchschokolade. Einen für viele sicher süßen Anblick boten vermutlich einige Besucherinnen der Damen-Bäderhäuschen von Schwimmmeister Gasse, die auf verankerten Flößen gegenüber der Oper standen und bei Moralisten sicher für ein stilles Ärgernis sorgten.

SCHOKOLADENMÄDCHEN

In Dresdens großartiger Gemäldesammlung rangiert sie auf der Beliebtheitsskala gleich nach der Sixtinischen Madonna: das Schokoladenmädchen. Die süßeste Versuchung, seit es Schokolade gibt? Wie auch immer, gemalt wurde die berühmte Wiener Bedienmamsell mit der Trinkschokolade um 1744 von dem Schweizer Jean-Etienne Liotard. Knapp einhundert Jahre später kam die Schokolade zum Essen auf den Markt, die Milchschokolade. Auch von einem Schweizer? Denkste. Bereits im Jahre 1839 verwöhnte die Dresdner Firma Jordan & Timaeus die sächsischen Leckermäuler mit der ersten Milchschokolade. 1875 zogen die Schweizer nach und erfanden das kalorienhaltige Versuchungstäfelchen noch einmal neu.

Doch das nur nebenbei, zurück zum Schokoladenmädchen, einem gar lieblichen Frauenzimmer, welches, ein Tableau in den Händen, artig eine Tasse heiße Schokolade serviert. Seinerzeit ein gehaltvoll-aromatisches Luxusgesöff – nicht zu vergleichen mit der dürren Plärre, die man heute Kakao schimpft – nur für hohe Tierchen erschwinglich, löste die heiße Schokolade im Barockzeitalter das die bis dato übliche Morgensüppchen auf Milch- oder Weinbasis ab. Ein exotischer Genuss, der bald auch bei den sächselnden Naschexperten für regelrechte Begeisterungsstürme sorgen sollte. Damit nicht genug; sowohl das Konterfei des Schokoladenmädchens als auch die Kostümierung des adretten Servierfräuleins lösten eine regelrechte Modewelle aus.

So weiß der polnische Romanautor Kraszewski Mitte des 19. Jahrhunderts leicht genervt zu berichten: „Die Dresdner Kellnerinnen haben es verstanden, gewiss um den Liebhabern jenes Schokoladenmädchens zu gefallen, sich diesem Mädchen in ihrem Äußeren anzugleichen. Das fade und herausgeputzte Fräulein mit der nur scheinbar bescheidenen Miene verfolgt einen hier alle Augenblicke. Alle Konditorien haben es sich zur Patronin erwählt, es gibt kein Pfund Karamelbonbons, kein Stück Schokolade, auf denen es sich nicht befände. Man sieht es aus Seife, aus Zucker, aus Holz, graviert, gemalt, aus Porzellan, es folgt einem wie eine Gespenst, erwürgt einen schließlich mit dem unerträglichen Figürchen, dem man nicht ausweichen kann." Hoppla. Da war wohl einer Diabetiker?

Die festliche Einweihung der Sächsisch-Böhmischen Eisenbahn am 6. April 1851 war ein gesellschaftliches Ereignis ersten Ranges.

Dresden schluckt drei Vororte

Dresden wuchs und wuchs. 1829 waren alle Wälle geschleift, die Stadtgräben eingeebnet. Brühlsche Terrasse und Zwingerwall tastete man allerdings nicht an. 1835 wurden drei Vororte nördlich der Bautzener Straße zusammengelegt, zur Antonstadt erklärt und eingemeindet. Heute kennt das Viertel jeder als die „Äußere Neustadt“, die nach der Wiedervereinigung 1990 dann zu dem Szeneviertel Dresdens wurde. Und auch für die Friedrichstadt und die Leipziger Vorstadt, die allerdings wie die Antonstadt keine selbstständigen Gemeinden gewesen waren, schlug 1835 das Stündlein der Eingemeindung. Ende der 30er Jahre erhielt Dresden dann einige klassizistische Bauten, am bekanntesten ist die 1832 von Joseph Thürmer nach einem Entwurf Friedrich Schinkels vollendete Altstädter Wache. Die jüdische Gemeinde konnte dann im Juni 1838 dank der Verbesserungen, welche die Ära Lindenau gebracht hatte (etwa die Aufhebung der alten Judenordnung oder etwa die Erlaubnis, Grundstücke zu erwerben) den Grundstein für eine im byzantinisch-romantisierenden Stil gehaltene Synagoge legen. Der Entwurf für diesen Bau, der am 8. Mai 1840 eingeweiht werden konnte, stammte von dem Architekten Gottfried Semper (1803-1879).

Das Stadtbild prägend: Gottfried Sempers Architektur à la Renaissance

Semper war 1834 im Alter von 31 Jahren als Professor für Architektur an die Bauschule der Königlichen Kunstakademie gekommen, als Nachfolger für den früh verstorbenen Thürmer. Hier entfaltete er sich zu einem Architekten von europäischem Format. Die von ihm geprägte neue „Architektur à la Renaissance“ (Allgemeine Bauzeitung 1844), die in ihrer plastischen Finesse wie ihrem künstlerischem Reichtum den repräsentativen Bedürfnissen des Bürgertums entgegenkam, strahlte von Dresden aus über ganz Deutschland. Durch seine Interpretation der italienischen Neorenaissance habe Semper, meinte einmal der Dresdner Architekturhistoriker Volker Helas, das südliche Flair der Stadt verstärkt. Die Villenviertel in Potsdam oder Berlin, wo sich der Spätklassizismus viel länger gehalten habe, trügen deshalb einen ganz anderen Charakter als die in Dresden. Prototyp der „Dresdner Villa“ war die 1945 zerstörte *Villa Rosa* in der Holzhofgasse in der Neustadt, die Semper 1839 für Martin Wilhelm Oppenheim schuf. Der aus Königsberg stammende Bankier war auch Auftraggeber für das Palais Oppenheim an der Bürgerwiese.
1835 hatte Semper einen Plan für ein städtisches Forum vorgelegt, das auf dem Gelände zwischen dem zur Elbe hin offenen Zwinger und dem Fluss selbst entstehen sollte. Umgesetzt wurde der Plan nicht, ebenso wenig andere später vorgelegte Entwürfe. Theater und Museen, das waren die Weihestätten des aufstrebenden Bürgertums. Die aus Sandstein errichtete zweigeschossige Gemäldegalerie, im Volksmund in der Regel gleich „Sempergalerie“ genannt, erinnert stilistisch an die italienische Hochrenaissance und ist ein Hauptwerk des Museumsbaus des 19. Jahrhunderts. Vollendet wurde der Bau von den Architekten Bernhard Krüger und Moritz Hähnel, die erhebliche Änderungen vornahmen. Sehr zum Verdruss des emigrierten Semper reduzierten sie etwa die Höhe der Mittelkuppel.

So sah es aus, das erste Sempersche Opernhaus, das W. Bässler auf dieser Lithographie um 1850 verewigte.

Dass Architektur für Semper stets ein Mittel zur „Beförderung des Gemeinsinns" war, das zeigen deutlich seine Entwürfe für das erste Hoftheater. Der gebürtige Hamburger wollte einen Beitrag zur Bühnenreform leisten, wollte kein höfisches Logentheater bauen, sondern einen bürgerlichen Zuschauerraum in Anlehnung an antike Theater gestalten. Beim Bau des Hoftheaters, für das im Herbst 1838 der Grundstein gelegt wurde, musste er aber Abstriche machen: Der König bestand auf Logen. Aber beim Außenbau konnte Semper seine unkonventionellen, aber Maßstäbe setzenden Ideen umsetzen: Die vom Kollosseum und der italienischen Hochrenaissance inspirierte Hauptfront bildete zum Theaterplatz hin ein Halbrund und machte somit den Zuschauerraum mit seinen 1.750 Plätzen ablesbar. Eröffnet wurde der Bau am 12. April 1841 mit Webers „Freischütz".

Zeugnisse gefrorener Geschichte: Bildhauer schmücken Dresden mit Denkmälern

Eng arbeitete Semper über die Jahre hinweg mit den Bildhauern Ernst Rietschel und Ernst Julius Hähnel zusammen, die als Begründer der Dresdner Bildhauerschule des 19. Jahrhunderts gelten. Johannes Schilling wurde zum kongenialen Partner und Freund des Architekten, obwohl er 25 Jahre jünger war. Sie waren beteiligt an der bauplastischen Ausschmückung des von Semper entworfenen Galeriegebäudes am Zwinger und verhalfen der Stadt zu einigen Denkmälern. Von Rietschel stammt unter anderem das Bronzestandbild zum Andenken an Friedrich August I., das 1843 im Zwingerhof im Beisein von 58 weiß gekleideten Ehrenjungfrauen mit Eichenschmuck sowie einem Chor von 250 Sängern aufgestellt wurde und das seit 1930 ein Schattendasein unter den Bäumen neben dem Japanischen Palais fristet. Auf einen Entwurf Rietschels geht zudem das Martin-Luther-Denkmal (1885) auf dem Neumarkt zurück. Und auch Carl Maria von Weber bekam von Rietschel ein Bronzestandbild (1844-1860), auch wenn es eigentlich das schönste Denkmal für einen Komponisten ist, wenn er im Spielplan bleibt.

Die majestätische Darstellung des schreitenden Pferdes und des auf ihm sitzenden Königs Johann mit Mantel und Zepter auf dem Theaterplatz verdankt die Stadt Johannes Schilling (1889), ebenso das Gottfried-Semper-Denkmal (1892) sowie die Rietschel-Büste auf der Brühlschen Terrasse (1872), allesamt aus Bronze. Ein Blickfang sind auch die „Vier Tageszeiten" (die Nacht wird hier dem Tag zugeschlagen) an der Freitreppe zur Brühlschen Terrasse. Und auch Theodor Körner, Mozart, König Friedrich August II. und ein Gänsedieb schafften es zu Denkmalsehren, der unredliche Federvieh-Freund übrigens auf einem Brunnen in der Weißen Gasse. Schillings Schüler Robert Diez und der Hähnel-Schüler Robert Hentze sorgten dann dafür, dass die Tradition der Dresdner Bildhauerschule noch einige Zeit anhielt.

Das Reiterstandbild König Johanns sollte übrigens nach 1945 einem Traktor weichen. Aber das aufgeschlagene Buch mit dem Dantekopf auf der Rückseite

15. Einsturz des Crucifix-Pfeilers am 31. März 1845.

Diese Lithographie anlässlich eines Hochwassers belegt, dass die Elbe, so schön sie auch sein kann, mitunter für manche Katastrophe sorgt.

sowie die Kunst und Gewerbe symbolisierenden Reliefs am Sockel ließen die Machthaber von damals von dieser klassenkämpferischen Aktion dann doch noch Abstand nehmen.

Den Fluten des Hochwasssers von 1845 folgt das Feuer des Maiaufstands von 1849

Ende März 1845 standen die Friedrichstadt und Teile der Altstadt unter Wasser. Die Elbe erreichte mit 8,77 Metern ihren bislang höchsten Pegelstand seit 1784. Auf der Brühlschen Terrasse drängten sich die Dresdner. Kaum waren dann die Folgen des Hochwassers von 1845 überwunden, bei der das berühmte Dresdner Brückenkreuz samt Pfeiler von den Fluten mitgerissen wurde, da loderte 1848/49 das Feuer der Revolution. Der Tod König Antons am 6. Juni 1836 hatte für das Königreich nur eine dynastische, aber keine gravierende politische Zäsur bedeutet, da der neue König, der nun als Friedrich August II. den Thron bestieg, de facto bereits seit fünf Jahren die entscheidenden Weichen für die politischen Geschicke des Landes gestellt hatte. Er suchte die Nähe zum Volk, hielt bis zum Revolutionsjahr zweimal im Monat Audienzen ab. Aber die Untertanen machten nur mäßig Gebrauch von der königlichen Offerte.

Im September 1843 wird der liberale Reformminister Bernhard von Lindenau vom König entlassen und in seiner Funktion als Vorsitzender des Gesamtministeriums durch den konservativen bisherigen Justizminister Traugott von Könneritz ersetzt. Die Zensur wird verschärft, für soziale Missstände und ungeklärte Verfassungsfragen gibt es keine Lösung. Ende Februar 1848 hatte der Bürgerkönig Louis Philipp in Paris die Flucht ergreifen müssen, hatte man in Frankreich die Republik ausgerufen, anschließend in Mannheim eine badische Volksversammlung,

An der großen Barrikade am Eingang der Wilsdruffer Gasse bei „Engel's Restauration" bissen sich die Soldaten 1849 lange die Zähne aus.

Presse- und Vereinsfreiheit, Volksbewaffnung und ein deutsches Parlament gefordert.

Ob in Wien oder Berlin, München oder Leipzig, überall begehrte das Volk auf: mal blutig, mal, wie in Dresden, vergleichsweise friedlich. Hier setzte man zunächst mal auf Bitten und Petitionen, bat am 6. März in einer dem König überreichten Erklärung um eine vorzeitige Einberufung des Landtags. Die konservativen Kräfte um Könneritz & Co waren nicht mehr zu halten, am 13. März wurde die Regierung entlassen. Die Leitung des neuen „Märzministeriums" wurde dem Justizminister Alexander Braun übertragen, der zwar einige wichtige Reformen durchsetzen konnte, etwa die Einführung der Pressefreiheit oder Aufhebung der Ausnahmegesetze des Deutschen Bundes von 1832, aber bereits im Februar 1849 Gustav Friedrich Held weichen musste. Zum Staatsminister der Auswärtigen Angelegenheiten ernennt König Friedrich August II. den gemäßigt-konservativen Freiherrn Ferdinand Friedrich von Beust (1809-1886), der ununterbrochen bis 1866 Staatsminister bleibt.

Im April 1848 konstituierten sich zwei wichtige Vereine der Revolutionszeit. Da war zum einen der eher konservative Deutsche Verein, der rund 2.000 Mitglieder zählte. Fast die doppelte Anzahl an Mitgliedern hatte der Dresdner Ableger des von Robert Blum in Leipzig gegründeten Vaterlandsvereins, der etwas radikal-demokratischere Ziele verfolgte und dann auch mit dem am 1. Mai 1848 gegründeten Arbeiterverein kooperierte. Und auch die bereits seit 1845 existierende Gemeinde der Deutsch-Katholiken, die in Sachsen zunächst nur geduldet, ab 1848 dann aber als kirchliche Gemeinschaft voll anerkannt worden war, versuchte, ihre Vorstellungen von Demokratie einzubringen.

Allgemeines Informations- und Sprachblatt waren die von Ludwig Witte herausgegebene *Dresdner Zeitung* sowie die von Hofmusikdirektor August Röckel herausgebrachten *Volksblätter*. Von Berlin aus wird von Demokraten ein Netzwerk gespannt, das eine gesamtdeutsche Volkserhebung vorbereiten soll. In Dresden arbeitet daran eine Gruppe um den Landtagsabgeordneten Samuel Erdmann Tzschirner, Musikdirektor August Röckel sowie den Journalisten Ludwig Witting, der die *Dresdner Zeitung* herausgab. Die militärische Planung übernimmt der russische Anarchist Michail Bakunin, der unter dem Namen Dr. Schwarz in Dresden Quartier genommen hatte.

„Die Regierung ist nicht durch zu viele Gefangene zu belästigen"

Nachdem König Friedrich August II., dem Beispiel König Friedrich Wilhelms IV. von Preußen folgend, die Anerkennung der von der Frankfurter Nationalversammlung ausgearbeiteten liberalen Reichsverfassung ablehnt und dann auch noch am 28. April 1849 den sächsischen Landtag auflöst, weil dieser es abgelehnt hatte, die Steuern zu bewilligen, kocht die Volksseele über. Am 2. Mai, so eine Dresdner Zeitung, herrscht Barrikadenwetter und Revolutionshimmel. Als dann auch noch die Gerüchteküche verkündet, preußische Truppen seien im Anmarsch und dass eine für den 3. Mai angesetzte Parade der Dresdner Kommunalgarde verboten werden soll, kommt es zum Aufstand. Der Versuch einer Menge, das Zeughaus zu stürmen, bleibt erfolglos, endet aber mit zwanzig Toten. Aber nun werden Barrikaden gebaut, über hundert Stück, in die man auch 34 königliche Hof- und Reisewagen sowie Galakaleschen integriert. Von den

Stadtverordneten wird ein „Landes-Verteidigungsausschuss gegen fremde Truppen“ gebildet. Der König flieht nächtens mit einem an der Elbe bereitliegenden Schiff auf die Festung Königstein, was jeden Schlichtungsversuch verhindert. Die Generäle blieben, und auch die Soldaten – und mit denen bekamen es die Revolutionäre zu tun, die am Vormittag des 4. Mai eine provisorische Regierung gegründet hatten.
Da die sächsischen Truppen die Lage nicht in den Griff bekamen, mussten die Preußen mit ran, die der König aus Berlin angefordert hatte. Nach viereinhalb Tagen blutigen Häuser- und Straßenkampfes war alles vorbei. Die Aufständischen bekamen zwar Hilfe von Demokraten aus Meißen und Pirna, von Forststudenten aus Tharandt, waren aber letztlich zu schwach bewaffnet. Da half auch das Abbrennen des alten Opernhauses am Zwinger (der Brand beschädigte auch den Zwinger erheblich) nichts. Der Komponist Richard Wagner, der hier dirigiert hatte, notiert lapidar in seinen Annalen: „Opernhaus nun abgebrannt. Sonderbares Behagen.“

Der Tonsetzer war 1842 nach Dresden gekommen. Die Uraufführung der Oper „Rienzi“ war ein Triumph gewesen. „... endlich ein Strampeln, Klatschen, Hervorrufen Wagners, wie es mir in Wahrheit noch nicht vorgekommen ist ... Die Dresdner waren nicht mehr Dresdner“, schrieb Ferdinand Heine, aber der Erfolg verhallte, nicht zuletzt deshalb, weil die Stadt über keine in Deutschland bedeutende Pressestimme verfügte. 1843 war Wagner zum „Kapellmeister Seiner Majestät mit 1.500 Talern lebenslänglichem Gehalt“ ernannt worden, denn König Friedrich August II. wünschte sich einen deutschen Tonmeister, nachdem Dresdens von der italienischen Operntradition geprägte Kapellmeister Francesco Morlacchi und Joseph Rastrelli kurz hintereinander gestorben waren. Außerdem wurde Wagner auch noch zum Leiter der „Dresdner Liedertafel“ gewählt. Die Uraufführung des „Fliegenden Holländers“ am 19. Oktober 1845 war verhalten bis ablehnend aufgenommen worden, sowohl vom Publikum als auch von der Presse. Wagner, der wie gehabt auch in Dresden Schulden anhäufte, wie Schuldverschreibungen im Richard-Wagner-Museum in Graupa belegen, fühlte sich unverstanden und allein, lehnte sich eng an den aus Graz stammenden August Röckel an, den er kurz nach seiner eigenen Ernennung als Musikdirektor an der Oper eingestellt hatte. Der war ein Demokrat, allerdings ein radikaler. Über Röckel lernte Wagner den Anarchisten Bakunin kennen. Im Mai stehen sie gemeinsam mit Gottfried Semper auf den Barrikaden. Wagner lässt Handzettel drucken, auf denen die sächsischen Truppen aufgefordert werden, sich der Revolte anzuschließen. Am 5. Mai erklimmt der Neorevoluzzer

Beim Abtransport der gefangenen Revolutionäre kam es zu massiven Übergriffen durch die siegreichen Soldaten.

in Sachen Ton und Demokratie den Turm der Kreuzkirche und betätigt sich als Späher.

Auf Seiten der Aufständischen waren 197 Tote zu beklagen, die verbündeten sächsischen und preußischen Truppen, die von ihrer Artillerie nicht zu knapp Gebrauch machten, hatten 31 Mann verloren. Es war zu den üblichen Grausamkeiten gekommen (so waren etwa 50 Gefangene beim Abtransport kurzerhand über die Elbbrücke geworfen worden), die man gern einseitig den Preußen anlastete, aber der Tagesbefehl des sächsischen Kriegsministeriums vom 7. Mai hatte gelautet: „Die Regierung ist nicht durch zu viele Gefangene zu belästigen.“

Entlassung und Vertreibung der Künstler bleibt nicht ohne Folgen

Wer von den Revolutionären konnte, der floh. Semper wurde jahrelang von der Stadtpolizei-Deputation als „Haupträdelsführer“ ebenso steckbrieflich gesucht wie Richard Wagner sowie andere zwanzig „flüchtige Individuen“. Etwa 2.000 Aufständische suchten das Weite, Hunderte hätten es vermutlich auch lieber gehabt, nicht als Gefangene die Regierung belästigen zu müssen. Die Haftanstalten waren im Nu überfüllt, die prominentesten Häftlinge, wie Michail Bakunin und Otto Heubner, Mitglied der am 4. Mai gebildeten provisorischen Regierung, landeten auf dem Königstein. Im großen Stil wurden Personen ihrer Ämter enthoben, etwa der Oberhofprediger Christoph Friedrich Ammon, dem auch seine Freundschaft mit Prinz Johann nichts half. Röckel wurde zum Tod verteilt, allerdings umgehend zu lebenslanger Haft „begnadigt“. Erst 1862 kam er frei, all die Jahre hatte er sich geweigert, Gnadengesuche einzureichen.

Verhaftung, Entlassung, Vertreibung und Emigration so vieler Künstler und Wissenschaftler konnten nicht ohne Folgen bleibe. Sachsen versank erst mal in Provinzialität. Ein allgemeiner Volksaufstand war es ohnehin nicht gewesen, der auf Dresdens Straßen getobt hatte. Ein Teil der Kommunalgarde hatte abseits gestanden. Carl Gustav Carus griff zwar für Verwundete ins Arztköfferchen, aber nicht zu den Waffen. Ludwig Richter setzte sich ebensowenig der Gefahr von Bleikugeln aus wie Johann Gottlob Quandt oder Alfred Rethel, der die Revolte später immerhin mit seinem Holzschnittzyklus „Der Totentanz" würdigte. Julius Schnorr von Carolsfeld angesichts der Revolutionäre: „Viel schönes, junges Blut, aber auch viel Gesindel."

In der „Ära Beust" wird Sachsen innenpolitisch zum Polizeistaat

In Sachsen begann eine Zeit der Reaktion, die als Ära Beust in die Geschichte des Landes eingegangen ist. Friedrich von Beust, der im Februar 1849 das Außenministerium übernommen hatte, und Justiz–minister Ferdinand von Zschinsky sowie Innenminister Richard Freiherr von Friesen sorgten dafür, dass das Land zum Polizeistaat wurde. Dank des Pressegesetzes vom 14. März 1851 mutierte Sachsen zu einem jener Länder, in denen Druck- und Pressefreiheit eigentlich nur bedeutete, die Freiheit zu pressen und unter Druck zu setzen. Die Nationalgarde wurde aufgelöst, der Dresdner Arbeiterverein im Juli 1849 verboten. Lehrer durften sich nicht mehr politisch betätigen – so ein Gesetz gab es in keinem anderen Staat. An wirklich alles war gedacht, auch an eine Verordnung, die es untersagte, an den Gräbern der Barrikadenkämpfer auf dem Annenfriedhof Blumen niederzulegen.

Im Juni 1850 waren beide Kammern aufgelöst, das Wahlgesetz von 1848 aufgehoben und die vormärzlichen Ständekammern reaktiviert worden. Friedrich August II., der einstige Hoffnungsträger liberaler Ideen, war nun ein Reaktionär reinsten Wassers. Die Trauer über seinen Tod am 9. August 1854 in Tirol bei einem Unfall mit der Postkutsche dürfte bei vielen sächsischen Landeskindern verhalten ausgefallen sein. Mit allerlei Getöse auf dem außenpolitischen Parkett hatten der König und Beust versucht, von der Friedhofsruhe im Innern abzulenken. Unter völliger Verkennung der realen Lage verfolgte man Pläne, die vorsahen, dass die Klein- und Mittelstaaten im Deutschen Bund unter der Führung Sachsens eine dritte Kraft bilden, um so das partikularistische Sonderdasein zu sichern. Die Dresdner Konferenz (23. Dezember 1850 bis 15. Mai 1851), zu der Preußen und

König Johann, der auch als Dante-Übersetzer in Erinnerung geblieben ist, ist ebenfalls auf dem Fürstenzug abgebildet.

Österreich eingeladen hatten, bildet in der deutschen und mitteleuropäischen Geschichte das Bindeglied zwischen der revolutionären und nachrevolutionären Ära. Erstmals seit dem Wiener Kongress 1815 trafen in Dresden alle Mitglieder des Deutschen Bundes zusammen, um auf der Grundlage des bestehenden Bundesrechts eine umfassende Reform des deutschen Staatenbundes zu beraten – letztlich kam es aber zu keiner föderalen Weiterentwicklung der Bundesverfassung.

Kulturell kreativer König: Johann von Sachsen

Nachfolger Friedrich Augusts II. war König Johann von Sachsen. Dass er im Alter von 53 Jahren auf den Thron gelangte, grenzte für ihn, den drittgeborenen Sohn des drittgeborenen Prinzen Maximilian, an ein Wunder. Er sprach sechs Sprachen und ging in die Literaturgeschichte als Übersetzer Philalethes (Freund der Wahrheit) von Dantes Werken, allen voran der „Göttlichen Komödie", ein. Wie wohl kein anderer Wettiner repräsentiert der kulturell kreative König den gelehrten Fürsten. Beliebt war der Monarch mit Nebenberuf Dichter nicht. Johann galt als ausgesprochen konservativ und wegen seiner Rolle in den Revolutionen von 1829/31 und 1849 als sächsische Ausgabe eines „Kartätschenprinzen".

Zwölf Jahre lang regierte Johann mit dem konservativen Minister Graf Beust, verabschiedete 1855 ein Gerichtsverfassungsgesetz. Drei Jahre später ein Gesetz über die Vereinheitlichung des Maß- und Gewichtswesen. Er ebnete 1865 den Weg für ein Bürgerliches Gesetzbuch, weshalb man ihn auch als „den Juristen unter den Königen und den König unter den Juristen" feierte. Das wohl populärste und bedeutendste Gesetz, das er durchpaukte, war eine am 15. Oktober 1861 verkündete Gewerbeordnung, mit der Sachsen zur Gewerbefreiheit überging. Die Vorrechte der Innungen und die alten Bannrechte fielen, während Handels- und Gewerbekammern die Vertretung dieser Interessen übernahmen. Erstmals gab es damit im Land Kündigungsschutz, Tarif-Lohnzahlungen, Lehrlingsausbildung, Kranken- und Unterstützungskassen für Arbeiter. Unter Johanns Regierung erwies sich die Monarchie nicht als Hemmschuh der industriellen Entwicklung im Land, sondern als ihr entschiedener Förderer. Sachsen wurde, weil er die Fachbeamten ökonomisch schalten und walten ließ, zu einer der am stärksten industrialisierten Regionen Deutschlands.

Schloss Weesenstein im Müglitztal war sein Lieblingsort, sein Refugium, aber nichtsdestotrotz ließen die Staatsgeschäfte ihm keine Wahl, eine Telegraphenverbindung zwischen der Residenz in Dresden und Schloss Weesenstein zu legen. Ansonsten war er viel unterwegs, klapperte mit Kutsche und Eisenbahn Universitäten, Schulen, Gefängnisse, Kasernen und Fabriken ab. Zugleich förderte er die Freisetzung kultureller Energien, die dem Königreich seine Prägung als Kulturstaat verliehen. Johann verstand es, die für das rohstoffarme Sachsen seit dem 17. Jahrhundert so wichtigen aufstrebenden Kräfte des Handwerks, später der Industrie und des Finanzgewerbes ebenso zu fördern wie die auch einem oft romantisch gespeisten Vergangenheitsbild tradierten Werte des Gemeinwohls. Es ist wohl nicht nur dem monarchistischen Geist der Zeit zuzuschreiben, dass 1877 ein Dresdner Stadtteil den Namen „Johannstadt" erhielt.

KÖNIG JOHANN

Mitten auf dem Theaterplatz, umgeben von Semperoper, Gemäldegalerie und katholischer Hofkirche, sitzt seit 1889 bei Wind und Wetter ein König hoch zu Ross. Sein Name lautet Johann. In die Annalen der Geschichte als vergeistigter Monarch eingehend, übersetzte er nicht nur die göttliche Komödie von Dante ins deutsche, sondern hörte auf das Pseudonym Philaletes und pflegte einen intellektuellen Gelehrtenkreis. Insider verweisen gern mit verschämtem Grinsen auf ein weniger feines Detail seiner Statue: auf der Rückseite des Reiterstandbildes findet sich die aufgeschlagene göttliche Komödie – also genau unter dem leicht erhobenen Schweif des Pferdes ... Wie auch immer man darüber denken mag, die Dresdner sind froh, dass sie ihren Johann überhaupt noch auf dem Theaterplatz wissen. In der Nachkriegszeit gab es Pläne, den König zu entfernen und statt seiner einen Traktor aufzustellen. Quasi als Zeichen des Arbeiter-und-Bauernstaates. Man stelle sich die Sichtachse vor: Semperoper, Traktor, katholische Hofkirche.

Auch bei der Industrialisierung ist Dresdens Sache nicht das Grobe, sondern das Feine

Dresden war kräftig gewachsen. Zwischen 1849 und 1870 stieg die Einwohnerzahl von 94.000 auf 177.000. Bürgermeister Wilhelm Pfotenhauer konnte 1853 seinen Briefkopf ändern, wurde er doch Oberbürgermeister. Noch kam es zu keinen Eingemeindungen, die Baudichte nahm zu. Die Arbeiterviertel waren nicht ganz so trostlos und überbevölkert wie in anderen

YENIDZE

„Der Mann von Welt raucht Salem gelb“, tönte einst die Dresdner Zigaretten-Werbetrommel. Wie so vieles Innovative, wurde in der Stadt an der Elbe auch die Filterzigarette geboren. Den Tabak dafür bezog man aus dem Orient. Entsprechend exotisch tituliert, gingen die Glimmstengel über den Tresen: Kalif von Bagdad, Salem aleikum oder eben einfach nur Salem – diese Namen standen für schickste Rauchwaren made in Saxony. Für Hugo Zietz, den Hersteller, welcher nahe der Altstadt eine Produktionsstätte zu errichten gedachte, standen indes die Zeichen schlecht. Die strenge Barockperle Dresden duldete keinerlei Industrie in ihrem Zentrum. Was aber, wenn seine Fabrik selbst wie eine Perle schillerte? Eine, hinter der niemand auch nur ansatzweise profane Produktionsabläufe vermutete? Gesagt, getan. Im Jahre 1909 entstand an der Elbe eine riesige Moschee, die doch keine ist: die Zigarettenfabrik Yenidze. Ihr Name leitet sich von dem türkischen Anbaugebiet dieser Tabaksorte ab. Der Knüller: hinter einem scheinbaren Minarett verbarg sich der Fabrikschornstein. Den konservativen Dresdnern stockte der Atem ob soviel Orient. Prompt flog der Architekt aus der Architektenkammer. So geht das. Nach fast hundert Jahren hat sich nunmehr auch der Letzte Zweifler mit der „Tabakmoschee“ versöhnt. Abends verführen unter der romantisch erleuchteten Buntglaskuppel Märchenlesungen aus 1001 Nacht zum andächtigen Lauschen. Und selbst einen Spitznamen bekamt die Yenidze verpasst, im Volksmund schimpft man sie spitzbübisch: die Lungenkrebskathedrale.

Städten, trotzdem musste 1870 jeder fünfte Einwohner in einem Hinterhaus leben, hausten 6.000 Menschen in Kellergeschossen.

Bis zu 10.000 Ausländer leben in Dresden, am stärksten sind die russische und die englische Gemeinde. Zwischen Bürgerwiese und Wiener Straße wurde ab 1847 ein vornehmes Villenviertel erschlossen, das im Volksmund die Bezeichnung „Englisches Viertel“ erhielt – und das, obwohl kurioserweise in diesem Viertel weitaus mehr Russen als Engländer lebten. Anders als Russen und Österreicher, die ebenfalls große Bevölkerungsgruppen bildeten, wurden die Engländer vermutlich deutlich mehr als Ausländer wahrgenommen – denn selbst die Russen sprachen häufig Deutsch und gingen in die evangelischen Kirchen und von den Amerikanern waren viele Deutschamerikaner. Die Engländer waren da hingegen *very special*, Anglikaner zumeist, in der Regel wohlhabend, überwiegend jung, weiblich sowie kunst- und kulturinteressiert. 1868/69 wird an der Wiener Straße die Englische Kirche, die All Saints Church, errichtet, als erste von vier „Ausländerkirchen“ in Dresden. 1895 lebten rund 2.500 Amerikaner und Briten in der Stadt. Groß war auch stets die russische Kolonie. Um 1865 hielten sich in der sächsischen Metropole etwa 550 Russen auf, 1871 waren es einer offiziellen Statistik zufolge schon 1.134, das waren 18 Prozent aller Ausländer. Am 7. Mai 1872 wurde der Grundstein für die russisch-orthodoxe Kirche an der Reichstraße 19, der heutigen Fritz-Löffler-Straße, gelegt. Zwei Jahre nach ihrer Einweihung wurde die Kirche 1876 durch das russische Außenministerium in den Bestand der Auslandskirchen übernommen, administrativ war sie der russischen Gesandtschaft unterstellt, religiös der russisch-orthodoxen Mutterkirche, also dem Metropoliten von Nowgorod und St. Petersburg. Viele

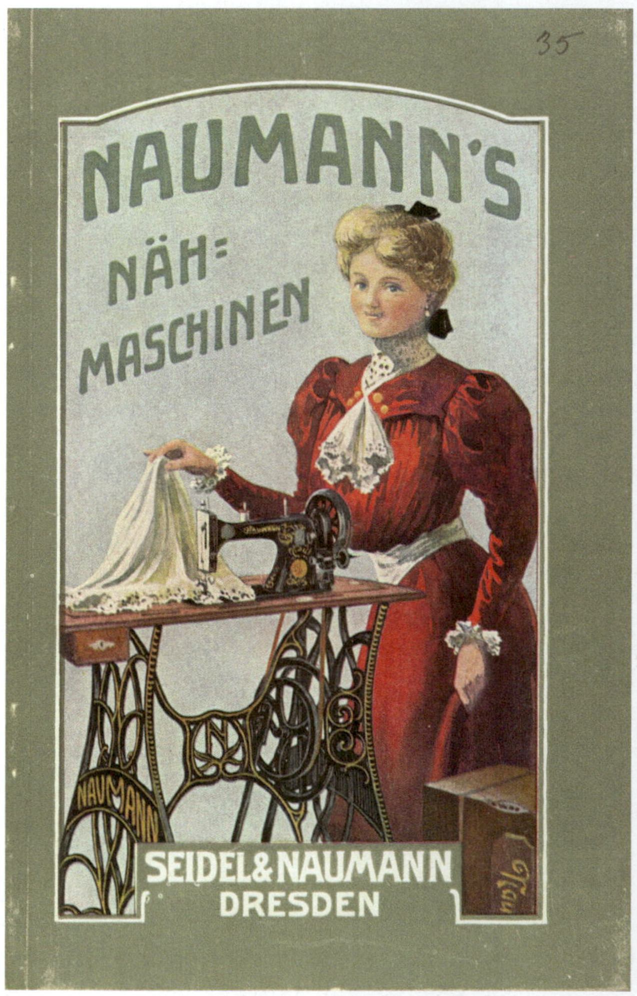

Ein Exportschlager made in Dresden.

der russischen Touristen entwickelten einen regelrechten Kult um die Sixtinische Madonna.
In den sechziger Jahren wurde gemäß der Gewerbeordnung festgelegt, wo bevorzugt Industriegebiete auszuweisen seien. 1878 wurde verfügt, dass Dampfmaschinen nur westlich der die Innenstadt umziehenden Eisenbahnlinie betrieben werden durften. Das führte dazu, dass die Industriegebiete im engeren Sinne sich fast ausschließlich auf die Leipziger Vorstadt, Pieschen und die Friedrichstadt konzentrieren. Zwar mussten auch die östlichen Wohngebiete einige Gewerbegebiete in Kauf nehmen, aber diese waren strikt umgrenzt und ausschließlich für „saubere Branchen“ reserviert. Um den „ländlichen“ Charakter der Stadt nicht zu zerstören, achtete man auch auf eine offene, mit viel Grün durchsetzter Bebauung.
Das Grobe war Dresdens Sache nicht. Hier spezialisierte man sich auf das Erlesene und Feine. So entwickelte sich Dresden zwar durchaus zu einer Industriestadt, aber eben zu einer im technischen und sozialen Sinn „feinen“ Industrie, möglichst auch ohne große rauchende Fabrikschlote. Bekanntestes Beispiel dafür ist der Bau, den Werner Hammitzsch von 1907 bis 1909 für die „Cigarettenfabrik Yenidze“ errichtete. Das „Minarett“ dieser „Tabakmoschee“, in der neben vielen anderen die mystisch glimmenden Stengel der Marke *Salem Aleikum* gedreht wurden, ist nichts weiter als ein Schornstein. Natürlich gab es bissige Kommentare über diese Maskerade (Fritz Löffler hätte das Unikum in den fünfziger Jahren des 20. Jahrhunderts am liebsten abgerissen), aber das Gros der Dresdner liebte diese euphemistische Scheherazade. Und auch heute sind die meisten froh, dass die Yenidze mit ihrer des Nachts bunt schimmernden Glaskuppel das Bild der Stadt prägt.

Die Schlosstraße war neben der Prager Straße eine der Prachtmeilen der Stadt – und das nicht nur wegen der noblen Geschäfte.

Ein Königreich für ein Pferd, viele Fabriken für ein Königreich

Als zweite Elbbrücke wurde 1852 die Marienbrücke eingeweiht, benannt nach Maria, der Frau Friedrich Augusts II., die 1877 in Wachwitz starb. Mit der kombinierten Straßen- und (eingleisigen) Bahnbrücke war es möglich, die verschiedenen in Dresden einmündenden Eisenbahnlinien zu verbinden, den Böhmischen Bahnhof in der Altstadt mit dem Leipziger bzw. Schlesischen Bahnhof in der Neustadt. Einen weiteren Schub brachte die Eröffnung der Albertbahn zwischen Dresden und Tharandt drei Jahre später. Hatte die Stadt doch nun direkten Gleisanschluss zu den Betrieben und Kohlegruben im Plauenschen Grund. Auch im innerstädtischen Verkehr wurde die Schiene eine Option. 1869 machten einige Unternehmer die Besitzer von Pferdedroschken scheu, indem sie Konzessionsanträge für eine schienengebundene Straßenbahn einreichten – langfristig war dies das Ende der Pferdedroschke im Personenverkehr.

1854 errichten Eugen von Boch und Alfred Villeroy aus Mettlach an der Saar eine Zweigstelle ihrer Fabrik Villeroy & Boch, die sich rasch zur größten Filiale des Produzenten von Baukeramik, Fliesen, Kacheln, Industrieporzellan und Geschirr in Deutschland entwickelte und Ende der 1860er Jahre 400 Beschäftigte zählte. 1855 nimmt die Fabrik von Clemens Müller an der Großenhainer Straße die Produktion von Nähmaschinen auf. Ab 1869 surrten in deutschen Haushalten auch die Singer-Nähmaschinen aus der Fabrik von Bruno Naumann in der Kleinen Plauenschen Gasse. Da das Unternehmen prächtig

PFUNDS MILCHLADEN

Um den unternehmungslustigen Paul Gustav Leander Pfund würde sich heute jede Werbeagentur prügeln. Als der spätere Geheimrat um 1880 auf der Görlitzer Straße den ersten Milchladen der Stadt eröffnete, drückte sich seine staunende Kundschaft an der Fensterscheibe den Milchbart platt: wurden doch im angrenzenden Stall sechs quicklebendige Kühe gemolken und der Kunde durfte anschließend wählen, von welcher Kuh er die Milch haben wollte. Na, wenn das kein Werbegag ist. Entsprechend expandierte das Unternehmen. Zu einem regelrechten Milchimperium mit zeitweilig über tausend Beschäftigten ausgewachsen, versorgten fortan mobile Milchwagen die Bevölkerung mit dem pasteurisierten Element, exportierte man „Pfunds Condensmilch“ in alle Herren Länder, während originelle Markenprodukte wie die Pfunds Milchseife die schöne Dresdnerin noch schöner werden ließen. Um der Repräsentationspflicht nachzukommen, ließ das gut gehende Familienunternehmen in den Dresdner Villeroy&Boch-Werken ländlich bemalte Fliesen anfertigen. An Wänden, Decken und Böden gereichten sie der neuen Verkaufsstelle bald nicht nur zur Zierde, sondern zu dem Prädikat: schönster Milchladen der Welt. Und das ist er – obzwar die Molkerei nicht mehr existiert – bis heute geblieben.

Für Schleckermäulchen war Dresden ein Eldorado.

gedieh, zog es 1884 an die Hamburger Straße – die Produktpalette wurde um Fahrräder der Marke *Germania* sowie Schreibmaschinen des Typs *Ideal* bereichert. Bei Seidel & Naumann wurde dann 1910 die erste tragbare Reiseschreibmaschine, die über Jahrzehnte legendäre *Erika*, entwickelt. Hans von Siemens errichtete im Stadtteil Löbtau eine Glasfabrik, die bald zur größten in Sachsen wurde. 1871 schlossen sich sieben Hersteller von Fotopapier zu einer Aktiengesellschaft zusammen. Vor allem mit dem Namen Ernemann verbindet sich die Entwicklung moderner Kinoprojektoren, von Präzisionskameras und der Spiegelreflexkameras. Die nach der Fusion 1926 daraus hervorgehende Zeiss-Icon AG sollte sich zum größten Kameraproduzenten in Europa entwickeln. Dann kam der Zweite Weltkrieg, schließlich besorgte die Konkurrenz aus Japan den Rest. In der Firma C.E. Rost & Co wurden Dampfkessel und Lokomotiven hergestellt, Schwerindustrie war also auch vorhanden.

Raucher können sich ab 1862 mit den Glimmstengeln der ersten Zigarettenfabrik (Compagnie Laferme) die Lungenflügel mit Teer füllen. Leckermäulchen können die Produkte von unzähligen Schokoladenfirmen auf der Zunge zergehen lassen. Hatte die Firma Jordan & Timaeus 1823 noch klarstellen müssen, dass Schokolade nicht mehr ein Getränk, sondern als Tafelschokolade zum Verzehr freigegeben war, gab es bald zehn Schokoladenfabriken in der Stadt, darunter die Kakaofabrik Otto Rüger und die beiden Branchenriesen Petzold & Aulhorn und Hartwig & Vogel.

Gerstensaft, der unzählige Männerkörper mehr oder minder vorteilhaft formen sollte, wurde ab 1847 in der Feldschlößchenbrauerei in der Chemnitzer Straße abgefüllt. Zehn Jahre später wurde auf dem Gelände der von einer Aktiengesellschaft betriebenen Felsenkellerbrauerei im Plauenschen Grund das ein oder andere Fass aufgemacht, um Bier in ein ebensolches zu füllen. Im Bereich der für Dresden typischen Nahrungsmittelindustrie gab es auch reichlich zu tun, für die Mitarbeiter der Bienertschen Hofmühle, die 1852 den Betrieb aufnahm. Und während Ali Baba es mit 40 Räubern zu tun bekam, waren es einst in Dresden sage und schreibe vierzig Firmen, die mit Kunstblumen- und Strohwarenherstellung zu tun hatten.

Da nur Unbegabte stehlen, Kluge aber Geldgeschäfte machen, wurden in Dresden peu à peu Banken gegründet. 1864 stieg Max Arnhold mit seinem Bankhaus Gebr. Arnhold ins Geldgeschäft ein – und wurde zu einem äußerst geachteten Mitbürger, weil er ein bemerkenswert großes soziales und kulturelles Engagement an den Tag legte. 1865 kann man sein

An und für sich ist Bier keine schlechte Sache, für viele Männerkörper und -hirnzellen erwies sich die Eröffnung der Felsenkeller-Brauerei allerdings dann doch als nicht ganz unproblematisch.

Geld auch zur Sächsischen Bank, einer Staatsbank, tragen, ab 1872 dann auch der Dresdner Bank anvertrauen. Wie viele Klingen, so hat auch die Erfolgsstory der Industrialisierung Dresdens zwei Seiten. Für viele Renaissance- und Barockbauten bedeutete der wirtschaftliche und technische Fortschritt das Aus. Sie mussten den neuen Fabriken und Konsumtempeln weichen. Die Industriearchitektur in Dresden war allerdings anders als in den meisten Städten Deutschlands. Hier gab es kaum durch ihre schiere Größe beeindruckenden Fabrikanlagen, ebensowenig Bauten, die kühne Technik auch nach außen hin demonstrierten. In „Elbflorenz" machte man auf vornehm, verpackte die technische Funktion bevorzugt in eine nobilitierende Verkleidung, die Dimensionen herunterspielt, groß dimensionierte Funktionen aufteilt, wie dies der Dresdner Architekt Jürgen Paul einmal schrieb.

Außenpolitisch setzte der König aufs falsche Pferd. An der Seite von Österreich-Ungarn unterlag die 32.000 Mann starke sächsische Armee am 3. Juli 1866 in der Schlacht bei Königgrätz in Böhmen Preußen, konnte allenfalls ehrenvoll den Rückzug sichern. Wie viele andere besiegte deutsche Staaten musste das Land dem Norddeutschen Bund beitreten und musste an dem Sieger Kontributionszahlungen in Höhe zehn Millionen Taler entrichten. Wenigstens wurde aber das Land nicht annektiert, wie dies Hessen-Kassel oder Hannover widerfuhr.

Außen- und Militärpolitik wurden künftig von Preußen, dessen Elblandarmee am 18. Juni 1866, also vor Königgrätz, in Dresden eingerückt war, bestimmt – erst recht nach der Reichsgründung im Zuge des Krieges gegen Frankreich 1870/71. Die deutsche Frage war damit definitiv im kleindeutschen, nicht großdeutschen Sinne entschieden worden. Österreich war samt Böhmen nun Ausland, Sachsen plötzlich Grenzland. Langfristig verengte sich der Begriff geographisch wie politisch auf das in Versailles gegründete Deutsche Reich bzw. die dann nachfolgenden Staaten.

Im Reich (inclusive des Reichslandes Elsass-Lothringen) gab es ab 1873 exakt 397 Wahlkreise, aus denen jeweils ein Abgeordneter für den Reichstag zu

VILLA ESCHEBACH

Herrn Eschebach würde man heute wie damals als „fischelant" bezeichnen. Fischelant – hergeleitet vom französischen „virgilant" – ist allergeschmeidigster Dresden-Slang und bedeutet so viel wie pfiffig oder wach. Warum das? Nun, Herr Eschebach wußte das Leben zu nehmen und verdiente auch noch ordentlich dabei. Tagsüber vertickte der angesehene Lebemann die nach ihm benannten Küchenmöbel. Abends schaute er regelmäßig bei seinen schauspielernden Nachbarn im Alberttheater nach dem rechten. Seine schmuck verschnörkelte Villa stand schließlich genau daneben, man mußte also nur zur Tür herausfallen und war mitten im Gewimmel. Als großer Kunstfreund und Mäzen lud Spendierhose Eschebach mehr als einmal zu fulminanten Premierenfeiern in sein opulentes Anwesen, mehr noch – in seinem immergrünen Wintergarten träumte beim Stummfilmdreh manch bleichgesichtige Schönheit von einer bilderbuchgleichen Karriere bei der Ufa. Damit nicht genug produzierte Eschebach um 1900 die ersten Eisschränke und war damit vor gut hundert Jahren der definitv coolste Typ in town. Schade, dass er nicht in der Lage war, seine geschäftstüchtigen Gene weiterzugeben.

wählen war. Auf das Königreich Sachsen entfielen 23 Reichstagswahlkreise, die bis 1918 bestehen blieben.

Auch ohne Eigenheimzulage prima Klima für „Häuslebauer"

Die Baugesetzgebung blieb unter der Regie Sachsen und auch Teile der Wirtschaftsgesetzgebung unterlagen weiterhin sächsischer Kompetenz. Nicht unerheblich positiv auf die öffentliche Bautätigkeit wirkte sich aus, dass die Einnahmen aus direkten Steuern Sachsen zugute kam. Es wurde also auch ohne Eigenheimzulage und Abschreibungsmodelle viel gebaut, auch wenn einige Hausbesitzer zeitweilig versuchten, Aktivitäten anderer „Häuslebauer" zu verhindern, um die Mieten hoch zu halten.

Die Bevölkerungszahl stieg in Dresden zwischen 1871 und 1914 von rund 177.000 auf etwa 567.000. Das ist aber nicht nur auf Zuwanderung aus den ländlichen Regionen sowie den Geburtenüberschuss, sondern hauptsächlich auf die rigorose Eingemeindung zurückzuführen. Der Arbeiteranteil in Dresden stieg bis 1900 auf etwa 50 Prozent, erreichte aber damit längst nicht das Niveau anderer sächsischer Städte, so dass das Bild als Pensionärs-, Beamten- und Garnisonsstadt nicht wesentlich verändert wurde, zumal die Arbeiter sich in der Regel in bestimmten Vororten ansiedelten, weil die Mieten hier niedriger waren.

Die Planung und Anlage von Plätzen mit Grünanlagen wurde von der Oberbaubehörde bewusst gefördert. Und auch die im Reichsdurchschnitt pro Kopf vergleichsweise niedrige Steuerbelastung sowie die für die Auftraggeber größtenteils günstige Baugesetzgebung wirkten sich vorteilhaft aus. Michael Schmidt hält in seiner Studie zur städtebaulichen Entwicklung von Dresden zwischen 1871 und 1918 fest: „Der besondere Charakter Dresdens ergab sich aus dem Wechselspiel der Kräfte des Hofes" (er wirkte bei der Konzipierung und Finanzierung einer verhältnismäßig großen Anzahl von Bauten der Öffentlichkeit, der Bildung und Kultur aktiv mit), „der Regierung und der Stadtverwaltung einerseits mit dem Industriekapital und dem Spekulantentum andererseits, wobei die Stadtverwaltung, besonders die Stadtverordnetenversammlung, auch als Interessenvertretung der Spekulanten agierte."

Ab 1900 gingen die Stadtplaner bei der Anordnung der Bauflächen von den örtlichen Gegebenheiten aus, von der Lage im Stadtgefüge, den Verkehrsanschlüssen. Bei der Errichtung von Straßenzügen spielte die Frage des repräsentativen Aussehens nur noch eine untergeordnete Rolle, wichtiger war es jetzt, gesunde Wohnbereiche für die Bewohner zu gestalten.

Im Kaiserreich ging man „herrlichen Zeiten" entgegen, bis es dann doch zur „Urkatastrophe" des Ersten Weltkriegs kam (1871-1918)

Siegestaumel nach dem Sieg über 1870/71 über Frankreich, den „welschen Erbfeind"

1870/71 konnten die Dresdner Erfahrung mit einem in Sachsen bis dato nur selten aufwallenden Gefühl machen: Siegestaumel. Jede gewonnene Schlacht in Frankreich, vor allem die bei Sedan, wurde gefeiert, auch wenn die Verluste mitunter sehr hoch waren, etwa die Sachsen beim Gemetzel von St. Privat am 18. August 1870 über 2.100 Soldaten verloren.

Hitziger Höhepunkt war dann die Siegesfeier am 11. Juli 1871 in Dresden. Die Heimkehr großer Teile der sächsischen Truppenverbände gestaltete sich zu einem wahren Triumphzug. Die Stadt war festlich geschmückt, die Hymne „Heil Dir im Siegerkranz" der Hit der Saison. Oberbürgermeister Wilhelm Pfotenhauer, Stadtverordnete, Ehrenjungfrauen, sie alle erwiesen den Truppen und Kronprinz Albert, der wegen seiner Verdienste als Führer der Maas-Armee zum Generalfeldmarschall ernannt worden war, die Ehre. Reichskanzler Bismarck und General Moltke wurden Ehrenbürger, künftig hatte Dresden auch einen Kaiser-Wilhelm-Platz, einen Bismarck- und Moltkeplatz, und auch die Prinzen Albert und Georg wurden entsprechend bedacht.

Ab 1880 frohlockten von vaterländischer Liebe erfüllte Herzen angesichts des von Robert Henze geschaffenen Germania-Denkmals auf dem Altmarkt, in memoriam der Gefallenen von 1870/71, in Gedenken des Sieges. 1949 wurde das hohe Denkmal entfernt.

König Albert war ein ungemein populärer Herrscher, auch wegen seiner Siege im deutsch-französischen Krieg.

In der Ära Albert lässt sich Dresden bereitwillig „veralbern" – zumindest namenstechnisch

Kronprinz Albert (1828-1902) und sein vier Jahre jüngerer Bruder Georg (1832-1904) hatten als Vertreter Sachsens an der Kaiserproklamation in Versailles teilgenommen, beide waren nicht zuletzt der von ihnen errungenen Siege wegen ungemein populär, auch als sie später hintereinander den Thron Sachsens bestiegen, Albert 1873, Georg dann 1902. Nicht nur eingefleischte Royalisten waren also höchst erbaut, dass Dresden früh „veralbert" wurde.

Das Zeughaus auf der Brühlschen Terrasse wurde zwischen 1884 und 1887 umgebaut, um die Kunstsammlungen der Stadt angemessen präsentieren zu können, und zu Ehren des Königs „Albertinum" getauft. Hier fand die Skulpturensammlung ihren Platz, bis 1915 auch das Hauptstaatsarchiv. Im Sommer 1873 ging ein fünf Jahre zuvor geäußerter Wunschtraum des Verschönerungsvereins Neu- und Antonstadt in Erfüllung: Der Vorhang hob sich und mit Goethes „Iphigenie“ wurde das von Bernhard Schreiber im Stil der Neorenaissance errichtete Königliche Hoftheater Dresden-Neustadt in Betrieb genommen, das meist schlicht und einfach Albert-Theater genannt wurde. 1.500 Besucher konnten dem Spiel der Mimen zusehen. Den Bau hatte sich der eigens für diesen Zweck 1871 gegründete Aktienverein 520.000 Mark kosten lassen. Ein Hafen, eine Brücke, ein Platz und ein Park, ja sogar ein ganzes Stadtviertel bekamen den Zunamen „Albert“. Der Albertplatz wurde dann 1894 noch mit den von Robert Diez (1844-1922) geschaffenen Brunnen „Stille Wasser“ und Stürmische Wogen“ geschmückt.

Deutschland schimmernde Wehr, ihr anzugehören war im Kaiserreich vielen höchste Ehr’. Die Albertstadt war ein regelrechtes Kasernen-Viertel.

Da die Außenpolitik nun in in der Reichshauptstadt Berlin gemacht wurde, alle sächsischen Gesandtschaften bis auf Wien und Berlin geschlossen wurden, hatte Albert auf diesem Terrain wenig zu tun. Auch innenpolitisch tat er sich nicht besonders hervor, förderte aber das immerhin kulturelle Leben seines Landes. Unter Albert und Georg war die Politik Sachsens reichstreu und strikt konservativ, nicht selten sogar konservativer als diejenige Preußens. Der sächsische Monarch und seine Regierung waren für Reichskanzler Otto von Bismarck stets verlässliche Partner im Kampf gegen die Sozialdemokratie.

Dresden bekommt mit „Casernopolis“ eine eigenständige Garnisonsstadt vor die Nase gesetzt

Da man den einengenden Status als Festungsstadt 1872 losgeworden war, hatte man Erdwälle und Schanzen einem Wunsch Kaiser Wilhelm I. entsprechend beseitigt. Dafür bekam man aber die zwischen 1873 und 1878 am Rand der Dresdner Heide nach einem Konzept von Sachsens Kriegsminister General Georg Friedrich Alfred von Fabrice, errichtete die Albertstadt. Hier lebten überwiegend Soldaten und ihre Familien. Das etwa 350 Quadratmeter große Areal mit seinen Kasernen, Baracken, Casino, Lagerhäusern und Exerzierplätzen war ab dem 13. Juni 1883 ein selbstständiger Gutsbezirk und damit unabhängig von der Stadt Dresden (erst 1945 wurde die Albertstadt eingemeindet). Der seelsorgerischen Fürsorge trug man Rechnung, indem man 1900 die Garnisonskirche einweihte, und zwar mit einem evangelischen Teil und einem katholischen Teil. Ein Militärgericht fand bald darauf in dem Militärkomplex ebenso seinen Platz wie ein Garnisonsfriedhof, für den nicht nur kriegsbedingt, ab 1914 aber eben dann definitiv deswegen intensiver Bedarf bestehen sollte.
Die Hauptachse dieser im Volksmund „Casernopolis“ genannten Garnisonsstadt bildete die Heerstraße, die nach diversen Umbenennungen derzeit den Namen Stauffenbergallee trägt. Hatte die Dresdner Garnison 1855 noch rund 3.000 Soldaten umfasst, so erhöhte sich diese Zahl bis 1873 auf etwa 10.000 Mann und betrug beim Ausbruch des Ersten Weltkriegs 1914 fast 15.000 Mann. Dresden war, was heute kaum noch einer weiß, eine der größten Garnisonen nicht nur des Deutschen Kaiserreichs, sondern in ganz Europa.
Wegen der rasanten Entwicklung der Militärtechnik verloren Zeughäuser und Arsenale rasch ihre Funktion. Das einst berühmte Dresdner Zeughaus wurde wie bereits erwähnt von 1884 bis 1889 von Carl Adolph Kanzler zum Albertinum umgestaltet, vor allem außen im Stil der italienischen Hochrenaissance. Aus einem „Tempel des Waffenruhms“ wurde ein „Tempel der Musen“.
Die Sammlungsbestände wurden in einem frei gewordenen und umgebauten Arsenalgebäude am Königsplatz untergebracht, das 1897 der Öffentlichkeit zugänglich gemacht wurde. Auch die Aktenbestände des 1893 gebildeten „Sächsischen Kriegsarchivs“ fanden hier ihren Platz. Arsenalsammlung und Armeesammlung, deren Grundstock die Wurmbsche Sammlung gebildet und die 1896 in den Räumlichkeiten des Kriegsarchivs an der Marienallee Platz gefunden hatte, wurden 1915 per königlichen Befehl zum „Königlich Sächsischen Armeemuseum“ verschmolzen. Schien 1945 sein Schicksal besiegelt, so

wurde das Arsenal am 24. März 1972 als – ideologisch geprägtes – „Armeemuseum der DDR“ wiedereröffnet. 1990 erfolgte die Umbenennung in „Militärhistorisches Museum Dresden“, ein Jahr später die offizielle Übernahme durch die Bundeswehr.

Im Zuge der allgemeinen Mobilmachung waren zwischen 1914 und 1918 die Kasernen ständig überbelegt, so dass viele Soldaten in Notquartieren untergebracht werden mussten. In den Kasernen herrschte Hochbetrieb, wurde der Nachschub für die Front so gut es ging ausgebildet. In der Albertstadt und der Stadt Dresden errichtete man zahlreiche Lazarette für die Verwundeten, die das allgemeine Gemetzel an den Fronten forderte. Waren 1883 fast ein Drittel aller gemusterten Männer in Dresden als nicht wehrtauglich eingestuft worden (was zeigt, wie schlecht der Gesundheitszustand in den ärmeren Bevölkerungsschichten war, die in den nicht ganz so prächtigen Vorstädten Dresdens hausten), so nahm man es in den Kriegsjahren mit den Zugangskriterien fürs Schlachtfeld nicht mehr ganz so genau.

Nach 1871 liegt Dresden im Gründerfieber, der Hausse folgt aber bald die Baisse

Nach 1871 hatte Dresden Fieber bekommen, aber da es sich wie andere Städte im Deutschen Reich mit Gründerfieber angesteckt hatte, blühte es auf – fünf Milliarden Goldfranc, die Frankreich als Kriegskontribution an das Deutsche Reich aufzubringen hatte, machten es möglich. Zwar folgte dem Boom prompt der Crash, der Konjunktur der Gründerkrach des Jahres 1873. Unzählige kleine Handwerksbetriebe und Miniunternehmen waren Pleite gegangen, viele der dort Beschäftigten mussten sich nun als Lohnarbeiter verdingen. Den allgemeinen wirtschaftlichen Aufschwung im Reich konnte diese Baisse aber nur kurz stoppen, keinesfalls aufhalten. Aus der bei Alberts Inthronisation etwa 190.000 Einwohner zählenden Residenzstadt entwickelte sich bis 1900 eine Metropole mit einer halben Million Einwohner, sogar eine bedeutende Industrie- und Garnisonsstadt, auch wenn man weiterhin lieber mit dem Etikett Kunststadt wucherte. Dresden war die viertgrößte Stadt im Kaiserreich, hinter Berlin, Hamburg und München.

Die Mehrzahl der Neu-Dresdner stammte aus dem unmittelbaren Umfeld der Stadt und dem Königreich Sachsen. Einer Zählung von 1907 zufolge zogen 83.715 Personen (16 Prozent) der Stadtbevölkerung aus anderen Ländern des Reiches in die Elbmetropole, vorrangig aus Schlesien und der Provinz Sachsen. Das Gros der Einwanderer, die nicht aus dem Reich stammten, kam aus Böhmen, die Hälfte davon aus den überwiegend von Deutschen bewohnten Grenzgebieten. Die

Zwischen 1901 und 1907 errichtete Paul Wallot, vom dem auch der Reichstag in Berlin stammt, das Ständehaus an der Brühlschen Terrasse.

Wohnbevölkerung in der Altstadt sank allerdings, die Wohnhäuser wichen modernen Geschäfts- und Verwaltungsbauten, die mehr Rendite einbrachten. Grundstückspreise und Mieten waren so hoch, dass den weniger betuchten Schichten meist nichts anderes übrig blieb, als ein neues Quartier in den Vororten zu suchen. Altmarkt und auch die eigentlich erst 1851 angelegte Prager Straße veränderten ihr Gesicht vollkommen. Damals hatte der Dresdner Stadtrat nichts dem Zufall überlassen wollen. Die Besucher sollten beim Verlassen des Böhmischen Bahnhofs, des späteren Hauptbahnhofs, sofort einen „wohlgefälligen Anblick“ erhalten und den „Eingang zur Residenz würdig beginnen“. Das Ergebnis hatten die *Dresdner Nachrichten* mit den Worten kommentiert: „Die Eleganz der Verkaufsläden grenzt ans Fabelhafte, ebenso die Mietpreise für dieselben.“

Die Mieten stiegen nach 1871 weiter, aber sonst nahmen es die Dresdner locker, dass die lockere Bebauung mit herrschaftlichen Villen zugunsten nobler Geschäftshäuser aufgegeben wurde. Besonders beliebt war das Kaufhaus Renner, das der Firmengründer Johann Traugott Adolph Renner 1854 eröffnet und 1896 an die Nordseite des Altmarktes verlegt hatte.

Abrissverluste nahm man in Kauf, ob nun das Schlachtendiorama (1901) oder das Gebäude der historischen Löwenapotheke (1912). Das Palais Loß musste dem Neubau des mehrflügeligen, viergeschossigen Rathauses durch Edmund Bräter nach Plänen von Karl Roth weichen, neun Millionen Reichsmark ließ man sich den Bau kosten, der das alte, für die Verwaltung viel zu klein und eng gewordene Rathaus am Altmarkt ablöste. Zu einem Wahrzeichen Dresdens entwickelte sich die 4,90 Meter hohe, vergoldete Figur des so genannten Rathausmannes. Gäste des Rats-

Der aus Bad Reichenhall stammende Architekt Hans Jakob Erlwein prägte maßgeblich das Stadtbild Dresdens.

Erlweins monumentaler Packhof in Stahlbeton-Bauweise an der Elbe wird 2005/2006 zum Hotel umgebaut.

kellers wurden am Eingang von der Bronzeplastik „Bacchus auf dem Esel“ gemahnt, nicht zu tief ins Glas zu blicken.

Auch an der Brühlschen Terrasse fielen einige Gebäude dem veränderten Zeitgeschmack und der Spitzhacke zum Opfer: Die Brühlsche Bibliothek wurde 1897 durch die immerhin neobarocke Sekundogenitur ersetzt. Nomen est omen: Der Bau beherbergte die Bibliothek und Graphiksammlung des zweitgeborenen Prinzen. Wilhelminismus in Reinkultur verkörpern die von 1887 bis 1894 nach Plänen von Konstantin Lipsius erbaute Kunstakademie mit Kunstausstellungsgebäude sowie das zwischen 1901 und 1907 von Paul Wallot anstelle der Palais Fürstenberg und Brühl errichtete Ständehaus. Der massige Bau Wallots, dessen Eingang von zwei Giganten „bewacht“ wird, war einst Sitz des Landtags und beherbergt heute das Oberlandesgericht und das Landesamt für Denkmalpflege Sachsen. Ein Blickfang auf der Glaskuppel des Ausstellungsgebäudes der Kunstakademie ist die in Kupfer getriebene, vergoldete Figur der Fama von Robert Henze.

Das von 1902 bis 1907 nach einem Entwurf des jungen Landbauinspektors Oskar Kramer in der Südvorstadt errichtete Landgericht am Münchner Platz führte die Dresdner Monumentalarchitektur entschieden aus dem Historismus heraus, wurde doch hier auf den traditionellen Formenapparat weitgehend verzichtet. Zeitgleich am nächsten kommt dem Justizgebäude noch die ebenfalls in jenen Jahren errichtete Kunstgewerbeschule nebst -museum in der Güntzstraße. Bei dem vorwiegend in neobarocken Formen gehaltenen Ensemble wurden Bauplastiken, Türen und Gitter des abgebrochenen Brühlschen Palais wiederverwendet.

Nachhaltige Akzente im Dresdner Stadtbild setzte insbesondere der Mitte November 1904 zum Stadtbaurat gewählte Architekt Johann Gottfried Erlwein (1872-1914), der aus Bad Reichenhall stammte und sich Hans Erlwein nannte. Er ließ der Städtischen Gasanstalt in Reick einen dritten, weithin sichtbaren Gasbehälter zukommen, sorgte mit dem in neoklassizistischen Formen ausgeführten Italienischen Dörfchen dafür, dass der Theaterplatz im Nordosten einen Abschluss erhielt (1911/13), setzte im Packhofviertel einen monumentalen Speicher in Stahlbeton-Bauweise an die Elbe (1913/14), der mit einer Dachfirsthöhe von knapp 40 Metern dominant in die Dresdner Stadtsilhouette hineinragt und somit ein modernes Gegenstück zu den barocken und historisierenden Großbauten im Zentrum darstellte. Zudem beglückte Erlwein Dresden im Ostra-Gehege mit einem funtionell und baukünstlerisch herausragenden Schlacht- und Viehhof. 127 Bauten werden Erlwein, der wegen seines groben und dominierenden Naturells beileibe nicht nur Freunde hatte, in Dresden zugeschrieben. Sogar Schulen finden sich in dem Oeuvre des Architekten und Stadtbaurats. Ihm unterstand auch die Bauleitung bei der Errichtung des Krematoriums in Tolkewitz nach Plänen von Fritz Schuhmacher (1869-1947), der seit 1901 als Professor an der Technischen Hochschule Innenarchitektur, Kunstgewerbestile und Bauformenlehre lehrte.

Da man scharf auf die Steuern ist, werden die Gemeinden im Speckgürtel geschluckt

Das hohe Bevölkerungswachstum speiste sich aus drei Quellen: Geburtenüberschuss (wobei die Geburtenrate allmählich sank), Zuzugsstrom und Gewinne durch Eingemeindungen. Die Gesamtbevölkerung der 1903 eingemeindeten Orte betrug über 80.000 Menschen – das waren mehr, als in ganz Zwickau lebten. Cotta, Kaditz, Mickten, Plauen, Trachau, Übigau, Wölfnitz, sie alle wurden von der unersättlichen Großstadt Dresden, die sich 1897 bereits Pieschen, Trachenberge, den Wilden Mann und die Hellerberge einverleibt hatte, geschluckt. 1912 wurde Tolkewitz eingemeindet, im Jahr darauf verlor Reick seine Selbstständigkeit.

Manchmal war das Einvernehmen gegenseitig, manchmal gab es erhebliche Proteste, aber da man auf die Steuereinnahmen der eher wohlhabenden Leute im „Speckgürtel“ nicht verzichten wollte, setzte man die Eingemeindungen durch. Die Stadtfläche vergrößerte sich im Zuge der Eingemeindungen von 2.860 auf 6.750 Hektar, deshalb war der Anstieg der Bevölkerungsdichte von 62 (1871) auf 81 Einwohner je Hektar vergleichsweise gering, was sich auf die Lebensqualität innerhalb der Stadt durchaus positiv auswirkte. Aber es gab Viertel, in denen man richtig eng aufeinander hockte. Die Oppelvorstadt, dann in Hechtviertel umbenannt, mit ihren Mietskasenen hatte um 1900 die höchste Bevölkerungsdichte aller Dresdner Stadtteile.

Wurden bis 1899 mehr Wohngebäude in geschlossener als in offener Bauweise errichtet, so war danach die offene Bebauung vorherrschend. Vor allem in den Vororten sprossen die für Dresden typischen drei- bis viergeschossigen „Würfelhäuser“ wie Pilze aus dem Boden, die dank der Straßenbahn mittlerweile exzellent zu erreichen waren. Dichter bebaut waren die Arbeiterviertel, die sich vor allem in der näheren Umgebung der Industriegebiete entwickelt hatten.

DRESDNER EIERSCHECKE

Die zweite grandiose Erfindung nach dem Dresdner Christstollen, die auf das kulinarische Konto der Elbflorenzer geht, ist ein ganz und gar vortrefflicher Kuchen, genannt Eierschecke. Im günstigsten Fall – denn es verlangt hohe Kunst dieses außerordentliche Backwerk zu fabrizieren – ist die goldgelbe Spezerei nicht höher als drei Zentimeter. Nur wenige sächsische Hausfrauen und eine paar kleine Handwerksbäckereien verstehen sich noch auf diese süchtigmachende Spezialität. Liegt es daran, dass nur sie sich noch die Zeit dafür nehmen? Zeit ist ein entscheidender Faktor. Denn wer mit Liebe bäckt, bäckt langsamer. Weiteres Indiz des Gelingens sind: feinste Zutaten, ein ausgeklügeltes Rezept und ein Quäntchen Geschick. Zum Tathergang: Auf einen hauchdünnen elastischen Hefeboden gelangt eine schlanke Quarkschicht, die wiederum von einer geschlagenen Eiermasse gekrönt (der sogenannten Schecke), gebacken wird. Klingt absolut simpel. Aber bekanntlich sind die einfachsten Dinge nicht nur die besten, sondern eben auch die schwersten. Viele Eierschecken sind trocken und aufgeplustert oder schmecken wie Quarkkuchen, was sie auf keinen Fall dürfen. Woran man die „richtige“ Eierschecke erkennt? Ganz einfach: sie ist gehaltvoll, süß, trotzdem angenehm leicht, schön feucht und doch flauschig ... kurz, sie verheißt den Himmel auf Erden. Scheck it out!

Vor allem in den „besseren Vierteln“ im Stadtgebiet (davon gab es reichlich) entstanden eindrucksvolle Platzanlagen.

Nicht immer fand man sich hoch auf einem gelben Wagen wieder, aber Droschken waren ein beliebtes Fortbewegungsmittel.

Mit der Eröffnung der Loschwitzer Brücke 1893 wurde das Stadtbild um ein „Blaues Wunder" bereichert, das die Zeiten bis heute überdauert hat.

1901 wurde der Neustädter Bahnhof mit seinem repräsentativen Empfangsgebäude in Betrieb genommen.

Der Böhmische Bahnhof weicht dem Hauptbahnhof, die Pferdebahn der elektrischen Straßenbahn

Am 26. September 1872 war erstmals eine Pferdeeisenbahn durch Dresden gezogen worden – vom Pirnaischen Platz bis nach Blasewitz. Da von dem Angebot rege Gebrauch gemacht worden war, hatte die Englische Continental-Pferdeeisenbahn-Gesellschaft die Strecke flugs bis Dresden-Plauen verlängert. Bis 1893 entstand ein Netz aus 16 Straßenbahnlinien, wobei die „Gelben" und die „Roten", die Tramways of Germany Ltd. und die Deutsche Straßenbahn-Gesellschaft, das Geschäft unter sich aufteilten. Letztlich siegten die Roten im Bahn-Business, heute tragen die Busse und Bahnen der Dresdner Verkehrsbetriebe allerdings farbtechnisch wieder das „englische Weiß".

Im Altstadtkern mit seinen engen Gassen wurde zunächst noch auf Droschken und Omnibusse gesetzt, aber mit dem 6. Juli 1893 bekamen die Gäule Konkurrenz: die „rote Gesellschaft" schickte zwischen Schloßplatz und Blasewitz elektrische Straßenbahnen ins Rennen. Elektrische Straßenbahnen waren schneller, waren billiger, die Hafer fressende Konkurrenz hatte keine Chance. 1900 verfügte Dresden über ein Straßenbahnnetz aus 22 Linien, Ende August zuckelte die letzte planmäßige Pferdebahn ins Depot.

Bereits am 26. Oktober 1895 hatte die Dresdner Standseilbahn den Fahrbetrieb aufgenommen, wenige Tage später begannen die „Kuchenschlachten" in der neu eröffneten Ausflugsgaststätte Luisenhof an der Bergstation im Stadtteil Weißer Hirsch. Auch von diesem Angebot machten die Dresdner reichlich Gebrauch. Ein „anrüchiges" Geschäft wickelte man allerdings lieber in der Nacht ab: das Abseilen der Fäkalien (es gab oben nämlich noch keine Abwasseranschlüsse). 1906 ging die Standseilbahn in den Besitz der Elektra AG über, welche die benachbarte Schwebebahn betrieb. 1909 verabschiedete man sich von den beiden Dampfmaschinen und stellte auf elektrischen Betrieb um.

1895 hatte der Böhmische Bahnhof ausgedient. Nun wurde der Verkehr über die Südhalle des neuen Hauptbahnhofs abgewickelt, dessen repräsentatives Gebäude 1897 mit seiner dreibogigen Stahlbogenhalle endgültig fertig gestellt war und am 17. April eingeweiht wurde. Wahrzeichen dieser Kombination aus Kopf- und Durchgangsbahnhof war die wappengeschmückte Kuppelhalle mit der monumentalen Figurengruppe der „Saxonia" mit Wissenschaft und Technik von Friedrich Rentsch. Westlich wurde noch der Königspavillon im Stil der Neorenaissance der Semper-Schule angefügt. Bald war auch die Haltestelle Wettiner Straße (Bahnhof Mitte) fertig: Leipziger Bahnhof und Schlesischer

Bahnhof auf der rechtselbischen Seite wurden zum Neustädter Bahnhof vereinigt, in dem am 1. März 1901 um 6.05 Uhr mit der Einfahrt eines Zuges aus Bautzen der Betrieb aufgenommen wurde. Dem wahrhaft weisen Entschluss der beiden Ingenieure Otto Klette und Claus Köpcke, die Bahnstrecke erhöht über Viadukte zu führen, verdanken die Dresdner, dass sie nicht wie heute etwa die Bonner ständig vor geschlossenen Schranken stehen müssen.

Über die Elbe ging es auf einer neuen Eisenbahnbrücke. Die bisher für den Straßen- und Schienenverkehr genutzte Marienbrücke wurde entsprechend umgestaltet und ging in den Besitz der Stadt über. Bereits 1895 war die Carolabrücke für den Verkehr freigegeben geworden, bei der wie bei der Marienbrücke der neue Baustoff Stahl von Bedeutung war. 1893 erlebte Dresden sein „Blaues Wunder"; wurde doch die wegen ihres bläulich schimmernden Anstrichs so genannte Loschwitzer Elbbrücke ihrer Bestimmung übergeben. Hans Manfred Krüger und Claus Köpcke hatten die Pläne für die Hängebrücke mit ihrer Stahlfachwerkkonstruktion, einer Spannweite von 141,5 Metern und einer Gesamtlänge von 260 Metern erstellt. 1935 wurden dann noch die seitlich aufgehängten Gehbahnen hinzugefügt. Nach jahrelanger Diskussion musste 1907 auch die von Pöppelmann entworfene Elbbrücke einem Neubau weichen.

Volle Kraft voraus für die Oberdeckdampfer und die anderen Schiffe der künftigen „Weißen Flotte"

Davon profitierte außer dem Lastverkehr auch die am 6. April 1836 gegründete „Sächsische Dampfschiffahrtsgesellschaft", die nach und nach der Konkurrenz das Wasser abgegraben hatte und am 26. März 1867 in „Sächs.-Böhm. Dampfschifffahrtsgesellschaft" umbenannt worden war. Die weiß-grünen Dampfer der SBDG beförderten zwischen 1895 und 1902 über drei Millionen Passagiere. Fortwährend gab es technische Neuerungen: Ab 1892 sorgte erstmals eine Dynamomaschine für elektrisches Licht an Bord eines Dampfers, nämlich der „Tetschen", die seit 1946 den Namen „Krippen" trägt. Das Oberdeck, mit dem der 1896 auf der Blasewitzer Werft gebaute Dampfer „Bodenbach" als erstes Schiff der SBDG ausgestattet war, erfreute sich rasch so großer Beliebtheit, dass wenige Jahre später nur noch „mit höherem Promenadendeck" versehene Dampfer gebaut wurden. Im 75. Jahr ihres Bestehens verfügte die Gesellschaft über 33 Raddampfer, unter denen sich acht Oberdeckdampfer befanden.

1923 wurde die SBDG in eine Aktiengesellschaft umgewandelt und firmierte als „Sächsisch-Böhmische Dampfschiffahrt Aktiengesellschaft" (SBDA). Im April 1926 sollte dann die „Dresden" vom Stapel laufen – das mittlerweile vierte auf diesen Namen lautende Schiff in der Geschichte der oberelbischen Dampfschifffahrt, das auch heute noch seinen Dienst tut. Im Juli ließ es erstmals Dampf ab – und zwar als erstes Flaggschiff der Flotte ganz in brautmäßigem Weiß. 1928 erhielten dann alle bei der SBDA fahrenden Personendampfer statt des bis dato üblichen weiß-grünen Anstrichs des Schiffskörpers mit sandfarbenen Radkästen ein glatten weißen Gesamtanstrich. Die „Weiße Flotte" war geboren, ein Begriff, der zum Synonym der Fahrgastschifffahrt werden sollte.

BLAUES WUNDER

Mit der Wahrheit ist das so eine Sache. Hie und da kann man ihr wohl einen gewissen Wert nicht abstreiten, aber ganz ehrlich: für die Legendenbildung ist und bleibt sie das pure Gift. Menschen lieben nun Mal Legenden. Dass Dresdens berühmteste Brücke in Wahrheit gar kein blaues Wunder erlebte, dass sie schon von Anfang an blau gestrichen war – wer zum Teufel will das wissen? Diese nackte Tatsache ist so unterhaltsam wie ein altes Brötchen. Toasten wir also das Wahrheitsbrötchen ein wenig auf, bestreichen es dick mit Butter und geben zu guter Letzt einen dicken Klecks von Omas Quittengelee obenauf. Voilá. Und schon wird aus der (laut Stadtplan) profanen Loschwitzer Elbbrücke das allseits beliebte Blaue Wunder. Jener Stahlfachwerkbau, von dem seit grauen Urzeiten steif und fest behauptet wird, dass in ihm sämtliche sächsische Nieten verbaut seien ...

Immerhin, ein technisches Wunder war sie ja wirklich, diese im Jahre 1893 errichtete versteifte (!) Hängebrücke, die als eine der ersten in Europa freitragend einen Fluss überspannte, also ganz ohne Pfeiler, auf einer Länge von 140 Metern! Die Dresdner waren´s zufrieden. Und nun beginnt die Legende: ursprünglich war die Brücke bei ihrem Bau grün angepinselt worden. Jedoch war man seinerzeit nicht in der Lage, wetterresistente Farbstoffe herzustellen. Und so geschah es, dass sich unter der Sonneneinstrahlung der Gelbanteil aus dem Grün davonstahl. Die Brücke färbte sich blau. Peu à peu, unter den Augen ihrer verwunderten Nutznießer. Was übrig blieb, war ein helles Taubenblau. Die Dresdner hatten im wortwörtlichen Sinne ihr blaues Wunder erlebt.

Der Energiebedarf wächst beträchtlich, aber auf das Wasser der Weißeritz hätte man verzichten können

Mehr Menschen, das bedeutet in der Regel auch mehr Schmutz. Aber auch daran arbeitete die Stadtverwaltung. Zur Erhöhung der allgemeinen Lebensqualität trugen eine ganze Reihe von Faktoren bei. Dank des Wasserwerks Saloppe (1867) sowie schließlich der Wasserwerke in Tolkewitz und Hosterwitz stand ausreichend sauberes Nass zur Verfügung. 1900 betrug der Pro-Kopf-Verbrauch pro Tag 95 Liter Trinkwasser, doppelt so viel wie noch 1876.

Deutlich weniger begeistert war man von dem Wasser der Weißeritz, das sich beim Elbehochwasser von 1890 insbesondere in die Friedrichstadt und den Zwingerhof ergoss. Wegen diesem und früherer Vergehen, etwa 1598 und 1651, als die Weißeritz auch noch die Wilsdruffer Vorstadt unter Wasser setzte, erhielt der Fluss ein neues Bett. Es wurde nach Cotta geschachtet. Mit seinem alten Bett hatte man ohnehin seine Pläne, Hochgleisanlagen am Wettiner Bahnhof und eine Gleisanbindung zur 1895 fertig gestellten Hauptmarkthalle sollten der Friedrichstadt ebenso zu einem Aufschwung verhelfen wie ein Güterbahnhof mit großem Ablaufberg für den Rangierbetrieb samt Eisenbahnwerkstätten oder der Bau eines Hafens im Ostragehege.

Damit es warm war in der Wohnung, dafür sorgte auch dieses Heizkraftwerk im Zentrum der Stadt.

Ganz bändigen ließ sich die Weißeritz allerdings nie. Am 30. und 31. Juli 1897 ließ sie sich im Bett von einst blicken (was Löbtau das neu erbaute Rathaus kosten sollte), und auch 2002 meldete sie sich auf alten Wegen wieder.

Die beiden Bürgermeister Paul Alfred Stübel (1827-1895) und sein Nachfolger Gustav Otto Beutler (1854-1926) trieben vehement den Ausbau der Infrastruktur voran. Neue Kühl- und Lagerhäuser sorgten dafür, dass nicht nur heimisches Obst und Gemüse, sondern auch exotischere Gewächse den Speisezettel bereicherten, dass Fleisch und Fisch länger frisch blieben. Ein Marktamt, dem auch die Aufsicht über die in jenen Jahren erbauten Markthallen oblag, sowie zwei Gewerbeämter achteten auf die Einhaltung hygienischer Standards. Fleischbeschau fand damals eben noch ausschließlich im Schlachthof und nicht wie heute auch in der Disko oder im Freibad statt. 1881 nahm die neue Gasanstalt in Reick ihren Betrieb auf, ab 1895 sorgte ein „Lichtwerk" an der Stiftsstraße dafür, dass unter anderem mit den ersten elektrischen Straßenlaternen in der See- und Schloßstraße im Zentrum ein Licht aufging. Ein weiteres E-Werk kam 1900 ans Netz – die Räder der expandierenden Straßenbahn konnten weiter rollen. Dresden erhielt auch ein Kanalisationssystem. Und das Wasser der Elbe war nach dem Bau der Kaditzer Kläranlage erheblich weniger mit Schadstoffen und Abwässern belastet. Durchaus Badewasserqualität hatte die Elbe damals, wie zahlreiche Fotos von diversen Badeanstalten an beiden Elbufern dokumentieren.

Auch wenn die Arbeiter von vielen dieser Errungenschaften nur wenig hatten, weiter zum Petroleum greifen mussten, um die spärlich möblierte Bude zu beleuchten, und zu Holz oder Kohle, um sie zu beheizen, Fleisch nur selten auf dem Teller lag, so stieg doch die allgemeine Lebenserwartung. Epidemien waren nahezu verschwunden, Infektionskrankheiten hatte man durch den allgemeinen medizinischen Fortschritt deutlich besser im Griff als früher. Zwar blieben Tuberkulose oder die hohe Kindersterblichkeit in den unteren Schichten ein Problem, aber es ging voran.

Die politischen und sozialen Spannungen entladen sich mitunter in Streiks und Demonstrationen

Trotzdem boten natürlich die politischen und sozialen Verhältnisse durchaus berechtigten Anlass zur Klage, da konnte auch vielfältiges soziales Engagement im Bereich der Armenpflege nur wenig Abhilfe schaffen. Wenn rund 70 Prozent aller Dresdner Haushalte mit gerade mal 90 Mark über den Monat kommen mussten, was nur knapp über der statistischen Armutsgrenze lag, dann schrie dies ebenso nach Veränderung wie die Tatsache, dass von 34.000 Schulkindern rund 5.800 gezwungen waren, in der ein oder anderen Form von Kinderarbeit zum Unterhalt der Familie beizutragen. Einer Erhebung von 1907 zufolge ging die Hälfte des kargen Lohns in Arbeiter-

1906 ließen sich die ausgesperrten Mitarbeiter der Firma „Vogel & Schlegel" in Erinnerung an einen Streik ablichten. Sachsen war eine Hochburg der Sozialdemokratie und Gewerkschaftsbewegung.

familien für Nahrungs- und Genussmittel drauf, ungefähr ein Sechstel für die Miete. Da waren große Sprünge nicht drin, schon gar nicht in Teuerungszeiten.

Kein Wunder, dass sich in wirtschaftlich schwierigeren Zeiten die sozialen Spannungen in Streiks und Massendemos entluden. Ein Arbeitskampf von 3.000 Mitarbeiterinnen der Dresdner Zigarettenindustrie im Mai 1905 löste sogar überregional Solidaritätsbekundungen aus, ebenso der siebenwöchige Streik von 10.000 Arbeitern in der Metallindustrie im April 1906.

Die Wahlerfolge der Sozialdemokratie machen Sachsen zu einem „roten Königreich"

Wandel versprach die Sozialdemokratie. Der 1869 gebildete Ortsverein der Sozialdemokratischen Arbeiterpartei zählte ein Jahr später bereits 320 Mitglieder und auch der Dresdner Ableger des von Ferdinand Lassalle gegründeten Allgemeinen Deutschen Arbeitervereins fand entsprechend Zulauf. Sprachrohr der schließlich zur SPD fusionierten Parteien war ab 1878 dann die aus dem *Dresdner Volksboten* hervorgegangene *Dresdner Volkszeitung* (neben dem *Vorwärts* selbstverständlich). Zwar kämpfte Reichskanzler Otto von Bismarck mit einem „Sozialistengesetz", das Rede- und Versammlungsfreiheit stark einschränkte, gegen den Vormarsch der SPD, aber letztlich vergebens. Sowohl bei der Reichstags- als auch der Landtagswahl von 1877 konnte die Partei, die sechs Jahre zuvor in Dresden ihren 2. Parteitag abgehalten hatte, satte Gewinne erzielen. Arbeiterführer August Bebel, der seinen Wahlkreis Dresden-Altstadt in einer Stichwahl gegen den Kandidaten der Nationalliberalen gewonnen hatte, zog zusammen mit elf anderen Sozialdemokraten in den Reichstag ein. Auch sonst ging es mit dem Genossen Trend stetig vorwärts. Ob 1903, 1907 oder 1912: Bei jeder Reichstagswahl konnte die SPD im Großraum Dresden mehr als 50 Prozent der abgegebenen Stimmen gewinnen – das war im Vergleich zu anderen Städten im „Roten Königreich" Sachsen zwar wenig, aber immerhin, es reichte: Alle drei Dresdner Stimmbezirke fielen an einen „roten" Kandidaten. Für Proteste, ja Streiks und Massendemonstrationen, die auch von den Gewerkschaften unterstützt wurden, sorgte hingegen das 1896 in Sachsen nach dem Vorbild des preußischen Dreiklassenwahlrechts eingeführte Wahlgesetz für die zweite Kammer der in zwei Kammern gegliederten Ständeversammmlung im Königreich Sachsen, verhinderte es doch, dass sich die vielen Stimmen für die SPD in entsprechenden Sitzen niederschlugen. Alle Wahlberechtigten, und das waren in Sachsen nur männliche Staatsbürger, die über 25 Jahre alt waren, wurden entsprechend der von ihnen zu entrichtenden Grund- und Einkommenssteuer in drei Klassen eingeteilt, 80 Prozent der Wähler der „Güteklasse“ III bestimmten nun ein Drittel der Wahlmänner, ebenso viele wie jene etwa drei Prozent der Wahlberechtigten, die in der Klasse I ihr Votum abgeben durften. Kein Wunder also, dass erst 1905 bei einem Stimmenanteil von 45 Prozent für die SDP gerade mal ein Sozialdemokrat ins Parlament gelangte. Bei den Landtagswahlen von 1909, wo erstmals nach dem etwas weniger restriktiven Pluralrecht gewählt wurde, immerhin dann 25. Die Sozialdemokratie war die drittstärkste Partei in der 91 Abgeordnete zählenden Zweiten Kammer, in der die ständische Gliederung aufgehoben war.

Ständiger Stein des Anstoßes war auch das Wahlrecht zur Stadtverordnetenversammlung. Zwar war ab 1903 gemäß einem Urteil des Sächsischen Oberverwaltungsgerichts der Zugang zum Bürgerrecht erleichtert worden, trotzdem waren noch 1909 nur 8,7 Prozent der Bürger Dresdens wahlberechtigt. Wen erstaunt es, dass die SPD im Stadtrat keine Rolle spielte, Konservative und Liberale aller Schattierungen den Ton angaben? Einigen Einfluss hatte die 1879 in Dresden gegründete Reformpartei, die stramm antisozialistisch und antisemitisch ausgerichtet war. 1905 rückten jedenfalls nur sechs Sozialdemokraten ins Stadtparlament ein, was am 3. Dezember zu Demonstrationszügen führte, bei denen rund 80.000 Menschen mitmarschierten, um ihrer Forderung nach allgemeinen, gleichen, direkten und geheimen Wahlen Ausdruck zu verleihen. Ein Generalstreik lag in der Luft, aber das ging den Genossen in der vergleichsweise konservativen Dresdner SPD zu weit, man setzte auf Verhandlungen, auf Reformen.

Ob Alldeutscher Verband oder Flottenverein, Chor oder Club – Vereine gedeihen prächtig

Und auch sonst agierten und agitierten allerlei Organisationen, Vereine und Vereinigungen, die entweder gemeinsam Krach machten oder untereinander Krach hatten, im politischen Bereich: Alldeutscher Verband, Deutschbund, Deutscher Flottenverein, Deutsche Kolonialgesellschaft, Ostmarkenverein, Verein für das Deutschtum im Ausland, sie alle fanden ihre Mitglieder, Käufer und Leser für ihre Publikationen und Pamphlete. Vielen dieser völkischen Vereine war alles „Undeutsche“ suspekt, französische oder englische Fremdwörter, tschechische oder polnische Saisonarbeiter – gegen sie wurde im deutsch-nationalen Geist Stimmung gemacht. Juden und Slawen waren Feindbild Nummer eins. Das Germanentum wurde verklärt, mit dem Reichsgründer Bismarck ein wahrer Kult betrieben. Friedrich Dürrenmatts Diktum, man solle das Vaterland nicht mehr lieben als einen Menschen, wäre damals beim Gros der Bevölkerung, selbst bei der eigentlich internationalistisch gestimmten Arbeiterklasse, auf Ablehnung gestoßen, zumal in der Ära des konservativen Oberbürgermeisters Gustav Otto Beutler (1854-1926), der sich um den Ausbau der Dresdner Infrastruktur äußerst verdient machte.

Die Mitglieder des 1897 ins Leben gerufenen Vereins für sächsische Volkskunde engagierten sich in der Geschichts- und Heimatpflege, die des 1908 gegründeten Landesvereins für Sächsischen Heimatschutz setzten sich für die Belange der Denkmalpflege und des Naturschutzes ein. Mit einem ersten Denkmalschutzgesetz mit dem Titel „Gesetz gegen die Verunstaltung von Stadt und Land“ wurde 1909 denn auch versucht, neue Bedürfnisse und Notwendigkeiten des Fortschritts mit der Bewahrung von historisch Gewachsenem in Einklang zu bringen.

Außerdem gab es natürlich ein breites Spektrum an (Arbeiter-)Bildungsvereinen, Sportvereinen, Lesezirkeln, Chören, Clubs, Freimaurer-Logen, kirchlichen und wissenschaftlichen Organisationen. Auch Künstler oder die Vertreter der unterschiedlichsten Berufe fanden sich in Vereinen, Vereinigungen und sonstigen Gruppierungen zusammen, die dafür berüchtigt sind, dass sie die Bestrebungen ihrer Mitglieder fördern wollen, dabei allerdings nicht selten die der anderen stören.

Mehr Kirchen, mehr Schulen, mehr Bühnen, mehr Friedhöfe

Mehr Menschen, das bedeutet auch höheren Bedarf an allem: an Feuerwehren und Friedhöfen, Kneipen und Kirchen, Plätzen und Parks, Schulen und Spitälern, Konsum- und Kunst-„Tempeln“.

Fünf Jahre nach der Eröffnung des Albertheaters am Albertplatz 1873 hatte Dresden auch wieder eine Oper. Das von Gottfried Semper erbaute Erste Hoftheater war Ende September 1869 bei einem Brand völlig zerstört worden, jahrelang musste in einem Interimstheater, der „Bretterbude“ an der Großen Packhofstraße, den Musen gefrönt werden. Sein

Zweites Hoftheater war 1878 nach siebenjähriger Bauzeit fertig und wird volkstümlich meist Semperoper genannt. Sempers Sohn Manfred hatte die Pläne seines mittlerweile in Wien lebenden Vaters umgesetzt. Bis zum Bau des Schauspielhauses durch William Lossow und Max Hans Kühne gegenüber dem Kronentor des Zwingers (1913) wurde hier auch Theater gespielt. Auf Lustspiele, Schwänke und Operetten setzte ab 1872 das 1.118 Zuschauern Platze bietende Residenztheater in der Zirkusstraße. Und nach der Jahrhundertwende ging man ja auch in Hellerau auf theatralische Sendung.

Während heute viele darauf vertrauen, dass sich die Bildung von selber einstellt, wo Intelligenz ist, waren sich Dresdens Stadtväter früher da nicht ganz so sicher und verbesserten in Zusammenarbeit mit dem bereits 1848 gegründeten Lehrerverein lieber vorsorglich das Bildungswesen, etwa 1878 mit einer Lokalschulordnung. Überall in der Stadt baute man neue Schulgebäude, man geizte nicht mit Mitteln, um die Lehrbedingungen zu verbessern. Hatte Dresden 1871 nur 17 Volksschulen und vier höhere Schulen aufzuweisen, so waren es 1887 bereits 30 Volksschulen und fünf Gymnasien, außerdem acht weitere Fortbildungseinrichtungen.

Außerdem existierten noch einige Privatschulen in unterschiedlichster Trägerschaft. Eine Institution war auch die aus dem Polytechnikum hervorgegangene Technische Hochschule, an der um 1900 über 1.000 Studenten die Hörbänke drückten. Bereits 1871 war die Allgemeine Abteilung entstanden, in der das Studienangebot um natur- und geisteswissenschaftliche Fächer erweitert worden war, was zu einer Aufwertung von einer bloßen Lehranstalt zu einer wissenschaftlichen Hochschule geführt hatte. Ab 1907 waren auch Frauen zum Studium zugelassen. Ausbildung und Forschung waren in der Regel ausgesprochen praxisnah, die Beziehungen zwischen Hochschule und Industrie waren vielfältig und eng.

1878 und 1913 entstanden im Zuge einer Neustrukturierung der Kirchengemeinden diverse neue Parochien, darunter die St. Pauli- und die Martin-Luther-Gemeinde. 27 evangelische und vier katholische Gotteshäuser wurden errichtet, die meisten dem Zeitgeschmack entsprechend im neogotischen sowie im neoromanischen Stil. Die Teilnehmer am Kirchenbaukongress 1907 konnten also einiges an Architektur zur höheren Ehre Gottes in Augenschein nehmen, darunter auch den Bau der zwei Jahre zuvor fertig gestellten Christuskirche in Dresden-Strehlen, die ansatzweise Elemente des Jugendstils aufgriff. Und auch die Kreuzkirche wies einige Elemente des Jugendstils auf, war ansonsten allerdings ganz dem Neobarock verpflichtet. Eigentlich hatte die Gemeinde ja 1894 angefangen, sie im Sinne des Neoklassizsimus umbauen zu lassen, aber nach einem verheerenden Brand am 16. Februar 1897, dem so ziemlich alle kostbaren Ausstattungsgegenstände zum Opfer gefallen waren, hatte man wieder zur Kelle gegriffen. Beim Dach setzte man auf Eisenbeton, den Baustoff der Zukunft. Am 10. September 1900 wurde das Gotteshaus eingeweiht.

1897 wurde die Kreuzkirche bei einem Brand verwüstet. Das Gemälde von August Stegemann ist heute im Besitz des Dresdner Stadtmuseums.

Einen Hauch von Jugendstil, ihn brachten auch einige Wohn- und Geschäftshäuser, die 1907 fertig gestellte Kunstgewerbeschule oder etwa das Schauspielhaus vis à vis vom Zwinger, in die Stadt. Jugendstil-Ambiente boten auch das Güntzbad am Elbberg sowie das Sächsische Hauptstaatsarchiv in der Neustadt.

Ende Februar 1874 gründete der Dresdner Medizinalrat Friedrich Küchenmeister einen der frühesten Feuerbestattungsvereine, „Die Urne. Verein für facultative Leichenverbrennung". Zwei Jahre später fand an der Elbe Anfang Juni der „Erste europäische

Kongress der Freunde der Feuerbestattung“ statt, auf dem die hygienischen, ästhetischen und technischen Leitlinien für eine moderne Feuerbestattung (das klassische Wikingerhäuptling-Begräbnis war megaout) formuliert wurden. Die Dresdner Glasfabrik Friedrich Siemens entwickelte dann in Absprache mit dem Leipziger Arzt Carl Reclam einen ersten Versuchsofen zur Verbrennung von Toten, am 7. Oktober wurde Lady Dilke eingeäschert – das Königlich-Sächsische Ministerium des Innern hatte ausnahmsweise seine Zustimmung erteilt. 1904 beantragte dann der „Ärztliche Bezirksverein“ von Dresden beim Rat der Stadt eine Änderung des Leichendienstes und eine Desinfektionsordnung. Als dann zwei Jahre später per Gesetz die Feuerbestattung im Königreich Sachsen zugelassen wurde, wurde mit dem Urnenhain samt Krematorium im Jugendstil in Tolkewitz dann 1909/11 erstmals ein „Gesamtkunstwerk der Feuerbestattung“ geschaffen, das Vorbildcharakter für andere Städte erlangte.

Viele der Friedhöfe mit ihren Grabsteinen und Skulpturen haben die Zeiten überdauert, sind deshalb nicht nur stille Orte der Trauer, sondern, wie Marion Stein in ihrem Buch *Friedhöfe in Dresden* meint, „grüne Freilichtmuseen“, „lebendige Geschichtsbücher“.

Noch ohne grünes Band der Sympathie, aber trotzdem äußerst erfolgreich: Die Dresdner Bank

Da die vorherrschend regional ausgerichteten Privatbanken dem im prosperierenden Kaiserreich sprunghaft ansteigenden Finanzbedarf nicht voll gerecht werden konnten, wurde am 12. November 1872 im vormaligen Kaskelschen Bankgebäude Ecke Wilsdruffer Straße/Große Brüdergasse die Dresdner Bank gegründet. Ihre Wurzeln hat sie im Bankhaus Kaskel, dessen Renommee und Kundenstamm die Dresdner Bank nach der Umwandlung der Privatbank übernehmen konnte.

Da die Finanzierung der Dresdner Bank, deren erster Vorsitzender des Aufsichtsrats Felix Freiherr von Kaskel war, ausgesprochen solide war, gehörte die Dresdner Bank auch nicht zu jenen 44 neu gegründeten Aktiengesellschaften, die beim Gründerkrach 1873 Illiquidität anmelden mussten. Im Gegenteil: Man konnte eine ganze Reihe anderer Banken übernehmen, darunter den Sächsischen Bankverein (1873), die Dresdner Handelsbank (1874) und die Sächsische Creditbank (1877). Am 21. Mai 1897 bezog man dann einen repräsentativen Neubau im Renaissancestil in der König-Johann-Straße 3. Prächtig war auch das Gebäude, das die Dresdner Börse 1875 in der Waisenhausgasse belegte.

Der Zoo erfreut seine Besucher mit vielerlei Viechereien und Völkerschauen

Repräsentativ: Das war auch das 1892 eröffnete und als Haupteingang dienende Konzert- und Gesellschaftshaus des am 9. Mai 1861 eröffneten Dresdner Zoos. Mit der Gestaltung des Zoos war damals der berühmte Gartenbaudirektor Joseph Peter Lenné beauftragt worden, der auch schon die Pläne für die Erweiterung der Bürgerwiese bis zum Großen Garten geliefert hatte. Statt des bis dato üblichen Menageriesystems wollte man eine parkähnliche Gestaltung.

Inspektor und ab 1879 dann Direktor des Tierparks mit all seinen Viechereien war der Apotheker und Naturwissenschaftler Albin Schöpf. 1873 baute man für die indische Elefantenkuh Lilli ein Elefantenhaus, zwei Jahre später ein Domizil für die Giraffen. 1885 betrug der Bestand an Gekreuch und Gefleuch rund 1.300 Tiere. 1912 wurde das in ein Aquarium umgebaute Winterhaus feierlich eröffnet.

Ab 1878 zogen die legendären Völkerschauen und Tierkarawanen des Hamburgers Carl Hagenbeck große Aufmerksamkeit auf sich. Heute ist einem diese Form der Informationsvermittlung über fremde Völker ja peinlich, damals aber war das Vorführen von ethnischen Gruppen und Völkern wie Aborigines (1882), Somalier (1889) oder Nordost-Sibirier (1891) nicht nur eine der großen Sensationen schlechthin, sondern auch die einzige Möglichkeit für größere Volksschichten, fremde Kulturen hautnah zu erleben – auch wenn sich bei zugebenermaßen vielen ein (nicht angebrachter) kultureller Dünkel eingestellt haben dürfte. Unweit des Zoos, an der Nordwestecke der Bürgerwiese, stand übrigens seit 1866 auch der Neubau der Kreuzschule mit seiner neogotischen Fassade.

Der Große Garten lockt mit Landschaft im englischen Stil und Gartenbauausstellungen

Der Große Garten, der an den Zoo einiges an Fläche hatte abtreten müssen, andererseits unter anderem Zuwachs durch die neu erworbenen Strehlener und Grunaer Felder bekam, wurde peu à peu umgestaltet. Am 1. April übernahm Obergärtner Carl Friedrich Bouchè das Amt des Gartendirektors. Er bewahrte die barocke Konzeption des inneren Großen Gartens, gab aber das längliche Kreuz als Grundform des Gartens auf und erweiterte es stattdessen zu einem Rechteck. Die neu hinzugekommenen Parkflächen wurden im englischen Stil gestaltet.

Ab 1886 konnten Gäste in der Strehlener Südecke des Parks auf den Carolasee statt auf eine aufgelassene

Kiesgrube blicken. Zur wirkungsvolleren Inszenierung wurde Ende des 19. Jahrhunderts dann auch noch eine Wasserfontäne installiert. Am Ufer erbaute man eine Gartenwirtschaft im Neorenaissance-Stil, das Carolaschlösschen. 1890 wurde zwischen Herkules- und Stübelallee der Botanische Garten angelegt.

Um die sächsische Gartenkultur und den Absatz ihrer Produkte zu fördern, fand im Mai 1887 die I. Internationale Gartenbauausstellung statt, bei der 500 Aussteller Präsenz zeigten, darunter auch viele aus den ebenfalls prächtig blühenden Landschaften des Auslands. Mitinitiator war Traugott Hermann Seidel, dem einige Aufsehen erregende Erfolge in der Pflanzenzucht gelangen und der 1885 die Gärtnervereinigung Sachsens gegründet hatte. Leute wie er sorgten dafür, dass der Nachschub an Bäumen und Sträuchern bei der Verschönerung der Straßen und Plätze, beim Anlegen neuer Parks nicht ausging. 1896 folgte eine zweite Leistungsschau, bei der der Städtische Ausstellungspalast am Stübelplatz seinem Zweck übergeben wurde. Da aller guten Dinge drei sind, lud das mittlerweile gern als „Gartenstadt ohnegleichen" apostrophierte Dresden, das auch einige regionale Leistungsschauen der Gartenbaugesellschaften „Flora" und „Feronia" ausgerichtet hatte, 1907 zur III. Internationalen Gartenbauausstellung. Blickfang waren etwa eine kaukasische Berglandschaft, die die Dresdner Firma Rudolf Seidel geschaffen hatte, sowie ein Japanischer Garten, ein Klostergarten und die Nachbildung eines brasilianischen Regenwaldes. Dresden etablierte sich neben Gent zum Zentrum der Garten-Branche.

Großen Zuspruch fanden auch die Internationale Kunstausstellung 1897, die frischen Wind in die vermuffte Kunstwelt der Residenzstadt brachte, sowie die Deutsche Bauausstellung 1900, auf der etablierte allerlei Gruppierungen der Dresdner Architektenzunft mit einer kulissenhaften Inszenierung historisierender Bauwerke (die meist gastronomischen Zwecken dienten) ihren künstlerischen Idealen und wirtschaftlichen Interessen dienten. Auch die Deutsche Städte-Ausstellung 1903 und die Dritte Deutsche Kunstgewerbeausstellung 1906 fanden weithin Beachtung. Letztere erwies sich als wichtiger Impuls für die Gründung des Deutschen Werkbundes sowie der Deutschen Werkstätten Hellerau im Jahr darauf. Und hier war auf Initiative der „Dresdner Gesellschaft zur Förderung der Amateur-Photographie" auch eine kleine, aber feine Sonderausstellung zu sehen, auf der Arbeiten von Lichtbild-Künstlern wie Hugo Erfurth oder Ernst Müller präsentiert wurden. An der Internationalen Photographischen Ausstellung 1909 beteiligten sich 1.695 Aussteller aus 21 Ländern, was das Renommee der Stadt weiter verstärkte.

Die Wasservogelanlage war bei den Besuchern des Zoos sehr beliebt, reichte aber nicht an die Attraktivität des Affengeheges heran.

Karl August Lingner: Ein Fabrikant bemüht sich um Aufklärung in Sachen Hygiene und Gesundheit

Zwei Jahre später, 1911, durften sich die Bürger bei der I. Internationalen Hygieneausstellung die Nasen platt drücken. Mit rund 5,5 Millionen Besuchern und einem Netto-Gewinn von einer Million Reichsmark wurden alle Erwartungen übertroffen. Geistiger Mentor und finanzkräftiger Mäzen diese Schau war der Fabrikant Karl August Lingner (1861-1916), der bereits auf der ersten deutschen Städteausstellung 1903 dafür gesorgt hatte, dass eine Halle Aufklärung über das heikle Thema Volkskrankheiten bot. Lingner war ein klassischer Selfmademan, der unten anfing und dann wegen seiner ökonomischen Erfolge das Leben eines Großbürgers führen konnte, aber auch zu den fortschrittlichsten und sozial engagiertesten Industriellen seiner Zeit zählte. Durch geschickte Werbung und unternehmerisches Können gelang es ihm, aus der Herstellung und dem Vertrieb des Mundwassers Odol ein immenses Kapital zu erwirtschaften, von dem er einen beträchtlichen Teil für gemeinnützige Zwecke stiftete. Sein besonderes Interesse galt der jungen Wissenschaft Bakteriologie. Ein besonderes Anliegen war es ihm, breitere Volksschichten über Möglichkeiten der Hygiene aufzuklären. Er förderte seit 1897 den „Verein

ODOL

Aus Dresden kommt das berühmteste Mundwasser der Welt: Odol. Laut Volksglauben soll die Namensgebung von der heimischen Lobesbekundung „Oh doll!“ inspiriert gewesen sein, richtiger ist wohl die Ableitung aus Odem (für Atem) und Oleum (für Öl). Name hin, Name her – anders als alle bisherigen Mundwasser, raste das Odol innerhalb kürztester Zeit auf der Verkaufs-Überholspur an allen vorbei. Schuld daran war ein Werbefeldzug, der bis dato seinesgleichen suchte.

Erfunden im Jahre 1892 von einem unbekannten Chemiker aus Radebeul, nahm sich der Industrielle Karl August Lingner des Elixiers an. Letzterer, ein kluger Unternehmer mit unkonventionellen Ideen, wußte sehr genau, dass die Vermarktung das A & O eines jeden Geschäftserfolges ist. Also verpasste er seinem Mundhöhlen-Wässerchen nicht nur einen Namen, sondern gleichsam eine Individualität. Abgefüllt in ungewöhnliche hippe Seitenhalsflaschen (Das Auge spült mit) war das Odol-Mundwasser der Hingucker schlechthin. Bald prangte auf Plakaten, Straßenbahnen und Zeppelinen der Ausruf: Odol ist gut! Hinzu kamen intelligent-witzige Illustrationen , wie die der sexy Blondine, die ob der Unnahbarkeit ihres Angebeteten belehrt wird, dass nur ein Odol-aromatisiertes Mündchen mit oralen Zärtlichkeitsbekundung verwöhnt wird. Werbung, die Spaß machte. Doch nicht genug damit, das Odol-Image verhieß Luxus und Körperbewußtsein. In einer Zeit, wo Gesundheitsglauben und Wissenschaftshörigkeit bizarre Blüten trieben, galt es bald als schick, seine Mundhöhle zu desinfizieren. Wer um 1900 nicht mundspülte, war nicht „up to date“.
Dem rieisigen Erfolg voran, ging indes eine geniale Werbestrategie. So wird berichtet, Karl August Lingner habe anfangs eine Schar attraktiver junger Damen engagiert, die über Wochen und Monate jede Drogerie, jede Apotheke in Dresden und Umgebung heimsuchten, um zu fragen: „Gibt es hier Odol? Kann man bei Ihnen Odol kaufen?“ Dieses vorgetäuschte Kaufinteresse – ein Geniestreich Ligners – machte das Mundwasser effektiv bekannter, als es je ein Plakat hätte tun können. Ja, es forcierte auf unglaublich pfiffige Art und Weise die Nachfrage nach dem würzigen Seitenhalskräuterling. Wenig später war Lingners Odol in aller Munde und der spätere Hygienemuseumsbegründer vom Volksmund zum Odolkönig gekrönt.

Kinderpoliklinik mit Säuglingsheim in der Johannstadt“, gründete 1900 eine „Zentralstelle für Zahnhygiene“ und zwei Jahre später die Dresdner Lesehalle auf der Waisenhausstraße, in der erstmals breite Bevölkerungskreise Zugang zu einer wissenschaftlichen Bibliothek hatten – die Regale der damaligen Volksbibliotheken waren in der Regel mit mehr oder minder schöngeistiger Belletristik und allgemeinbildender Literatur gefüllt. Die Hygiene-Ausstellung war ein immenser Erfolg. Das Symbol der Ausstellung, das „Hygiene-Auge“, hatte der berühmte Münchner Maler Franz von Stuck nach den Vorstellungen Lingners entworfen. Auf 320.000 Quadratmetern Ausstellungsfläche wurde der damalige Kenntnisstand zu Hygiene und Gesundheit ausgebreitet. Entlang der Herkules-Allee befanden sich die Pavillons der Aussteller aus dem Ausland, die im jeweiligen Nationalstil errichtet worden waren.

Aller guten Dinge sind drei – folglich gibt es auch am Elbhang ein entsprechendes Schlösser-Ensemble

Ab 1905/06 wohnte Lingner vor allem in den Sommermonaten in der Villa Stockhausen, die deshalb heute häufig Lingner-Schloss genannt wird. Sie war von 1850 bis 1853 von dem preußischen Landbaumeister und Schinkel-Schüler Adolph Lohse (1807-1867) für Baron Albert von Stockhausen, der als Hofmarschall und Kammerherr bei Prinz Albrecht von Preußen in Diensten stand, errichtet und dann im Innern nach den Plänen des Architekten Wilhelm Kreis umgestaltet worden. Als Lingner 1916 starb, vermachte er der Stadt sein Anwesen.
Prinz Albrecht (1809-1872), der wegen einer nicht standesgemäßen Ehe außerhalb Preußens leben musste, war Auftraggeber für das ebenfalls von Lohse von 1850 bis 1854 im Berliner Spätklassizismus errichtete Schloss Albrechtsberg. Es bestticht zum einen durch seine prachtvolle Innengestaltung, zum anderen durch aufwendige Terrassen- und Treppenanlagen in drei Ebenen zur Elbe hin, wobei das auf halber Höhe gelegene Römische Bad ein besonderer Blickfang ist. Drittes „Elbschloss“ wurde dann der als mittelalterliche Burg gestaltete neogotische Bau von Schloss Eckberg – von 1859 bis 1861 nach Plänen von Christian Friedrich Arnold für den Großkaufmann John Daniel Souchay errichtet.

Vor allem in Ballsälen pflegte man die Kunst des Esperanto mit dem ganzen Körper

Über eine halbe Million Touristen kam 1911 in die Stadt, nicht nur der „Sixtinischen Madonna“ Raffaels oder der Aufführungen in der Oper, sondern auch der

Am Carola-Platz ließ der Zirkus Sarrasani 1912 einen modernen Zirkusbau errichten, der mit zahlreichen Attraktionen lockte.

Ausstellungen (siehe oben) wegen. Eine immer größere Zahl von Menschen fand folglich Arbeit im Dienstleistungsgewerbe, in der Tourismusbranche. Die Menschen wollten natürlich auch unterhalten werden, mussten essen und irgendwo schlafen. Die rund 320.000 Besucher, die man 1899 registrierte, konnten unter rund 3.000 Gastwirtschaften, Hotels und Pensionen auswählen, wo sie ihr müdes Haupt zur Ruhe betten wollten.

Aber nicht nur Gäste von auswärts, auch die Einheimischen wollten sich vergnügen. Da die Arbeitszeit allerdings lang war, mindestens zwölf Stunden täglich, und das natürlich auch am Sonnabend, Freizeit folglich knapp, mussten Stätten des Vergnügens, Gasthäuser, Biergärten, Kneipen, Cafés, um die Ecke liegen, weil man nicht auch noch Geld für die Droschke oder die Elektrische zur Verfügung hatte. Das Sonntagsvergnügen der Masse musste einfach und billig sein, gute Konzerte und Theaterstücke, gar ein Besuch der Oper, das war für die „einfachen Leute“ ein unerschwinglicher Luxus.

Ein Massenvergnügen, beliebt bei Arm und Reich, war eindeutig der Tanz. Jedes bessere Hotel bot Gelegenheiten, das Tanzbein zu schwingen, aber auch in Laubenkolonien, Salons oder Varietés bestand die Möglichkeit, die Dame seiner Wahl herumzuwirbeln.

MELLITA

Für gewöhnlich schwärmen Gäste und Zugezogene gern und ausführlich von der Ansehnlichkeit der Dresdnerin, dass sie ein fescher Feger sei, feierfreudig, mit Sinn für die schönen Dinge des Lebens. Aber praktisch? Erfinderisch? Na, aber sicher doch. So geschehen im Jahre 1908. Als eine fischelante Dresdner Hausfrau – sich täglich schwarz ärgernd über den Bodensatz in ihrer Kaffeekanne – kurzentschlossen zu Hammer und Nägeln griff. Zornig durchlöcherte die energische Mutter eines neunjährigen Sohnes ihren kleinsten Messingtopf. Damit nicht genug, mopste die tatendurstige Dame ihrem verduzten Nachwuchs ein Löschblatt, um es mit Geduld und Spucke so lange zu falten und zu falzen, bis es den Topf passgerecht auskleidete. Fertsch. Das war die Geburtstunde der ersten Filtertüte der Welt. Besagte Dresdnerin hieß übrigens Melitta Benz. Und noch heute sagt man: Oh! Melitta macht Kaffee zum Genuss.

KAFFEESACHSEN

Bleiben wir beim Kaffee, oder wie man hierzulade sagt beim „Schälchen Heeßen". So oft der Dresdner auch frotzelt, eines ist und bleibt ihm stets heilig: Gaffee un Guch'n. Im Klartext: Ohne gehd nischd! Selbstverständlich liegt bei der Kuchenauswahl der heimische Backknüller – die legendöse Eierschecke – um Nasenlängen vorn, aber auch andere großzügig belegte Blechkuchen machen den Dresdner sehr sehr glücklich. Hierbei gilt: viel hilft viel.
Schon ein gewisser Robert Prutz beschimpfte die Elbflorenzer als „Kuchenfresser". Wenn er glaubte, damit ernsthaft jemandem ans Bein gestrullt zu haben, schnitt er sich mächtig. Im Gegenteil, die Dresdner kommen sehr gut mit diesem Titel aus. Wie auch mit dem Begriff „Kaffeesachsen". Ein Bezeichnung übrigens, die ihnen ihr ärgster Feind überhalf: Friedrich der Große. Dem war zu Ohren gedrungen, daß sächsische Soldaten mit den Worten „Ohne Gaffee gönn mir ni gämpf'n" ihren Dienst quittiert hatten. Da
fiel dem Alten Fritzen doch glatt die Schrippe aus der Hand und wenig später ein verächtliches „Kaffeesachsen" aus der Kauleiste. Indes: wer zuletzt lacht, lacht am besten. Und so feixt sich der Dresdner von heute eins ob der Tatsache, dass in jedem Überlebenspaket der Bundeswehr ein Tütchen vom braunen Türkentrankpulver steckt. Die Forderung nach dem Coffeinierten hat sich also letztendlich doch durchgesetzt, selbst in Friedrichs Landen. Es geht halt den Menschen wie den Leuten: Ohne gaffee gönn mir ni gämpf'n!

Keine Gelegenheit zum Tanzen wurde ausgelassen – zum Fasching auf Kostümbällen, bei Hochzeiten, zum Erntedankfest, zu Kaisers Geburtstag. Eine Dresdner Besonderheit waren die über einhundert Ballokale, die in der Blütezeit des öffentlichen Tanzes im Kaiserreich zum Besuch einluden, von zahlreichen kleineren Tanzböden mal abgesehen.

Ein ausgesprochen volkstümliches Freizeitvergnügen war der Besuch eines Rummelplatzes, möglichst der Dresdner Vogelwiese, die bis 1939 auf den Johannstädter Elbwiesen veranstaltet wurde. Hier fand im großen Maßstab statt, was diverse Wirtshausgärten in den Vorstädten im Kleinen boten: Schaukeln, Karussells, Kegelbahnen, Rutschbahnen, Tanzdielen, Kaspertheater, Muskelmänner, Zauberkünstler, Magier ... Auch der Zirkus Sarrasani, der seit 1901 in Dresden gastierte und für den dann 1912 am Carolaplatz ein damals außerordentlich moderner Zirkusbau errichtet wurde, lockte mit zahlreichen Attraktionen. 1904 gab es in Dresden erste Filmvorführungen: im Viktoriasaal. 1916, mitten im Krieg, entstanden gleich sechs neue Lichtspieltheater, darunter der Ufa-Palast in der Waisenhausstraße 26 mit 1.000 Plätzen.

300.000 Dresdner und Touristen jubelten 1889 bei der 800-Jahr-Feier der Wettiner

Was Meier recht war ist, nämlich eine Feier, das war den Wettinern 1889 nur billig, als es galt, das 800-jährige Jubiläum des Hauses zu feiern, die Erinnerung an die Belehnung Heinrichs I. von Eilenburg mit der Mark Meißen anno 1089. Der König rief und alle kamen, die Fürsten im Reich, darunter auch die ernestinischen Vettern, der Kaiser – und auch die Bürger, die sich als gleichberechtigter Erbe der Vergangenheit in die Jubelfeier einzubringen gedachten. Das Jubiläum der Wettiner wurde folglich in erster Linie als Fest der Sachsen ausgerichtet, bei dem sich – ein Novum in der Geschichte der bislang fast ausschließlich höfisch geprägten Festkultur der Stadt – alle Stände und Berufe präsentierten. 63 geschmückte Festwagen, 840 Reiter und rund 12.000 sonstige Akteure konnten die Zuschauer – das waren immerhin rund 300.000 Dresdner und Gäste – beim Umzug vorbeidefilieren sehen.

In memoriam des 1873 verstorbenen Königs Johann wurde auf dem Theaterplatz das Reiterstandbild enthüllt, sechs Jahre später auf dem Taschenberg der Wettin-Obelisk ins Straßenbild gesetzt, der 1940 dann der Spitzhacke der Nationalsozialisten zum Opfer fallen sollte. Bereits 1872 bis 1876 hatte man die Außenfassade des Langen Gangs am Stallhof zwischen Schloss und Stallhof mit dem Dresdner Fürstenzug geschmückt, ausgeführt als Sgraffito von dem Dresdner Künstler Wilhelm Walther. Die Witterung verursachte aber schnell massive Schäden. Und deshalb wurde diese Form der Fürstenverehrung, die in der Art italienischer Renaissancedekorationen symbolhaft die Geschichte der Mark Meißen und Sachsens seit 1089 in der Wiedergabe der Regenten des Hauses Wettin darstellt, zwischen 1904 und 1907 auf etwa 25.000 Meissner Porzellanfliesen übertragen.

Sport ist eigentlich Mord, aber trotzdem wird diese Variante des Selbstmords inbrünstig betrieben

Ungemein populär war der Sport. 1885 hatte in Dresden das VI. Deutsche Turnfest stattgefunden, für

Die 800-Jahr-Feier des Hauses Wettin war nicht nur wegen der 300.000 Besucher eine Art „Tag der Sachsen".

das eine große Festhalle im Großen Garten errichtet worden und dem 1875 ein Turntag der 1868 gegründeten Deutschen Turnerschaft vorausgegangen war. An patriotischen und nationalistischen Tönen fehlte es dabei selten. In der Theorie mag der Sport eine völkerverbindende Sache sein, vor allem Ärzte sind ja Meister im Verbinden, aber als beim Schlussfest ungarische Turner einen Kranz mit den Farben ihres Landes übergaben und dieser am Rednerpult aufgehängt wurde, erhob sich ein Sturm der Entrüstung über diese „nichtnationalen Farben".

1890 gründeten dem Pferderennsport ergebene Persönlichkeiten das „Dresdner Reiterheim", darunter Walter von Treskow, Premierlieutenant a.D. der Ölsaer Husaren. Am Himmelfahrtstag des folgenden Jahres galoppierten dann die ersten Rösser über die Rennbahn im damals noch vor den Toren der Stadt gelegenen Seidnitz. Bald gründete man den „Dresdner Rennverein 1890 e.V.", der dann 1895 die „Erste Sächsische Pferdeausstellung" ausrichtete.

Auch das Rudern war eine Erfolgsgeschichte. Anfang der siebziger Jahre waren zahlreiche Rudervereinigungen wie „Argo", „Orion" oder „Komet" entstanden, die sich dann 1881 mit dem „Albis" zusammenschlossen. 1883 jagten die Boote der Clubs bei der 1. Dresdner Ruderregatta über die Elbe. Am 15. Februar 1890 vereinigten sich die Clubs „Albis", „Trion" und „Germania" zum Dresdner Ruder-Verein, der letztlich später der größte und bekannteste Ruderverein in der Stadt werden sollte. 1902 wurde in Cotta der Dresdner Ruder-Club ins Leben gerufen. Tummelten sich Ruderer in der Regel auf dem Wasser, so stürzten sich die Mitglieder von Schwimmvereinen mitten ins nasse Element, sei's in die Fluten der Elbe oder in die Gewässer der Hallen- und Freibäder. 1897 wurde innerhalb der bürgerlichen Sportbewegung der Schwimmverein „Poseidon" gebildet.

Begünstigt durch die Nähe des Elbsandsteingebirges und die Eisenbahnlinie Dresden–Tetschen-Bodenbach avancierte Dresden in gewissem Sinne auch zu einer Bergsteigerstadt, hatten sich doch zahlreiche alpine Vereine gebildet, 1873 etwa die Sektion Dresden des Deutschen Alpenvereins und vier Jahre später der Gebirgsverein für die Sächsisch-Böhmische Schweiz (einer der Gründungsväter war der berühmte Fotograf Hermann Krone). Die Dresdner Sektion des mittlerweile Deutsch-Österreichischen Alpenvereins zählte 1903 fast 2.000 Mitglieder, die hoch hinaus wollten, sei es nun in der Genießerspalte IV am Meurerturm in der Sächsischen Schweiz oder am Matterhorn in der echten Schweiz, darunter auch der Oberbürgermeister Gustav Otto Beutler (1854-1926) und der Generalmusikdirektor Ernst von Schuch (1846-1914). 1911 schlossen sich in Dresden 15 Kletterclubs zum Sächischen Bergsteigerbund zusammen, der drei Jahre später dann schon 75 Kletterclubs umfasste. Außerdem gab es 1914 in der Stadt fünf Sektionen des DuÖAV.

Von der Devise „Ein gesunder Geist in einem gesunden Körper" waren auch die Akteure in der Turnhalle des Allgemeinen Turnvereins in der Permoserstraße überzeugt.

Die Gartenstadt Hellerau pflegt die Utopie vom Leben in freier Selbstbestimmung

In Hellerau im Norden von Dresden entwickelte der Laubegaster Möbelfabrikant Karl Schmidt, angeregt von der 3. Deutschen Gewerbeausstellung 1906 und den Vorbildern englischer „garden-cities", zusammmen mit Wolf Dohrn das Projekt einer Gartenstadt. Er gründete am 10. September 1908 die „Baugenossenschaft" und ließ seine Idealstadt von dem Münchner Künstler und Architekten Richard Riemer-

LUISE VON TOSCANA

Die ungewöhnlichsten Geschichten schreibt das Leben immer noch selbst. So die der letzten sächsischen Kurprinzessin Luise von Toscana. Was sich um 1900 am sächsischen Hofe zutrug, verursachte einen Skandal, der so aufsehenerregend war, dass er die Windsors um Längen in den Schatten stellt. Zur Sache. Eigentlich ist das Schicksal der Luise von Toscana so ein Art vorweggenommene Lady-Di-Story. Beide Frauen werden jeweils an einen stocksteifen, konservativen Hof verheiratet. Beide ehelichen Männer, denen es an Größe und Willen gebricht, sich für Ihre Gattinen ein- bzw. gegen das höfische Intrigantentum durchzusetzen. Beide Frauen versuchen eigene, zeitgemäßere Wege zu gehen. Dafür und für ihre natürliche Herzlichkeit werden sie vom Volk abgöttisch geliebt. Aber die Schraubzwinge des Hofapparates drückt bei jedem Ausfallschritt nur noch fester zu. Und so bleibt ihnen einzig die Wahl, an den Verbiegungen ihrer Persönlichkeit einzugehen oder das Spielfeld zu verlassen, um ein neues Leben zu beginnen. Für die in Salzburg auf die Welt gekommene Erzherzogin von Österreich sah es anfangs ganz rosig aus. Sie und Friedrich August liebten sich. Die Hochzeit ward bejubelt, das Volk von der hübschen Braut entzückt. Für den Hof hingegen war Luise einfach nur ein Schock. Unkonventionell, heißblütig, voller Lebenslust – so beträgt sich keine Kronprinzessin. Das Fahrradfahren lernte sie heimlich, für den Opernbesuch mischte sie sich verkleidet unters Volk – welch köstliches Amüsement. Die Bevormundung aber nahm zu, jeder ihrer Wege wurde überwacht, Kälte und Herzlosigkeit machten das Leben im Schloß bald unerträglich. Und der Gemahl? Völlig unter der religiös-fanatischen Fuchtel seines engherzigen Erzeugers, gab der Kronprinz klein bei. Selbst nach dem Tod des gefürchteten Vaters, hielt Luises Mann an dem Versprechen fest, seine Frau nie wieder bei Hofe vorzulassen. Was in der Zwischenzeit geschehen war? Luise, die man einer Affäre verdächtigte, floh 1902 heimlich in Richtung Italien. Sie war zum sechsten Mal von ihrem Gatten schwanger, das Ehedrama perfekt. Dass die sächsische Geheimpolizei ihr die Tochter entführte und der Vater ihres Mannes die Ehe ohne Anhörung seines Sohnes scheiden ließ, ist nur die Eisbergspitze der tragischen Geschehnisse um eine unangepaßte Frau, die im Alter von 77 Jahren verarmt in Brüssel starb.

schmid anlegen, der auch die ersten Serienmöbel Deutschlands entwickelte, die dann in der 1909 fertig gestellten Fabrik für die Deutschen Werkstätten für Gegenwartskunst hergestellt wurden. Einige Jahre lang, als der Genfer Musik- und Tanzpädagoge Emile Jacques-Dalcroze seine „Bildungsanstalt für Musik und Rhythmus" gründete und 1912 und 1913 Festspiele stattfanden, wurde hier der Traum einer in Arbeit und Feier geeinten Lebensgemeinschaft geträumt. Zu ihren schönsten Stunden in Heinrich Tessenows strengem Festspielhaus, das die Prinzipien des Bauhauses um ein Jahrzehnt vorwegnahm, aber auch als Schlüsselwerk der konservativen Moderne gilt, pilgerte eine europäische Elite: Max Reinhardt und Gerhart Hauptmann, Vaclav Nijinsky und Henry van de Velde, Franz Kafka und Rainer Maria Rilke, Oskar Kokoschka und Igor Strawinsky ... Der Erste Weltkrieg sollte dann schmerzhaft deutlich machen, dass die Utopie vom in freier Selbstbestimmung jenseits der industriellen Normierung lebenden Individuum sich nicht so ganz einlösen lässt.

Die Zeitgeschichte sollte in Hellerau dann ihre Spuren hinterlassen. Pläne der Nationalsozialisten, aus dem Festspielhaus und -gelände einen Weiheort der deutschen Oper zu machen, schlugen fehl. Stattdessen zogen Polizei, SA und SS ein. Nach dem Zweiten Weltkrieg richtet die Sowjetarmee hier ein Lazarett ein. Der große Saal hinter dem feierlichen strengen Pfeilerportikus diente nunmehr als Sporthalle.

Nicht nur eine „Brücke" beschert Dresden eine kurze kulturelle Blüte

Partiell erlebte Dresden in den Jahren vor dem Ersten Weltkrieg eine Blüte, wenn auch teilweise gegen den vehementen Widerstand konservativer Kräfte. Das Kultur- und Kunstleben war mehr und mehr erstarrt und zunehmend von einer Klientel konservativer Akademieprofessoren getragen, die dem Einzug der Moderne Widerstand entgegensetzten und neben ihrer bestimmenden Rolle an der Kunstakademie großen Einfluss auf Ausstellungskonzepte, Auftrags- und Ankaufspolitik hatten. So überlebte an der Kunstakademie lange ein steriler Idealismus, ein orthodoxer Akademismus – Leben, Farbe und Licht blieben außerhalb der Malsäle. Dresden büßte so seinen Ruf als einer der führenden Kunstmetropolen einerseits ein, andererseits wehte hier und dort doch frischer Wind im Kulturbetrieb.

Der Amtsantritt Gotthardt Kuehls, der 1895 zum Leiter des neu geschaffenen Ateliers für Genremalerei und Lehrer in der Oberklasse der Akademie berufen worden war, brachte die Wende. Und es war Carl Bantzer, der mit den Künstlern der „Goppelner Maler–

Eine Gartenstadt nach den Vorbildern in England versuchten Wolf Dohrn und Karl Schmidt in Hellerau zu verwirklichen. In den Werkstätten wurden die ersten Serienmöbel Deutschlands hergestellt.

schule“ durch Felder und Flure der Umgebung zog und den Durchbruch zu einer modernen, vom französischen Impressionismus inspirierten Malerei mitinitiierte. Ein Jahr zuvor hatte Bantzer die „Freie Vereinigung Dresdner Künstler“ gegründet. Und auch in der „Zunft“ (1905) und der Dresdner Künstlervereinigung (1910) beschritt man neue Wege beim Pinselschwingen.

Die nachhaltigsten Folgen sollte die Gründung der expressionistischen Künstlergemeinschaft „Die Brücke“ 1905 durch die vier Architekturstudenten Fritz Bleyl, Erich Heckel, Ernst Ludwig Kirchner und Karl Schmidt-Rottluff haben. Sie fanden ihre Motive vorzugsweise im Arbeiterviertel Friedrichstadt, wo sie ihre Ateliers gemietet hatten (wobei sich allerdings nur Kirchner wirklich eingehender mit dem Dresdner Stadtbild beschäftigte), außerdem mit ihren Modellen in der Moritzburger Teichlandschaft. Später stießen zu dieser Avantgarde-Bewegung etwa noch Max Pechstein und Emil Nolde. „Kunstverhunzer“, schimpfte der alte Kuehl über diese Maler, und hatte vermutlich wenig dagegen, dass die jungen Wilden ein Nischendasein führten. Die Museen der Stadt blieben jedenfalls reserviert, größere Ausstellungen in den renommierten Galerien Richter (1907) und Arnold (1911) schockten zwar manche Bürger, brachten aber nicht den Durchbruch. 1911 gingen die Mitglieder der „Brücke“ fast ausnahmslos in die Reichshauptstadt Berlin, zwei Jahre später löste sich die Gruppe auf.
Einem Hauptmeister des Expressionismus verdankt Dresden eine Reihe von Ansichten der Stadt. 1917 traf Oskar Kokoschka an der Elbe ein, um hier von seinen Kriegsverletzungen zu genesen, und schuf, beeindruckt von Bellottos Stadtveduten in der Gemäldegalerie, zwischen 1919 und 1923 eine Serie von Dresden-Bildern.

Im Bereich der Musik ließen die glanzvollen Uraufführungen einiger Opern von Richard Strauss (1905 Salome, 1909 Elektra) unter der Stabführung des Generalmusikdirektors Ernst von Schuch die Welt ebenso aufhorchen wie die Darbietungen des Gewerbehaus-Orchesters, aus dem später die Philharmonie hervorging.

Ein Weltkrieg sorgt dafür, dass in Europa die Lichter ausgehen, Dresden einen „Kohlrübenwinter“ erlebt

Am 1. August 1914 gingen in Europa die Lichter aus. Die „Urkatastrophe des 20. Jahrhunderts“, wie George F. Kennan den Ersten Weltkrieg nannte, nahm ihren Anfang. Kaiser Wilhelm II., der die Deutschen doch herrlichen Zeiten hatte entgegenführen wollen, kannte keine Parteien mehr, sondern nur noch Deutsche, so dass selbst die SPD im Reichstag den Kriegskrediten zustimmte. Es wurden Kriegsanleihen gezeichnet, mal wieder Gold für Eisen gegeben, Metalle und Stoffe gesammelt, die Produktion in immer mehr Betrieben den Erfordernissen des Krieges angepasst. Insbesondere Firmen, in denen Rüstungsgüter und Waffen produziert wurden, profitierten durchaus vom Krieg. In der Regel stieg sogar die Mitarbeiter-Zahl der Belegschaft, wobei vielfach Frauen die an die Front abkommandierten Männer ersetzten. „Feindliche Ausländer" hatten die Stadt zu verlassen, was sie angesichts der aufgeheizten Atmosphäre vermutlich nur zu gern taten.

Die Seeblockade durch Großbritannien führte bald zur Verknappung der Lebensmittel, so dass rasch Rationierungsmaßnahmen eingeführt, Höchstpreise festgesetzt werden mussten, um die allgemeine Teuerung nicht ins Uferlose steigen zu lassen. Trotzdem stieg der Preis für ein Brot zwischen 1914 und 1920 von 18 auf 56 Pfennig. Die personell ausgedünnte Stadtverwaltung, der ab 1915 der Jurist Bernhard Blüher als Oberbürgermeister vorstand, konnte nur noch den Mangel verwalten. Mit der Bildung eines Lebensmittelamtes sowie eines Erwerbsföderungsausschusses versuchte die Stadtverwaltung der schwierigen Kriegslage Rechnung zu tragen. Straßenbahnen fuhren seltener, die Straßenbeleuchtung wurde fast gänzlich abgestellt, 1917 schlug für 60 vielfach historische Kirchenglocken das letzte Stündlein im Schmelzofen. Kirchenglocken zu Kanonen war das Gebot des Vaterlandes.

Einschränkungen der Presse- und Vereinsfreiheit wurden dem allgemeinen „Burgfrieden" zuliebe, auf den sich Kaiser, Parteien und soziale Schichten zunächst verständigt hatten, zunächst ebenso bereitwillig hingenommen wie Versammlungs- und Streikverbote oder etwa ein verschärftes Strafrecht. Die Übernahme der zivilen Exekutivgewalt durch die stellvertretenden Generalkommandos sollte zusammen mit der (Selbst-)Entmachtung des Kaisers die entscheidende Veränderung der inneren Struktur des Deutschen Reiches sein. Auf der Grundlage fast diktatorischer Vollmachten nahmen die auch in Sachsen zur Nebenregierung avancierten Militärbefehlshaber Einfluss auf weite Bereiche des volkswirtschaftlichen, innen- und sozialpolitischen Geschehens. In Dresden kümmerte sich General von Broizem um die Koordination der politischen und wirtschaftlichen Belange, mit denen man der kriegsbedingten Mangelwirtschaft Rechnung tragen wollte.

Weihnachten war man nicht, wie viele gedacht hatten, „wieder zu Hause", sondern die Front war im Westen im Stellungskrieg erstarrt – und sollte es vier

Der Appell an die Heimat fand zunächst seinen Widerhall in der durchaus patriotisch gestimmten Bevölkerung.

Jahre bleiben. Trommelfeuer und Maschinengewehre verursachten hüben wie drüben Menschenverluste ungeahnten Ausmaßes. Die Zurschaustellung erbeuteter Waffen Ende 1914 auf Theaterplatz und Hauptstraße mochte die vaterländisch gestimmten Herzen kurzfristig erwärmt haben, die folgenden Winter wurden kalt. Kohle war knapp. Diverse Schulen wurden zu Wärmehallen umfunktioniert, von der Kriegsorganisation Dresdner Vereine Volksküchen eingerichtet. Die hatten im „Kohlrübenwinter" 1916/17 allerdings auch nicht mehr viel zu verteilen. Selbst das Brot durfte mittlerweile gemäß einer Verordnung des Kriegsernährungsamtes zu 60 Prozent aus Futterrüben bestehen. Angesichts solch täglichen Brots dürften sich vermutlich nicht allzu viele über das im April 1917 erlassene Kuchenbackverbot gewundert haben. Sogar die Kamele des Zirkus Sarrassani wurden für den Kriegsdienst als Zugtiere auf den Straßen Dresdens eingespannt. Große Teile der Beamten und Angestellten aus dem Mittelstand verarmten und sahen sich mit dem eigenen gesellschaftlichen Abstieg konfrontiert, den Arbeitern konnte es ohnehin kaum noch schlechter gehen.

Räder müssen rollen für den Sieg, wenn's sein muss, dann werden sie eben von Kamelen bewegt. Um den Sieg im Ersten Weltkrieg zu erringen wurden auch die ungewöhnlisten Reserven mobilisiert.

Der Burgfrieden bröckelte nach und nach. Ende Oktober 1915 protestierten 800 Arbeiterfrauen vor dem Rathaus gegen die ungerechte Verteilung von Lebensmitteln. 8.000 Teilnehmer zählte man Anfang November 1916 bei einer Kundgebung gegen den Krieg. Während man seitens des Alldeutschen Verbandes und der schließlich im September 1917 in Königsberg gegründeten Vaterlandspartei auf einen „Siegfrieden" setzte, hofften immer größere Teile der Bevölkerung im Reich auf einen „Verständigungsfrieden". Entsprechend agitierten auch Gruppierungen in der Dresdner SPD. Teile des linken Flügels der Partei schloß sich mit dem zuvor neu gebildeten Sozialdemokratischen Verein im Frühjahr 1917 der Unabhängigen Sozialdemokratischen Partei (USPD) an. Wasser auf die Mühlen der Revolutionäre in spe war der Ausbruch der Februarrevolution 1917 in Russland, der bald die Oktoberrevolution der Bolschewiki folgte. Der Frieden von Brest-Litowsk zwischen dem Deuschen Reich und dem nun von Lenin geführten Russland ließ die Verfechter des Siegfriedens jubeln und andere kurzfristig hoffen, aber nach dem Scheitern der Offensiven im Westen im Frühjahr 1918 hatte man keine Reserven mehr. Als nun auch in großer Zahl gut ausgerüstete US-Soldaten und Tanks (Panzer) ins Geschehen eingriffen, da war fügte sich der Generalstab in die Einsicht, dass der Krieg nicht mehr zu gewinnnen war.

Die Revolution kostet allen Fürsten den Thron, auch Friedrich August III.

Am 17. Oktober 1918 weigerten sich erstmals Soldaten der Dresdner Garnison auf dem Neustädter Bahnhof an die Front zu fahren. Eigentlicher Auslöser der Revolution, die das Ende des Kaiserreichs zur Folge hatte, war dann die Meuterei von Matrosen der Kriegsmarine in Kiel am 9. November, die keine Lust hatten, sich bei einem unnützen Angriff verheizen zu lassen. Die Meuterei wuchs sich zur Revolution aus, der Funke sprang auf andere Städte über, darunter auch auf die Hauptstadt Berlin. Das Reich kapitulierte. Da die Propaganda bis zuletzt Siegeszuversicht verbreitet hatte, war der Schock nun umso größer. Fast 14.000 Dresdner waren gefallen, alle Opfer waren letztlich umsonst. Deutschlands Heer war besiegt wor-

Auch wenn König Friedrich August III. ungemein populär war, die Revolution fegte ihn genauso vom Thron wie alle anderen Fürsten.

FRIEDRICH AUGUST III.

Warum Sachsens letzter König im Jahre 1918 abdanken musste? Warum er das Dresdner Schloss, die Residenz seiner Urahnen verließ und sich nach Sybillenort zurückzog? Offiziell müssen dafür Kriegsende und Revolution herhalten. Sicher, die Zeiten standen nicht nach Monarchie. Aber inoffiziell blieb die Entthronisierung unverständlich. Die Dresdner liebten ihren letzten König über alles. Das war nicht irgendeiner, der von oben herab ... Friedrich August III. war in erster Linie Mensch. Bescheiden, volksnah sächselnd und ein treusorgender Vater dazu. Einer, der wie jeder andere beim Geschäftebummel die noblen Auslagen der Prager Straße bestaunte. Die Dresdner liebten ihn und fanden es toll, wenn ihr Monarch neben Kaiser Wilhelm in voller Montur auf dem Alaunplatz die Parade abnahm. Aber er tat ihnen auch leid. Seine Frau, Luise von Toscana, ein schönes, lebenslustiges Weib war ihm davongelaufen. Luise gegen seinen herzlosen Vater zu verteidigen, fehlte Friedrich August III. der Schneid. Ein Schicksalsschlag, den er nicht verwinden sollte. Und so wurde aus ihm ein trauriger König, von dem Erich Kästner später schrieb, dass er nach einsamen Spaziergängen in „seiner viel zu großen Wohnung“ verschwand. Dass ihm seine revolutionären Sachsen nun auch noch in den Rücken fielen, muss Friedrich August III. vollends das Herz gebrochen haben. Insofern wundert es nicht, dass dem letzten Sachsenkönig mit großer Hartnäckigkeit bis heute ein nie belegtes Zitat in den umschnurbarteten Mund geschoben wird. Sichtlich enttäuscht hätte er seinem Volk zum Abschied die denkwürdigen Worte mit auf den Weg gegeben: „Machd Euern Dreck alleene“.

den, die Rechte sollte aber später die Legende verbreiten, das „im Feld unbesiegte Heer“ sei dem „Dolchstoß“ der „Novemberverbrecher“ in der Heimat erlegen.

Kaiser Wilhelm II. musste abdanken und ging ins Exil nach Holland, alle anderen gekrönten Häupter Deutschlands kostete die Revolution ebenfalls ihren Thron. Der aus Dresden über Moritzburg geflüchtete König Friedrich August III. (1865-1932) unterschrieb am 13. November 1918 auf Schloss Gutenborn bei Ruhland in der Lausitz seinen Verzicht auf den Thron. Kaum einem regierenden Monarchen im Vorkriegseuropa dürfte von der überwältigenden Mehrheit seines Volkes so viel Beliebtheit zuteil geworden sein wie Friedrich August III. Und doch war seine Zeit abgelaufen, auch wenn es, wie der Historiker Frank-Lothar Kroll feststellte, „eine im eigentlichen Sinne ‚revolutionäre‘, die monarchistische Staatsform grundsätzlich in Frage stellende Atmosphäre im Königreich Sachsen bis zuletzt nicht gegeben“ hat.

Aber letztlich hatten Friedrich Augusts III. einstige Untertanen am 9. November aufbegehrt, die Revolution, die sich wie ein Steppenbrand ausgebreitet hatte, mitgetragen. Ende November gab es in Sachsen mit seinen 144 Städten 124 Arbeiter- und Soldatenräte (ASR). Am Abend des 9. November hatten Mehrheits-SPD (MSDP) und Unabhängige Sozialdemokratische Partei Deutschlands (USDP) ihre separaten Arbeiterräte zu einem paritätisch besetzten „Vereinigten Revolutionären Arbeiter- und Soldatenrat Groß-Dresdens“ zusammengelegt, der zunächst Post- und Telegrafenamt, das Generalkommando des Heeres sowie Polizeipräsidium und Rathaus besetzen ließ und tags darauf die „soziale Republik Sachsen“ ausrief. Vom Turm des Schlosses wehte die rote Fahne, aber als Sitz der nun demokratischen Landesregierung blieb die Sozialstruktur in Dresden weitgehend unangetastet. Bernhard Blüher (1864-1938), der am 31. Mai 1915 von den Stadtverordneten zum Oberbürgermeister gewählt worden war, bekleidete sogar weiter das Amt – man brauchte den fähigen Finanzfachmann und Verwaltungsexperten, der auch Vorsitzender der DNVP (Deutschnationale Volkspartei) war, für die er 1920 in den Landtag gewählt worden war.

Schwierige Zeiten während der Demokratie von Weimar (1918-1933)

Zumindest in Sachsen konnte die Arbeiterbewegung nach der Revolution eine wichtige Rolle einnehmen

Der Feind eines jeden Revolutionärs ist der Konterrevolutionär – sowie ein anderer Revolutionär. Zunehmend gab es allerdings Differenzen zwischen den radikalen Kräften der USPD und den Mehrheitssozialisten, die in den meisten Wahlen im Freistaat die Nase vorn hatten. Bei den Wahlen zur „Volkskammer der Republik Sachsen" am 2. Februar 1919 beispielsweise errang die MSDP 42 von 96 möglichen Sitzen, die USPD 15. Das reichte gegenüber den bürgerlichen Parteien, um den Sozialdemokraten Julius Fräßdorf zum Präsidenten der Volkskammer zu wählen, die dann am 25. Februar ein vorläufiges Grundgesetz verabschiedete. Bei den Wahlen zur Dresdner Stadtverordnetenversammlung am 9. Februar erhielten MSDP und USPD 43 der 84 zu vergebenden Mandate. Vertreter der revolutionären Kommunistischen Partei Deutschlands (KPD), die am 1. Januar 1919 in Berlin gegründet worden war, fassten in Sachsen zunächst kaum Fuß. Nichtsdestotrotz war Sachsen der einzige bedeutende Flächenstaat in Deutschland, in dem die Arbeiterbewegung nach der Revolution eine dominierende Position einnehmen konnte. Allerdings waren selbst die Unabhängigen in Sachsen keine linksradikalen Fundamentalisten (zunächst jedenfalls), sondern gelobten, die demokratische Verfassung zu verteidigen.

Als es nach einer Kundgebung des „Roten Soldatenbundes" im Zirkus Sarrasani Anfang Januar 1919 zu einer Schießerei mit 14 Toten kam, wurde über Dresden der Belagerungszustand verhängt, kommunistische Versammlungen verboten, Otto Rühle und andere führende Mitglieder der KP verhaftet. Eine weitere schwierige Situation trat ein, als im Anschluss an eine Demonstration von Kriegsversehrten auf dem Theaterplatz am 12. April 1919 der sozialdemokratische Kriegsminister Sachsens, Gustav Neuring, aus seinem Büro im Blockhaus geholt, in die Elbe gestürzt und dort erschossen wurde. Nach dieser Ermordung verhängte die Regierung Gradnauer den Belagerungszustand über den Freistaat Sachsen. Die *Rote Fahne* wurde in Sachsen verboten. Im von linken Parteien dominierten Stadtparlament hatten Abgeordnete, darunter auch erstmals Frauen, das Sagen, auf der Straße aber Regierungstruppen sowie Angehörige des Freikorps Görlitz. In Freikorps versammelten sich rechtsgerichtete Kräfte, die links revolutionäre Gruppierungen bekämpften.

1925 forderte dieser Propagandawagen für die „Rote Hilfe" auf dem Bischofsplatz die Solidarität der Arbeiterklasse ein.

Und weil aber nun „Reichswehr nicht auf Reichswehr schießt", ließen sich reguläre Truppen dann auch kaum auf den Straßen blicken, als der Generallandschaftsdirektor Wolfgang Kapp, der 1917 die Deutsche Vaterlandspartei mitbegründet hatte, am 13. März 1920 versuchte, die Republik zu stürzen. Die Reichsregierung flüchtete vor den Freikorps aus Berlin nach Dresden, fuhr allerdings tags darauf gleich nach

Manche konnten mitunter eine ruhige Kugel schieben, so wie diese Herren auf Kur im Sanatorium Lahmann auf dem Weißen Hirsch. Die Kugeln, die in revolutionären Zeiten mitunter über die Straßen flogen, waren weitaus unangenehmer.

Stuttgart weiter, da die Lage zu unsicher erschien. Wie überall in Deutschland, so wurde auch in Dresden dem Aufruf der Gewerkschaften zum Generalstreik Folge geleistet. Die öffentlichen Verkehrsmittel fuhren nicht, Ämter, Geschäfte, Gaststätten, alles blieb geschlossen. Zehntausende versammelten sich am 15. März auf dem Postplatz, um gegen Kapp & Co zu demonstrieren. Aus einem Gerangel zwischen republiktreuen Reichswehrtruppen und Demonstranten um das Telegraphenamt entwickelte sich ein Feuergefecht, bei dem auch Artillerie eingesetzt wurde und das 50 Zivilisten und sechs Soldaten das Leben kostete sowie 200 Verwundete forderte. Zwei Tage später brach der Kapp-Putsch zusammen, das Leben in Dresden normalisierte sich wie im gesamten Reich einigermaßen.

Schwierig wurde die Lage wieder, als am 23. März 1923 im Freistaat eine sozialdemokratische Minderheitsregierung unter Ministerpräsident Erich Zeigner die Amtsgeschäfte übernahm. Dass sie von der KPD auf der Grundlage eines Tolerierungsabkommens unterstützt wurde, sorgte für erhebliche Aufregung im Reich. Der Konflikt verschärfte sich dann noch, als die Führungskader der KPD nach Beratungen mit der Komintern in Moskau, der 1919 gegründeten Kommunistischen Internationale, direkt der sächsischen Regierung beitraten. Dem am 10. Oktober gebildeten zweiten Kabinett Zeigner gehörten unter anderem Paul Böttcher (Finanzminister), Fritz Heckert (Wirtschaftsminister) und Heinrich Brandler (Leiter der Staatskanzlei) an.

In Berlin, aber auch in Bayern, wo völkische und nationalistische Kräfte den Ton angaben, war man gar nicht erbaut von der Aussicht auf einen „roten Oktober", wie er der KPD vorschwebte, die ihre Zentrale nach Dresden verlegt hatte und die proletarischen Hundertschaften, irreguläre kommunistische Kampfverbände, mit Waffen ausstattete – als Vorstufe zur allgemeinen proletarischen Revolution. Nach zwei gescheiterten Misstrauensvoten im Sächsischen Landtag gegen die Regierung Zeigner verhängte die Reichsregierung unter Kanzler Gustav Stresemann am 21. Oktober die Reichsexekution gegen Sachsen und Thüringen, wo ebenfalls eine „Diktatur des Proletariats" drohte. Das Bürgertum in Dresden warf den einrückenden Soldaten Blumen zu, wie der amerikanische Konsul bemerkte, die Arbeiter mussten die Sache blutig ausbaden. Kurzfristig bekam Sachsen einen Reichskomissar, den Reichstagsabgeordneten Rudolf Heinze, dann übernahm am 1. November 1923 eine von Alfred Fellisch (SPD) gebildete Übergangsregierung die Amtsgeschäfte.

Die Inflation verschärft die allgemeine Notlage in den Nachkriegsjahren

Fast alle sozialen Schichten hatten hingegen unter den Auswirkungen der Inflation 1922/23 zu leiden. Zwar war die Versorgung mit Nahrungsmitteln durch verschiedene Maßnahmen von Landesregierung und Stadtverwaltung in den unmittelbaren Nachkriegsjahren verbessert worden, aber angesichts gesunkener Reallöhne und massiver Arbeitslosigkeit (fast 60 Prozent der Dresdner hatten keinen Job) nutzte vielen das umfangreichere Angebot nur wenig. Ende 1922 mussten die gerade abgeschafften Lebensmittelkarten wieder eingeführt werden. Für böses Blut sorgte auch, dass Ausländer, insbesondere Bürger des jungen tschechoslowakischen Staates, das Währungsgefälle nutzen, um günstig Immobilien in Dresden zu erwerben. Der Wert der Mark war ständig gesunken: Entsprach Anfang Januar 1923 ein Dollar 1.800 Mark, so erhielt man im November für einen Dollar einen Papierpacken im „Wert“ von 4,2 Billionen Mark. Immer wieder und in vielen Orten kam es zu Tumulten und Demonstrationen gegen die Massenarbeitslosigkeit, zu Arbeitsniederlegungen und Plünderungen. 1919 zählte man in Dresden rund 25.000 Arbeitslose, im Oktober 1923 lebte ein Viertel aller Arbeitslosen im Reich in Sachsen. Das hoch industrialisierte Sachsen hatte stärker als andere Länder unter der wirtschaftlichen Krise zu leiden.

Die Mitarbeiter des 1920 gegründeten Fürsorgeamts Dresdens hatten viel zu tun – und zwar in einem Dresden, das erheblich größer geworden war, waren doch am 21. April 1921 zwanzig Vororte eingemeindet worden, darunter Bühlau und Briesnitz, Kaitz und Kemnitz, Laubegast und Leuben, und drei Monate später auch Leubnitz-Neuostra, Prohlis und Torna. Vehement gegen die vom Innenministerium am 7. Januar verfügte Eingemeindung nach Dresden gewehrt hatten sich die Einwohner der wohlhabenden, bürgerlich geprägten Gemeinden Blasewitz, Loschwitz und Weißer Hirsch – sie waren wenig begeistert, dass die von ihnen zu erbringenden Steuererträge auf ärmere Leute in anderen Vierteln umverteilt wurden. Hunderte Einwohner demonstrierten am 19. Januar im Blasewitzer Goethe-Garten ihren Unmut, aber letztlich blieben alle Proteste und Petitionen erfolglos.

Nominell ein feines Sümmchen, de facto aber nichts wert.

Erst gab man Gold für Eisen, dann musste man Schulden machen, weil die Inflation alle Mittel fraß.

Das Stadtgebiet von Dresden vergrößerte sich von 7.195 Hektar auf 12.287 Hektar, die Einwohnerzahl betrug 1925 fast 620.000 Menschen. Das städtische Streckennetz von Bus und (Straßen-)Bahn wurde erheblich ausgeweitet, um den Neubürgern den Weg in die Innenstadt zu verkürzen.

Eine neue Gemeindeordnung begrenzt die Befugnisse des Stadtrats

Nach dem Ende der Inflation, welche die Reichsregierung unter anderem durch die Einführung einer Rentenbank erreichte, begann eine kurze Phase der verhaltenen Konsolidierung. Mit dem wirtschaftlichen Erfolg begann ein rascher Ausbau der Dresdner Stadtverwaltung. Am 1. August 1923 war eine neue sächsische Gemeindeordnung erlassen worden, welche die basisdemokratischen Elemente auf Kosten des

Rats, dessen Befugnisse begrenzt wurden, stärkte. Die Neuschöpfungen auf sozialem Gebiet, etwa von Polikliniken und kommunalen Kindergärten, behoben die gröbsten Auswüchse einiger sozialer Missstände, erweiterten die persönliche Freiheit (Frauenemanzipation) und wurden langfristig zum Standard kommunaler Aufgaben. Waren Staat und Stadt bis 1914 nur beschränkt in der Wohlfahrtspflege tätig, so avancierte dieser Bereich während der Kriegs- und Nachkriegsjahre zu einem wichtigen Aspekt der Politik auf allen Ebenen. Die Republik begründete ihre Legitimation zu einem nicht unerheblichen Teil mit dem Aufbau eines leistungsfähigen Sozialstaates. Das hatte mitunter fatale Folgen. Der Dresdner Stadtverwaltung gelang es während der gesamten Weimarer Republik nicht, eine geordnete Finanzverwaltung aufzubauen – was zum Teil aber auch an dem allgemeinen Bedeutungsverlust lag, dem die Kommunen im Zuge der Zentralisierung des Staates ausgesetzt waren.

„Glanzleistung deutscher Architektur" oder „geschossmäßig übersteigerte Mietskaserne" am Albertplatz?

Mit Kugelhaus und „Wolkenkratzern" werden neue Wege beschritten, nicht allen gefällt's

Es wurde gebaut – und zwar kräftig, bestand doch, da während des Krieges fast sämtliche Bauprojekte eingestellt worden waren (die Bienertsche Hafenmühle zählte zu den letzten Großbauten der Industrie, die vor 1914 errichtet wurden), erheblicher Nachholbedarf. Die vielen Projekte, die der als Stadtbaurat nach Dresden berufene Architekt Hans Poelzig für die Stadt vorgesehen hatte – ein Stadthaus, eine Brücke, mehrere Museen, eine Feuerwache, ein Bankgebäude – sie alle waren über das Planungsstadium nicht hinausgekommen.

Johann Heinrich Ernemann wollte sogar hoch hinaus. Ein Hochhaus sollte vom Erfolg seiner Ernemann Werke AG künden, der damaligen Nummer eins in Europa in der Foto-, Kino- und Optikbranche. Fast zehn Jahre hatte es gedauert, bis das in Eisenbeton-Skelettbauweise errichtete Produktionsgebäude an der Junghansstraße mit seinem 48 Meter hohen Turm fertig war. Über zwölf Etagen verfügte auch der Turm an der Hauptfassade der Zigarettenfabrik Greiling an der Zwickauer Straße. 1929 erhielt Dresden ein weiteres Hochhaus. Elf Geschosse hatte das von der Sächsischen Staatsbank errichtete Gebäude am Albertplatz. Das Urteil fiel zwiespältig aus: Eine „Glanzleistung deutscher Architektur", schrieben die *Dresdner Nachrichten*, eine „geschossmäßig übersteigerte Mietskaserne" nannte es die Fachzeitschrift *Der Privatarchitekt*. Andere Planungen für Hochhäuser, die zudem noch deutlich konsequenter auf die amerikanischen Vorbilder in New York und Chicago eingingen, wurden teils aus wirtschaftlichen, teils aus städtebaulichen Gründen (es gab da gewisse Bauordnungen) nicht realisiert.

Für noch weitaus mehr Aufsehen und Zoff hatte allerdings ein Jahr zuvor das Kugelhaus gesorgt, das der Münchner Architekt Peter Birkenholz anlässlich der Jahresschau „Die Technische Stadt" in das Ausstellungsgelände gesetzt hatte. Die Nationalsozialisten bezeichneten die Weltneuheit mit einem Kugeldurchmesser von 24 Metern und einem Gewicht von 280 Tonnen als „undeutsch", weil Birkenholz jüdischer Abstammung war, und rissen es ab – allerdings erst 1938.

Noch ein weiteres Bauwerk erregte auf dieser Ausstellung ebenfalls Aufsehen: das Haus einer Düsseldorfer Firma in Rahmenskelettbauweise. Es entsprach dem Geist und Erfordernissen der Zeit, nämlich Wohngebäude preiswert und schnell aus genormten Fertigteilen zu errichten. Wohnraum war stets knapp, da konnte auch der gemeinnützige Wohnungsbau durch Genossenschaften nur begrenzt Abhilfe

Das Kugelhaus auf dem Messegelände am Straßburger Platz. Die Weltneuheit des Münchner Architekten Peter Birkenholz sorgte allerdings für erheblichen Unmut. Die Nationalsozialisten ließen das „undeutsche" Gebäude 1938 abreißen.

schaffen, obwohl etwa zwei Drittel der städtischen Bürgschaften in den 20er Jahren beim Wohnungsbau zum Einsatz kamen. Größte Wohnungsbaugenossenschaft in Dresden war die Eisenbahnergenossenschaft, die bis 1939 über 3.000 Wohnungen errichten ließ. Ungewöhnlich war die Wohnsiedlung, für die Hans Richter 1928 die Pläne gezeichnet hatte: „Neu-Marokko" nannte der Volksmund die Anlage, weil die Häuser an der Kopernikus- und Industriestraße flache Dächer aufwiesen, die teilweise sogar als Terrasse genutzt wurden. Optische Akzente setzte, allerdings vorzugsweise aus der Luft betrachtet, die Rundsiedlung in Laubegast. Angelehnt an die Ideen der Gartenstadtbewegung war der Siedlungskomplex in Gruna, für den sich der „Bauverein Gartenheim" entschieden hatte.

Ganz der Idee des Neuen Bauens verpflichtet war auch das 1930 von Wilhelm Kreis anlässlich der II. Internationalen Hygiene-Ausstellung „Der Mensch" errichtete Hygiene-Museum, das sich außen wie innen durch eine strenge, funktionale Architektur auszeichnet. Seinen monumentalen Charakter erhält es durch den kubischen Mittelbau, dessen Schauseite von einer Fensterfront mit vier dazwischenliegenden Pfeilern beherrscht wird. Das Arbeitsamt Marternistraße, das Bürgerheim in der Pfotenhauerstraße sowie die Ilgen-Kampfbahn (das spätere Rudolf-Harbig-Stadion) waren weitere wichtige Bauten, die den Erfordernissen der Zeit Rechnung trugen und das Stadtbild ergänzten.

Die Kultur der „goldenen" Zwanziger ist geprägt von einer Vielfalt geistiger Strömungen

Verglichen mit anderen Städten im Reich entfaltete sich die Modernisierung in Dresden ungemein explosiv. Zwar nicht ganz so sehr wie Berlin oder Hamburg – so symbolisierte doch auch Dresden mit seinem hektischen Treiben, dem lauten und fast nie ruhenden Verkehr und Betrieb, den ständig neuen Moden und Vergnügungen hinterherjagenden Menschenmassen,

Mit Badehose und dem kleinen Schwesterlein ging 1930 so mancher Schwimmer ins Georg-Arnhold-Bad hinein.

dem Lärm und Schmutz, dem Nebeneinander von Bettlern und Reichen das moderne Leben.

Während viele Dresdner durchaus Grund hatten, mit ihrer persönlichen materiellen Situation unzufrieden zu sein, gab es erstaunlich viel Bewegung im kulturellen Bereich. Die Weimarer Republik sah den Beginn der Massenkultur, obwohl diese letztlich nichts weiter als das Ergebnis der schon länger andauernden Modernisierung war. Stimuliert durch die politischen und sozialen Veränderungen, regten sich auch auf künstlerischem Gebiet neue Kräfte, die ihre Arbeit auch als eine weltanschauliche und -verändernde Aufgabe ansahen, dabei die bürgerliche Gesellschaft mit Kritik und Ablehnung bedachten, obwohl sie zu großen Teilen von ihr lebten. Die Masse der Bevölkerung nahm die heute vielfach so gefeierte Kunst damals mit Befremden, Unverständnis oder Ablehnung auf. Ob in Fragen der Moral, beim Lebensstil, in der Malerei oder auf dem Theater, jeder Innovation oder Provokation folgte eine Reaktion, meist von konservativer Seite, aber nicht nur.

Neben der Kultur lassen auch Sportereignisse die Alltagssorgen vergessen

Das Kultur- und Alltagsleben in den kurzen „goldenen" zwanziger Jahren war jedenfalls geprägt von einer geradezu unglaublichen Vielfalt geistiger Strömungen und einer Vielzahl kultureller Veranstaltungen und Ereignisse. Ob beim 1. Sächsischen Sängerbundfest 1925 oder im Fußballstadion, im Theater oder im Kino, in Varietés und Kabaretts, im Arbeiterbildungsverein oder auf Bällen, auf Volksfesten oder auf Vernissagen: Für Unterhaltung, Zerstreuung und Weiterbildung war reichlich gesorgt. Vor allem das Kino bot den Stoff, aus dem die Träume waren. Überall im Stadtgebiet entstanden Filmtheater, größtes Kino in der Neustadt war die 1927 errichtete Schauburg mit 1.000 Zuschauerplätzen. 1931 wurden in Dresden rund 700.000 Eintrittskarten fürs Theater, aber weit mehr als fünf Millionen für die Lichtspielhäuser verkauft. Filme von Charlie Chaplin wie „The Kid" oder „Goldrausch" liefen wochenlang mit großem Erfolg, ebenso Sergej Eisensteins technisch brillant gemachtes Propaganda-Epos „Panzerkreuzer Potemkin" oder etwa Filme wie „Kuhle Wampe", die sich mit dem harten Alltag der Arbeiter auseinander setzten.

Massen lockten auch Sportereignisse wie Boxkämpfe, Radrennen und Spiele des Dresdner Sportclubs an, bei denen das runde (Fußball-)Leder gekickt wurde. Der 1898 gegründete DSC, der zu den renommiertesten Fußballmannschaften zählte, hatte 1919 ein neues Stadion im Ostragehege bezogen, das zunächst 20.000 Zuschauern, nach diversen Umbauten schließlich bis zu 65.000 Fußballfans Platz bot.

1926 war das Georg-Arnhold-Bad der Öffentlichkeit übergeben worden – 300.000 der 400.000 Mark Baukosten hatte der schon mehrfach als Mäzen hervorgetretene Georg Arnhold übernommen. Mit dem Arnhold-Bad, dem Nichtschwimmertum der Kampf angesagt wurde, und der benachbarten, fast 25.000 Zuschauern Platz bietenden Ilgen-Kampfbahn für

Tanz ist stets eine Bitte um Aufhebung der Schwerkraft.

In Dresden weltweit vielleicht bekanntesten Amüsierbetrieb „Sarrasani" vergaßen viele zumindest für einen Abend den Zirkus, der außerhalb der Manege im Alltag herrschte.

Leichtathletik verfügte Dresden über eine imposante Sportanlage, die keinen Vergleich zu scheuen brauchte. Auf der faulen Haut lagen auch nicht die Mitglieder der Schrebergarten-Vereine, von denen es 1925, als Dresden im Rahmen der Landwirtschaftlichen Landesausstellung auch mit einer Schau über Schrebergärten lockte, 199 mit fast 14.000 Mitgliedern gab. Militanter, auch im Geiste, waren die Übungen und sportlichen Aktivitäten, zu denen viele Parteien ihre Anhänger aufforderten. Auf der Linken diente der Sport zur Stärkung der Solidarität unter den Arbeitern, auf der Rechten sollten „völkische Leibesübungen" die Körper der Volksgenossen vor Erschlaffung bewahren. Aber es wurde auch ohne politischen Hintergrund geturnt, etwa bei den zahlreichen, intensiv unterstützten Werks- und Firmensportvereinen. Sie alle brauchten natürlich ihre Leibchen und Trikots mit entsprechenden Aufdrucken und Logos – fündig konnten sie unter anderem in neuen Sportgeschäften oder -abteilungen werden, die einige Kaufhäuser, etwa Renner am Altmarkt und Mühlberg auf der Wallstraße, eigens eingerichtet hatten. Gänzlich ohne diese sportiven oder gar neckischen Accessoires kamen natürlich jene Männer und Frauen aus, die in diversen FKK-Vereinen dem Körperkult huldigten.

Tummelplatz des Expressionismus, aber der „Hinkemann" sorgt für einen Theaterskandal

Schon gegen Ende des Kaiserreichs war Dresden neben Berlin und München der wichtigste Schauplatz des deutschen Expressionismus, neben Prag der erste Sammelpunkt des expressionistischen Theaters. 1916 wurde im Alberttheater das Stück „Der Sohn" des Dichters Walter Hasenclever aufgeführt, 1917 hob sich der Vorhang für einige Theaterstücke des Malers und Dramatikers Oskar Kokoschka, darunter auch für „Mörder, Hoffnung der Frauen". Nach dem Abklingen der revolutionären Stimmung wurden Werke avantgardistischer Dramatiker allerdings zunehmend seltener gespielt, zumal nach dem Skandal, den die Premiere von Ernst Tollers antimilitaristischem Drama „Hinkemann" Anfang 1924 im Schauspielhaus auslöste: Völkische und nationalistische Gruppierungen hatten die Vorstellung massiv gestört, die DNVP nannte Tollers Drama ein „Schmutzstück" und eine „bewusste Verhöhnung des religiösen wie nationalen Empfindens". Das Stück wurde abgesetzt, nicht zuletzt auch deshalb, weil das Sächsische Staatstheater (hervorgegangen aus Opern- und Schauspielhaus des Königlichen Hoftheaters) fast sämtliche Subventionen des Landes im Theaterbereich erhielt, weil man eine

Da sie in der Regel ausgezeichnet den Ton trafen, erhielten die Mitglieder der Sächsischen Staatskapelle sehr oft Ovationen.

Zersplitterung der Mittel verhindern wollte und so hoffte, das Niveau Dresdens als wichtiges Zentrum der Schauspielkunst zu sichern. Als die Nationalsozialisten in Dresden eine Ortsgruppe des „Kampfbundes für Deutsche Kultur" bildeten, war die Linke in der Kultur schon lange in die Defensive gedrängt.

Zentrale Persönlichkeiten des literarischen Expressionismus waren der Dichter und Herausgeber Rudolf Adrian Dietrich sowie die Dichter Walter Rheine und Heinar Schilling. Dietrich war auch Mitglied der „Expressionistischen Arbeitsgemeinschaft Dresden", die unter anderem von dem Dichter Raoul Hausmann und dem Buchhändler und Verleger Felix Stiemer gegründet worden war. Mitte der 20er Jahre ließ auch Theodor Däubler literarisch aufhorchen. Treffpunkt vieler Künstler und Literaten waren nach Kriegsende unter anderem zunächst die Sanatorien von Lahmann und Teuschner im Stadtteil Weißer Hirsch, später dann Kneipen und Cafés wie das Central am Altmarkt oder das Angermann in der Webergasse.

Schwerpunkt des Expressionismus war allerdings die Malerei. Trotz des Weggangs der Künstler der Gemeinschaft „Die Brücke" 1911 war Dresden noch immer ein wichtiges Zentrum dieser Kunstrichtung. In der „Dresdner Sezession Gruppe 1919" war außer Conrad Felixmüller zum Beispiel Otto Dix Mitglied, der dann ab Mitte der 20er zusammen mit Otto Griebel (dem Vater von Matthias Griebel, der nach der Wende 1989 dann lange das Dresdner Stadtmuseum leiten sollte) der Neuen Sachlichkeit frönte. Otto Griebel wiederum gehörte 1929 neben Wilhelm Lachnit oder Curt Querner zu den Mitbegründern der Assoziation revolutionärer bildender Künstler, die ihre Ideen in der Zeitschrift *Stoß von links* unters Volk zu bringen versuchte. Noch etwas später schlossen sich einige Künstler in der „Dresdner Sezession 1932" zusammen.

Immer wieder gab es Anregungen durch Austellungen, 1920 waren in Dresden Werke etwa von Lyonel Feininger, Alexej Jawlensky, George Grosz und Paul Klee zu sehen. Wichtigste Kunstsammlerin war in jenen Jahren die aus Schlesien stammende Ida Bienert, die 1888 durch Heirat mit dem Mühlen-Magnaten Erwin Bienert nach Dresden gekommen war und eine erlesene Kollektion moderner Kunst aufbaute. Sie kaufte Werke damals heftig umstrittener Künstler, für die Malerei der „Brücke"-Künstler interessierte sie sich allerdings nicht.

Da ist Musike drin, sowohl bei der Staatskapelle als auch im Radio

Nach wie vor untermauerte Dresden auch nachhaltig seinen Ruf als Musikstadt. Philharmonie sowie die 1918 in Sächsische Staatskapelle umbenannte ehemalige Königlich Sächsische Musikalische Kapelle erhielten sowohl bei Auftritten vor heimischer Kulisse als auch auf Gastspielreisen Ovationen. Berühmte Dirigenten, etwa Bruno Walter oder Erich Kleiber, rissen sich darum, als Gastdirigent auftreten zu dürfen. Die Staatskapelle gründete 1923 eine eigene Orchesterschule, die 1937 dann mit dem Konservatorium vereint werden sollte. Star am Pult war Fritz Busch, der als Generalmusikdirektor und Operndirektor den Ruhm der Staatsoper mehrte, unter anderem durch sein Engagement für den Komponisten Richard Strauss. Mehrere Werke dieses Tonkünstlers erlebten in Dresden ihre Uraufführung, darunter „Die ägyptische Helena". Weitaus weniger Anklang fanden die Werke, die in den von Erwin Schulhoff organisierten Abenden für „Neue Musik" zur Aufführung kamen. Die Klaviersonaten von Alban Berg, Paul Hindemith oder Alexander Skrjabin trafen zwar einen Nerv der Zeit, aber beileibe nicht jedermanns Geschmack.

Populärer, außer in völkischen Kreisen natürlich, waren da schon Swing und Jazz, die von der Freiheit in der Neuen Welt zu künden schienen. Wenn Combos und Ensembles wie die Comedian Harmonists den kleinen grünen Kaktus stechen ließen oder mit Veronika den Lenz begrüßten, und sei es auch nur im Radio, diesem zunehmend populärer werdenden Medium, dann gab es kein Halten mehr. Anfang 1925 war in der Großen Zwingerstraße eine Rundfunkstation, eine Außenstelle des Leipziger Senders, in Betrieb genommen worden.

Den alten Sprachen geht es schlechter, aber sonst gedeiht das Bildungswesen prächtig

Der allgemeinen Steigerung der Bildung, der Versorgung breiter Schichten mit Literatur, diesem Ziel diente die Städtische Bücherei, die seit 1923 im Stadthaus Mitte in der Theaterstraße ihr Domizil hatte und in der jährlich über 10.000 Leseratten mit Futter versorgt wurden. Zwei Jahre später wurde die Musikbibliothek eröffnet, 1929 dann als erste Institution ihrer Art in Deutschland die Fahrbibliothek, die insgesamt elf Ausleihstationen im Stadtgebiet ansteuerte. Und auch der 1919 ins Register eingetragene „Verein Volkshochschule" kümmerte sich darum, dass Bildung nicht etwas blieb, was die meisten empfangen, viele weitergeben und nur wenige haben. Der Mindestjahresbeitrag betrug eine Mark, dafür konnte man diverse Kurse belegen, Vorträge anhören.

Damit es den Dresdnern nicht wie dem Österreicher Oskar Kokoschka erging, der einmal meinte, ihm seien aus der Schulzeit nur die Bildungslücken in Erinnerung geblieben, investierte Dresden viel in Schulen und Bildungspolitik. Mitte der 20er Jahre gab es in Dresden 84 Volks- und sieben Hilfsschulen, in denen im Schnitt jährlich rund 50.000 Schüler die Bank drückten. Volksschullehrer durften ab 1924 nur noch diejenigen werden, die drei Jahre lang eine entsprechende Ausbildung an dem Pädagogischen Institut der Technischen Hochschule in Dresden oder der Universität in Leipzig absolviert hatten. Außer den beiden Gymnasien „alten Stils", der Kreuzschule und dem Vitzthumschen Gymnasium, gab es zwei Reformgymansien (das König-Georg- und das Wettiner-Gymnasium), außerdem ein Reformrealgymnasium, drei Oberrealschulen, ein Mädchengymnasium sowie diverse Spielarten an höheren Mädchenschulen.

Durch die Schulkinderspeisung war es möglich, fast allen Kindern eine warme Mahlzeit zu geben, der Rest kam immerhin in den Genuss der so genannten „Milchpflege". Damit den Milchzähnen möglichst nur noch die zweiten und keine dritten folgten, war vom zweiten bis achten Schuljahr Zahnpflege Pflicht. Nicht mehr Pflicht war ab 1920 der Religionsunterricht, was viele Eltern erboste. Berufs-, Handels-, Gewerbe- und Fachschulen, sie alle gediehen prächtig. Schlecht ging es den alten Sprachen. Latein und Griechisch führten immer mehr ein Nischendasein, Naturwissenschaften und die Kenntnis moderner Sprachen wie Englisch wurden für wichtiger erachtet.

Dem Einbruch der Moderne, den neuen Möglichkeiten in Wissenschaften und Technik trug auch die Technische Hochschule Rechnung, die unter dem Rektorat von Adolf Nagel einen Aufschwung erlebte. In vielen Studiengängen wurde in Fragen der Forschung eng mit der Industrie kooperiert, so arbeitete beispielsweise das Fotografische Institut mit der Firma Zeiss-Ikon zusammen.

Die Tourismusbranche ist ein gewichtiger Gewerbezweig, der viel Geld in die Stadt bringt

Nach einer Gewerbezählung von 1930 waren 8.053 Dresdner im Baugewerbe, 2.595 im Verkehrswesen, 7.818 im Gast- und Schankgewerbe, 5.406 im Gesundheitswesen und 24.398 im Bereich Handel tätig. Dresdens Ruf als „Elbflorenz" und sein attraktives Angebot an Kunst und Kultur sorgten für einen steten Strom an Touristen, ließen die Tourismusbranche zu einem wichtigen Industriezweig werden,

Viele freuten sich, wenn der Dreiradlieferwagen mit Kastenaufbau der Landesbibliothek Nachschub an Lesefutter brachte.

brachte diese Völkerwanderung der Neuzeit doch eine Menge Geld in die Stadt. 1925 zählte man 430.190 inländische und 28.671 ausländische Gäste, 1928 dann 428.562 Touristen aus dem Inland sowie 51.186 aus dem Ausland. 1931 zeigt die Statistik dann lediglich inländische 295.530 Gäste (hier wirkte sich die Wirtschaftskrise in aller Konsequenz aus). Aber immerhin wurden 85.907 Besucher aus dem Ausland registriert.

Die Touristen, diese Internationale der Neugier, hatten aber nicht nur die Qual der Wahl bei diversen Kulturveranstaltungen, sondern auch bei den Presseorganen. Zeitweise erschienen in Dresden 36 Zeitungen, darunter der *Dresdner Anzeiger*, die *Sächsische Staatszeitung*, die *Sächsische Volkszeitung* und die *Dresdner Neuesten Nachrichten*. Und dann waren da ja auch noch die überregionalen Blätter sowie die Zeitungen aus dem Ausland, die in nicht wenigen Cafés ebenfalls auslagen.

Demonstration gegen die grassierende Arbeitslosigkeit 1929 am Kaiser-Wilhelm-Platz in Dresden-Neustadt.

Die Wirtschaftskrise beflügelt vor allem eins: den Vormarsch der Nationalsozialisten

Ende der zwanziger Jahre war die kurze wirtschaftliche Blüte auch schon bald vorbei. Im Oktober 1929 traf die Jungs an der New Yorker Börse der Schlag in Form des „Schwarzen Freitags", der Rest der Welt steckte bald auch in der wirtschaftlichen Bredouille. Dresden mit seiner exportorientierten Industrie traf es ziemlich hart. Firmen krachten zusammmen, bald waren 50.000 Menschen ohne Arbeit, die Mitarbeiter des Arbeitsamtes in der Maternistraße bekamen zu tun. Ein nicht unerheblicher Teil des Dresdner Bürgertum, gebeutelt von den wirtschaftlichen Verhältnissen und erfasst von einer Sinnkrise, setzte schon früh auf die NS-Bewegung.

Bei den Novemberwahlen von 1932 zur Dresdner Stadtverordnetenversammlung errang die NSDAP, die bereits seit 1929 in dem Gremium Zünglein an der Waage war, eine knappe Mehrheit. Mit Unterstützung der kümmerlichen Reste der bürgerlichen Parteien wurde der Nationalsozialist Rudolf Kluge zum Vorsteher des Gremiums gewählt.

An Zwinger und Frauenkirche muss Restauratoren-Hand angelegt werden

Trotz des knappen Geldes hatte man immer wieder Sanierungs- und Restaurierungsarbeiten an wichtigen Gebäuden in Gang gesetzt, die wohl das Ihre dazu beitrugen, die Attraktivität der Stadt zu wahren. 1924 war der Startschuss für die mittlerweile vierte Restaurierung des Zwingers. Dabei entstanden für das Nymphenbad und den Stadtpavillon neue Skulpturen „im Geiste" Permosers. Die Hofgestaltung wurde in Anlehnung an den Gartenplan Pöppelmanns von 1729 rekonstruiert. 1933 sollte dann am Wallpavillon noch die Installation von Uhr und Glockenspiel mit Glocken aus Meißner Porzellan erfolgen.

Auch die Frauenkirche, aus der es zunehmend bröckelte, wurde nicht ihrem Schicksal überlassen. Die metallenen Anker, Klammern und Stifte, die man zu Meister George Bährs Zeiten verwendet hatten, waren mittlerweile verrostet. Und die 1887, 1892/93 sowie 1904/05 mit Zement vorgenommenen Reparaturen waren auch nicht gerade das Gelbe vom Ei in Sachen Denkmalpflege gewesen. Erst wurde bis 1930 die Außenarchitektur erneuert, dann bis 1932 Schäden an den Hauptpfeilern beseitigt. Zwischen 1938 und 1943 erfolgte eine nochmalige gründliche Sicherung, dabei nahm man auch gleich eine Restaurierung des Innenraums im Sinne einer Rekonstruktion des originalen Raumbildes vor.

Gruppenbild ohne Dame (die Sandsteinfigur zählt ja wohl nicht) von Mitarbeitern der Zwingerbauhütte um 1932.

Von der Gaustadt zum Trümmerfeld, Dresden unterm Hakenkreuz (1933-1945)

Wahlen im Zeichen des Terrors, Intrigen in Zeiten des Triumphes der „nationalen Revolution"

Reichskanzler Paul von Hindenburg hatte lange versucht, eine Kanzlerschaft Hitlers zu verhindern. Auch deshalb hatte er den Kurs der mit Notverordnungen regierenden Kabinette Brüning, von Papen und dann von Schleicher unterstützt, aber letztlich gab er in der Hoffnung auf eine stabile Regierung klein bei und ernannte am 30. Januar 1933 Adolf Hitler zum Reichskanzler an der Spitze einer Koalitionsregierung von NSDAP und DNVP (Deutschnationale Volkspartei). Was für viele zunächst wie einer der häufigen Regierungswechsel aussah, erwies sich als das Ende der parlamentarischen Demokratie. Die nach der Auflösung des Reichstags angesetzten Neuwahlen für den 5. März standen ganz im Zeichen des im Zuge der „nationalen" Revolution angezettelten Terrors. Nach dem den Nationalsozialisten sehr gelegen gekommenen Brand des Reichstags am 27. Februar, erließ man umgehend eine „Verordnung zum Schutz von Volk und Staat" sowie die „Verordnung gegen Verrat am deutschen Volk und hochverräterische Umtriebe", KPD, die Sozialistische Arbeiterpartei und im Juni dann auch die SPD wurden verboten, liberale und konservative bürgerliche Parteien lösten sich selbst auf.

Auf der Grundlage der Verordnung zum Schutz von Volk und Staat vom 28. Februar 1933 wurde die sächsische Regierung abgesetzt und SA-Obergruppenführer Manfred von Killinger zum Reichskommissar für Sachsen ernannt. Am 6. Mai übernahm er die Amtsbezeichnung Ministerpräsident. Aber es war sein Parteigenosse und Intimfeind, der Gauleiter und von der Reichsregierung zum Reichsstatthalter in Sachsen ernannte Martin Mutschmann, der an diesem Tag eine neue Regierung bilden sollte. Mutschmann war einer der radikalsten NS-Funktionäre und nach dem „Frankenführer" Julius Streicher wohl der fanatischste

Das Gewerkschaftshaus wurde nach der Machtergreifung 1933 von den Nationalsozialisten in eine SA-Kaserne umgewandelt.

Antisemit unter den Gauleitern. Er gewann den internen Machtkampf und übernahm schließlich am 30. Januar 1935 auch das Amt des Ministerpräsidenten. Während seiner Regierung wurden in Sachsen, das (neben Bayern), wie neuere Forschungen belegen, vor allem in seinen westlichen Teilen schon zeitig, ab Mitte der 20er Jahre, eine Brutstätte des völkischen Nationalismus gewesen war, viele nationalsozialistische Vorgaben früher als andernorts im Reich umgesetzt – alles in allem 21 Jahre hielt sich der gescheiterte Fabrikant aus dem Vogtländischen an der Macht – nicht zuletzt deshalb, weil er Hitler treu ergeben war und sich in sämtlichen parteiinternen Konflikten stets auf dessen Seite stellte.

Einen anderen Konflikt hatte Hitler ein Jahr vorher blutiger lösen lassen. Die Vorstellungen der SA von einer „zweiten Revolution" und einem Milizheer stießen bei ihm auf wenig Gegenliebe. Im so genannten „Röhm-Putsch" werden Stabschef Ernst Röhm und etliche hochrangige SA-Führer (die nicht beabsichtigt hatten, zu putschen) am 30. Juni 1934 verhaftet und tags darauf erschossen, darunter der Dresdner SA-Chef Hans Hayn. Auch einige unliebsame und in diesem Fall sogar echte Regime-Gegner werden in diesen Tagen von den Nationalsozialisten ermordet, etwa General von Schleicher. Die SA als Machtfaktor ist damit ausgeschaltet. Und als am 2. August Reichspräsident Hindenburg stirbt, ernennt Hitler sich zum „Führer und Reichskanzler", lässt die Reichswehr auf seine Person vereidigen und vollendet so den „Führerstaat" des Dritten Reiches.

Dem „Führerprinzip" wird bereitwillig entsprochen, Hitler wird Ehrenbürger

In Dresden war mit der Machtergreifung Hitlers 1933 ebenfalls das Ende von Pluralität und Demokratie gekommen. Nun galt das „Führerprinzip", dem aber auch teilweise willfährig entgegengearbeitet wurde. Kommunisten und Sozialdemokraten wurden gnadenlos verfolgt, etliche in „Schutzhaft" genommen, im Landgericht am Münchner Platz von zu „Polizisten" ernannten SA-Leuten gefoltert. Die Räume der KPD-Landtagsfraktion wurden ebenso verwüstet wie das sozialdemokratische Volkshaus und die Druckerei der *Volkszeitung*. Am 8. März wurden auf dem Wettiner Platz Schriften und Bücher unliebsamer Schriftsteller und Autoren verbrannt. Am 25. März 1933 nahmen 125.000 SA-Männer am Ehrentag der sächsischen SA in Dresden teil.

Angehörge der SA und des Stahlhelm-Verbandes bei einer Kundgebung zu Ehren von Reichspräsident Hindenburg und Hitler vor dem Neuen Rathaus.

Mitte März wurde Oberbürgermeister Wilhelm Külz, der am 7. März gegen das Hissen der Hakenkreuzfahne auf dem Rathausturm durch die Nationalsozialisten protestiert hatte, erst beurlaubt, einen Monat später dann entlassen. Nachfolger wurde am 1. August 1933 Ernst Zörner. Er sorgte dafür, dass Hitler und Hindenburg 1934 zu Ehrenbürgern der Stadt Dresden ernannt wurden, der Theaterplatz in Adolf-Hitler-Platz umbenannt wurde, auf dem die Dresdner ihrem Führer und Reichskanzler denn auch wiederholt zujubelten. Die Deutsche Gemeindeordnung vom 30. Januar 1935 löste dann die Sächsische Gemeindeordnung von 1923/25 ab. Eine gewählte Gemeindevertretung gab es nicht mehr, die ohnehin bedeutungslos gewordene Stadtverordnetenversammlung wurde aufgelöst. Der Bürgermeister wird jetzt von der staatlichen Aufsichtsbehörde auf Vorschlag des Beauftragten der NSDAP eingesetzt. Zörner musste 1937 seinen Posten räumen. Bis 1940 versah erst Bürgermeister Rudolf Kluge die Amtsgeschäfte, dann rückte der Jurist Hans Nieland nach, der bis Februar 1945 das Amt des Oberbürgermeisters von Dresden ausübte. Die letzten Tage des Dritten Reiches in Dresden, sie standen schließlich wieder unter der Ägide Kluges.

Sozialpolitische Bestechung macht den von der NS-Bewegung propagierten Volksstaat populär

Dass die Politik der Nationalsozialisten auf relativ wenig Widerstand stieß und bald von der Mehrheit in Stadt und Land durchaus wohlwollend mitgetragen wurde, das lag nicht nur an der allgegenwärtigen Propaganda und den Repressalien, sondern insbesondere auch daran, dass ein allgemeiner Wirtschaftsaufschwung einsetzte, der zu einer Verbesserung der Lebenssituation vieler Deutscher führte. Das Programm des „nationalen Sozialismus" stellte weit mehr dar als eine leere Propagandaformel. Dahinter verbarg sich eine vom NS-Regime konsequent durchgehaltene Strategie der Machtsicherung und -ausweitung. Sie beruhte darauf, sich die Botmäßigkeit der „kleinen Leute", auch die von ehemaligen Anhängern der SPD und KPD, durch soziale Konzessionen zu sichern. Mit der Verheißung eines „sozialen Volksstaats" und der Beseitigung der Klassenschranken schuf die nationalsozialistische Bewegung einen insbesondere für die jüngere Generation äußerst attraktiven Mythos, der ihr deren Gefolgschaft eintrug. Der Historiker Götz Aly prägte dafür in seinem Buch *Hitlers Volksstaa*t das Apercu von der „Gefälligkeitsdiktatur", deren Grundlage in einer „kontinuierlichen sozialpolitischen Bestechung" bestanden habe.

Instabile Regierungen, Straßenschlachten, Inflation, ständige Existenzangst, all dies schien für das Gros der „Volksgemeinschaft" der Vergangenheit anzugehören. Die Lebenshaltungskosten blieben konstant oder sanken sogar, nicht zuletzt weil die NS-Spitzen die Preise künstlich unten hielten. Die Zahl der Geburten und Zuzügler in Dresden stieg, die Zahl der Kraftfahrzeuge

Nach einem Jahr Bauzeit wurde am 1. Juli 1935 der Flughafen Dresden-Klotzsche eingeweiht. Tägliche Flugverbindungen führten etwa nach Berlin, Breslau und Prag. Im modernen Flughafengebäude war ein Dachgartenlokal mit 750 Plätzen untergebracht.

ebenfalls. Wer nicht zu jenen zählte, die aus Nazi-Sicht nicht zu dieser Gemeinschaft dazugehörten und vom Regime wie Juden und Sinti aus rassistischen Gründen oder wie Sozialdemokraten und Kommunisten aus politischen Gründen verfolgt wurden, für den verlief das Leben wieder scheinbar in geordneten Bahnen.

Auch das stetige Sinken der Arbeitslosenzahlen verhalf dem Regime zu Popularität. Mitte 1936 war nahezu Vollbeschäftigung erreicht. Der wirtschaftliche Aufschwung resultierte allerdings in nicht unerheblichen Maße aus der militärischen Aufrüstung, die das Dritte Reich erst heimlich – der Versailler Vertrag legte der Rüstung Deutschlands erhebliche Fesseln an –, dann offen betrieb. Dresden mit seiner hoch entwickelten mechanischen, optischen und auch elektronischen Industrie nahm in Planungen des Dritten Reiches eine wichtige Rolle ein, die Stadt wurde speziell nach der Wiedereinführung der Wehrpflicht, die als Nebeneffekt ebenfalls die Arbeitslosenzahlen nach unten drückte, wieder zu einem wichtigen Militärstandort und Hauptquartier des Luftkreises 3, der von Gotha in Thüringen und Wittenberg in der Provinz Sachsen bis nach Liegnitz in Schlesien reichte. Im Konzept der militärischen Planungen bei der Besetzung des Sudetenlandes und bei der Zerschlagung des tschechoslowakischen Rumpfstaates sollte die grenznahe Stadt 1938 hinsichtlich Logistik und Verschiebung der Truppen-Einheiten dann eine Schlüsselrolle spielen.

Dass die Nationalsozialisten auf Pump lebten, die Staatsverschuldung immens wuchs, davon wusste in der Tat kaum einer etwas. Zu der lautlosen Verschuldung des Reiches durch den Zugriff auf Sparguthaben und Sozialversicherungsrücklagen trat die Methode direkter Plünderung. Hier waren zunächst die jüdischen Deutschen betroffen, die im Zuge der Arisierung ihres Vermögens beraubt wurden. Ansonsten spekulierte man darauf, die Kosten für Aufrüstung, Infrastruktur und Sozialstaat den künftigen Kriegsgegnern aufbürden zu können, eine Rechnung, die erst einmal aufgehen sollte.

Das Gauforum bleibt ein Luftschloss, aber im Wohnungsbau und bei der Autobahn bewegt sich viel

Geplant wurde viel in Dresden, gebaut zunächst durchaus auch. Die Krankenhäuser Friedrichstadt und Johannstadt wurden ebenso vergrößert wie der Schlachthof im Ostragehege oder der erst 1934 eingemeindete Heidefriedhof. Etliche Wohngebiete in der Innenstadt wie etwa das Fischhofviertel und die Oppellvorstadt (Hechtviertel) wurden saniert, an Grünanlagen, Sport- und Bolzplätzen sowie Kindergärten mangelte es nicht. Neue Wohnanlagen, welche die Wohnungsnot lindern halfen, entstanden ebenfalls, unter anderem in Trachau, wo fast 400 Wohnungen für kinderreiche Familien und Angehörige von

NS-Organisationen geschaffen wurden, sowie am St.-Pauli-Friedhof. Niedrige, ärmliche Häuser im schlechten Bauzustand auf der Salzgasse wurden 1935 durch eine vorstädtisch anmutende Bebauung ersetzt. Viele Siedlungsbauten der dreißiger Jahre waren in Gestaltung oder technischer Ausstattung durchaus vorbildhaft – und doch wohnte ihnen auch das ideologische Modell der totalitären Weltanschauung inne: Aufgehen in der Masse („Volkskörper"), Bodenständigkeit, Rasse, Heimattümelei.

Neu gestaltet wurde ebenso das Neustädter Königsufer. Bis heute erhaltene bauliche Spuren dieser Zeit sind insbesondere das von Wilhelm Kreis, dem Schöpfer des Hygienemuseums, erbaute ehemalige Luftgaukommando in Strehlen sowie das Gebäude der Reichsbauernschaft an der Ammonstraße, in dem später die Reichsbahndirektion ihren Sitz finden sollte. Das Hygienemuseum funktionierten die Nationalsozialisten im Sinne ihrer Rassenideologie um. Dem Museum wurde 1934 eine Staatsakademie für Rassen- und Gesundheitspflege zugeordnet; es war war für die Gesundheitsaufkärung im Reich sowie für die Durchsetzung der neuen Gesetze und Verordnungen im Sinne der „Rassenhygiene" verantwortlich. Außerdem wurde in der „Stadt der Volksgesundheit" das Rudolf-Heß-Krankenhaus in der Johannstadt (heute Medizinische Akademie) eingerichtet, in dem insbesondere auf naturheilkundliche Behandlungsmethoden gesetzt wurde.

Da der Flugplatz viel zu klein geworden war, bekam Dresden einen neuen am Heller, der am 11. Juni 1935 eröffnet wurde. Architektonisches Wahrzeichen wurde das für damalige Verhältnisse ausgesprochen moderne Abfertigungs- und Verwaltungsgebäude, allgemein „Hansahaus" genannt. Wichtigste Fluglinie war jene von Berlin via Dresden und Prag bis nach Wien.

Ein weiters wichtiges verkehrspolitisches Projekt war der Bau der Reichsautobahn, an deren Netz auch Dresden angeschlossen wurde. Der erste Abschnitt zwischen Wilsdruff und Dresden-Altstadt wurde im September 1936 für den Verkehr freigegeben, im Juni 1937 rauschte dann der Führer an einer jubelnden Menge vorbei die hundert Kilometer lange Strecke bis Meerane entlang. Dresden verfügte nun auch über eine Autobahnbrücke sowie die Flügelwegbrücke, was die Verkehrssituation der Stadt ebenso verbesserte wie der Ausbau des Straßenbahnnetzes, das schließlich 21 Linien auswies.

Makulatur blieben aber die Pläne für die Neugestaltung der Speicherterrasse sowie insbesondere das Gauforum, das für die „Führerstadt Dresden" im Zuge des „Gesetzes zur Neugestaltung Deutscher Städte" vorgesehen war. Am 1. September 1939 schuf Hitlers Statthalter Mutschmann in der Gauhauptstadt Dresden die ihm direkt unterstehende „Durchführungsstelle für die Neugestaltung der Stadt Dresden". Das Gauforum auf den Güntzwiesen sah einen neuen Adolf-Hitler-Platz vor, um den herum etwa ein Haus der Deutschen Arbeit, eine „Halle der Dreißigtausend" sowie ein Bau für das Reichsinstitut für Rassenhygiene-Forschung vorgesehen waren. So ziemlich das Einzige, was nach Kriegsbeginn ab September 1939 noch ausgiebig gebaut wurde, waren Luftschutzkeller und -bunker.

Trotz der rigiden NS-Kulturpolitik gab es in einigen Bereichen durchaus künstlerische Glanzleistungen

Kulturell war die NS-Zeit, auch wenn viele Künstler, Schriftsteller und Intellektuelle ins Exil gingen oder aufgrund des am 7. April 1933 erlassenen „Gesetzes zur Wiederherstellung des Berufsbeamtentums" entlassen wurden, nicht ganz die Wüste, wie man sie sich heute vorstellt.

Fritz Busch, der Generalmusikdirektor der Semperoper, der auch schon vor der Machtergreifung von rechts und von links angegriffen worden war, wurde am 7. März nach einer Rigoletto-Inszenierung, bei der SA-Leute einen Tumult provoziert hatten, entlassen, und zwar wegen seiner angeblich „unfruchtbaren Spielplanpolitik", seiner „häufigen Abwesenheit" sowie wegen seiner „zu vielen Kontakte zu Juden". Der Berliner NS-Führung gefiel die Aktion Mutschmanns aus außenpolitischem Kalkül gar nicht, segnete sie aber letztlich doch ab. Fritz Busch fügte sich in sein Schicksal, zumal nur drei Mitglieder der Staatskapelle sich offen zu ihm bekannten. Zu seinem Nachfolger als Generalmusikdirektor erkor die Partei den nicht minder gefeierten Dirigenten Karl Böhm, der die große musikalische Tradition der Stadt fortsetzte und bis 1943 unter anderem etliche Opern seines Freundes Richard Strauss zur Uraufführung brachte, darunter „Die schweigsame Frau" (1935). Ein Höhepunkt war auch die Uraufführung der Oper „Daphne" am 25. Oktober 1938, die der Komponist dem Dirigenten gewidmet hatte.

Der von Rudolf Mauersberger geleitete Kreuzchor heimste unter anderem bei einer Tournee 1935 durch die USA Applaus ein, die Philharmonie feierte ebenfalls Triumphe. Werke jüdischer oder anderer verfemter Komponisten fanden sich allerdings nicht mehr im Programm, aber gänzlich verschwand die Moderne nicht aus den Spielplänen. Mauersberger wagte es durchaus, gelegentlich Werke von Günter Raphael oder Chöre von Felix Mendelssohn-Bartholdy mit ins Programm aufzunehmen.

Das schauspielerische Niveau an Dresdens Bühnen blieb hoch, und das Engagement in den Dresdner

1931 versammelte sich der Kreuzchor mit seinem Kantor Rudolf Mauersberger am Denkmal Theodor Körners vor der Kreuzschule. Während der NS-Zeit unternahm der Chor diverse Tourneen, etwa in die Vereinigten Staaten.

Theatern für das von der NSDAP zunächst propagierte „neue deutsche Drama", war nicht sehr ausgeprägt. Man setzte auf die Klassiker, wich aber Kleists „Hermannschlacht", das zwischen 1933 und 1944 immerhin 39 Inszenierungen an deutschen Bühnen erlebte, ebenso aus wie Hebbels Lustspiel „Der Diamant". Vom 27. Mai bis zum 3. Juni 1934 fand in Dresden die erste der Reichstheaterfestwochen statt. Der Posten des Dresdner Generalintendanten blieb allerdings bis 1945 unbesetzt, mochte Joseph Goebbels, seines Zeichens Reichsminister für Volksaufklärung und Propaganda, 1937 in seinem Tagebuch auch monieren: „Mutschmann fabriziert da manchen Quatsch."

Vielleicht dachte Goebbels beim Eintragen dieser Notiz auch an die „Sachsenpropaganda" der Sächsischen Staatskanzlei und ihre „Sachsenaktion" von 1936, die vorsah, der „Verächtlichmachung" Sachsens Einhalt zu gebieten, und zwar im Theater, der Literatur, im Kabarett, Film und Rundfunk. Über ein Gesellschaftsspiel, das die beliebte Mundart-Dichterin Lene Voigt unter dem Titel „Nu, härn Se, mei Gudsder!" herausgebracht hatte, heißt es in einem Bericht lapidar: „Es ist selbstverständlich, dass dieses Spiel in Sachsen weder verkauft noch vertrieben wird." „Im Großen und Ganzen macht er damit die Sachsen noch lächerlicher, als sie sind", spottete Reichspropagandaminister Goebbels 1942 über derlei Aktivitäten Mutschmanns.

Im Jahr zuvor hatte er über Sachsens Gauleiter notieren müssen: „Mutschmann spielt den Kulturtyrannen, und es ist nicht leicht, mit ihm auszukommen. Die Folge seines diktatorischen Vorgehens ist, dass die Dresdner Kulturinstitute immer mehr verfallen." Verfallen, lädiert war auch die Kunstakademie, an der die Gleichschaltung rigoros durchgezogen worden war. Der Maler Otto Dix war der erste Professor, der geschasst wurde. Karl Albiker trat im Mai 1933 der NSDAP bei, hielt sich aber ansonsten mit öffentlichen Bekenntnissen zurück, der Architekt Wilhelm Kreis im Oktober.

Und trotzdem – für bestimmte Aspekte der NS-Kulturpolitik in Dresden, insbesondere die Ablehnung, ja den Hass auf die Moderne, kann man nicht allein Hitler und Mutschmann verantwortlich machen. Hinter der Ausstellung „Entartete Kunst", die 1933 in Dresden lange vor der gleichnamigen Schau 1937 in München auf die Beine gestellt wurde, steckten ganz andere: Dresdens frisch gebackener Oberbürgermeister Ernst Zörner, aber auch drei antimodernistische Künstler, die sich zu kurz gekommen fühlten und eine persönliche Abrechnung wollten. In Dresden wurden 207 Werke aller Art, darunter 28 Bilder der Städtischen Gemäldesammlung und 27 Skulpturen der Plastiksammlung, im Lichthof des Rathauses ausgestellt.

Insbesondere Werke von Mitgliedern der Künstlergruppe „Die Brücke“, der „Dresdner Sezession Gruppe 1919“ sowie der Gemeinschaft „Asso“ hatte man ausgewählt. Werke von Künstlern, die keinen direkten Bezug zu Dresden hatten, von Klee, Jawlensky oder etwa Schlemmer, wurden erstaunlicherweise nicht in den Rachefeldzug von Zörner & Co. gegen die Moderne einbezogen. Ausstellungen dieser Art gab es viele im Reich, aber die Dresdner Schau war letztlich die wichtigste, weil sie namensgebend war und über mehrere Jahre hinweg auf Reisen in zwölf weitere Städte ging. Verbürgt ist, dass Hitler 1935 die überarbeitete Wanderausstellung (die nun auch noch Exponate aus dem Stadtmuseum umfasste) sah, als sie noch einmal in Dresden präsentiert wurde, und von ihr sehr angetan war.

Es gab zunächst durchaus eine Gegenströmung. Goebbels wandte eine Reihe von Taktiken an, um die Sache des deutschen Expressionismus zu fördern, und sprach sich immer wieder für die Moderne und die experimentelle Kunst aus. In einer Rede vom 8. Mai 1933 feierte er auch die Neue Sachlichkeit, die sich während der Weimarer Republik entwickelt hatte, als die „deutsche Kunst des nächsten Jahrzehnts“. Letztlich ordnete er sich aber dem Führer und dessen Kunstgeschmack unter, und auch deshalb verloren die Dresdner Sammlungen durch die Aktion „Entartete Kunst“ alles in allem rund 1.000 Werke der klassischen Moderne. Viele wurden verkauft, weil man Devisen haben wollte, insbesondere 1937 auf einer Auktion in Luzern. Manche Bilder wurden auch gegen „Alte Meister“ des ein oder anderen Privat-Sammlers getauscht, der Rest der verfemten Werke gilt als verschollen, wurde vermutlich vernichtet.

Auch an der Person Hans Posses, des Direktors der Gemäldegalerie, zeigt sich die ganze Janusköpfigkeit der Kulturpolitik des NS-Regimes. Der international angesehene Museumsfachmann und Wissenschaftler Posse wurde 1938 unter anderem wegen seiner Ankäufe „entarteter Kunst“ von den lokalen Parteifunktionären entlassen, von Adolf Hitler aber umgehend rehabilitiert. Der „Führer“ stellte Posses Macht in der Galerie wieder her, erteilte sogar die Order, Posses Gegenspieler, das zum Galerie-Inspektor aufgestiegene NSDAP-Mitglied Anders, zu entlassen, und ernannte im Gegenzug Posse zum Sonderaufbeauftragten für das „Führermuseum“, das Hitler in Linz zu errichten gedachte.

Am 13. April 1940 erlebte Heinrich Sutermeisters „Romeo und Julia“ an der Staatsoper seine Uraufführung.

Die „Reichskristallnacht“ ist nur Zwischenstation auf dem Weg zur Ermordung Juden

Goebbels mochte an Mutschmanns Kulturpolitik vieles auszusetzen haben, ansonsten freute er sich aber, dass der Gauleiter sich als „ordentlicher brutaler Führer“ erwies. „... und es werden einmal Synagogen rauchen“, hatte Mutschmann vor der Machtergreifung angekündigt, und ließ am 9. November 1938 seinen Absichten Taten folgen. Die Gelegenheit ergab sich, als ein junger Mann namens Herszel Grynszpan als Reaktion auf die Abschiebung seiner Eltern aus Deutschland, einen Mitarbeiter der deutschen Botschaft in Paris niederschoss. Nachdem der Diplomat seinen Verletzungen erlegen war, holte die NS-Führung am Jahrestag des Marsches auf die Feldherrnhalle in München 1923, des „Hitler-Putsches“, zum großen Schlag gegen die Juden im Reich aus. Über hundert Synagogen wurden verwüstet und in Brand gesteckt, die Scheiben tausender Geschäfte zertrümmert. In Dresden, wo Ende 1932

SA-Männer zwingen jüdische Bürger, antifaschistische Parolen von einer Mauerwand abzuwaschen. Die Aufnahme wurde heimlich gemacht, Fotograf Richard Peter sen. hatte 1933 vermerkt: „mit der eingebauten Kamera" (fotografiert).

noch ungefähr 6.000 Glaubensjuden gezählt wurden, zerstörten und plünderten Braunhemden der SA und die üblichen Mitläufer im Anschluss an eine Kundgebung vor dem Neuen Rathaus Geschäfte von Juden in der Innenstadt. In der Nacht brannte dann die von Gottfried Semper im maurischen Stil erbaute Synagoge nieder, die Ruine wurde später abgerissen. 151 jüdische Mitbürger wurden wie Vieh zusammengetrieben und ins KZ Buchenwald deportiert.

Die „spontane Äußerung des Volkszorns" war von oben gelenkt, der Volksmund prägte für diese von staatlicher Seite inszenierte Gewalttat deshalb den Begriff „Reichskristallnacht" (den die Nazis übrigens nie benutzten). Die Kosten für all die Zerstörungen sowie für den Abbruch der Brandruine der Synagoge hatte die jüdische Gemeinde zu übernehmen, ebenso hatten sie einen Anteil an einer „Sühneleistung" für das Pariser Attentat zu bezahlen. Nun flohen, sofern sie konnten, viele der jüdisch-stämmigen Bürger.

Für den verbliebenen Rest der schließlich Ende 1941 gerade noch knapp 1.300 Mitglieder zählenden jüdischen Gemeinde Dresdens verschlimmerte sich die Lage immer weiter. Der massenhafte Boykott jüdischer Geschäfte ab April 1933 gemäß der Parole „Kauft nicht bei Juden!" hatte viele in den Bankrott getrieben, von der Arisierung vieler Betriebe und Läden profitierten nicht wenige. Auf „Rassenschande" stand ab dem Erlass der Nürnberger Gesetze (1935) Schutzhaft. Systematisch wurden die Juden ausgegrenzt und mit dem „Arierparagraphen" aus fast allen Berufen verdrängt, der Rassenhass mit Ausstellungen, die vor den Umtrieben des „Weltjudentums" warnten, in der Bevölkerung angestachelt. Von dem bedeutenden Mäzenatentum vieler Dresdner Juden, die wie etwa die Familie Arnhold etliche soziale, wissenschaftliche und kulturelle Projekte gefördert hatten, wollte kaum noch einer etwas wissen. Max Arnhold gehörte unter anderem zu den Gründern und Förderern des Vereins zur Speisung bedürftiger Schulkinder, des Dresdner Fremdenverkehrsvereins oder etwa des Taubstummenvereins „Hephata", Georg Arnhold engagierte sich etwa im Samariterverein oder im Verband für

Jugendhilfe, wo er eine Stiftung für Kinder in besonderen Notfällen einrichtete.Weg sah man, als 1940 die noch in Dresden lebenden Juden in 32 so genannten „Judenhäusern“ konzentriert wurden. Unübersehbar waren die gelben Judensterne, die diese Bevölkerungsgruppe ab 1941 deutlich sichtbar auf der Kleidung tragen musste. Der Dresdner Romanist Victor Klemperer hielt die Schikanen und Verfolgungen eindringlich in seinen Tagebüchern fest, die Anfang der 1990er Jahre in Buchform beim Aufbau-Verlag veröffentlicht und ein Bestseller wurden.

Das Gros der einstigen Mitbürger landete schließlich im „Judenlager Hellerberge“, von wo aus sie ins KZ Auschwitz transportiert und ermordet wurden. Ganze zwölf Juden überlebten in Dresden das Dritte Reich, etliche, weil es immerhin einige Deutsche gab, die Menschlichkeit zeigten und auf ihre Weise versuchten, Widerstand zu leisten.

Am Rand des Theaterplatzes wurde während des Krieges ein Feuerlöschteich angelegt, der eine trügerische Sicherheit versprach.

Zunächst hatten die Nationalsozialisten kurz nach der Machtergreifung ein „wilde“ Konzentrationslager eingerichtet, in Hohnstein in der Sächsischen Schweiz beispielsweise. Im Juni 1942 entstand dann das erste KZ-Außenlager in der Gauhauptstadt: Bis zu 200 Häftlinge mussten im Auftrag des SS-Wirtschafts-Verwaltungshauptamts einen Kasernenkomplex hochziehen. Im September 1944 folgte dann der Bau eines KZ-Außenlagers beim Reichsbahn-Ausbesserungswerk. Am Ende des Dritten Reichs gab es schließlich zehn Dresdner Außenlager, die alle dem KZ Flossenbürg bei Weiden in der Oberpfalz unterstellt waren und in denen insgesamt 4.500 Häftlinge eingesperrt waren. Mangels deutscher Arbeitskräfte, die an der Front den Kopf für das Großdeutsche Reich hinzuhalten hatten, mussten sie, neben Fremdarbeitern aus westeuropäischen und Zwangsarbeitern aus osteuropäischen Ländern, in deutschen Betrieben arbeiten.

Widerstand ist da, aber nicht umfassend und schon gar nicht eine reale Gefahr für das NS-Regime

Umfassend war der Widerstand in Dresden nicht. Die Zahl der Antifaschisten sank eher noch. Zum einen, weil die Gestapo die Untergrundzirkel von KPD und SPD systematisch aushob und über Widerständler in Schauprozessen im Justizkomplex am Münchner Platz drakonische Strafen verhängte, zum anderen, weil das Regime mit seinen innen- wie außenpolitischen Erfolgen immer größere Popularität erlangte. Insgesamt wurden mehr als 1.000 Menschen mit der „Fallschwertmaschine“ im Landgericht (heute Georg-Schumann-Bau der TU) hingerichtet, darunter auch polnische und tschechische Widerstandskämpfer. Zensur, Hausarreste, Verbote aller Art, Verhaftungen – sie schwächten die Opposition nachhaltig. Auch dass Sachsen lange von den Verheerungen der Bombenangriffe verschont blieb, könnte eine Rolle dabei gespielt haben, dass das Gros der Bevölkerung in Dresden lange loyal zum NS-Regime stand und Widerstand eher die Ausnahme blieb. Immerhin: 1940/41 agierte die rund hundert Menschen umfassende kommunistische Widerstandsgruppe Schulze-Stein in Dresden, der SPD-Mann Wilhelm Grothaus führte die Dresdner Sektion einer Widerstandsorganisation aus Leipzig an. Einige der Offiziere, die nach dem 20. Juli 1944, dem Attentat auf Hitler, hingerichtet wurden, hatten in der Dresdner Garnison ihre Ausbildung erhalten, darunter beispielsweise Friedrich Olbricht, Hans Oster und Claus Graf Schenk von Stauffenberg. Wegen dieses missglückten Attentats auf Hitler im Führerhauptquartier Wolfsschanze in Ostpreußen durften sich dann tausende von Dresdnern am Elbufer zu einer „Treuekundgebung“ versammeln.

Der Jubel bei der Heimkehr dieser Infanterie-Einheit der Wehrmacht im August 1940 nach dem siegreichen Westfeldzug kannte kaum Grenzen. Halb Europa war erobert worden, die „Schmach" des Friedens von Versailles nach dem Ersten Weltkrieg getilgt.

Auch die Kirchen waren in ihrer Haltung zum Regime gespalten. Die Bekennende Kirche trat der Gleichschaltung von Staat und der in Teilen durchaus antiklerikalen NSDAP entschieden entgegen, die „Deutschen Christen" waren begeistert angesichts der „nationalen Erhebung", darunter auch der 1933 ins Amt eingeführte neue Landesbischof Friedrich Coch. Die Haltung der kleinen katholischen Gemeinde in Dresden wurde bestimmt durch das Konkordat, das Hitler 1934 mit dem Vatikan abgeschlossen hatte, das der katholischen Kirche Immobilien-Bestand und Tätigkeit aller Einrichtungen zusicherte, sie aber auch zum Stillhalten verpflichtete.

Im „Luftschutzkeller des Reiches" ist anfangs wenig vom Krieg zu spüren, dann kommt der „totale Krieg"

Still hielt auch die Dresdner Bevölkerung, die Nationalsozialisten sie zunehmend auf Kriegshandlungen vorbereitete. Bereits im April 1933 war der Reichsluftschutzbund gegründet worden, zwei Jahre später übte man mehr als nur einmal das Verdunkeln. Ein Probe-Luftangriff auf Dresden am 21. Januar 1936 dürfte einem Teil der Dresdner wohlige Schauer über den Rücken gejagt haben, anderen schwante Übles. Am 1. September 1939 wurde ab 5.45 Uhr „zurückgeschossen", aber es war das Dritte Reich, das mit einem fingierten Überfall auf den Sender Gleiwitz in Oberschlesien den Zweiten Weltkrieg vom Zaun brach, weil das deutsche Volk angeblich „Lebensraum im Osten" brauchte.

Zunächst wurden die Museen in Dresden kurzweilig geschlossen, die wichtigsten Kunstwerke ausgelagert und in Sicherheit gebracht. Das Stadtbild veränderte sich: Zwar gab es keine großen Bunkerbauten wie in Hamburg oder Berlin, aber auf großen Plätzen wurden Löschwasserbecken und Splittergräben angelegt, überall wiesen Beschriftungen an Häusern darauf hin, wo es zum nächsten „LSR", dem Luftschutzraum, gehe. Nicht sichtbar waren die angeordneten, nur bei geschlossener Bebauung möglichen Durchbrüche von Keller zu Keller. Die Maßnahme sollte sich als schädlich erweisen, weil die verbundenen Keller dann beim Feuersturm im Gefolge des Bombenangriffs vom 13. Februar wie Zugkanäle in einem Kachelofen wirkten.

Zunächst gab es Siege und entsprechende Siegesparaden zu feiern. Der Jubel beim Empfang der Wehrmachts-Einheiten am 9. August 1940 nach der

Gegen 23.30 Uhr des 13. Februar 1945 standen die Bauten am Wiener Platz samt dem Eckhaus Prager Straße in Flammen. Die Illusion im „Luftschutzkeller des Reiches“ zu leben, war trügerisch gewesen.

Rückkehr vom erfolgreichen Frankreichfeldzug war echt. Bald jedoch gab es nichts mehr, was man hochleben lassen konnte. Vor allem die harten Kämpfe an der Ostfront sorgten dafür, dass in den Zeitungen immer mehr Todesanzeigen mit Eisernen Kreuzen auftauchten, weil immer mehr Dresdner den „Heldentod“ für Führer, Volk und Vaterland starben. Frauen mussten die an die Front einberufenen Männer in den Betrieben ersetzen, jüngere Dresdnerinnen leisteten als „Blitzmädel“ einen sechsmonatigen Kriegshilfsdienst, waren etwa im Winterhilfswerk tätig oder als Erntehelferinnen. Außerdem rekrutierte man Zwangsarbeiter und Kriegsgefangene, beutete KZ-Häftlinge und Juden aus. Für pensionierte Beamte hatte der Ruhestand ein Ende, für die Besitzer von Privat-Autos die Fahrt ins Grüne und auch alle sonstigen Touren – es sei denn, sie hatten eine Sondererlaubnis. Knappheit an Lebensmitteln kannte man zunächst nicht, denn die eroberten Länder wurden gnadenlos ausgeplündert. Als die „Frontbegradigungen“, also die Rückzüge, zu-, der Umfang des Großdeutschen Reiches hingegen abnahm, wurden Versorgungsschwierigkeiten und Arbeitsbelastung immer größer.

Da der Endsieg für das Dritte Reich in immer weitere Ferne, die alliierten Armeen hingegen immer näher an die Grenzen des Großdeutschen Reiches heran rückten, verkündete Joseph Goebbels 1944 den „totalen Krieg“. Das zunächst noch üppige Kulturleben in Dresden war damit weitgehend beendet, Ablenkung boten fast nur noch die Kinos, wobei vor allem Unterhaltungsstreifen, weniger Durchhaltefilme gefragt waren. Allgemeine Begeisterung lösten noch die Siege der Fußballmannschaft des DSC aus, die 1940 und 1941 Pokalsieger, 1943 und 1944 Deutscher Meister wurde.

Ab Mitte 1944 war Dresden nicht mehr zusammen mit Schlesien der „Luftschutzkeller des Reiches“. Leipzig war schon vorher bombardiert worden, nun traf es auch viele andere sächsische Städte. Immerhin 174-mal gab es in Dresden vor dem Angriff vom 13. Februar 1945 Fliegeralarm. Am 24. August 1944 schlugen die ersten Bomben in Dresden-Gittersee ein, am 7. Oktober richteten amerikanische Bomberverbände Schäden in der Friedrichstadt, der Wilsdruffer Vorstadt sowie in Löbtau an. Der bedeutende Rangierbahnhof Dresden-Friedrichstadt war Ziel des Angriffs

Blick von der Ruine des ehemaligen Kaufhauses Alsberg (bis 1934, dann Möbius) in Richtung Schloßstraße. Der Kern von Dresden war bei Kriegsende ein einziges Trümmerfeld.

der US-Air Force vom 16. Januar 1945. Der aus Dresden stammende Schriftsteller Erich Kästner notierte am 7. Februar 1945: „Die Bevölkerung vermutet, daß man sie auf den Arm nimmt. Sie hat sich damit abgefunden, dass des Tag und Nacht Bomben regnet, ohne jede Gegenwehr, und daß die fremden Geschwader, auch tagsüber bei blauem Himmel, in Paradeformationen daherkommen. Man reißt blutige Witze. Roosevelt und Hitler, sagt man, hätten die für den Rest des Krieges verbindliche Übereinkunft getroffen, daß jener die Flugzeuge und dieser den Luftraum zur Verfügung stellt."

Der Feuersturm lässt in der Innenstadt vom einstigen „Elbflorenz" nur eine Trümmerwüste übrig

Am 13. Februar hatten sich die Alliierten den Luftraum über Dresden auserkoren, obwohl das Konzept des „moral bombing" von Arthur Harris, dem Chef des Bomber Command der Royal Air Force, offenkundig längst gescheitert war. Der Angriff englischer und am darauf folgenden Tag auch amerikanischer Bomberverbände, der mit einer Mischung aus Spreng- und Brandbomben wie gewünscht in Dresden ein Inferno mitsamt Feuersturm entfachte, zerstörte die am dichtesten besiedelten Teile der Stadt, vernichtete über 90.000 Wohnungen und unzählige Zeugnisse der Kunst und Architektur. In einem Umkreis von 15 Kilometern waren nach dem militärisch weitgehend sinnlosen Angriff praktisch nur noch ein Trümmerfeld von „Elbflorenz" übrig. Die Frauenkirche, das Wahrzeichen Dresdens, stürzte übigens erst am Vormittag des 15. Februar in sich zusammen – die steinerne Kuppel hatte den Bomben eigentlich standgehalten, aber wegen der enormen Hitzeentwicklung im Innern knickten schließlich die Säulen, so dass die instabil gewordene Konstruktion in sich zusammenstürzte.

Die Zahl der menschlichen Opfer kann, zumal die Stadt voller Flüchtlinge aus Schlesien war, nur vermutet werden. Lange ging man von ungefähr 35.000 Toten aus. Neuere Forschungen sprechen nun von 25.000 Toten. 7.000 Leichen wurden von einem SS-Kommando mit einschlägiger Erfahrung auf dem Altmarkt auf große Roste geschichtet und verbrannt. Die meisten Bombenopfer fanden auf dem

Einheiten der Roten Armee vor der Ruine des Residenzschlosses 1945. Die vier Sterne auf dem Kanonenrohr de T 34 zeigen vermutlich Treffer.

Heidefriedhof ihre letzte Ruhestätte. Alljährlich wird dort am 13. Februar der Opfer von Krieg und Gewalt gedacht.

Die Zerstörung Dresdens wird propagandistisch genutzt und politisch missbraucht

Die Zerstörung Dresdens war – zusammen mit den Luftngriffen auf Tokio – der mörderische Höhepunkt des herkömmlichen Bombenkrieges und wurde zum Symbol, deshalb auch umgehend und bis heute propagandistisch genutzt und politisch missbraucht. Schon das Dritte Reich hatte nach anfänglichem Zögern die Angriffe auf Dresden instrumentalisiert und die Höhe der Opferzahlen nach oben hin „korrigiert". In der DDR dominierten Autoren wie Max Seydewitz, sächsischer Ministerpräsident nach dem Krieg, und SED-Oberbürgermeister Walter Weidauer mit ihren Büchern wie *Die unbesiegte Stadt* das Bild. Während die Vergewaltigungen durch Soldaten der Roten Armee bei der „Befreiung" und die Verbrechen an den Deutschen im Osten sowie die Vertreibung absolutes Tabu-Thema in der SBZ und späteren DDR waren, durfte die „Terrorangriffe angloamerikanischer imperalistischer Bomberflotten", die im Auftrag der Wall Street ihr Zerstörungswerk angerichtet hätten, bald offen beklagt werden.

Noch heute sind die Wunden nicht verheilt, ist bei nicht wenigen Überlebenden die Empörung groß, wenn scheinbar gesicherte Erkenntnisse widerlegt werden. Als der Historiker Helmut Schnatz mit Hilfe deutscher und alliierter Quellen doch recht plausibel nachwies, dass es keine Angriffe von Tieffliegern auf flüchtende Menschen gab, erntete er bei einer Podiumsdiskussion Proteste von Zeitzeugen, die sicher sind, es anders erlebt haben zu haben.

Der Endkampf um die „Festung Dresden" findet nicht statt

Im Januar 1945, also schon vor dem Bombenangriff, begann der Bau von Verteidigungsstellungen samt Panzergraben rings um Dresden, wozu außer den Dresdnern, die in großer Zahl zum Volkssturm einrükken mussten, auch Zwangsarbeiter und Kriegsgefangene herangezogen wurden. Am 17. April erfolgte der letzte Luftangriff auf Dresden, am 7. Mai erreichten im Zuge der sogenannten „Prager Operation" erste Einheiten der Roten Armee den Norden der noch im April zur „Festung" erklärten Stadt.

Gerade einmal rund 370.000 Menschen lebten noch unter widrigsten Umständen in der Stadt, als tags darauf auch der Rest Dresdens befreit und besetzt wurde. 1933 waren es noch fast 650.000 gewesen, 1939 etwas über 630.000. General von und zu Gilsa, dem Befehlshaber des Verteidigungsbereichs Dresden, standen gerade mal die Reste von fünf Divisonen zur Verfügung, um die „Festung" gemäß Führerbefehl „bis zum letzten Mann" zu verteidigen. Die Eroberung der Stadt konnte auch die SS mit der Sprengung von vier der fünf Elbbrücken nicht verhindern. Nur das „Blaue Wunder" blieb erhalten, dank des Muts einiger Dresdner Bürger, die die Kabel zu den Sprengsätzen durchgetrennt hatten. Über dieses Brücke zog dann auch das Gros der sowjetischen Truppen am Tag der Kapitulation des Deutschen Reichs und drang in die Stadt ein. Kaum einer hatte noch Lust, Mutschmanns Befehl: „die Stadt wird mit allen Mitteln und bis zum Letzten verteidigt", Folge zu leisten. Eines der letzten Dresdner Kriegsopfer war der Arzt Rainer Fetscher, der von Soldaten erschossen wurde, als er den russischen Truppen auf den Resten der Prager Straße mit einer weißen Fahne entgegenging. Ihm zu Ehren trägt der Fetscherplatz in Striesen seinen heutigen Namen.

Von Häuserkämpfen blieb die Stadt beim Endkampf des Dritten Reiches weitgehend verschont. Aber auch so sollten es alles in allem schließlich 30 Millionen Kubikmeter Trümmerschutt sein, die sich bei der Beräumung der Stadtreste ansammelten – 15 Jahre benötigte man dafür.

Der Aufbau unter den Insignien des Sozialismus (1945-1973)

Nach anfänglichen Ausschreitungen sichert die Rote Armee die Grundversorgung der Deutschen

Bei allen Ausschreitungen gegen die Zivilbevölkerung beim Einrücken der Roten Armee kam Sachsen mit Dresden im Vergleich zu den vorher besetzten Gebieten im Osten des Reichs noch glimpflich davon. Diebstähle, Raubüberfälle, Vergewaltigungen und Plünderungen schienen das Bild der Nazi-Propganda zu bestätigen und sorgten von Anfang an für geringe Sympathiewerte gegenüber der sowjetischen Besatzungsmacht. Die Befreiung vom Nationalsozialismus, sie ging, auch wegen des Fanatismus vieler Deutscher, nicht ohne Gewalt ab. Im Mai 1945 gab es unter den über tausend definitiv nicht natürlichen Todesfällen in Dresden mindestens 350 Selbstmorde. Geschlechtskrankheiten und Abtreibungen waren Folgen der zahlreichen Vergewaltigungen.

Hunger war allgegenwärtig, Seuchen grassierten, die Säuglingssterblichkeit lag Mitte des Jahres bei über 70 Prozent. Wo immer es ging, pflanzte man Kartoffeln und Gemüse, wurden Karnickel und Hühner gehalten. Der Schwarzmarkt diktierte die Preise. Razzien gegen Schieber und Wucherer waren zwar an der Tagesordnung, kratzten aber nur an der Oberfläche des Problems und lösten es schon gar nicht. „Hamsterfahrten" und Diebstahl von den Feldern waren weitere Möglichkeiten, die eigene Ernährungslage zu verbessern. Der Übergang von einer Kampf- zu einer Besatzungstruppe, die die öffentliche Sicherheit und die Grundversorgung der Bevölkerung zu sichern hatte, war nicht gerade leicht. In der Übergangsphase behinderte die sowjetische Administration in Dresden eher die Tätigkeit deutscher Institutionen, wie Thomas Widera in seiner Studie *Dresden 1945-1948. Politik und Gesellschaft unter sowjetischer Besatzungsherrschaft* bemerkt. Auch die bald anlaufenden und letzten Endes kontraproduktiven Demontagen und die späteren Reparationen stellten eine schwere Belastung dar, sowohl für die Wirtschaftskraft der künftigen DDR als auch für das Verhältnis zwischen der deutschen Bevölkerung und der Siegermacht Sowjetunion. Und auch wenn man, in einem Anflug von Schuldgefühl, zunächst durchaus Verständnis für die Versuche der Siegermächte aufbrachte, die „Entnazifizierung" durchzusetzen, so kippte die Stimmung, als man erkennen musste, dass die Sowjetunion (SU) und die von ihr unterstützte KPD

Kleingartenarbeit in den Trümmernfeldern des Stadtzentrums, Blick von Norden auf die Ruine des Rathauses um 1947.

Bittere Notwendigkeit: das „Kartoffelstoppeln" im Umfeld der Stadt unmittelbar nach der Ernte.

diese für ihre Zwecke instrumentalisierte. In der Sowjetischen Besatzungszone (SBZ) wurden in der Nachkriegszeit weit über 120.000 Menschen verhaftet und ohne reguläre Urteile in Speziallager wie Mühlberg gebracht. Oft wurden sogar ehemalige KZ-Lager schlichtweg neu aufgefüllt – und beileibe nicht nur mit echten Nationalsozialisten und Kriegsverbrechern, sondern vorzugsweise mit Regimekritikern, mit vermeintlichen Spionen, Konterrevolutionären, Klassenfeinden und bourgeoisen Elementen, die den Sowjets und den deutschen Kommunisten nicht ins Weltbild passten. Bei einfachen NSDAP-Mitgliedern ließ man allerdings dann doch zunehmend Gnade vor Recht walten, zumal der Mangel an Fachkräften ungemein groß war. Schwere NS-Verbrecher wurden freilich ungleich konsequenter verfolgt und härter bestraft als in den westlichen Besatzungszonen.

Der Traum von der Einheit der Arbeiterklasse wird für nicht wenige Sozialdemokraten zum Albtraum

Was in Berlin die Gruppe um Walter Ulbricht, das war im Süden die Gruppe Anton Ackermann vom Zentralkomitee (ZK) der KPD, die der Politverwaltung der 1. Ukrainischen Front zugeordnet war. Sie schlug bereits am 10. Mai 1945 die neuen Mitglieder des Rates sowie als neuen Oberbürgermeister den Sozialdemokraten Rudolf Friedrichs vor. Sein Vize wurde Kurt Fischer von der KPD. Zwei Tage später konstituierte sich der Rat der Stadt, unter den Abgeordneten waren Hermann Matern und Elsa Fenske. Die KPD in Sachsen wurde offiziell am 13. Juni in Dresden-Omsewitz bei einer Funktionärstagung wiedergegründet, die SPD am 26. Juni in der Dresdner „Tonhalle" (Kleines Haus), wobei Otto Buchwitz zum Vorsitzenden des Landesvorstandes Sachsen der SPD gewählt wurde. Bald folgten im Reigen der Parteigründungen die Demokratische Partei Deutschlands (die spätere LDPD), die Christlich-Soziale Volkspartei (später CDU), und schließlich erblickte am 4. Juli in der Schauburg auch der Freie Deutsche Gewerkschaftsbund (FDGB) das Licht der Welt. Mit dem Zusammenschluss von KPD und SPD zur SED am 7. April 1946 in Bühlau erfüllte sich für nicht wenige Linke der Traum von der „Einheit der Arbeiterklasse"; für etliche Sozialdemokraten entwickelte sich dieser Akt der Vereinigung allerdings rasch zum Albtraum. Einheitsgegner waren ohnehin ausgeschaltet und auch verhaftet worden. Bald bestimmten überwiegend die alten KPD-Funktionäre wie Hermann Matern, der am 12. Juni 1945 als Politischer Sekretär der Bezirksleitung Sachsen der KPD gewählt wurde, oder Walter Weidauer oder Max Opitz den Kurs der SED.

Die neue Partei hatte bei der Bevölkerung zunächst durchaus Kredit. Bei den ersten freien Gemeindewahlen im September 1946 erreichte die Einheitspartei in Dresden 48,4 Prozent, war damit also, wie auch bei

Rudolf Friedrichs (2. v. r.) war ab Mai 1945 zunächst Oberbürgermeister von Dresden, dann Ministerpräsident.

den Landtagswahlen im Oktober, wo sie ein ähnlich gutes Ergebnis erreichte, stärkste Partei. Beim Volksentscheid über die Verstaatlichung von Schlüsselindustrien und Großbetrieben am 30. Juni 1946 machten immerhin drei Viertel der Wähler ihr Kreuzchen beim „Ja"-Kästchen für deren Überführung in Volkseigentum.

Nachdem am 4. Juli 1945 durch die sowjetische Militäradministration (SMAD) die Provinzialverwaltungen bestätigt wurden, avancierte Friedrichs zum Präsidenten von Sachsen. Sein Nachfolger im Oberbügermeistersessel wurde Johannes Müller, dessen erster Stellvertreter war Walter Weidauer von der KPD, der renommierte Kunstwissenschaftler Will Grohmann wurde zum Stadtrat für Kultur berufen. Von April bis Oktober 1946 war dann Gustav Leißner Oberbürgermeister, danach nahm schließlich Weidauer im OB-Sessel Platz. Die erste Wahl zur Stadtverordnetenversammlung fand am 1. September 1946 statt, die formelle Übergabe der Verwaltungsvollmacht durch den sowjetischen Stadtkommandanten erfolgte allerdings erst am 14. November 1949, gut einen Monat nach nach Gründung der Deutschen Demokratischen Republik am 7. Oktober.

Die Stadt war seit 1945 sukzessive größer geworden. Erst waren die Albertstadt, Dölzschen und Gittersee eingemeindet worden, dann wurde Dresden noch grüner, weil die Heide plötzlich Teil des Stadtgebiets war. 1950 kamen schließlich im Verlauf einer großen Eingemeindungswelle unter anderem noch Hellerau und Klotzsche, Hosterwitz und Pillnitz, Niedersedlitz, Zschachwitz und Zschieren nach Dresden. Zwei Jahre später wurde die Zahl der Stadtbezirke von 20 auf 9 reduziert, den Status als Landeshauptstadt war man nach der Zerschlagung der Länder durch die SED 1952 los, man war jetzt lediglich noch eine von 15 Bezirksstädten der DDR – und darüber hinaus vor allem in den siebziger und achtziger Jahren dann republikweit als Tal der Ahnungslosen bekannt und bemitleidet, weil man hier kein Westfernsehen empfangen konnte.

Zwischen Ruinen blüht immerhin zunächst die Konzert- und Theaterlandschaft wieder auf

Die Rote Armee stellte in der allgemeinen Not der Nachkriegsmonate die Ernährung der deutschen Bevölkerung sicher, obwohl die eigenen Vorräte selbst nicht gerade üppig waren. Man leitete auch erste Wiederaufbaumaßnahmen in die Wege, verteilte 420.000 Lebensmittelkarten, sorgte dafür, dass zumindest in den Vororten die ersten Straßenbahnen fuhren, ermöglichte, dass Kunst und Kultur wieder erste zarte Blüten trieben.

Am 1. Juni 1945 erheiterte, nachdem der sowjetische Stadtkommandant die Generalprobe für gut befunden hatte, die Besucher der ersten öffentliche Vorstellung das „Volks-Varieté" im fast tausend Zuschauer fassenden Kino „Schauburg". Mit Unterhaltsamem der kleinen Form konnte man sich auch im Elbehotel „Demnitz", im Ballhaus Watzke oder etwa im Aeros-Varieté die Zeit kurzweilig gestalten. Mitte Juni gab die

Im Bergpalais von Schloss Pillnitz fanden die Bilder der Gemäldegalerie Neue Meister zunächst ein neues Domizil.

Philharmonie im Gemeindesaal der Christuskirche in Strehlen ihr erstes Nachkriegs-Konzert. Am 1. Juli ließ sich wieder der Kreuzchor hören, neun Tage später wurde auf der Tonbühne, die als Interimstheater diente, von Intendant Erich Ponto Lessings „Nathan der Weise" gegeben. Nun war wieder Toleranz gefragt. Als dieses Ideal erneut unter Beschuss genommen, von SED- und Staatsführung der DDR verbissen die „Formalismus"-Debatte gepflegt und ein fester Klassenstandpunkt gefordert wurde, ging Ponto 1947 nach Stuttgart, der Dirigent Joseph Keilberth, der drei Jahre später mit seiner Inszenierung von Carl Orffs „Antigonae" angeeckt war, 1950 in den Westen. Auch die Palucca-Schule wurde im Juli 1945 wiedereröffnet. Die Staatsoper gab am 12. Oktober im Kurhaus Bühlau Strauss' „Ariadne auf Naxos", die Aufführungen der Oper der liebevoll-ironisch „Kulturscheune" genannten Bühne waren bald legendär. Die etwas leichtere Muse fand im „Apollo" in Leuben (der späteren Staatsoperette) und im „Constantia" in Cotta Unterschlupf (heute dient es als Spielstätte für das Theater Junge Generation).

Es gelte, den „denkfaulen Nazinaturalismus" zu überwinden und eine neue deutsche Kultur zu entwikkeln, meinte Alexander Dymschitz, Leiter der Kulturabteilung in der Sowjetischen Militäradministration, im Herbst 1946 bei der Eröffnung der „Ersten deutschen Kunstausstellung". In der Nordhalle (jetzt Militärhistorisches Museum) waren rund 250 Werke aus drei Besatzungszonen zu sehen, die das deutsche Kunstschaffen seit 1933 dokumentierten, darunter insbesondere auch Arbeiten der Künstlervereinigung „Die Brücke". 74.000 Besucher zählte man in neun Wochen. Allerdings ergab eine im Auftrag der sächsischen Landesregierung veranlasste und in der Presse noch während der Ausstellung thematisierte Umfrage, dass

Ein Heimkehrer aus der Gefangenschaft sucht Namen von Angehörigen auf Zetteln an einem Baum auf dem Postplatz.

DIMITROFFBRÜCKE

Leider machte der Umbenennungswahn der DDR-Oberen auch vor Elbflorenz nicht halt. In jeder ostdeutschen Stadt gab es ab den 50er Jahren einen „Platz des Friedens", eine „Straße der Völkerfreundschaft", eine „Allee der Kosmonauten". Da kam keiner drum herum. Auch Dresden nicht. Und so geschah es, dass die älteste Brücke der Stadt den Namen eines bulgarischen Kommunisten übergebraten bekam: Georgi Dimitroff. Abgekürzt wurde sie einfach Dimitroffbrücke genannt. Aber der Dresdner wäre eben nicht der Dresdner, wenn er sich nicht immer und überall seinen eigenen Reim auf die Dinge machen würde. Noch heute, wo die Brücke wieder Augustusbrücke heißt, erzählt man sich süffisant zuzwinkernd, warum diese Brücke ausgerechnet Dimitroffbrücke hieß: Wenn August der Starke mit seiner Kutsche über die Brücke ratterte und es flanierten rechts und links attraktive junge Damen, ließ der Herzensbrecher auf der Stelle anhalten und befahl im schönsten sächsisch: „So, die mit droff, und die mit droff und die mit droff off de Kutsche".

zwei Drittel der Besucher die Ausstellung wegen der starken Präsenz expressionistischer und abstrakter Arbeiten ablehnten. Bei der nächsten großen Kunstausstellung in Dresden 1949 fehlten dann Werke der Brücke-Meister, denn sie, die ausnahmslos in den Westen gegangen waren (Schmidt-Rottluff, den man im Oktober 1945 sogar mit Schloss Pillnitz gelockt hatte, hatte es beispielsweise vorgezogen, eine Professur an der Hochschule der Künste im Westen Berlins anzunehmen), lehnten eine Teilnahme ab; der Maler Erich Heckel etwa deshalb, weil er in der Ostpresse als „bürgerlich dekadent" bezeichnet worden war. Im Frühjahr 1950 sahen in Dresden nur 106 Besucher eine Ausstellung mit Arbeiten Heckels, was an den Angriffen in der Presse, der mangelnden Werbung oder der Flucht zahlreicher bürgerlicher Dresdner in den Westen gelegen haben könnte.

Die Infrastruktur wird wieder in Schuss gesetzt, die Enttrümmerung sorgt für klare Verhältnisse

Auch um die Flüchtlinge und Vertriebenen aus den deutschen Ostprovinzen, hauptsächlich aus Schlesien und dem Sudetenland, kümmerten sich SMAD und Stadtverwaltung. Dresden war allerdings wegen des hohen Zerstörungsgrads allenfalls Durchgangsstation, nicht Ansiedlungsort. Immerhin wurden sieben Auffanglager in der Umgebung der Stadt eingerichtet. Die Wiederherstellung der wichtigsten Lebensfunktionen der Stadt war eine bewundernswerte Leistung der Roten Armee. Was an Schulen und Hochschul-Einrichtungen übrig geblieben war, wurde wiedereröffnet. Justiz, Polizei und öffentliche Verwaltung wurden arbeitsfähig gemacht, die ärztliche und medizinische Versorgung verbessert, das Gaswerk Reick, das Heizkraftwerk Mitte und die Wasserwerke Hosterwitz, Saloppe und Tolkewitz in Betrieb genommen. Die Integration der ersten aus der Kriegsgefangenschaft zurückgekehrten Soldaten bereitete Probleme, schritt aber voran.

Ende 1945 waren immerhin drei Viertel des einstigen Straßenbahnnetzes wieder befahrbar, allerdings war nur die Hälfte des Fahrzeugparks übrig geblieben. Bereits im Juni 1945 war die Augustbrücke provisorisch wieder hergerichtet worden, im darauf folgenden Januar stand auch die Albertbrücke, nun als „Brücke der Einheit", wieder zur Verfügung. Es sollte jedoch noch bis 1949 dauern, bis die Augustusbrücke aufgebaut und unter dem Namen „Georgi-Dimitroff-Brücke" wieder eingeweiht werden konnte.

Anfang Juni 1946 wurde der Zoo wiederöffnet, am 18. September die Technische Hochschule. Ab 1946 ging die unter der Leitung von Victor Klemperer stehende Volkshochschule wieder gegen Wissenslücken vor. Den Bildungsnotstand beheben, das wollte die SED vorrangig mit hastig in achtwöchigen Kursen in Wachwitz ausgebildeten Neulehrern – die alten hatte man größtenteils im Zuge der Entnazifierung entlassen, stellte viele von ihnen zwei Jahre später nach entsprechender Überprüfung und Schulung dann doch wieder ein. Da viele Schulen zerstört waren, war die Raumnot mit überfüllten Klassenzimmern noch lange ein Problem. Den Bedarf an Lehrern sollte erst die 1952 eröffnete „Pädagogische Hochschule" stillen, in die man die „Dreikönigsschule" in der Wigardstraße „im Zuge der Reorganisation und Vereinheitlichung der gesamten Lehrerausbildung in der DDR" umgewandelt hatte.

Mitte April 1947 nahmen die Hochschule für Bildende Künste und die Hochschule für Werkkunst den Lehrbetrieb wieder auf, am 23. Mai präsentierten die Kunstsammlungen im Schloss Pillnitz die Reste ihrer Bestände. Und da man insbesondere auch durch das Lesen lernt, wie viel man ungelesen lassen kann, freuten sich die Büchernarren Dresdens über die Wiedereröffnung der Sächsischen Landesbibliothek am 15. August 1947. Da das Japanische Palais vom Krieg gezeichnet war, hatte man die Bestände nun in einer ehemaligen Kaserne auf der Marienallee untergebracht.

Auch die kleinen Freuden hoben immer wieder die Stimmung. Mal war es der Start des ersten Pferderennens in Seidnitz 1951, mal die Eröffnung von Bädern wie dem Nordbad im Jahr darauf, mal die Einweihung der Kindereisenbahn im Großen Garten anlässlich des Internationalen Kindertages am 1. Juni 1950, die ab dem 1. Mai 1951 dann offiziell Pioniereisenbahn hieß. Das achttägige Pioniertreffen, an dem 1952 rund 60.000 Pioniere teilnahmen, darunter Delegationen aus befreundeten Ländern, war für viele ebenso ein unvergessliches Erlebnis wie die 750-Jahr-Feier der Stadt Dresden im Jahr 1956 mit ihrem umfangreichen Festprogramm, das unter anderem die 9. Heinrich-Schütz-Woche, Volkskunsttage und diverse Kinderfeste beinhaltete. Den Höhepunkt des Jubeljahres bildeten die Wiedereröffnung der Sempergalerie am 3. Juni durch Ministerpräsident Otto Grotewohl in einem Staatsakt sowie der Festumzug zur Geschichte der Stadt am 10. Juni.

In der ersten Hälfte der 50er Jahre nahmen auch zahlreiche neue Forschungseinrichtungen den Betrieb auf, etwa die Verkehrshochschule (1952), die Hochschule für Musik (1953), die Medizinische Akademie (1954). Mit der 1949 gegründeten Arbeiter- und Bauernfakultät erhielten insbesondere Kinder aus bisher benachteiligten Familien die Chance, zu studieren – allerdings musste man im Gegenzug auch gesellschaftspolitisches Engagement und Wohlverhalten zeigen.

Da viele Straßenbahnzüge im Krieg zerstört worden waren, waren die verbliebenen meist überfüllt, so dass viele Dresdner sich wie bei diesem Zug der Linie 11 nach Bühlau am Einstieg festhielten.

Am 20. Juli 1946 gaben Rudolf Friedrichs und Kurt Fischer (Mitte) die Brücke der Einheit für den Verkehr frei.

Die Aufbauleistungen sind beeindruckend, aber die Stadt erlebt durchaus auch eine zweite Zerstörung

Am 5. Januar 1946 verkündete der erste Bürgermeister Walter Weidauer in einer Sondersitzung des Rates der Stadt den ersten Dresdner Aufbauplan, danach legte man in der Johannstadt mit der großflächigen Enttrümmerung los, später dann auch andernorts. Mitte 1946 waren die Hauptstraßen der Innenstadt wieder passierbar, am 15. April halfen 1.500 Stahlwerker aus Gröditz den Dresdnern, die einen unbändigen Aufbauwillen an den Tag legten und auch damit ihren Lebenswillen demonstrierten, bei einem Großeinsatz am Pirnaischen Platz. Den Trümmerfrauen, die in der „Stunde Null" (die es nicht wirklich gab) und in den

Den Trümmerfrauen mit ihrem beharrlichen Aufbauwillen setzte die Stadt später ein Denkmal vor dem Rathaus.

So bot sich in der Nachkriegszeit zunächst der Blick vom Postplatz auf die Ruine der Sophienkirche.

Aufbaujahren die Hauptlast der Arbeit trugen, setzte die Stadt 1952 mit der von Walter Reinhold geschaffenen Plastik „Die Trümmerfrau“ ein Denkmal vor dem wiederaufgebauten Rathaus als Symbol redlichen Aufbauwillens. Im Februar des darauf folgenden Jahres rief der Kreisausschuss der Nationalen Front zu einem weiteren Arbeitseinsatz auf, bei dem 125.300 Ziegel transportiert und 34.325 geputzt wurden. Das alte Dresden wurde im 20. Jahrhundert letztlich zweimal zerstört: am 13. und 14. Februar in militärisch weitgehend sinnlosen Bombenangriffen und danach im jahrelangen Klassenkampf der SED gegen das Bürgertum und seine Denkmäler. Damit teilt Dresden das Schicksal vieler deutscher Städte, im Westen wie im Osten. Drüben forderte die soziale Marktwirtschaft ihren Tribut an historischer Bausubstanz, hüben die Ideologie, beiden deutschen Staaten gemeinsam war der Fortschrittsglaube. Walter Ulbricht und seine sächsischen Statthalter wollten Dresden seine Seele rauben, indem sie das der Stadt verbliebene Gemäuer wegen der angeblich reaktionären Gesinnung seiner Erbauer straften. Oberbürgermeister und kommunistischer Kleingeist Walter Weidauer formulierte 1946 das Ziel des Neuaufbaus: „Nicht eine Residenzstadt mit ihrem starken parasitischen Einschlag, sondern eine Stadt der Arbeit, der Kultur, des Wohlstands für alle muss Dresden werden.“ Um die Stadt im sozialistischem Sinne umzugestalten, wurde der Wiederaufbau privater Häuser massiv behindert. Den Eigentümern wurde verboten, ihre Grundstücke von Trümmern zu beseitigen. Umstandslose Enteignungen schufen die Grundlage einer Stadtplanung, die sich frei wähnte von alten Besitzverhältnissen, Raumgefügen und Straßenplanung. Unter Weidauers Anleitung ließ das „Amt für Großberäumung“ nach 1945 große Areale der Innenstadt planieren. In seinem Buch *Abschied vom alten Dresden. Verluste historischer Bausubstanz nach 1945* zeigt Matthias Lerm sogar auf, dass die planerische Vorarbeit für diese Barbarei der Kommunisten von den Nationalsozialisten erbracht worden war. Für Dresden hatte die Bauleitung bereits 1939 breite Verkehrsachsen und ein monumentales Gauforum konzipiert. Waren dann 1945 auf einer Liste der städtischen Bauverwaltung noch 190 kunsthistorisch wertvolle, aber größtenteils beschädigte Gebäude verzeichnet, so waren es sieben Jahre später nur noch 29. Etliche Funktionsträger des SED-Regimes im Stadtplanungsamt bzw. Ministerium für

Beim Festumzug zur 750-Jahr-Feier Dresden 1965 engagierten sich viele Dresdner. Das Jubiläum war für Partei- und Staatsführung eine gute Gelegenheit, von den politischen Schwierigkeiten im Jahr der Ungarnkrise abzulenken.

Aufbau machten den heute zu Recht für ihre Lebensleistung gewürdigten Denkmalpflegern wie Hans Nadler und Fritz Löffler damals das Leben teilweise zur Hölle. Um die Trümmerbahnen so richtig voll auszulasten, wurden die Gleise mitunter bewusst so angelegt, dass sie an eigentlich rettbaren Gebäuden vorbeiführten. Die Enttrümmerung entwickelte eine Eigendynamik, die alles gefährdete, was ihr im Weg stand; 1949 war sogar die Ruine der Frauenkirche in Gefahr. Abgerissen wurden unter anderem die Jakobikirche, die Barockhäuser der Rampischen Gasse und der Großen Meißner Straße, Antons Markthalle, die ehemalige Reichsbahndirektion und der Ausstellungspalast. Bautechnisch hätten sie ebenso gerettet werden können wie das 1845 von Semper errichtete Palais Oppenheim, das 1951 gesprengt wurde, weil man einen Palast der Jungen Pioniere bauen wollte und in dessen Nähe keine Reste großbürgerlicher Bebauung duldete. Aber die DDR hatte dafür kein Geld, die Prioritäten beim Einsatz der Mittel lagen eindeutig im Wohnungsbau. In der vergleichsweise finanziell reicheren Bundesrepublik wurde allerdings beim Wiederaufbau noch weitaus mehr Tabula rasa gemacht, etwa in Kassel, Frankfurt oder Köln. Fortgeräumt wurde in Dresden dann auch 1963 die Ruine der gotischen Sophienkirche, weil man an dieser Stelle lieber eine Parade- und Demonstrationsmeile sowie die HO-Großgaststätte „Am Zwinger“ sah: den „Fresswürfel“, wie der Volksmund diesen nicht nur architektonischen Anschlag auf die Geschmacksnerven taufte.

Verhindert werden konnte von Architekten und Denkmalpflegern ein Kulturpalast im Form eines Hochhauses – der dann von 1966 bis 1969 im Sinne der Moderne ausgeführte Bau sprengte zwar auf seine Weise auch die Maßstäbe des Altmarkts, beeinträchtigte allerdings nicht die im Wiederaufbau begriffene historische Stadtsilhouette, den berühmten „Canaletto-Blick“. Der Kulturpalast wurde von der Bevölkerung dankbar angenommen, die Philharmonie hatte jetzt endlich eine feste Spielstätte.

Einiges wurde aber auch gerettet in Dresden, das 1950 den Status einer bevorzugten Aufbaustadt bekommen hatte. Zumindest bei einigen Gebäuden konnten die Denkmalpfleger Fritz Löffler und Hans Nadler, die von Weidauer und anderen SED-Kadern immer wieder öffentlich attackiert wurden, Erfolge verzeichnen. Die Ruine des Residenzschlosses wurde

Freie Fahrt für die Trümmerbahn am Schloss.

ab 1947 zunächst gesichert. Das Japanische Palais überlebte, weil man gedachte, zumindest offiziell, es zum „Pionierklubhaus" umzugestalten. „Rettung durch Nutzung" war das Gebot der Stunde. Letztendlich war es übrigens Schloss Albrechtsberg, das als Pionierpalast „Walter Ulbricht" 1951 einer neuen Nutzung zugeführt wurde. Ab März 1957 hatte man dort den neu im Lingner-Schloss gegründeten Klub der Intelligenz zum Nachbarn.

Als sich am 22. September 1948 der Vorhang im Schauspielhaus als Großem Haus der Staatstheater für Joseph Keilberths Inszenierung von Beethovens „Fidelio" hob, konnten sich die Dresdner über den ersten abgeschlossenen Wiederaufbau eines Theaters freuen. Ein Jahr später war das Neue Rathaus fertig, 1953 war die Rekonstruktion des nördlichen Teils des Zwingers, der 1945 in der Liste der hundert wertvollsten und zu erhaltenden Bauten ganz oben gestanden hatte, vollendet. Bereits 1947 war das Kronentor rekonstruiert worden, dank der Spendenbereitschaft der Bevölkerung erstrahlten Krone und Adler ab 1952 dann wieder im Goldglanz. 1965 war der Wiederaufbau des Barockbaus abgeschlossen. Am 23. Mai 1953 wurde im Verlauf einer Großkundgebung auf der frei geräumten Fläche des Altmarkts der Grundstein für die Neugestaltung des zerstörten Platzes gelegt – der Staatsratsvorsitzende Walter Ulbricht höchstpersönlich führte die drei symbolischen Hammerschläge aus und proklamierte dabei die „Sozialistische Umgestaltung der Stadt". Mit der Eröffnung des Hauses „Altmarkt" im Dezember 1956 gab es dann wieder ein paar Gaststättenplätze mehr, in denen Kellner mit ihrem ganz eigenen und berühmten Eifer die Gäste platzierten. Am 13. Februar 1955 weihte der Landesbischof Gottfried Noth, neben Franz Lau eine der prägenden Persönlichkeiten der evangelischen Kirche im Sachsen der Nachkriegszeit, die größtenteils wiederaufgebaute Kreuzkirche ein. Das Gotteshaus hatte nur wenige Fragmente der einstigen Jugendstilausstattung behalten, im Innern mahnen rauhverputzten Wände an die Zerstörungskraft des Krieges und beeindrucken Gläubige wie Besucher auf ihre Weise. Alles in allem wuchs im Laufe der Jahre im Zentrum ein „hybrides, disharmonisches Gebilde Stadt heran, voller Kompromisse und vertaner städtebaulicher Chancen, in dem am Ende der DDR geglückte Rekonstruktionen (Theaterplatz, Brühlsche Terrasse) neben dumpfer ‚Platte' stehen sollten (Pillnitzer Straße, Innenstadt-Ring), neobarocker Fünfziger-Jahre-Stil (Altmarkt) neben Brachland (Neumarkt)", wie Hans-Peter Lühr, Geschäftsführer des Dresdner Geschichtsvereins (dieser gibt unter anderem die außerordentlich qualitätvolle Reihe *Dresdner Hefte. Beiträge zur Kulturgeschichte* heraus) in dem Buch *Dresden. Die Geschichte der Stadt* festhält.

Viel Licht und Luft, das sollten die neuen Wohnbauten aufweisen, die in Striesen, Reick und anderen Stadtteilen nach und nach hochgezogen wurden und dann häufig von Aktivisten, aber auch jungen Familien bezogen werden konnten. Aufbauhilfe kam aus dem ganzen Land, in Form von Geld- und Sachspenden, manchmal wurden auch ganze Baubrigaden nach Dresden abgeordert.

Die „Partei neuen Typus" verspielt mit ihrem restriktiven Kurs bald ihren anfänglichen Bonus

1953 hatte die SED ihren anfänglichen Bonus beim Gros der Bevölkerung verspielt. Die bürgerliche Fraktion im Stadtparlament war an die Kandare genommen, der Ton gegenüber „reaktionären Stadtverordneten" oder etwa kirchlichen Kreisen rauer geworden. Der Führungsanspruch der „Partei neuen Typus" war ab 1949 allumfassend, zumal die von der SED dominierte „Nationale Front" bei den Wahlen zur Volkskammer, dem Sächsischen Landtag sowie zum Stadtrat am 15. Oktober 1950 bei 96,4 Prozent Wahlbeteiligung 99,6 Prozent der Stimmen erhielt. Die

Wahlen waren nur noch ein byzantinisches Ritual, in der DDR ging man nicht wählen, sondern „falten". Die Blockparteien erkannten die Führungsrolle der SED an und wagten nur selten Widerspruch oder gar einige Gegenstimmen.

Ebenso restriktiv war der Kurs in der Kulturpolitik war der Kurs, auch wenn es durchaus einzelne künstlerische Lichtblicke gab und immer wieder exzellente Bücher, Filme oder Musik- und Theaterereignisse aufhorchen ließen. Der im März 1951 auf der 5. Tagung des ZK der SED beschlossene „Kampf gegen den Formalismus", der das ästhetische Dogma festschrieb, ließ unzählige Künstler und Intellektuelle ihr Heil im Westen suchen, weil sie genug hatten von Bevormundung und fruchtlosen Debatten mit Polit-Funktionären, von Suspendierungen, Selbstkritiken, Selbstzensur und Parteistrafen.

Selbst der Antisemitismus keimte in der stalinistischen DDR im Zuge der Slansky-Prozesse 1952 in der CSSR wieder auf. Mitglieder der ohnehin kleinen jüdischen Gemeinde wurden aus der SED und der VVN, der Vereinigung der Verfolgten des Nazi-Regimes, ausgeschlossen, in der Presse hagelte es Beschimpfungen der „Agenten Israels und des Zionismus". Ein neuer Exodus setzte ein: 30 Prozent der Dresdner Juden kehrten der DDR den Rücken, was der antifaschistischen DDR durchaus peinlich war, so dass nach Stalins Tod 1953 die jüdische Gemeinde wieder erheblich finanziell unterstützt wurde, damit das Gemeindeleben in Schwung kam, Friedhöfe und Synagogen von neuem gepflegt werden konnten.

Am Nachmittag des 17. Juni 1953 sorgten sowjetische Panzer dafür, dass Dresden wieder ein sicheres SED-Pflaster wurde.

Am 17. Juni brodelte es auch auf dem Theaterplatz.

Der Tropfen, der das Fass der Unzufriedenheit mit der SED-Politik, die mit der Kollektivierung der Landwirtschaft und der Verstaatlichung großer Teile der Industrie begonnen hatte, dann zum Überlaufen brachte, waren die Erhöhung der Arbeitsnormen in den Betrieben der DDR sowie neue Betriebskollektivverträge, die sich auf die soziale Lage der Arbeiter negativ auswirkten. Der Streik der Bauarbeiter der Stalinallee in Berlin breitete sich am 17. Juni 1953 auch nach Sachsen aus. Am Morgen standen im Sachsenwerk Niedersedlitz und vielen anderen Betrieben alle Räder still. Wilhelm Grothaus, Antifaschist und ehemals Mitglied der Landesregierung und nun zur Bewährung in der Produktion tätig, wurde zum Sprecher der Streikenden, dann zum Vorsitzenden des Streikkomitees gewählt. Zehntausende gingen auf die Straße, versammelten sich auf dem Postplatz, forderten freie Wahlen, den Rücktritt der Regierung, die Freilassung von politischen Gefangenen. Man verhängte den Ausnahmezustand, die Sowjetarmee schlug den Aufstand auch mit Hilfe von Panzern nieder. Der allgemeinen Verhaftungswelle folgte eine noch größere Fluchtwelle. Für die SED waren die Schuldigen schnell ausgemacht, nämlich „Westberliner Provokateure" sowie „Agenten ausländischer Staaten und ihre Helfershelfer aus Kreisen der deutschen Monopolherren". Und weil in Halle bei der Erstürmung des Gefängnisses auch NS-Krieg-

Wilhelm Grothaus wurde als Rädelsführer beim Aufstand 1953 zu 15 Jahren Zuchthaus verurteilt.

verbrecher freigekommen waren, hatten natürlich auch „Faschisten“ ihr Werk verrichtet.

Nach einiger Zeit war jedoch das „unerschütterliche Vertrauen in die Führung der Arbeiterklasse“ wiederhergestellt, zumal man versprach, mehr Lebensmittel und Konsumgüter des täglichen Bedarfs herzustellen. Hilfreich war auch die Lockerung der Reparationsforderungen der UdSSR. 1958 konnte dann in der Tat endlich die Lebensmittelrationierung aufgehoben werden, da man aber die letzten Reste der noch privaten Klein- und Mittelindustrie und Handwerker vernachlässigte, wenn nicht systematisch benachteiligte, blieben viele Waren und Güter aber weiterhin Mangel- und folglich auch Bückware.

Da aber Vertrauen gut, ausreichende Versorgung besser und Kontrolle am besten ist, wurden ab 1953 in vielen Betrieben Kampfgruppen aufgestellt, in denen vor allem die Männer so manche Stunde Dienst verrichteten, um die volkseigenen Fabriken vor dem Klassenfeind zu schützen. Für Sicherheit und Ordnung sorgten auch zahlreiche Polizisten, wobei die Landepolizeischule, die 1945 auf der Marienallee eingerichtet worden war, für das entsprechende Personal sorgte. 1945 hatte man ganze 29 Kursteilnehmer gezählt, zwei Jahre später bereits 2.709. Letztendlich stimmte die Bevölkerung mit den Füßen ab. Namentlich für junge und gut ausgebildete Menschen war die Bundesrepublik mit ihrem so genannten Wirtschaftswunder und ihrem freiheitlichen System attraktiv. Weder Ulbrichts nicht wirklich falsche, aber doch lächerlich wirkende „10 Gebote der sozialistischen Moral“, die er im Juli 1958 auf dem V. Parteitag der SED verkündete, noch der ein Jahr später beschrittene „Bitterfelder Weg“ in der Kunst waren nach jedermanns Geschmack. Von der Gründung der DDR 1949 bis zu ihrem Ende am 2. Oktober 1990 sollten 3,4 Millionen Menschen „Republikflucht“ begehen, darunter auch viele Dresdner. Noch im August 1961 konstatierte die Volkspolizei 1.852 „illegale Verzüge“. Es wären noch mehr geworden, wenn nicht am 13. August 1961 die Mauer errichtet worden wäre, die offiziell als „Antifaschistischer Schutzwall“ bezeichnet wurde. Der permanente Aderlass an Fachkräften, den der „organisierte Menschenhandel des Bonner Staates“ forderte und das SED-Regime immer mehr destabilisierte, wurde abrupt beendet. Dies brachte der DDR immerhin eine kurze Phase der Konsolidierung. Der Preis war hoch – und das nicht nur wegen der Beschränkung der Reisefreiheit. Unfreiwillige Ironie des Arbeiteraufstands vom 17. Juni 1953, über den Stefan Heym ein empfehlenswertes Buch schrieb:

Manfred von Ardenne gründet 1955 ein Forschungsinstitut.

Die Hoffnungen, die man in das Turbinenstrahlflugzeug „152“ gesetzt hatte, musste man nach 1957 begraben. Dresden wurde kein Produktionsstandort einer eigenständigen Luftfahrtindustrie.

Ausgerechnet der Dogmatiker Walter Ulbricht, der mit seiner harten Linie konträr zur Entspannungspolitik der neuen Führungsriege der UdSSR nach Stalin stand und eigentlich in den Ruhestand geschickt werden sollte, saß nun fester denn je im Sattel. Als Nikita Chruschtschow im Februar 1956 Generalsekretär der KPdSU wurde, setzte dann immerhin auch in der DDR allmählich ein zaghafte Entstalinisierung des Sozialismus ein.

Der Flughafen in Klotzsche bringt einen Hauch von großer weiter Welt nach Dresden

Wirtschaftlich gab es dann durchaus einige Fortschritte zu vermelden, auch wenn die ab 1948 einsetzende Verstaatlichung vieler Betriebe nie ganz die Erwartungen erfüllen konnte, die man sich mit der Einführung der Planwirtschaft erhofft hatte. Dresden erhielt im Laufe der Jahre einige Volkseigene Betriebe (VEB): Maschinelles Rechnen (1957), Vereinigte Zigarettenfabriken (1959), Flugzeugwerke Dresden (1961) oder Robotron (1964).

Das von Manfred von Ardenne 1955 auf dem Weißen Hirsch eingerichtete Forschungsinstitut hatte rasch Vorbildfunktion für andere Betriebe auf dem Gebiet der Elektronenstrahltechnologie. Ein Jahr später wird an der Technischen Hochschule der erste Rechenautomat der DDR entwickelt. Am nordöstlichen Rande Dresdens wurde 1957 im Zentralinstitut für Kernforschung in Rossendorf der erste Atomreaktor des Arbeiter-und-Bauernstaats in Betrieb genommen. Mit der Entwicklung des ersten Rechenautomaten wurde die Stadt zum Zentrum der Datenverarbeitung, mit der Gründung des VEB Robotron zum Ost-Mekka in Sachen Computer. 1962 lieferte man den ersten von 200 Röntgenbildschirmen termingerecht an die Sowjetunion aus.

Mitte der 50er Jahre wurde eines der größten Investitionsvorhaben der DDR-Volkswirtschaft in Angriff genommen: der Aufbau einer eigenen Produktion von Verkehrsflugzeugen. Auf dem Gelände von Flugplatz und Luftkriegsschule wurden eine 2.500 Meter lange Start- und Landebahn sowie zwei große Montagehallen errichtet. Fast zeitgleich startete die Lizenz-Produktion von sowjetischen Il-14P-Verkehrsflugzeugen. Am 16. Juni 1957 landete dann die erste planmäßige Maschine der Deutschen Lufthansa der DDR in Dresden-Klotzsche. Mit der

1956 kehrten die ersten Schätze der Staatlichen Kunstsammlungen aus der Sowjetunion zurück, darunter Raffaels „Sixtinische Madonna". Zwei Jahre später gab die UdSSR weitere Kunstwerke zurück, der Rest der Beutekunst verschwand in den Depots.

Landung einer sowjetischen Tu-104 wurde ein Jahr später auch in der DDR das Zeitalter der Passagierflugzeuge mit Strahlantrieb eröffnet. Am 4. Dezember 1958 hob dann die „152", das erste deutsche, von Generalkonstrukteur Brunolf Baade in Dresden entwickelte Turbinenstrahlverkehrsflugzeug ab. Es zerschellte dann beim zweiten Flug am Boden, wobei die vier Besatzungsmitglieder starben. Letztlich waren es aber die beschränkten wirtschaftlichen Mittel der DDR, die leider das Aus von Dresden als Produktionsstandort für Flugzeuge bedeuteten. Was blieb, war ein Industriegebiet. Am 3. Mai 1967 ging immerhin die erste internationale Fluglinie in Betrieb – und zwar nach Budapest. Auch Moskau, die Hauptstadt des großen Bruders, lockte. Und dank Charterflügen nach Bulgarien war es dem Sachsen zudem bald möglich, auch „bis nunter nach Bulgarchen die Welt zu beschnarchen", wie der Kabarettist Jürgen Hart in dem DDR-Hit „Sing, mei Sachse, sing" die Reiselust der Sachsen karikierte.

Die lockte es besonders gern auch an die Ostsee. Man musste bloß aufpassen, nicht wie Michael den Farbfilm zu vergessen, dann war die Welt durchaus in Ordnung.

Ein Elementarereignis der Stadtgeschichte: Die Rückkehr der Madonna und anderer Kunstwerke

1956 kehrten die ersten Kisten mit Kunstschätzen der Staatlichen Kunstsammlungen zurück, die 1945 von miteinander heftig konkurrierenden russischen Trophäenkommissionen als Beute in die Sowjetunion gebracht worden waren. Nach offizieller Lesart hatte man sie vor der Zerstörung im Nachkriegschaos gerettet. Mit großem propagandistischem Aufwand wurde 1955 verbreitet, man habe die „größten Werke der Malerei in halb verschütteten Schächten, in furchtbarem Zustand gefunden", wie etwa der sowjetische Kulturminister am 1. Mai 1955 verkündete. Die fromme Mär ist heute widerlegt, die Restauratoren in Schloss Pillnitz, das als Zwischenlager vor dem Abtransport in die SU diente, hatten nicht viel zu tun. Veteranen der Trophäenbrigaden protestierten im Zuge der Rückgabe sogar gegen die Überbewertung der Funktionäre des Puschkin-Museums, da die meisten Gemälde Moskau in gutem Zustand erreicht und so keiner durchgängigen Restaurierung bedurft hätten, wie man sie den zurückgegebenen Gemälden noch angedeihen ließ. Die Kunstschätze wurden erst in

Zu nächtlicher Stunde feierte man 1960 im Zwinger das 400-jährige Bestehen der Dresdner Kunstsammlungen. Die Sempergalerie hatte man anlässlich der Rückgabe großer Teile der Beutekunst wiederaufgebaut.

Berlin gezeigt, dann in der eiligst wiederaufgebauten Sempergalerie den Dresdnern präsentiert. Zwei Jahre später gab die UdSSR unzählige weitere Kunstwerke zurück, weil, wie der Kunsthistoriker Grigori Kozlov bei einem Kolloquium des Dresdner Geschichtsvereins im August 2005 anlässlich des 50-jährigen Jubiläums der Rückgabe meinte, „die Beutekunst zu einer Geheimwaffe des Kalten Krieges“ geworden war. Die DDR sollte international aufgewertet und die Freundschaft zwischen den Werktätigen der DDR und der UdSSR gestärkt werden. Da die Führung der Sowjetunion das Ziel eines einheitlichen Deutschlands 1954 endgültig begraben musste und der DDR ein Jahr später erst ihre volle Souveränität zurückgab und sie dann in den Warschauer Pakt aufnahm, spielte man die Beutekunst-Karte aus, sehr zum Unwillen der russischen Museumsdirektoren.

Dresden verdankt dieser Großmachtlaune bzw. großzügigen, wenn auch nicht ganz uneigennützigen Geste der damaligen russischen Führung, dass es heute noch in der ersten Liga der Kunst- und Museumslandschaft mitspielen darf. Die Sächsische Landesbibliothek erhielt beispielsweise die rund 5.000 Blätter umfassende Sammlung *Manuskripta Dresdensia* zurück.

Sport mag für Bewegungsmuffel Mord sein, aber nicht nur Dynamo verzückt die Dresdner

Auch sportlich spielte man häufig in der ersten Liga. Dynamo Dresden seit 1962 erstmals in der Oberliga, nach diversen Ab- und Aufstiegen ab 1969 dann ständig. Erstmals wurde die Mannschaft um Walter Fritzsch 1971 Meister – und holte auch gleich den Pokal, schaffte also das Double. Da die von Mitgliedern des DSC gegründete SG Dresden-Friedrichstadt 1950 im Endspiel gegen Horch Zwickau um die DDR-Meisterschaft gezielt um den Sieg gebracht worden war und die Spieler anschließend fast geschlossen in den Westen gegangen waren, war es am 12. April 1953 in der Schauburg zur Gründung der SG Dynamo Dresden gekommen, in der die Fußballer der SV Volkspolizei die stärkste Sektion bildeten. Ein Jahr später war die Mannschaft aus politischen Gründen nach Berlin versetzt worden, aber an der Elbe formierte man eine neue Truppe, die ab 1957 dann im Rudolf-Harbig-Stadion spielte, das im allgemeinen Sprachgebrauch schleichend zum Dynamo-Stadion wurde. Achtmal wurde man DDR-Meister, zuletzt 1990, siebenmal Pokalsieger. Dank ihrer Erfolge wur-

Die Bevölkerung stand begeistert Spalier, als die 13. Radfernfahrt für den Frieden am 13. Mai 1960 am Italienischen Dörfchen vorbeiführte.

den die Kicker von Dynamo zu einem Aushängeschild für Dresden und wegen ihres fußballerischen „Kreisels“ vor allem in den glorreichen Siebzigern zu einem sehr beliebten Club. Auf dem Rasen zählten keine Phrasen, sondern Leistung – und da ließen „Dixie“ Dörner oder „Hansi“ Kreische nichts missen. Sportliche Fairness missen – das ließen hingegen nach Ansicht vieler Fußballfans in der DDR einige Schiedsrichter, die mit dafür sorgten, dass der BFC Dynamo aus der Hauptstadt der DDR in den Achtzigern zum Serienmeister avancierte. Erich Mielke, der Chef des Staatssicherheitsdienstes, trug mit entsprechenden politischen Hebeln das Seine dazu bei, den BFC zum Erzrivalen und Hassgegner Nummer eins zu machen: Er ließ nämlich immer wieder einige der besten Spieler der Republik nach Berlin delegieren. Andererseits erhielt Dynamo Dresden auch erheblich größere Mittel als andere Fußballvereine der Stadt, etwa Rotation Dresden.

Auf den blauen, im Laufe der Jahre allerdings eher braunen Fluten der Elbe statt auf dem grünen Rasen wie die Dynamo-Fußballer legten die Ruderer des SC Einheit Dresden die Grundlagen für ihre Erfolge. 1955 hatte die Rudersektion ein Jahr zuvor gegründeten SC Einheit Dresden das Bootshaus der SG Cotta (1952 dann in BSG Post umbenannt) erhalten, weil man hier eines der acht Leistungszentren im Rudersport in der DDR aufzubauen gedachte. 1973 weihte man dann in Blasewitz ein „Wasserfahrzentrum“ ein, das nicht nur ein neues Bootshaus sondern auch verbesserte Trainingsbedingungen bot. Doch Training hatte sich schon vorher ausgezahlt. Legendär war der Vierer ohne Steuermann, der etliche WM-Titel einheimste und 1968 und 1972 Olympiasieger wurde.

Eine der erfolgreichsten Dresdner Sportlerinnen war Karin Enke, die bei den Olympischen Winterspielen 1980 in Lake Placid und 1984 (Sarajevo) so schnell mit den Schlittschuh-Kufen übers Eis flitzte, dass sie zwei Gold- und zwei Silbermedaillen holte.

Nach dem Ende des Prager Frühlings herrscht in der DDR eine Atmosphäre der „knisternden Idylle“

Das 1. Turn- und Sportfest der DDR 1957 in Dresden stieß ebenso auf Begeisterung wie die „Siegesfahrt“, die Gustav Adolf „Täve“ Schur zu der Rennradsport-Legende der DDR machte. Den beiden aus dem Kreuzchor kommenden Sängern Theo Adam und Peter Schreier wurde ebenso gehuldigt wie Ensembles aus dem Ausland. Die Schütz-Tage erfreuten die Menschen ebenso wie die Wiederbegründung der Goethe-Gesellschaft im Juni 1962. Die ab 1963 regel-

Aale und Waffeln gab es am Striezelmarkt des Jahres 1963, Nussknacker und Pyramiden eher weniger.

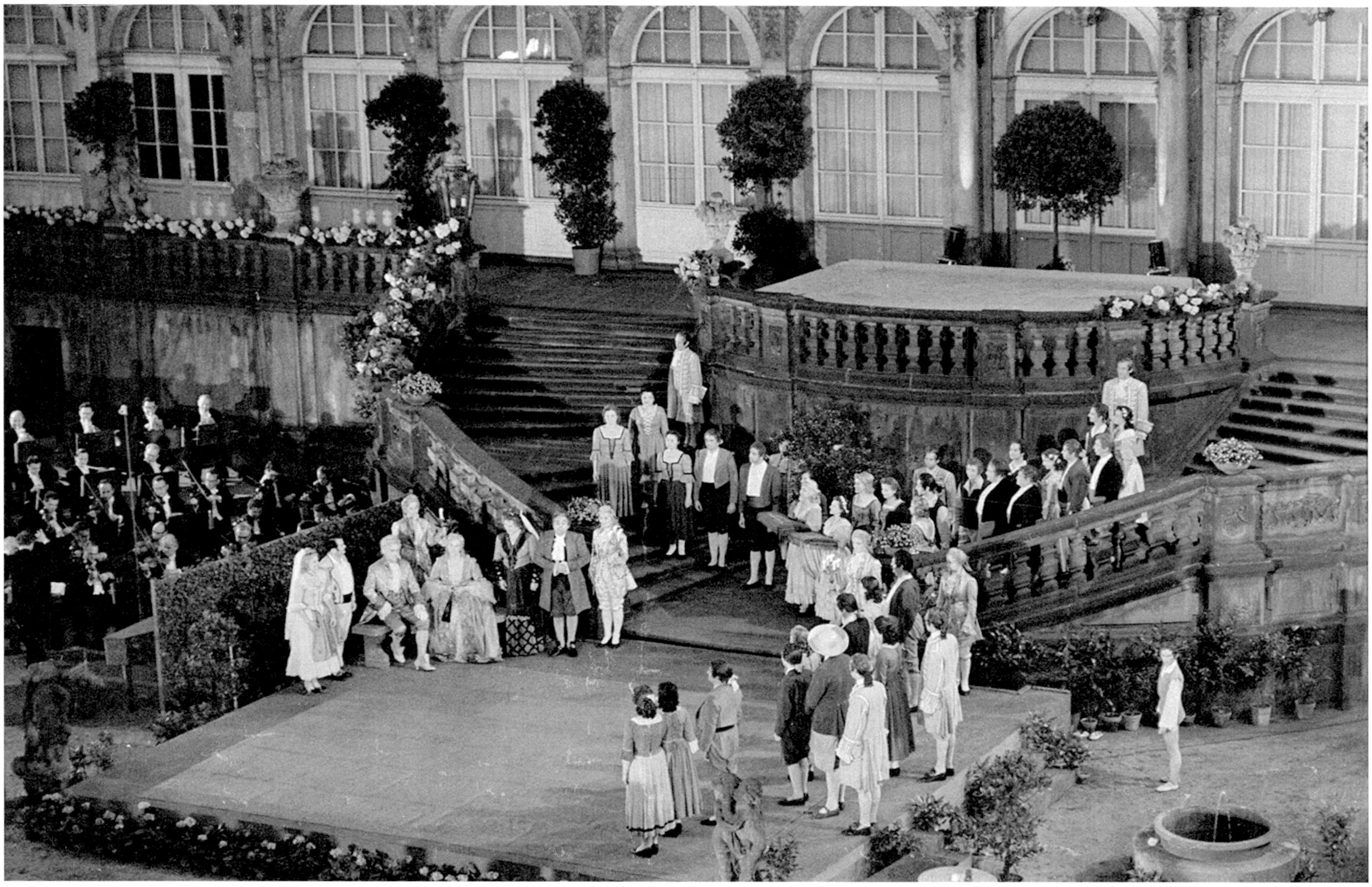

Wie heute, so erfreuten bereits 1960 Serenaden im Zwinger vor dem Mathematisch-Physikalischen Salon Touristen wie Einheimische.

mäßig stattfindenden französischen Kulturwochen brachten ebenso einen Hauch von großer weiter Welt in die Stadt wie Gastspiele internationaler Stars wie Chris Barber.

Mit dem Rivalen Leipzig lag man im Dauerclinch, aber natürlich war das „Klein-Paris“ an der Pleiße mitunter einen Besuch wert, vor allem zu Messezeiten, wo man das ein oder andere knappe Konsumgut dann leichter auftreiben konnte. Und wenn Gojko Mitic als DEFA-Indianer das Böse besiegte oder in der Kaufhalle Radeberger Bier aufzutreiben war, dann war für fast alle das kleine Glück ebenso vollkommen wie beim Gärtnern auf der Datsche. Zwei Jahrzehnte später sprach der Dresdner Lyriker Manfred Streubel von der „Knisternden Idylle“, um die damalige Atmosphäre auf den Punkt zu bringen.

Für eine gewisse Zeit trug der Sozialismus also in der DDR ein menschliches Antlitz, auch wenn die Regierung Ostdeutschlands froh war, als entsprechende Bemühungen in Zeiten des Prager Frühlings 1968 bei den tschechoslowakischen Nachbarn von der Sowjetarmee und Soldaten anderer Bruderländer (Truppen der Nationalen Volksarmee waren nicht direkt beteiligt, sondern nahmen nur Sicherungsaufgaben wahr) gewaltsam unterdrückt wurden. Walter Ulbricht hatte den tschechoslowakischen Parteichef Alexander Dubcek im Vorfeld am 20. März 1968 noch eingeladen, aber weder bei den Gesprächen im Dresdner Rathaus noch in der „Waldschänke“ in Moritz wollte dieser von seinem Reformkurs ablassen. Und so durften dann nach dem Ende des Prager Frühlings zehntausende Dresdner am 9. November am Straßenrand stehend jubeln, als sowjetische Einheiten „nach Erfüllung ihrer internationalen Klassenpflicht in der CSSR“ in ihre Garnisonen zurückkehrten. Es gab ein paar vereinzelte Proteste, ansonsten herrschte im Alltag an der Oberfläche weitgehend Normalität. Eine Rebellion, wie sie die Jugendlichen in Paris, West-Berlin oder Washington auf die Straßen trieb, fand im Ostblock, außer ansatzweise in Warschau und Prag, nicht statt. Die Achtundsechziger, sie blieben ein Phänomen des Westens.

Die Demonstrationen am 13. Februar und 1. Mai waren mittlerweile bei weiten Teilen der Bevölkerung

Nicht alle Projekte dieses Stadtmodells aus dem Jahr 1969 wurden verwirklicht. Mit dem Haus der Industrie an der Südseite des Altmarkts wurde es letztendlich nichts.

der DDR zunehmend zur Pflichtübung verkommen. Allenthalben roch es nach Spießertum, etwa bei den 9. Arbeiterfestspielen 1967 in Dresden unter dem Motto „Unsere Liebe, unsere Kunst der DDR". Wer wollte, der konnte sich aber durchaus auch dem frischen Wind der Gegenkultur hingeben, der Kunst von Strawalde, den Bildern von Ralf Winkler, der nach seiner Ausreise in den Westen als A. R. Penck ein weltweit gefeierter Künstler werden sollte.

Die Einführung des „Neuen ökonomischen Systems der Planung und Leitung" verbesserte die von oben gelenkte Wirtschaftsplanung, ordnete das Preisgefüge neu und schuf in der Produktion ein Mindestmaß an materiellen Anreizen. Die Einkommen stiegen, das Warenangebot wurde umfangreicher und auch in der Qualität besser. Die DDR wurde zu einer – bezogen auf das sozialistische Wirtschaftsgebiet – effektiven Volkswirtschaft, was andere die Brudervölker in diveren sozialistischen Volksrepubliken spotten ließ, dass bei den Deutschen sogar der Sozialismus funktioniere. Viele Bürger der DDR hofften, dass die Gesellschaft zu reformieren sei, pflegten nicht nur ihre Hobbys und Gärten, sondern engagierten sich auch im öffentlichen Leben. Am Ende der sechziger Jahre schien die DDR jedenfalls nach innen wie außen hin ein wirtschaftlich und sozial stabiles Land zu sein – und im Verhältnis zur Bundesrepublik war, auch wenn man natürlich weiterhin den Kapitalismus bekämpfte, Entspannung angesagt. Im März 1970 trafen sich Bundeskanzler Willy Brandt und Willi Stoph in Erfurt – die Ostpolitik der Ära Brandt/Scheel sollte auch vielen DDR-Bürgern zugute kommen.

Mit dem Haus der Presse und den Bauten der Prager Straße erhält Dresden stadtbildprägende Gebäude

Städtebaulich ging es weiter voran. Dresden hatte wieder eine halbe Million Einwohner, von denen 323.000

Blick 1960 vom Rathausturm auf Altmarkt und Ernst-Thälmann-Straße. Im Hintergrund der Neumarkt, das Taschenbergpalais, Schloss und Johanneum (Verkehrsmuseum).

berufstätig waren, 40 Prozent davon in der Industrie, 25 Prozent in der Verwaltung und 12 Prozent im Handel. Die Medizinische Akademie erhielt 1963 ein Hauptklinikum, den Angehörigen der Generation Trabant wurden mit der Budapester Straße, dem Ausbau einiger weiterer Verkehrswege wie dem Zelleschen Weg, der Grunaer Straße sowie der Nossener Brücke Glücksgefühle beschert. 1956 war das Haus der Presse fertig, in dem die *Sächsische Zeitung* ihr Domizil fand.

Anfang 1965 nahm man den Wiederaufbau der Prager Straße in Angriff. Am 6. Mai 1966 beschlossen die Stadtverordneten den Aufbau Dresdens bis 1975. Oberste Priorität lag auf dem Stadtzentrum mit Prager, Wilsdruffer und Christianstraße (heute St. Petersburger). In einer zweiten Etappe war unter anderem die Sanierung des Theaterplatzes vorgesehen. Zum 20. Jahrestag der Republik 1969 sollte Dresden ein Stadtzentrum bekommen, das sich von Neubauten anderer Großstädte unverwechselbar unterscheiden sollte, es letztlich aber nicht tat. Nichtsdestotrotz war man froh, dass mit der Prager Straße und ihren drei Hotels sowie einigen Restaurants und Geschäften erneut ein bisschen großstädtisches Flair einzog. Dresden verfügte wieder über eine neue passable und gern besuchte Einkaufsmeile. Das Centrum-

Blick vom 252 Meter hohen Fernsehturm auf Dresden im September 1969. Da man im Elbkessel kein Westfernsehen empfangen konnte, breitete sich hier das vom Rest der DDR-Bevölkerung bespöttelte „Tal der Ahnungslosen" aus.

Warenhaus sollte allerdings erst 1978 die Pforten für konsumfreudige Kunden öffnen, weil es wegen Abstimmungsschwierigkeiten mit ungarischen Partnern zu mehren Baustopps gekommen war, die alles in allem zu einer achtjährigen Bauzeit führten. Die Eröffnung des damals drittgrößten Warenhauses der DDR mit einer Verkaufsfläche von 10.000 Quadratmetern schloss mehr als nur eine Versorgungslücke – es bescherte der Bezirkshauptstadt vor allem am Wochenende Scharen von Einkaufstouristen, die auf der Suche nach Bückware und anderen knappen Gütern waren.

Man baute auch das Landhaus wieder auf und beschloss Anfang 1966, dort ein „Institut und Museum für die Geschichte der Stadt Dresden" einzurichten. Nach siebenjähriger Bauzeit sorgte dann ab dem 18. September 1969 der 252 Meter hohe Fernsehturm in Wachwitz für guten Empfang (in Farbe, jedenfalls der zwei Kanäle des DDR-Fernsehens, wobei man dann allerdings auch das „Vergnügen" an Karl Eduard von Schnitzlers Propaganda-Magazin „Der schwarze Kanal" hatte). Westfernsehen war nicht, was dem Elbkessel im Rest der Republik den Spottnamen „Tal der Ahnungslosen einbrachte. Ab dem 6. Oktober konnte man in der 13. und 14. Turm-Etage sein „Schälchen Heeßen" und einen famosen Blick auf Dresden und das schöne Umland genießen. Seit dieser Zeit verfügt das Rudolf-Harbig-Stadion, in dem mit dem Dresdner Kreisel die Kicker von Dynamo Dresden ihre Gegner unter Druck setzten, über eine Flutlichtanlage. Und auch die Schwimmhalle am Freiberger Platz oder die Fertigstellung des Robotron-Geländes am Pirnaischen Platz machten 1969 zum Jahr der Einweihungen. Die Wohnungsfrage blieb ein Problem, auch wenn in der Ära Honecker in der Johannstadt ab 1972 oder ab 1974 an der Stübelallee sowie der Bodenbacher Straße Platte an Platte gefügt wurde.

Den Sozialismus in seinem Lauf, hielt dann doch jemand auf (1971-1989)

In der Ära Honecker machte man sich eine Platte, um die Wohnungsfrage als soziales Problem zu lösen

Am 3. Mai 1971 ging ein Wunschtraum vieler DDR-Bürger in Erfüllung. Erich Honecker stellte mit Rückendeckung des Politbüros in Moskau seinen einstigen Ziehvater Walter Ulbricht kalt und wurde 1. Sekretär des ZK der SED, am 29. Oktober 1976 dann auch Staatsratsvorsitzender. Auf dem VIII. Parteitag 1971 wurde eine „Einheit der Wirtschafts- und Sozialpolitik" beschlossen, die etwa das so genannte Wohnungsbauprogramm enthielt. Nun wurde die Lösung der Wohnungsfrage in der sozialistischen Großstadt in Angriff genommen. So begann man 1976 mit dem Bau des Neubauviertels Prohlis. An Erfolgsmeldungen über das damalige Prestigeobjekt mit seinen WBS-70-Blocks mangelte es nicht. Viele hofften und wünschten in ihrer angespannten Wohnungssituation, dass es der Partei- und Staatsführung wie propagiert gelingen möge, die „Wohnungsfrage als soziales Problem bis 1990 zu lösen".

Neubauwohnungen waren begehrt, auch wenn es in den Trabantenvierteln wenig Geschäfte und Kneipen gab. (Gaststätten gab es einem alten DDR-Witz zufolge schon deshalb nicht in ausreichender Menge, weil man es schon in nüchternem Zustand schwer habe, die eigene Wohnung zu finden). Aber hier hatte man sein eigenes Bad, musste sich nicht wie in vielen Altbauten mit anderen Mietern auf der Etage die Toilette teilen, wurde mit Fernwärme versorgt und musste deshalb keine Kohlen schleppen – und das alles bei niedrigen Mieten. Die waren subventioniert, ebenso wie Grundnahrungsmittel, Fahrkarten für öffentliche Verkehrsmittel, FDGB-Urlaubsreisen oder etwa das Bildungs- und Gesundheitswesen. Die soziale Grundversorgung sollte die Loyalität der Bevölkerung sichern – und eine Zeit lang ging die Rechnung der

In den Delikat-Läden, etwa am Altmarkt, konnte man auch das Kakaopulver Trinkfix ergattern.

Staatsführung auch auf, trotz allgegenwärtiger Schlangen, Mängel und Wartelisten. 1979 betrug die Wartezeit für eine Rennpappe mit der Kraft der zwei Kerzen, also einen Trabant, noch immer zwölf Jahre.

Aber es gab auch andere positive Meldungen. Prohlis hatte am Ende acht polytechnische Oberschulen, sechs Kindergärten, neun Kinderkrippen und ein Feierabendheim. Die kleinen wie großen Erfolgsmeldungen, ob nun die Fertigstellung der 1.000. oder der 10.000. Neubauwohnung, wurden durchaus wohlwollend zur Kenntnis genommen. In Prohlis war für 30.000 Menschen Platz, im Neubaugebiet Gorbitz am Westrand der Stadt entstanden 15.000 Wohnungen. Eine Satellitensiedlung im Gebiet von Langebrück wurde nicht mehr gebaut, zumal Stadtplaner und Mitarbeiter der TU doch erhebliche Bedenken anmeldeten. Die stabilen sozialen Verhältnisse sorgten wie die Kredite für junge Familien, die man „abkindern" konnte, und die zahl-

Ohne Korb und Beutel ging nichts in der OGS-Verkaufsstelle in der Bautzner Straße.

reich eingerichteten Krippen, die es vielen Frauen erlaubten, weiterhin einen Beruf auszuüben, dafür dass die Geburtenrate stieg: von 6.000 Neugeborenen im Jahr 1976 auf 8.900 vier Jahre später. Trotzdem hatte die DDR eine der niedrigsten Geburtenraten der Welt.

Ruinen schaffen ohne Waffen – die Altbauviertel und Produktionsanlagen verfallen nach und nach

Die Altbauviertel verfielen nach und nach, Putz und Farbe blätterten ab, ganze Straßenzüge riss man ab, die heute so beliebte Äußere Neustadt wurde letztendlich nur durch die Wende gerettet, die Pläne zum Abriss waren schon fertig. Sanierungsarbeiten in der Friedrichstadt und der Johannstadt hübschten in der Regel vor allem die Fassaden längs der größeren Straßen auf. Ansonsten wurden die alten Häuser „runtergewohnt"; so wie viele der alten Fabrikanlagen auf Verschleiß gefahren wurden. In vielen Betrieben stockte immer wieder mal die Produktion, weil die veraltete Technik streikte, mussten dann Sonderschichten gefahren werden, um das Plansoll zu erfüllen und die Jahresendprämie zu sichern.

Die Tatra-Bahnen, die Mitte der 70er Jahre die maroden, aus der Vorkriegszeit stammenden Straßenbahnwagen ablösten, waren durchaus schneller und komfortabler, aber sie waren auch schwerer – und sorgten deshalb für die schleichende Verschlechterung des Gleisnetzes, das ohnehin immer weiter zurückgebaut worden war. Neue Schienen gab es nur noch, wenn es unumgänglich war, etwa um die Neubauviertel an das öffentliche Verkehrssystem anzubinden. Für den Verfall der Altstadtviertel sollte die Friedens- und Alternativszene, die sich Mitte der achtziger Jahre in der DDR bildete, die ironische Formel „Ruinen schaffen ohne Waffen" finden.

Mit der „Straße der Befreiung" bekommt Dresden eine beliebte Fußgängermagistrale

Da die als Fußgängerzone und Bummelboulevard angelegte Flaniermeile in der „Straße der Befreiung" (einst und heute wieder Hauptstraße) auf der Neustädter Seite mit ihrer Mischung aus rekonstruierten Altbauten (in einem wurde dann am 28. März 1981 das Museum zur Dresdner Frühromantik eröffnet) und modifizierten Plattenbauten von der Bevölkerung gut angenommen worden war, ging man zurück in die Innenstädte, wo ja genug Brachen auf eine Bebauung warteten. Zehntausend Dresdner versammelten sich am 4. Oktober 1979 zur „feierlichen Übergabe der neuen Fußgängermagistrale", um das städtebauliche Ensemble, in dem sich die Neubauten in der Firsthöhe den Altbauten gleichgestellt und in der Fluchtlinie eingefügt hatten, in Besitz zu nehmen. Das in jener Zeit initiierte Programm „Dächer dicht!" konnte zwar wegen der jahrzehntelangen Vernachlässigung der

Haus in der Martin-Luther-Straße.

„Arbeiterschließfächer" nannte der Volksmund die Wohnungen in den Plattenbau-Siedlungen wie hier an der Prohliser Allee.

Altbausubstanz nur die gröbsten Schäden beheben, zumal es an versierten Handwerkern, Bauarbeitern und auch wirtschaftlichen Ressourcen fehlte. Aber ein Anfang war es immerhin. Am 16. April 1986 begann dann die Bebauung der Südseite des Platzes der Einheit (Albertplatz), bei der man im ersten Bauabschnitt 341 Wohnungen und vier Gaststätten errichtete und trotz industriellen Bauens um eine individuelle Fassadengestaltung bemüht war.

Und als 1987 der ein Jahr zuvor in Amt und Würden gekommene Oberbürgermeister Wolfgang Berghofer den Grundstein für das Hotel „Dresdner Hof" (Hilton) legte, da erhoffte sich nicht nur die *Sächsische Zeitung* den „Beginn einer Wende zum Besseren für die Dresdner Innenstadt". Letztendlich war die Hoffnung vergebens, denn Dresden musste wie viele andere Städte in der DDR darunter leiden, dass 1987 Berlin seine 750-Jahr-Feier beging und unendlich viel Material abgezwackt wurde, damit die Hauptstadt der Deutschen Demokratischen Republik in hellem Glanz erstrahlen konnte. Da das Know-how der eigenen Bauwirtschaft längst nicht mehr internationalen Ansprüchen genügte (1989 sollte in Dresden gerade noch ein Dutzend Dachdecker ihrem Handwerk nachgehen), musste man mit dem Bau des „Dresdner Hofes" wie schon zuvor für das zwischen 1982 und 1985 errichtete „Bellevue" am Neustädter Elbufer Firmen aus dem kapitalistischen Ausland (Schweden bzw. Japan) beauftragen. Beim Bau des Prestigeprojekts Bellevue konnten Denkmalpfleger und sonstige Liebhaber alter Bausubstanz sogar einen kleinen Sieg feiern: Das Haus Große Meißner Straße 15 mit seiner barocken Fassade blieb erhalten, weil Dresdner Architekten und Bürger Briefe und Petitionen zuhauf an Regierung und Volkskammer schrieben.

Die Ära Honecker erweist sich für die Kunst zunächst durchaus als Zeit des Aufbruchs

Erich Honecker begann durchaus als Reformer, die frühen siebziger Jahre waren eine Zeit des Aufbruchs, auch in der Kunst. Der erste Mann im Staat zeigte anders als noch sein Vorgänger wenig Neigung, Kunst zu reglementieren oder auch nur zu interpretieren. Er ließ verlautbaren: „In der Kultur gibt es meines Erachtens keine Tabus." Viele Werke, die 1972/73 auf der VII. Kunstausstellung der DDR in Dresden zu sehen waren, entsprachen so ganz und gar nicht mehr dem Ideal des wie auch immer gearteten sozialistischen Realismus – nicht wenige der 654.000 Besucher dieser Mammutschau reagierten dann auch entsprechend verstört. Noch mehr war dies bei der VIII. Kunstausstellung 1977/78 der Fall. Hier waren viele Bilder von jungen Malern der ersten Nachkriegsgeneration zu sehen, die sich von der realistischen Schule gelöst und das Erbe des Expressionismus und des Dresdner Kolorismus aufgenommen hatten. Auf große Resonanz stießen auch die Sonderausstellungen, mit denen Albrecht Dürer (1971), Joseph Hegenbarth (1972), Caspar David Friedrich (1974), Conrad Felixmüller (1975) und Wilhelm Rudolph (1979) bedacht wurden. Sogar der mittlerweile 87-jährige Dresdner Konstruktivist Hermann Glöckner wurde 1976 in einer Ausstellung im Glockenspiel-Pavillon des Zwingers geehrt. Werke von Marc Chagall waren in diesem Jahr ebenso ein Renner wie schon zwei Jahre zuvor die im Albertinum präsentierten Werke der Ausstellung „Japanische Kunst aus drei Jahrhunderten".

1971 fand in Dresden das erste Dixieland-Festival statt. Es spielten die besten Amateurmusiker aus der CSSR, Polen, Ungarn und der DDR. Richtig international wurde es bereits ein Jahr später mit Gastbands aus Dänemark und Holland. Die schüchterne Eintagsfliege mutierte zum Kulturbrummer. Erst ließ man die Riverboat-Shuffle vom Stapel, 1976 wagte man sich im Pulk – immerhin zwölf Bands aus elf Ländern – auf die Prager Straße. Wieder ein Jahr später wurde das Festival endgültig zum Volksfest, Dresden zum New Orleans des Ostens. Der Jazz war nun nicht länger verpönt, sondern fand im Jazzclub Tonne ein stets offenes und dankbares Publikum. In der Musik wurden westliche Stilrichtungen mehr oder minder toleriert (Punk vielleicht nicht gerade), mit einiger Verzögerung sogar adaptiert. Im Juni 1988 begeisterte Joe Cocker mit seiner geballten Kraft des Rock dann über 85.000 Zuhörer. Die Wiese am Hygienemuseum, auf der dieses Konzert stattfand, ist heute noch als Cocker-Wiese bekannt.

Auch die Klassik-Freunde darbten nicht. Kreuzchor, Philharmonie und Staatskapelle tourten im zunehmenden Maße um die Welt, auch die westliche, die im Gegenzug einige ihrer besten Klangkörper an die Elbe schickte, wo im Mai 1978 mit der Gründung der Dresdner Musikfestspiele ein neues Kapitel in der traditionsreichen Musikgeschichte der Stadt aufgeschlagen wurde. 140 Veranstaltungen lockten an 16 Veranstaltungstagen. Fast alle Konzerte waren ausverkauft, allen voran das Gastspiel der Berliner Philharmoniker unter der Leitung von Herbert von Karajan. Absoluter Höhepunkt, nicht nur für Opernfans, war dann nach achtjähriger Bauzeit die Wiedereröffnung der „dritten" Semperoper am 13. Februar 1985, die auf der Grundlage von Fotos und Archivmaterial des Dresdner Instituts für Denkmalpflege weitgehend originalgetreu wiedererrichtet wurden war. Als erstes Werk wurde Carl Maria von Webers „Der Freischütz" aufgeführt. In diesem Jahr wurde zudem mit dem Wiederaufbau des Residenzschlosses begonnen. In den Jahren zuvor hatte man bereits nach Vorlagen aus dem 16. Jahrhundert den Stallhof wiederhergestellt und sogar den Fürstenzug restauriert.

Die Biermann-Affäre läutete eine Frostperiode ein, Glasnost und Perestroika waren der SED ein Gräuel

Mit der „Biermann-Affäre", der Aberkennung der Staatsbürgerschaft und Ausbürgerung des Sängers und Musikers Wolf Biermann nach einem Konzert im Herbst 1976 in Hamburg, endete dieses späte Tauwetter für die Kultur in der DDR. Zahlreiche Künstler, Schriftsteller und Intellektuelle protestierten, viele verließen das Land. Allenfalls die Gründung des Dresdner Zentrums für Zeitgenössische Musik durch Udo Zimmermann 1986 war noch mal ein Lichtstreif am Horizont. Ärger bekam die DDR-Führung auch zunehmend mit der Friedensbewegung, die man im Westen so sehr unterstützte und im eigenen Land so sehr bekämpfte. Schwerter zu Pflugscharen? Wer diese Ansicht teilte, wie etwa die 5.000 Teilnehmer an einem Jugendforum 1982 in der Kreuzkirche, entsprechende Aufnäher auf seiner Kleidung trug, nicht nur in amerikanischen Pershing-Raketen, sondern auch in russischen SS 20 eine Gefährdung des Weltfriedens sah, der bekam Ärger. Ebenso all diejenigen, die die katastrophale ökologische Situation nicht mehr schönreden wollten und sich in der Umweltpolitik engagierten.

Auch wirtschaftlich wurden die Probleme wieder größer. Aufwand und Ertrag standen in keinem Verhältnis mehr, die ehrgeizigen und hohen Investitionen im Bereich der Mikrochip und Computer-Produktion sollten sich nie rechnen. Ein für zwei Dollar auf dem Weltmarkt erhältlicher 256-kbit-Chip wurde in der DDR 1988 für 534 Mark produziert. Außer Spesen und ein bisschen Reputation nichts gewesen. Selbst im Musterkombinat VEB Robotron, dem damals aus japanischer Sicht nach dem Pergamon(-Museum in Berlin) imposantesten Museum der Welt, liefen ganze Produktionsstrecken lange nicht, weil Material fehlte. Um Geld, um Devisen aufzutreiben, war jedes Mittel recht. Mit fingierten Steuerfahndungen wurden beispielsweise Dresdner Antiquitätenhändler um ihre Bestände gebracht, diese dann von Schalck-Golodkowski im Westen verhökert.

Empört und verstört reagierte die DDR-Führung, als Michael Gorbatschow, der neue Generalsekretär der KPdSU, ein „neues Denken" anregte, das Postulat nach „Glasnost" und „Perestroika" forderte. Nun woll-

Allerlei Wandel im Gefolge der Wende und dem Beitritt zur Bundesrepublik Deutschland

Genosse Trend machte Sachsen zum Freistaat, das rote Sachsen schwarz und Kurt zum König

Auch die Zeit von Krenz war begrenzt: Am 13. November 1989 folgte ihm Hans Modrow, der als gemäßigter Reformer bekannte 1. Sekretär der SED-Bezirksleitung Dresden, im Amt des Ministerpräsidenten der DDR. Aber seinen Vorstellungen von einer Reform des Sozialismus wollte das Gros der Bevölkerung nicht mehr folgen.

Der Slogan „Wir sind das Volk" wandelte sich ziemlich rasch in „Wir sind ein Volk", vor allem als Helmut Kohl, der Bundeskanzler der Bundesrepublik Deutschland, am 28. November 1989 seinen 10-Punkte-Plan zur deutschen Einheit vorstellte, der ihm zwar viel Kritik einbrachte, letztlich aber die Weichen auf Einheit stellte. Insbesondere Kohls Rede vor der Ruine der Frauenkirche, die mit Begeisterung und unzähligen „Helmut, Helmut"-Rufen aufgenommen wurde, gab die Richtung vor. Die SED-Führung hatte die Initiative und Genosse Trend ohnehin verloren, nun wurde auch der Bruch zwischen Künstlern und Intellektuellen deutlich, deren Aktionen und Reden am 19. November auf dem Theaterplatz noch auf Zustimmung gestoßen waren. Sie wurden ebenso an den Rand gedrängt wie die Reformer der Bürgerbewegung, deren Mitglieder bald die unterschiedlichsten Wege gingen. Viele traten in die CDU ein, darunter auch Herbert Wagner, der schließlich Nachfolger von Oberbürgermeister Berghofer wurde, andere zogen sich gänzlich aus der Politik zurück (und das nicht nur, weil der ein oder andere als IM der Stasi enttarnt wurde), wieder andere engagierten sich in Umwelt- oder Kirchenkreisen. Sieht man mal von Auflösungserscheinungen von SED-Partei und Stasi sowie des sonstigen Staatsapparats ab, dann herrschte allerorten Aufbruch: In der Kunst war er ebenso zu spüren, wie in der Neustadt, in der im Juni 1990 dann das erste Stadtteilfest „Bunte Republik Neustadt" die Massen lockte und das sich in den folgenden Jahren zum beliebten Szene-Spektakel entwickeln sollte.

Beim Besuch von Bundeskanzler Helmut Kohl am 19. Dezember 1989 auf der Straße der Befreiung.

Bei der ersten freien Wahl zur Volkskammer votierte die Mehrheit der Ostdeutschen für das CDU-Programm, für die Wiedervereinigung. Das Stamm-

KUNSTHAUS RASKOLNIKOFF

Restaurant, Bar, Biergarten, Galerie, Pension – die nach einer Dostojewski-Romanfigur benannte Lokalität ist ein regelrechter Tausendsassa. Dabei fing alles mehr als provisorisch an, damals in den wilden 80ern. Als angehende Künstler das leerstehende Wohnhaus besetzten, es per Pappschild zur Nebenstelle der Hochschule für Bildende Künste deklarierten und ihr unorthodoxes Süppchen kochten. Die Jahre vergingen. Nach Ateliertätigkeit, Szenebar und Künstlerstreit kam die behutsame Restaurierung. Heute nippt man im verträumten Hinterhofgärtchen des Kunsthauses an Holundersekt und heißer Schokolade, lässt in der liebevoll geführten Galerie unkonventionelle Künstler zu Wort kommen, werden in der offenen Küche Borschtsch gebrüht, Blinis gebacken und die besten Pellmeni der Stadt von Hand befüllt. Letztere – eine russische Spezialität mit Suchtcharakter. Ach und dann ist da noch der berühmte Sandfußboden.

Kurt Biedenkopf war nach 1990 lange Jahre der führende politische Kopf in Sachsen.

land der SPD, das einstige rote Sachsen, es war nach einem mit harten Bandagen geführten Wahlkampf, in dem die Parteien aus dem Westen massiv Unterstützung geleistet hatten, schwarz geworden, eine Bastion der Christdemokraten. Es lockten die von Kohl versprochenen „blühenden Landschaften“. Die Ostdeutschen mussten nicht zur D-Mark gehen, die ersehnte Währung kam, und zwar bereits am 1. Juli 1990. Die Währungsunion bedeutete allerdings für viele Betriebe mittelfristig das Aus, auch weil die Ostdeutschen zunächst fast nur Produkte aus dem Westen kauften, bevor sie sich dann doch, soweit dies dann noch möglich war, auf Waren ostdeutscher Herkunft besannen. Der innenpolitisch eigentlich fast schon gescheiterte Politprofi Kohl erkannte die Gunst der Stunde (außen- wie innenpolitisch) und sicherte sich so weitere Jahre an der Macht sowie seinen Eintrag in die Geschichtsbücher als „Kanzler der Einheit“. Aus der bespöttelten „Birne“ wurde der „Kanzler der Einheit“. Die Skepsis des SPD-Chef Oskar Lafontaine bescherte seiner Partei ein Wahldebakel. Am 3. Oktober trat die DDR nach Artikel 23 der Bundesrepublik bei. Mitte September waren bereits die 4 + 2-Gespräche zu Ende gegangen, der Vertrag sah unter anderem den Verzicht der Siegermächte auf ihre Souveränitätsrechte vor, sowie die Festschreibung der Grenzen. Zwei Jahre später zogen die letzten russischen Soldaten aus Deutschland ab, auch aus Dresden, und wurden vom Großteil der Bevölkerung dann doch herzlich verabschiedet. Dass Ostdeutschland plötzlich Teil der EU war, hatte enorme Vorteile. Hier flossen rasch Fördermittel, von denen die einstigen Bruderstaaten nur träumen konnten.

Verfassungsrechtlich trat der sächsische Staat – das Land Sachsen war am 3. Oktober mit einem Festakt auf der Albrechtsburg in Meißen neu gegründet worden – mit den Landtagswahlen vom 14. Oktober 1990 wieder in das politische Leben ein. Die CDU erzielte bei einer Wahlbeteiligung von 72,7 Prozent eine überwältigende Mehrheit von 54,1 Prozent. Bereits zwei Wochen später, am 27. Oktober, konstituierte sich in der Dreikönigskirche der Sächsische Landtag. 38 Jahre nach dessen Abschaffung gab es wieder eine Sitzung eines sächsischen Parlaments, dessen erster Präsident Erich Iltgen wurde. Zum ersten Ministerpräsidenten des Freistaates avancierte der 1930 in Ludwigshafen geborene Kurt Biedenkopf. Dieser „West-Import“ wurde samt der von ihm geführten Partei CDU wegen einer vergleichsweise erfolgreichen Politik mehrmals im Amt bestätigt, insbesondere auf Landesebene. Wegen seines Charismas und den Erfolgen bei der Ansiedlung von Unternehmen wurde er lange ironisch-liebevoll „König Kurt“ genannt, selbst politische Gegner zollten ihm Respekt für seine Leistungen.

Es ist mitunter nicht nur der holde Mai, der macht alles neu

Dresden wurde wieder Landeshauptstadt – und profitierte von diesem Status ebenso wie vom Nimbus aus früheren Glanzzeiten, außerdem von den Geldern, die im Zuge des allgemeinen Milliardentransfers von West nach Ost für die Stadt abfielen. Bei den Wahlen zur Stadtverordnetenversammlung am 6. Mai war die CDU mit 39,2 Prozent der Stimmen der große Sieger geworden. Die PDS kam auf 20, die SPD auf 9,5, die DSU auf 8,4, Bündnis 90 (es sollte später mit den Grünen im Westen fusionieren) auf 7,5 Prozent. Zum Jahresbeginn 1990 wurden die ersten Autoschilder mit dem Kennzeichen DD ausgegeben. Am 30. März schickte das Versandhaus Beate Uhse aus Flensburg seinen ersten Botschafter in Gestalt eines Infowagens nach Dresden: Umtauschkurs für gekaufte „Hygiene-Artikel". 1:5. Der Andrang wurde als „massiv" bezeichnet.

Es blieb nicht dabei. Alles wurde neu, musste neu überdacht und geplant werden. Außer neuem Geld und neuen Autos, neuen Medien, neuen Büchern, neuen Wohnungseinrichtungen, neuem Recht und neuem Krankenkassensystem. Es blieben zwar mehr als Ampelmännchen und grüner Pfeil, aber es verschwand mehr als gut tat. Nun musste man sich kümmern, um Banken und Versicherungen, um Schulhilfen und Förderprogramme. Der alte Staat, der keine unverbindliche Preisempfehlung, sondern nur einen Endverkaufspreis kannte – es gab ihn nicht mehr. Damit waren manche, gewöhnt an die bequeme Bevormundung eines autoritären Staates, überfordert. Es gab Verlierer und Gewinner der Wende. Abzocker und Hasardeure aus dem Westen, das Schließen von unzähligen Betrieben durch global agierende Konzerne, die einen Ost-Betrieb erst kauften und dann platt machten, dies sorgte oft für Wut. Auch neue Chefs kamen nicht zu knapp: viele fähige, viele willige, aber auch viele Schaumschläger, angelockt von „Buschzulage", Karrieresprung oder dem schnellen Geld. Der fast komplette Austausch der Eliten, die Verdrängung der alten Seilschaften durch neue, sorgten für viel böses Blut, für Ressentiments. „Jammerossis" und „Besserwessis" wurden hüben wie drüben zu Stereotypen.

Dresden macht leider nicht nur als Boomtown Schlagzeilen sondern auch als Neonazi-Zentrum

Auch deshalb blieb die PDS entgegen westdeutscher Erwartungen ein Machtfaktor. Und Anfang der neunziger Jahre geriet Dresden negativ als „Zentrum der Bewegung" in die Schlagzeilen, weil rechtsextremistische und rassistische Kräfte sich breit machten. Überfälle von Skinheads auf Szenelokale oder Ausländer sowie die von ihnen bewohnten Heime waren nicht die Regel, aber auch nicht die Ausnahme. Trauriger Höhepunkt war die Ermordung des Mosambikaners Jorge Gomondai am 1. April 1991, an den heute ein Gedenkstein am Albertplatz erinnert. Immer wieder kam es zu Neonazi-Aufmärschen. Mitte der neunziger Jahre musste dann jedes Mal ein Großaufgebot an Polizei eingreifen, weil Chaoten und Links-Autonome anlässlich des Stadtteilfestes Bunte Republik Neustadt (BRN) Randale machten. Und 2004 musste die demokratischen Parteien angesichts des Einzugs der NPD in den sächsischen Landtag sowie etliche Kommunalparlamente konsterniert wie pikiert und schockiert zur Kenntnis nehmen, dass viele mit der Freiheit nichts anfangen konnten und in der Demokratie nicht angekommen waren. Man braucht seine Sündenböcke und Feindbilder, für die einen sind es die Ausländer, für die anderen die Wessis, die alles an sich raffen, für die dritten der böse Kapitalismus und die Globalisierung.

Dresden wurde ein einziger Bauplatz – und sollte es bis heute bleiben. Die erste Tankstelle nach westlichem Vorbild eröffnete am 20. Oktober 1990 neben dem Autobahnzubringer. Brücken, Straßen, öffentliches Verkehrsnetz, Häuser – überall wurde gebaut, renoviert, saniert. Das Palais im Großen Garten wurde nach 46 Jahren am 15. Juni 1991 mit einem Konzert freigegeben. Die Schokoladenfabrik Elbflorenz musste

KÖNIG KURT

Als um 1900 auf der Neustädter Seite die beiden großen Ministerialbauten errichtet wurden, hatte Sachsen noch einen König. Weithin sichtbar zeugte davon eine goldene Krone auf dem rechten der beiden Gebäude, dem Gesamtministerium. Zu DDR-Zeiten wieder aufgebaut, hatte das sozialistische Regime kein gesteigertes Interesse an monarchistischen Machtsymbolen und verpasste dem damaligen „Sitz des Rates des Bezirkes Dresden" eine freundliche Friedenstaube als krönenden Abschluss. Erst als nach der Wende mit dem Einzug der Staatskanzlei auch der frischgebackene Ministerpräsident Kurt Biedenkopf seinen neuen Arbeitsplatz in Beschlag nahm, erhielt die sächsische Krone ihren angestammten Platz zurück. Die Dresdner flunkerten darauf, Kurt Biedenkopf hätte sich mit dieser Aktion selbst gekrönt. Noch heute wird er im Volksmund liebevoll „König Kurt" genannt.

Das Elbtal wurde 2004 von der UNESCO zum Weltkulturerbe erklärt.

im August 1991 dem Neubau des World Trade Centers weichen. Der Hausmannsturm wurde unter die Haube, die Sempergalerie technisch auf neuesten Stand gebracht.

Die jahrzehntelang vernachlässigte und marode Altbausubstanz erhielt eine Frischzellenkur. Ein Kleinod wurde die Königstraße mit ihren barocken Fassaden, die sich zu einer Flaniermeile mit noblen Geschäften und vielerlei Restaurants entwickelte. Die Neustadt, Pieschen, Löbtau, viele Stadtviertel kamen in den Genuss von erheblichen Fördermitteln. Insbesondere die 1990 gegründete IG Äußere Neustadt setzte sich für die behutsame Sanierung des Viertels ein, um den Charme und Selbstverwaltung des Areals zu bewahren.

Bürgerengagement allerorten, auch für den Wiederaufbau der Frauenkirche

Auch sonst war das Engagement vieler Bürger groß. Ortsvereine, Umweltgruppen, Denkmalschutzinitiativen, Vereine und Verbände aller Art sprossen aus dem Boden. Die IG Weinbergkirche, die sich um die Restaurierung des von Pöppelmann errichteten Gotteshauses „Zum Heiligen Geist" mit seiner Jehmlich-Orgel verdient machte, wurde zum Paten des Elbhangfestes, das heute alljährlich am letzten Juniwochenende die Dresdner zu Tausenden an jene Gestade im Elbtal lockt, die 2004 von der Unesco zum Weltkulturerbe der Menschheit erklärt wurden. Junge Leute mischten sich mit dem Stadtmagazin *SAX* ins öffentliche Szene-Leben, 23 Künstlerinnen, die genug davon hatten, dass immer nur Männer mit einem Pinsel in Verbindung gebracht werden, schlossen sich in der Galerie Mitte „Sezession 89" zusammen. Lange vor der Entdeckung der Ich-AG gründete der eine einen Verlag, der andere eine Galerie, der dritte eine Kneipe.

Unter Matthias „Matz" Griebel, der zum Direktor des Dresdner Stadtmuseums berufen wurde, erlebte der Landesverein Sächsischer Heimatschutz seine Wiederauferstehung. Auch ein Neuer Sächsischer Kunstverein nahm seine Arbeit auf.

Am 25. Juni 1992 begann der Wiederaufbau der Frauenkirche, nachdem die Mehrheit der Stadtverordneten am 20. Februar sehr zum Verdruss der evangelischen Landessynode für die Rekonstruktion gestimmt hatte. Treibende Kraft für diesen Beschluss war die am 26. November 1989 gegründete Bürgerinitiative gewesen, die sich am 12. Februar 1990 mit

Die Chipfabrik von AMD. Eine Keimzelle des „Saxon Silicon Valley". Aufnahme aus dem Jahr 2005.

einem „Ruf aus Dresden" an die Weltöffentlichkeit gewandt hatte. Ob Glockenweihe oder das Setzen des mit britischen Spendengeldern finanzierten Turmkreuzes, das der Herzog von Kent im Februar 2000 übergeben hatte – jedes Mal strömten Tausende von Dresdnern und Gästen aus dem In- und Ausland auf den Neumarkt, um sich diese Ereignisse nicht entgehen zu lassen. Für viele ein unvergessliches Erlebnis war der von Landesbischof Volker Kress am 1. Dezember 2000 gehaltene Gottesdienst im fast vollendeten Rohbau – es war der erste Gottesdienst nach 55 Jahren in der voll besetzten Kirche. Am 3. Dezember fand das erste Konzert der Sächsischen Staatskapelle, dem Chor der Sächsischen Staatsoper Dresden sowie Solisten von Weltrang statt. Am 30. Oktober 2005 wurde die Frauenkirche schließlich wieder eingeweiht. Nicht realisiert wurde, wegen der Nähe zum Zwinger, das von dem New Yorker Frank Stella entworfene Projekt einer architektonisch avantgardistischen Kunsthalle. Verhindert werden konnte auch der Bau eines Hochhauses am Elbufer. Der Bau eines „Hundertwasser"-Hauses in der Neustadt blieb ein Luftschloss, ein Libeskind-Bau in der Hauptstraße wird wohl nie über das Planungsstadium hinauskommen. Ungewiss ist seit Jahren die Staatsoperette in Leuben, um Platz und Finanzierung des dringend notwendigen Neubaus wird seit langem fruchtlos gestritten.

Neue Bauten entzweien die Gemüter, freudig begrüßt werden die Fabriken im Silicon Valley

Was an Bauten entstand entzweite oft die Gemüter. Ob am Wiener Platz oder am Altmarkt, vielfach entstand Dutzendware, mal in Glas, mal in Sandstein, gern auch in Kombination, aber Hauptsache billig im Aussehen und banal in der Wirkung. Der Abriss 1992 von Damms Etablissement am Bischofsweg 9 in der Neustadt, auch als „Aktiv" oder „Deutsche Reichskrone" bekannt, erzürnte viele – Dresden hatte seinen größten und höchsten Ballsaal verloren und lediglich einen banalen Wohn-Büro-Komplex mehr bekommen. Der neue Landtag von Peter Kulka (1994), das St.-Benno-Gymnasium von Günter Behnisch, der vom Wiener Architekturbüro Coop Himmelblau entworfene und als Kino dienende Kristallpalast (1998), die Synagoge (2001): Sie wurden zumindest in Architektenkreisen gefeiert, vom Gros der Dresdner allerdings eher verspottet, wenn nicht abgelehnt.

Es gab auch sonst einige weniger schöne Auswirkungen der neuen Zeit. Die Preise stiegen, die

SÄCHSISCH FÜR ANFÄNGER

Gaiser Garl gonnde geene Gümmelgerne gaun, aber Gäsegeulchen gonnt'r gatsch'n. Was, nix versteh? Das Schmalzbrot ist eine „Fettbemme", der Napfkuchen eine „Bebe", der kurze Regenschauer eine „Floge" und eine anständige Party eine „Fatsche". Tunkt der Dresdner – ganz französische Lebensart – seine Buttersemmel in den Kaffee, tut er „diddschen". Läßt er sich's leckerfetzig gutgehen, nennt er das „putz'sche Lust", muß er hernach aufs Klo, geht er „sesch'n", ist die Schüssel besetzt, fängt er an zu „flännen". Das wichtigste: wenn der Dresdner etwas bejaht, dann sagt er einfach „Nu". Wenn er's besonders gut meint „Nu, Nu". Diese heimische Form des Ja-Wortes, die im übrigen selbst die Chemnitzer und Leipziger zum Lächeln bringt, ergibt sich aus der direkten Nähe zu Böhmen. Denn vom tschechischen Ja, dem „Ano", ist es nur noch ein Katzensprung zum „Nu". Das Slawische findet sich aber auch im Namen vieler Dresdner Stadtteile: Loschwitz, Pillnitz, Blasewitz, Niedersedlitz, Leubnitz ... Alles schöne Worte, die korrekt sächsisch ausgesprochen, dem Besucher viel Freude bereiten, wie die sächsischen Klangmalerei überhaupt. Fremden, die dies erlernen wollen, wird meist folgende Gebrauchsanweisung mit auf den Weg gegeben: 1. Entspannen, 2. Unterkiefer aushaken und 3. „nauslof'n lass'n". Was leicht klingt, ist in Wirklichkeit höllisch schwer. Kaum ein Zugereister geschweige denn Besucher kriegt diesen Slang überzeugend hin, meist endet der Versuch in pseudosächsichen Peinlichkeiten, die den Dresdner zum betretenen Überhören zwingen. Erschwerend für Sächisch-Lernwillige kommt hinzu, daß jede Gegend anders klingt. Während beispielsweise der Leipziger einen breit-sächselnden Singsang mit weich ausgesprochene Konsonanten pflegt, ist die Dresdner Variante eine ums Hochdeutsch bemühte bürgerlich-gemäßigte, die aus dem König einen „Könisch" werden läßt und nicht wie im Leipzigerischen einen „Geenich". Ob nun Geenich oder Könich – auf dem Londoner Weihnachtsmarkt sind sich Chemnitzer, Leipzig und Dresdner alle wieder einig, wenn sie verlangen: „Ä Tännsch'n please".

Mieten zogen an. Die Arbeitslosigkeit, bislang von Staats wegen unbekannt, wurde erst ein Problem einzelner, dann vieler. Der renommierte Kamera-Hersteller Pentacon hatte gegen die Konkurrenz aus Fernost keine Chance und musste die Produktion einstellen, ebenso die traditionsreichen Schreibmaschinenwerke in der Friedrichstadt. Andere Unternehmen behaupteten sich am Markt, etwa die vom Philipp-Morris-Konzern übernommene Zigarettenfirma „F6". Das Kulturhaus Bühlau schloss die Pforten, das Kaufhaus Renner und Café Kreutzkamm wollten an den Altmarkt zurück, zumindest das letztere Unternehmen setzte entsprechende Pläne auch in die Tat um.

Zum Glück kamen in der unmittelbaren Nachwendezeit nicht nur Heizdeckenverkäufer, Gebrauchtwagenhändler und Bananen-unters-Volk-Werfer nach Dresden. Frankreichs Staatspräsident Francois Mitterrand (1991) stattete der Stadt ebenso einen Besuch ab wie die gekrönten Häupter Königin Beatrix der Niederlande sowie Elisabeth II., der Queen of England (1992). Und zum Glück fanden auch Vertreter international agierender Konzerne Gefallen an dem Standort Dresden. Da war etwa das Unternehmen Siemens. Es legte 1994 mit dem Bau einer Chip-Fabrik (heute Infineon) los, ein Jahr später folgte der US-Gigant Avanced Micro Devices (AMD). Sie konnten, auch personaltechnisch, auf den Grundlagen aufbauen, die das Zentrum für Mikroelektronik Dresden (ZMD) schon zu DDR-Zeiten letztlich gelegt hatte. Zulieferer und Forschungsinstitute aller Art zogen dem Mikro-Elektronik-Tross nach, das Elbtal mutierte zum Saxon Silicon Valley, zum Leuchtturm.

Dass Dresden seit Jahren in Mitteldeutschland die geringste wenn auch immer noch eine hohe Arbeitslosigkeit hat, ist das Resultat verschiedener Faktoren. Fördertöpfe und Forschungsinstitute sowie eine klug agierende Landespolitik spielen da ebenso eine Rolle wie die (Kultur-)Landschaft und der Mythos „Dresden".

Arbeitslosigkeit und Abwanderung, Überalterung und Investitionsblasen bereiten Probleme

Der Arbeitslosigkeit und die wirtschaftlichen Schwierigkeiten ließen die Geburtenraten auf Rekordtiefen sinken, die Abwanderung in den Westen war erheblich höher als die Zuwanderung. Auch wenn in den letzten Jahren wieder ein bescheidener Baby-Boom einsetzte, langfristig werden die demographischen Folgen, die Überalterung der Gesellschaft, Stadt wie Land erhebliche Probleme bereiten. Auch die Tatsache, dass finanzkräftigere Städter ins Umland abwanderten,

Blick von der Frauenkirche auf den Neumarkt. Als erstes Haus am Platz entsteht 2005 das Hotel de Saxe.

sich dort den Traum vom Eigenheim erfüllten, ließ die Zahl der Einwohner schnell unter eine halbe Million sinken. Mit einer neuen Eingemeindungswelle, die 1999 etwa die Bewohner von Gompitz, Langebrück, und Schönfeld-Weißig und Weixdorf zu Dresdnern machten, wurde die Statistik wieder einigermaßen auf Großstadt-Niveau gebracht. Da viele ins Umland gezogen waren, in besseren Vierteln attraktive Gründerzeit-Häuser saniert bzw. auch Neubauten errichtet worden waren, entleerten sich manche Viertel wie die Friedrichstadt, wurden einige Stadtteile zu sozialen Brennpunkten, mussten viele Platten „rückgebaut", also abgerissen werden. Spötter meinten angesichts vieler neuer Wiesen: „Es grünt so grün, wenn Abrissbirnen glühen". Viele Häuser an Einfallstraßen sind wegen des Verkehrslärms mittlerweile – es gibt ja genug Alternativen – unbewohnt. Ebenso stehen viele der neu geschaffenen Büroflächen heute leer, mancher Investmentfond-Traum platzte wie die sprichwörtliche Seifenblase.

Über weite Teile der Stadt, auch des Zentrums, ziehen sich Brachen, die Reparaturen des Stadtbildes werden noch Generationen beschäftigen. Immerhin: In viele früher darniederliegende Viertel ist urbanes Leben zurückgekehrt. Striesen, Pieschen, Äußere und Innere Neustadt, die Weiße Gasse in der Altstadt: Hier tobt zwar nicht der sprichwörtliche Bär, aber es ist auch alles andere als „tote Hose". Eine Wiederbelebung der Altstadt erhofft man sich auch durch die neue Bebauung des Neumarktes rings um die Frauenkirche, bei der zahlreiche attraktive Bauten aus früheren Glanzzeiten rekonstruiert werden sollen – zumindest die Fassade.

Die Stadt, die jahrelang über ihre Verhältnisse gelebt hatte, sich mit Prestige-Projekten wie einem Tunnel am Wiener Platz hoffnungslos übernommen hatte, muss nun allerdings sparen – und zwar drastisch (auch weil die Steuerreformen der von Bundeskanzler Gerhard Schröder angeführten rot-grünen Koalition die Haushaltssituation der Kommunen im Land

Die Flut setzte im August 2002 weite Teile der Stadt unter Wasser. Die rechte Aufnahme entstand ein Jahr später.

erheblich verschlechtert hatten). 2001 erfolgte unter anderem deshalb ein Machtwechsel. Die Opposition war sich kurzfristig einig und so folgte auf Herbert Wagner von der CDU der erheblich jüngere Ingolf Roßberg von der FDP im Amt des Oberbürgermeisters, der mittlerweile selbst unter erheblichen Beschuss steht. Zwar sind sich alle darüber klar, dass gespart werden muss, aber natürlich sollen es die Finanzhilfen der anderen sein, die dem städtischen Rotstift zum Opfer fallen.

Am Tag als der Regen kam und die Elbe sich nicht nur medial unliebsam ins Gedächtnis brachte

Zum Glück nicht unter Beschuss, aber leider mal wieder unter Wasser standen im August 2002 erhebliche Teile der Stadt. Nach heftigen Regengüssen am 12. August im Erzgebirge, wurde die Weißeritz zum reißenden Fluss, kehrte in ihr altes Flussbett zurück und überschwemmte weite Teile, vor allem der Altstadt und der Friedrichstadt. Eilig mussten Kunstschätze und Gemälde aus den Depots der Staatlichen Kunstsammlungen gerettet werden. Ein paar Tage später erreichte die Elbe mit einem Pegelstand von 9,40 Metern einen historischen Höchststand. Nun standen fast alle elbnahen Stadtgebiete unter Wasser. Die Jahrhundertflut beschädigte oder zerstörte allein in Sachsen rund 25.000 Häuser sowie unter anderem 180 Brücken und 4.000 Autos. Allein die Schäden an den Kunstschätzen im Freistaat wurden auf 64,5 Millionen Euro geschätzt. 130.000 Helfer von THW, Bundeswehr, Polizei, Feuerwehr leisteten bei diesem größten Einsatz des Katastrophenschutzes in der Geschichte der Bundesrepublik Deutschland Hilfe. Unzählige Helfer rückten aus Ost wie West an, opferten Urlaubstage, füllten Sandsäcke, schaufelten Schlamm aus Häusern. Manchmal sind wir doch ein Volk. Und viel Volk, möglichst aus aller Herren Länder, möglichst in Amüsier- und Kauflaune, darf gern auch zum 800-jährigen Stadtjubiläum anrücken. Die Elbe ist, wie der Po, der Rhein oder die Donau, eine der Wiegen europäischen Geistes und ein Bett der Künste, im Fall des Dresdner Elbtals gebildet aus Reformation, kursächsischem Barock, Romantik und Aufklärung. Dresden, „Elbflorenz“ wäre einen Ausflug wert, nicht nur 2006, da aber ganz besonders.

Die Frauenkirche wurde mit Spendengeldern aus aller Welt wieder aufgebaut. Am 30. Oktober 2005 wurde sie geweiht.

Ein wenig Statistik

Wilhelm Pfotenhauer.

Oberbürgermeister von Dresden

1853 - 1877	Wilhelm Pfotenhauer
1877 - 1895	Alfred Stübel
1895 - 1915	Otto Beutler
1915 - 1931	Bernhard Blüher
1931 - 1933	Wilhelm Külz
1933 - 1940	Ernst Zörner
1940 - 1945	Hermann Nieland
1945	Rudolf Friedrichs
1945 - 1946	Johannes Müller
1946	Gustav Leissner
1946 - 1958	Walter Weidauer
1958 - 1961	Herbert Gute
1961 - 1986	Gerhard Schill
1986 - 1990	Wolfgang Berghofer
1990 - 2001	Herbert Wagner
2001 - heute	Ingolf Roßberg

Bürgermeister

Seit dem frühen 13. Jahrhundert gibt es in Dresden eine eigene Stadtverwaltung mit einem Rat und einem Bürgermeister an der Spitze. Der jährlich wechselnde Bürgermeister wurde vom Rat gewählt, vom Landesherren bestätigt und war ehrenamtlich tätig. Zu den Aufgaben des regierenden Bürgermeisters gehörte unter anderem die Leitung des gesamten Stadtregiments, der Vorsitz in allen Ratsversammlungen, die Vertretung der Stadt nach außen und der Oberbefehl über die bewaffnete Bürgerschaft. Der älteste überlieferte Namen eines Dresdner Bürgermeisters ist der des Hermanus von Blankenwalde (1292). Bis 1832 sind 125 Bürgermeister namentlich bekannt. Zu ihnen zählen Lorenz Busmann, Niclaus Munczmeister, Johann Munczmeister, Johannes Huffner, Petter Byner, Gabriel Tzschimmer, Christoph Heinrich Vogler, Friedrich August Ermel und Carl Christian Pohland. Nach Einführung der Allgemeinen Städteordnung im Königreich Sachsen (1832) wurden von den Kommunerepräsentanten Bürgermeister und Stadträte gewählt. Seit 1853 ist in Dresden ein Oberbürgermeister Stadtoberhaupt.

Bevölkerung

Bevölkerungsdichte Im Bevölkerungs-Vergleich bundesdeutscher Städte steht Dresden an 15. Stelle. Dresden hat eine Bevölkerungsdichte von 1.439 Einwohnern je Quadratkilometer.

wohnberechtigte Bevölkerung	507.691 Einwohner	
Frauen	245 623	(52 Prozent)
Männer	226 727	(48 Prozent)
Ausländer	13 363	(3 Prozent)

Die Bevölkerung verteilt sich wie folgt auf die zehn Ortsämter:

Ortsamt	Einwohner	Fläche (km)	Dichte
Altstadt	70 741	17,01	2 983
Neustadt	31 088	14,87	2 091
Pieschen	40 204	16,22	2 479
Klotzsche	18 894	27,11	697
Loschwitz	17 211	68,84	2170
Blasewitz	72 279	14,52	4 978
Leuben	37 118	13,06	2 842
Prohlis	59 427	21,14	2 811
Plauen	46 358	15,81	2 932
Cotta	65 334	19,37	3 373

Eingemeindungen

1835	Antonstadt, Friedrichstadt
1866	Neudorf
1892	Strehlen, Striesen
1897	Hellerberge, Pieschen, Trachenberge, Wilder Mann
1899	Albertpark
1901	Gruna
1902	Räcknitz, Seidnitz, Zschertnitz
1903	Cotta, Kaditz, Löbtau, Mickten, Plauen, Trachau, Übigau, Wölfnitz
1912	Tolkewitz
1913	Reick
192	Blasewitz, Briesnitz, Bühlau, Coschütz, Dobritz, Gostritz, Kaiz, Kemnitz, Kleinpestitz, Kleinzschachwitz, Laubegast, Leubnitz-Neuostra, Leutewitz, Loschwitz, Mockritz, Niedergorbitz, Obergorbitz, Prohlis, Rochwitz, Stetzsch, Torna, Weißer Hirsch
1924	Kammergut Gorbitz
1930	Lockwitz (mit Nickern), Omsewitz (mit Burgstädtel), Wachwitz
1945	Albertstadt, Döltzschen (mit Roßtahl-Neunimptsch), Gittersee
1949	Dresdner Heide
1950	Großzschachwitz (mit Meußlitz und Sporbitz), Hellerau (mit Rähnitz), Hosterwitz, Klotzsche, Niederpoyritz, Niedersedlitz (mit Groß und Kleinluga), Oberpoyritz, Pillnitz, Pillnitzer Kammergut, Sörbigen, Wilschdorf, Zschieren
1998	Altfranken, Cossebaude (mit Gohlis, Neuleuteritz, Ober- und Niederwartha)
1999	Gewerbegebiet Boxdorf-AMD, Gompitz, Kauscha, Langebrück, Mobschatz, Schönfeld-Weißig, Weixdorf

Hochwasser

Seit 1775 verfasste Christian Gottlieb Pötzsch (1732 - 1805) eine Chronik der Hochfluten und begann mit ständigen Beobachtungen der Pegelstände am Altstätzer Pfeiler der Augustusbrücke. Der Nullpunkt des Pegels wurde 1935 auf 103 m NN festgelegt und entspricht einer Wassertiefe von 65 cm in der Schiffahrtsrinne. Der geringste Pegelstand wurde am 9. Januar 1954 mit 2 cm registriert. Bei Hochwasser wird bei einem Pegel von 4,70 m die Schiffahrt eingestellt, bei 5,50 m wird das Terassenufer gesperrt. Das Hochwasser von 2002 – verursacht am 13. August durch starke Regenfälle im Erzgebirge und durch das

Hochwasser im Sommer 1890.

spätere Überlaufen der Talsperren Malter und Klingenberg sowie am 17. August durch große Wassermassen aus Tschechien – setzte große Teile Dresdens unter Wasser. Rund 35.000 Menschen wurden evakuiert. – zeitweise waren 100.000 Einwohner ohne Strom.

Hochwasser über 7,00 m

17. August	2002	9,40 m
31. März	1845	8,77 m
3. Februar	1862	8,24 m
6. September	1890	8,37 m
11. April	1900	7,78 m
17. Januar	1920	7,77 m
5. Februar	1923	7,18 m
17. März	1940	7,78 m
10. April	1941	7,15 m

Städtepartnerschaften

Coventry, Großbritannien, seit 1959
St. Petersburg, Russland, seit 1961
Breslau, Polen, seit 1963
Skopje, Mazedonien, seit 1967
Ostrava, Tschechien, seit 1971
Brazzaville, Republik Kongo, seit 1975
Florenz, Italien, seit 1978
Hamburg, seit 1987
Rotterdam, Niederlande, seit 1988
Straßburg, Frankreich, seit 1990
Salzburg, Österreich, seit 1991
Columbus, Bundesstaat Ohio, USA, seit 1992

Die 10 Ortsamtsbereiche und die 9 Ortschaften mit ihren zugehörigen Orts- und Stadtteilen

Ortsamt/ Ortschaft	**Einwohner** (Hauptwohnsitz) (31.12.2003)	**Fläche _** in km	**Dichte _** in Einw./km	**Stadtteile/Ortsteile**
Altstadt	47 811	17,00	2.812	Innere Altstadt, Friedrichstadt, Johannstadt, Pirnaische Vorstadt, Seevorstadt und Wilsdruffer Vorstadt
Neustadt	36 098	14,85	2.431	Albertstadt, Äußere Neustadt, Innere Neustadt, Leipziger Vorstadt und Radeberger Vorstadt
Pieschen	43 923	16,20	2.711	Pieschen, Trachenberge, Mickten, Kaditz, Trachau und Übigau
Klotzsche	19 469	27,10	718	Klotzsche, Hellerau, Rähnitz und Wilschdorf
Loschwitz	18 428	68,84	268	Loschwitz, Weißer Hirsch, Rochwitz, Wachwitz, Niederpoyritz, Hosterwitz, Söbrigen, Oberpoyritz, Bühlau, Pillnitz und die Dresdner Heide
Blasewitz	76 784	14,48	5.303	Blasewitz, Striesen, Tolkewitz, Gruna, Dobritz und Seidnitz
Leuben	36 198	13,05	2.774	Leuben, Laubegast, Alttolkewitz, Kleinzschachwitz, Zschieren, Meußlitz, Großzschachwitz, Sporbitz und für Teile von Niedersedlitz und Dobritz
Prohlis	54 292	21,10	2.573	Großluga, Kleinluga, Kauscha, Leubnitz-Neuostra, Lockwitz, Nickern, Niedersedlitz, Prohlis, Reick, Strehlen, Torna und Teile von Mockritz
Plauen	47 621	15,80	3.014	Plauen, Südvorstadt, Coschütz, Gittersee, Kaitz, Kleinpestitz, Mockritz, Gostritz, Räcknitz und Zschertnitz
Cotta	63 084	19,34	3.262	Briesnitz, Kemnitz, Stetzsch, Cotta, Omsewitz-Burgstädtel, Leutewitz, Gorbitz, Wölfnitz, Löbtau, Naußlitz, Roßthal-Neuimptsch, Dölzschen
Altfranken	1 093	1,28	854	
Cossebaude	5 237	8,04	651	Gohlis, Niederwartha, Cossebaude, Neu-Leuteritz

Weixdorf gehört zu den jüngst eingemeindeten Orten.

Gompitz	3 047	11,72	260	Gompitz, Ockerwitz, Pennrich, Roitzsch, Steinbach, Zöllmen, Unkersdorf
Langebrück	3 713	6,95	534	
Mobschatz	1 452	8,50	171	
Oberwartha	366	2,03	180	
Schönborn	501	5,20	96	
Schönfeld-Weißig	12 570	41,33	304	Borsberg, Cunnersdorf, Eichbusch, Eschdorf, Gönnsdorf, Helfenberg, Malschendorf, Pappritz, Reitzendorf, Rockau, Rossendorf, Schönfeld, Schullwitz, Weißig und Zaschendorf
Weixdorf	5 966	15,49	385	Weixdorf, Marsdorf, Lausa, Friedersdorf und Gomlitz

Dresdner Zitate (II)

Friedrich Schiller

Zwar hielt sich **Friedrich Schiller** häufig in Dresden auf, konnte hier aber nie Fuß fassen. In einem Brief schrieb er 1788 über die Dresdner, sie seinen „vollends ein rechtes, zusammengeschrumpftes, unleidliches Volk".

Der Philosoph und Essayist **Karl Christian Friedrich Krause** lehrte von 1805 bis 1813 an der Dresdner Ingenieurakademie. Heimisch scheint auch er hier jedoch nicht geworden zu sein: „Ich habe in den sieben Jahren im Durchschnitt eine Gefühllosigkeit der Menschen kennengelernt, wovon ich nicht geträumt haben würde. Die Freundschaft der Menschen ist höchstens kalte Achtung und eigennützige Buhlerei, um von dem, welchen sie Freund nennen, Vorteil an Unterricht, Ehre, Arbeitshülfe usw. zu gewinnen."

Hans Christian Andersen

Im Jahr 1831 hielt sich **Hans Christian Andersen** längerer Zeit in Dresden auf. Für ihn ist die Stadt der „Übergangspunkt zwischen nördlichem und südlichem Deutschland".

Franz Grillparzer, Dramatiker und Dichter, fand keine guten Worte für die Bürger Dresdens: „Diese quäkenden Frösche mit ihrer äußern Bereitwilligkeit und Tatlosigkeit, ihrer schwächlichen Großtuerei, all das ekelt mich an ... Die Sprache dieser Leute beleidigt mein Ohr ... Sie ist unmännlich, geckenhaft, wie von und für Kopflose ... die Leute hier dehnen jede Silbe, verlängern jedes Wort, hängen überall ein Lieblings-E an, so daß ihre Sprache endlich ein förmliches Mäh, Mäh von Schafen wird."

Der Name 'Deutsches Florenz' geht auf **Johann Gottfried Herder** zurück. In einem Aufsatz lobte er: „Blühe, Deutsches Florenz, mit Deinen Schätzen der Kunstwelt! Stille gesichert sei Dresden Olympia uns. Phidias-Winckelmann erwacht an Deinen Gebilden, und an Deinem Altar sproßete Raphael-Mengs."

Johann Gottfried Herder

Nach der Bombardierung Dresdens im Februar 1945 schrieb Gerhard Hauptmann: „Wer das Weinen verlernt hat, der lernt es wieder beim Untergang Dresdens. Dieser heitere Morgenstern der Jugend hat bisher der Welt geleuchtet. ... Von Dresden aus, von seiner köstlich gleichmäßigen Kunstpflege in Musik und Wort, sind herrliche Ströme durch die Welt geflossen. ... Ich habe den Untergang Dresdens unter den Sodom- und Gomorrha-Höllen der feindlichen Flugzeuge persönlich erlebt. ... Ich stehe am Ausgangstor meines Lebens und beneide meine toten Geisteskameraden, denen dieses Erlebnis erspart geblieben ist. „

„Der Morgen war herrlich. Die Vögel sangen, und die jungen Hirsche spielten am Wege. Auf einmal lag Dresden vor mir auf einer weitläufigen Ebene, durch welche die stille Elbe fliesst. Die grünen Hügel auf der einen Seite des Flusses, die majestätische Stadt und eine weite fruchtbare Ebene, die machen zusammen eine herrliche Ansicht." So schrieb 1789 der russische Schriftsteller **Nikolai Karamsin**.

Erich Kästner

Entsetzt von der Zerstörung Dresdens war auch **Erich Kästner:** „Dresden war eine wundervolle Stadt, voller Kunst und Geschichte und trotzdem kein von sechshundertfünfzigtausend Dresdnern zufällig bewohntes Museum. Die Vergangenheit und die Gegenwart lebten miteinander in Einklang. ... Die Stadt Dresden gibt es nicht mehr. Sie ist, bis auf einige Reste, vom Erdboden verschwunden. Der Zweite Weltkrieg hat sie, in einer einzigen Nacht und mit einer einzigen Handbewegung, weggewischt. Jahrhunderte hatten ihre unvergleichliche Schönheit geschaffen. Ein paar Stunden genügten, um sie von Erdboden fortzuhexen. Das geschah am 13. Februar 1945."

Vernichtend fällt 1848 das Urteil des Lyrikers und Dramatikers **Robert Edouard Prutz** aus: „Den allertrübsten Fleck in Deutschland hab ich im Augenblick inne: Dresden, das Land der Kuchenfresser, die verwaschenste, farbloseste, breiweichste Generation, die es in Deutschland gibt, Volk wie nasser Schwamm ... bloß träge Maulaufsperrer, die immer noch glauben, das alles geschähe bloß 'draußen' und bloß, damit sie zu ihrem schlechten dünnen Kaffee aller Morgen eine interessante Zeitung zu lesen haben."

Heinrich von Kleist

Der Dadaist **Hugo Ball** äußert sich über seinen Dresden-Aufenthalt 1913 spöttisch: „Ein Zeltlager von Meßbuden und Jahrmarktsplunder ... Im Café Paris spielen sie 'Wer will unter die Soldaten?' (o Sachsenvolk, Knopfmacher und Lebkuchenhändler!)"

Auch der expressionistische Maler **Oskar Kokoschka** fühlte sich offensichtlich nicht wohl in Dresden. 1924 schrieb er: „Ich ersticke in der Dresdner Atmosphäre. Diese Begrenztheit des künstlerischen Wirkens, die Kleinlichkeit des Bürgertums sind mir unerträglich geworden." Von 1919 bis 1924 war er Professor an der Dresdner Kunstakademie.

Heinrich von Kleist findet lobende Worte über das Dresden zu Beginn des 19. Jahrhunderts: „Dresden hat eine große feierliche Lage, in der Mitte der umgränzenden Elbhöhen, die in einiger Entfernung, als ob sie aus Ehrfurcht nicht näher zu treten wagten, es umlagerten. Der Strom verläßt plötzlich sein rechtes Ufer und wendet sich schnell nach Dresden, seinen Liebling zu küssen. Von der Höhe des Zwingers kann man seinen Lauf bis nach Meißen verfolgen. Er wendet sich bald zu dem rechten, bald zu dem linken Ufer, als würde die Wahl ihm schwer, und wankt, wie vor Entzücken und schlängelt sich spielend in tausend Umwegen durch das freundliche Tal, als wollte er nicht in das Meer."

Johann Wolfgang von Goethe

„Dresden hat mir große Freude gemacht, und meine Lust, an Kunst zu denken, wieder belebt. Es ist ein unglaublicher Schatz aller Art an diesem schönen Orte." **Johann Wolfgang von Goethe**, nachdem er 1794 zum vierten Mal Dresden besucht hatte.

Bildnachweis

Titel: Oliver Killig
Rücktitel: dpa/Hiekel
4/5 SLUB
6/7 Sammlung Holger Naumann
8/9 dpa/Andreas Lander
15 Reinhard Spehr
16 Landesamt für Archäologie, Foto: Stäuble/Preuß
17 Reinhard Spehr
18 Landesamt für Archäologie, Foto: Stäuble/Preuß
19 Landesamt für Archäologie, Foto: Stäuble/Preuß
20 Reinhard Spehr
21 SLUB, Urkunde aus dem Hauptstaatsarchiv
22 Stadtarchiv Dresden, Ratsarchiv, 1. Urkunde Nr. 28 von 1319
23 SLUB
24 Stadtarchiv Dresden, Urkunde Nr. 9 von 1295
25 SLUB
27 Stadtarchiv Dresden, Ratsarchiv, Privilegienbuch 1584
28 Stadtarchiv Dresden, Ratsarchiv A XVb.71, Wachstafeln 1437-1456
29 SLUB
30 Repro aus Otto Richter: Atlas zur Geschichte Dresdens. Dresden 1898
31 Stadtarchiv Drsden, Urkunde Nr. 11 von 1299
32 Stadtmuseum Dresden
34 SLUB
35 Archiv Sächsische Zeitung
36 Stadtarchiv Dresden, Urkunde Nr. 172 von 1409
37 Sammlung Holger Naumann
39 Archiv Sächsische Zeitung/Füssel
40 Stadtarchiv Dresden, Ratsarchiv, Urkunde Nr. 856 von 1474
41 Repro aus aus „Schedelsche Weltchronik" 1493
42 SLUB
43 Stadtarchiv Dresden, Ratsarchiv, Privilegienbuch 1584, Seite 217, Urkunde von 1474
44 Stadtmuseum Dresden
45 Archiv Sächsische Zeitung/Killig
46 Stadtmuseum Dresden
48 SLUB
49 SLUB
50 SLUB
51 SLUB
52 Repro aus Otto Richter: Atlas zur Geschichte Dresdens. Dresden 1898
53 SLUB
56 o. SLUB
56 u. SLUB
57 SLUB
58 SLUB
59 Repro aus Otto Richter: Atlas zur Geschichte Dresdens. Dresden 1898
61 SLUB
62 o. Repro aus Otto Richter: Atlas zur Geschichte Dresdens. Dresden 1898
62 u. SLUB
63 Stadtmuseum Dresden
64 SLUB
65 SLUB
66 Repro aus Otto Richter: Atlas zur Geschichte Dresdens. Dresden 1898
67 SLUB
68 SLUB
69 SLUB
70 SLUB
71 dpa
73 SLUB
75 SLUB
76 Archiv Sächsische Zeitung/Füssel
77 o. SLUB
77 u. SLUB
78 SLUB
79 SLUB
80 o. SLUB
80 u. SLUB
82 Archiv Sächsische Zeitung/Kunstsammlung
83 SLUB
84 SLUB
85 Archiv Sächsische Zeitung/Killig
86 o. SLUB
86 u. Archiv Sächsische Zeitung/Killig
87 SLUB
88 Archiv Sächsische Zeitung/Bonß
89 Sammlung Holger Naumann
90 SLUB
91 Archiv Morgenpost/Becker
92 Archiv Sächsische Zeitung/Salzmann
93 SLUB
94 SLUB
95 SLUB
96 SLUB
97 SLUB
98 SLUB
99 Repro aus Otto Richter: Atlas zur Geschichte Dresdens. Dresden 1898
100 SLUB/Möbius
102 o. SLUB
102 u. SLUB
103 SLUB
104 SLUB
105 SLUB

106 Archiv Sächsische Zeitung/Kilig
108 Stadtarchiv, Drucksammlung A 279
109 Sammlung Holger Naumann
110 Stadtarchiv, Drucksammlung A 280/I
111 Sammlung Holger Naumann
113 SLUB/Teich
114 Sammlung Holger Naumann
115 Sammlung Holger Naumann
116 l. SLUB
116 r. SLUB/Möbius
117 Sammlung Holger Naumann
118 o. Sammlung Holger Naumann
118 M. Sammlung Holger Naumann
118 u. SLUB
120 Sammlung Holger Naumann
121 SLUB
123 SLUB
125 SLUB
127 Sammlung Holger Naumann
129 o. SLUB
129 u. SLUB
131 Sammlung Holger Naumann
132 Sammlung Holger Naumann
133 Sammlung Holger Naumann
134 Stadtarchiv, Drucksammlung A 272/I, Katalog Ernemann 1908/09
135 SLUB/Würker
136 Sammlung Holger Naumann
137 o. Stadtarchiv, Drucksammlung A 256/III
137 u. Stadtarchiv, Drucksammlung A 256/III
138 Sammlung Holger Naumann
139 Sammlung Holger Naumann
140 o. Sammlung Holger Naumann
140 u. Stadtarchiv, 17.2.1, Karton 285
141 SLUB/Hahn
142 SLUB/Richter
143 SLUB
144 o. SLUB
144 u. SLUB
145 SLUB
146 SLUB/Hahn
147 Sammlung Holger Naumann
149 SLUB
150 SLUB
151 SLUB/Richard Peter
152 SLUB/Richard Peter sen.
153 SLUB
154 Archiv Sächsische Zeitung
155 Archiv Sächsische Zeitung/Braun
156 SLUB/Höhne-Pohl
157 SLUB/Richard Peter sen.
158 o. SLUB/Richard Peter sen.
158 u. Archiv Sächsische Zeitung
159 SLUB/Höhne
160 SLUB/Richard Peter sen.
161 o. SLUB/Richard Peter sen.
161 u. SLUB
162 l. Archiv Sächsische Zeitung/Höhne-Pohl
162 r. Archiv Sächsische Zeitung
163 SLUB/Heinrich
164 Archiv Sächsische Zeitung/Höhne-Pohl
165 o. Archiv Sächsische Zeitung/Hennig
165 u. Archiv Sächsische Zeitung/Franke
166 o. Archiv Sächsische Zeitung
166 u. Archiv Sächsische Zeitung/Mohn
167 Archiv Sächsische Zeitung
168 SLUB
169 SLUB
170 o. SLUB
170 u. SLUB
171 SLUB
172 Archiv Sächsische Zeitung/Opitz
173 Archiv Sächsische Zeitung/Mohn
174 Archiv Sächsische Zeitung/Höhne
175 Archiv Sächsische Zeitung
176 o. Archiv Sächsische Zeitung/Kossack
176 u. Archiv Sächsische Zeitung
177 Archiv Sächsische Zeitung/Hübner
179 Archiv Sächsische Zeitung/Hübner
180 Archiv Sächsische Zeitung/Kossack
181 Archiv Sächsische Zeitung/Gröning
182 Archiv Sächsische Zeitung/Opitz
184 Archiv Sächsische Zeitung/Lösel
185 Archiv Sächsische Zeitung/Füssel
187 Archiv Sächsische Zeitung/Lösel
188 Archiv Sächsische Zeitung
189 dpa/Hiekel
190 Repro aus „Stadtlexikon Dresden“
191 Archiv Sächsische Zeitung/Sammlung Türschmann
193 Archiv Sächsische Zeitung/Lösel
194/195 dpa

SLUB = Sächsische Landesbibliothek, Staats- und Universitätsbibiliothek, Abteilung Deutsche Fotothek

Trotz intensiver Bemühungen konnten nicht alle Rechteinhaber ermittelt werden. Für entsprechende Hinweise ist der Verlag dankbar.

Verwendete und weiterführende Literatur

Arnold, Ulli: Die Juwelen Augusts des Starken, Koehler & Amelang Verlag, München – Berlin, 2001, 335 Seiten

Blaschke, Karlheinz: Stadtgrundriss und Stadtentwicklung, Band 44 der Reihe Städteforschung, Böhlau Verlag, Köln – Weimar – Wien, 2001, 370 Seiten

Blaschke Karlheinz: Geschichte Sachsens im Mittelalter, Berlin, 1990

Czok, Karl August: August der Starke und seine Zeit, Kurfürst von Sachsen, König in Polen, Edition Leipzig, 1997, 208 Seiten

Delau, Reinhard / Hans Ludwig Böhme: August der Starke. Bilder einer Zeit, Mitteldeutscher Verlag, Halle – Leipzig, 1990, 248 Seiten

Delau, Reinhard: Die Frauenkirche. Eine Chronik von 1722 – 2004, Edition Sächsische Zeitung, Dresden, 2004, 192 Seiten

Dehio, Georg: Handbuch der deutschen Kunstdenkmäler Dresden, Deutscher Kunstverlag, München – Berlin, 2005, 372 Seiten

Dresdner Geschichtsverein (Hg.): Dresdner Hefte, Heft 50 bis 82, Dresden

Dresdner Geschichtsverein (Hg.): Dresden. Die Geschichte der Stadt. Von den Anfängen bis zur Gegenwart, Junius Verlag, Dresden, 2002

Eigenwill, Reinhardt: Kleine Stadtgeschichte Dresden, Insel Verlag, Frankfurt am Main - Leipzig, 2005, 232 Seiten

Eikelmann, Renate, Bayerisches Nationalmuseum (Hg.): Meißener Porzellan des 18. Jahrhunderts. Die Stiftung Ernst Schneider in Schloß Lustheim. C. H. Beck Verlag, München, 2004, 446 Seiten

Funke, Ulf-Norbert: Karl August Lingner. Leben und Werk eines gemeinnützigen Großindustriellen, B-Edition Dresden, 1996, 142 Seiten

Fellmann, Walter: Heinrich Graf Brühl. Ein Lebens- und Zeitbild, 437 Seiten, Koehler & Amelang, München Berlin, 437 Seiten

Fellmann: Walter: Sachsens Könige 1806-1918, Koehler & Amelang Verlag, 2000, 269 Seiten

Gross, Rainer: Geschichte Sachsens. Edition Leipzig, Berlin 2001, 320 Seiten

Helas, Volker / Kukula, Ralf: Ballhäuser in Dresden, Michael Sandstein Verlag Verlagsgesellschaft, 176 Seiten

Helas, Volker: Sempers Dresden. Die Bauten und die Schüler. Michael Sandstein Verlag, Dresden, 2003 Seiten

Helas, Volker: Großer Garten in Dresden, Edition Leipzig, 125 Seiten

Held, Der Adel und August der Starke. Konflikt und Konfliktaustrag zwischen 1694 und 1707 in Kursachsen, Böhlau Verlag, Köln – Weimar – Wien, 1999, 295 Seiten

Hertzig, Stefan: Das Dresdner Bürgerhaus in der Zeit Augusts des Starken. Zur Entstehung und Wesen des Dresdner Barock, Dresden, 2001, 320 Seiten

Heinrich, Fritz: 160 Jahre Volldampf. Aus Geschichte und Gegenwart der Sächsischen Dampfschifffahrts-Gesellschaft, Dresden, 1996, 124 Seiten

Herrmann Johannes: Moritz von Sachsen (1521-1553). Landes-, Reichs- und Friedensfürst, Sax-Verlag, Beucha, 2003, 264 Seiten

Kaemmel, Otto: Sächsische Geschichte, Hellerau-Verlag, Dresden, 1999, 207 Seiten

Keller, Katrin: Kleinstädte in Kursachsen Wandlungen einer Städtelandschaft zwischen Dreissigjährigem Krieg und Industrialisierung, Band 45 der Reihe Städteforschung, Böhlau Verlag, Köln – Weimar – Wien, 2001, 477 Seiten

Körner, Martin (Hrsg.): Stadtzerstörung und Wiederaufbau. Zerstörung durch Erdbeben, Feuer und Wasser, Verlag Paul Haupt, Bern – Stuttgart – Wien, 339 Seiten

Kroll, Volker (Hg.): Die Herrscher Sachsens. Markgrafen, Kurfürsten, Könige 1089-1918, C.H.Beck Verlag, München, 2004, 377 Seiten

Landesamt für Archäologie (Hg.): archäologie aktuell 1993, Verlag & Druckerei Elke Otto, Dresden, 1994, 104 Seiten

Landesamt für Archäologie (Hg.): archäologie aktuell 1996, Dresden, 1997, 379 Seiten

Lerm, Matthias: Abschied vom alten Dresden, Hinstorff Verlag, 332 Seiten, 2000

Löffler, Fritz: Das alte Dresden, Geschichte seiner Bauten (7. Auflage), 1984

Lupfer, Gilbert / Bernhard Sterra / Martin Wörner: Architekturführer Dresden, Dietrich Reimer Verlag, Berlin, 1997

Marx, Barbara (Hg.): Elbflorenz. Italienische Präsenz in Dresden 16.-19. Jahrhundert. Verlag der Kunst, Dresden, 2000, 316 Seiten
Meyen, Hans: 120 Jahre Dresdner Bank, Frankfurt am Main, 1992, 430 Seiten
Müller, Reinhold: Die Armee Augusts des Starken. Das sächsische Heer von 1730-1733, Militärverlag der Deutschen Demokratischen Republik, Berlin, 1984, 116 Seiten

Naumann, Günter: Sächsische Geschichte in Daten, fourier Verlag, Wiesbaden, 2003, 320 Seiten
Neidhardt, Hans Joachim: Dresden wie es die Maler sahen, E.A. Seemann Verlag, Leipzig, 1997, 256 Seiten
Nitschke, Thomas: Die Gartenstadt Hellerau als päd agogische Provinz, Hellerau Verlag, Dresden, 2003, 170 Seiten

Oexle, Judith: Sachsen archäologisch. 12000 v. Chr. – 2000 n. Chr., Dresden, 2000, 90 Seiten

Papke, Eva: Brühlsche Terrasse in Dresden, Edition Leipzig, 93 Seiten
Petschel, Dorit: Sächsische Au0enpolitik unter Friedrich August I. Zwischen Rétablissement, Rheinbund und Restauration. Böhlau Verlag, Köln, 2000, 355 Seiten
Petzoldt, Klaus: Der unterlegene Sieger. Valentin Ernst Löscher im absolustischen Sachsen. Evangelische Verlagsanstalt, Leipzig, 2001, 229 Seiten
Pommerin, Reiner (Hg.): Dresden unterm Hakenkreuz, Böhlau Verlag, Köln- Weimar – Wien, 1998, 247 Seiten
Praschl-Bichler, Gabriele: Dresden und Wien. Allianz der Dynastien. Habsburger und Wettiner, Amalthea Verlag, München, 2001, 175 Seiten

Rader, Olaf B.: Kleine Geschichte Dresdens, C.H.Beck Verlag, München, 2005, 192 Seiten
Reinhard, Oliver / Neutzner Matthias / Wolfgang, Hesse: Das rote Leuchten. Dresden und der Bombenkrieg, Edition Sächsische Zeitung, Dresden, 2004, 367 Seiten
Richter, Tilo / Schink, Hans-Christian: Industriearchitektur in Dresden, Gustav Kiepenheuer Verlag, 1997, 86 Seiten
Rogge, Jörg: Die Wettiner: Jan Thorbecke Verlag, Ostfildern, 2005, 271 Seiten

Sächsische Landesbibliothek- Staats- und Universitätsbibliothek (Hg.): Von der Liberey zur Bibliothek. 440 Jahre Sächsische Landesbibliothek, Dresden, 1996, 178 Seiten
Sächsische Schlösserverwaltung (Hg.): Der grosse Garten zu Dresden. Gartenkunst in vier Jahrhunderten, Michel Sandstein Verlag, 2001, 192 Seiten
Sächsischer Landtag (Hg.): Aspekte sächsischer Landtagsgeschichte. Varianten der Moderne 1868-1952, Dresden, 2003, 114 Seiten
Schaarschmidt, Thomas: Regionalkultur und Diktatur. Sächsische Heimatbewegung und Heimat-Propaganda im Dritten Reich und in der SBZ / DDR. Böhlau Verlag, Köln – Weimar – Wien, 574 Seiten
Schieferdecker, Uwe: Geschichte der Stadt Dresden, Wartburg Verlag, 2003, 160 Seiten
Schmidt, Michael: Die städtebauliche Entwicklung von Dresden 1871 – 1918, Eigenverlag, 128 Seiten
Scheider, Hansjörg: Dresdner Theater 1933-1945. Spiel war die Lust und Spiel die Gefahr, Henschel Verlag, Berlin, 2003, 256 Seiten
Schneider, Hansjörg: Hoffnung zwischen Trümmern, Dresdner Theater nach 1945, Hellerau Verlag, Dresden, 136 Seiten
Seifert, Siegfried / Klemens Ullmann: Katholische Hofkirche Dresden. Kathedrale des Bistums Dresden-Meißen, St. Benno Buch- und Zeitschriftenverlagsgesellschaft mbH, Leipzig, 2000, 118 Seiten
Spehr, Reinhard / Herbert Boswank: Dresdner Stadtgründung im Dunkel der Geschichte, Druckhaus, Dresden, 2002, 292 Seiten
Staatliche Kunstsammlungen: Unter einer Krone. Kunst und Kultur der sächsisch-polnischen Union, Dresden, 1997, 456 Seiten
Staatliche Kunstsammlungen (Hg.): Das Dresdner Schloss. Monument sächsischer Geschichte und Kultur, 1990, 128 Seiten
Stadtmuseum Dresden (Hg.): Band 1-10, Altenburg, 1995-2005
Stimmel, Folke / Reinhardt Eigenwill u.a. (Hrsg.): Stadtlexikon: (2. übearbeitete Auflage), Verlag der Kunst, Dresden, 1998

Süßenguth; Mario: Der kulinarische König. Essen und Trinken wie August der Starke, Eulenspiegel Verlag, Berlin, 2004, 219 Seiten
Syndram, Dirk: Das Schloß zu Dresden. Von der Residenz zum Museum, Koehler & Amelang Verlag, München-Berlin, 2001, 191 Seiten
Syndram, Dirk: Die Schatzkammer Augusts des Starken. Von der Pretiosensammlung zum Grünen Gewölbe, E.A. Seemann Verlag, 1999, 231 Seiten
Szejnnmann, Claus-Christian W.: Vom Traum zum Alptraum. Sachsen in der Weimarer Republik. Sächsische Landeszentrale für politische Bildung, 2000, 180 Seiten
Stein, Marion: Friedhöfe in Dresden, Verlag der Kunst, Dresden, 2000, 184 Seiten

Thieme, André (Hg.): Herzog Albrecht der Beherzte (1443-1500), Böhlau Verlag, Köln – Weimar – Wien, 2002, 303 Seiten
Thieme, André / Vötsch, Jochen (Hg.): Hof- und Hofkultur unter Moritz von Sachsen (1551-1553), Sax-Verlag, Bucha, 2004, 150 Seiten

Welich, Dirk: Der Zwinger. Dresdens berühmter Festbau, Edition Leipzig, 93 Seiten
Winzeler, Marius (Hg.): Dresdner Totentanz. Das Relief in der Dreikönigskirche Dresden, Verlag Janos Stekovics, Halle an der Saale, 2001, 32 Seiten

Ulbricht, Otto (Hg.): Die leidige Seuche. Pest-Unfälle in der frühen Neuzeit, Böhlau Verlag, Köln – Weimar – Wien, 2004, 345 Seiten
Uhlig, Gottfried: Geschichte des sächsischen Schulwesen bis 1600, Hellerau Verlag, Dresden, 1999, 178 Seiten

Verein für sächsische Landesgeschichte e.V. (Hg.): Sachsen und Polen zwischen 1697-1765, Sächsisches Druck- und Verlagshaus GmbH, Dresden, 1998, 482 Seiten
Voigt, Jochen: Ritus und Symbol. Sächsische Innungsladen aus fünf Jahrhunderten. Edition Mobilis, Chemnitz, 2002, 176 Seiten
Vollnhals (Hg.): Sachsen in der NS-Zeit, Gustav Kiepenheuer Verlag, Leipzig, 2002, 288 Seiten

Widera, Thomas: Dresden 1945-1948. Politik und Gesellschaft unter sowjetischer Besatzungsherrschaft, Vandenhoeck & Ruprecht, Göttingen, 2004, 469 Seiten
Wittwer, Samuel: Die Galerie der Meißener Tiere. Die Menagerie Augusts des Starken für das Japanische Palais in Dresden, Himer Verlag, München, 2004, 356 Seiten
Wolle, Stefan: Die heile Welt der Diktatur. Alltag und Herrschaft in der DDR 1971-1989, Ch. Links Verlag, Berlin, 1998

Zimmermann, Ingo: Johannes von Sachsen. Philalethes. Die Zeit vor der Thronbesteigung, Kohler & Amelang, München – Berlin, 2001, 128 Seiten